《联合国发展报告》项目相关活动

2013年9月12日，上海联合国研究会成立

2013年9月12日，上海联合国研究会专家指导委员会工作会议

2014年1月13—14日，“变革中的全球治理——中国与联合国”国际会议

2014年1月13日，联合国副秘书长Jeffrey Feltman做主旨发言

2013年1月14日，上海联合国研究会与联合国训练研究所签署战略合作协议

2014年5月22日，联合国秘书长潘基文在复旦大学发表演讲

2014年1月15日，
联合国大学学术项目高级主管Vesselin Popovski做客“复旦联合国研究论坛”

2014年3月27日，
联合国南南合作办公室主任、联合国秘书长南南合作特使周一平
做客“复旦联合国研究论坛”

2013年11月15—16日，
项目负责人和部分成员赴韩国参加第13届东亚联合国研讨会

2014年12月13—14日，
项目负责人和部分成员赴日本参加第14届东亚联合国研讨会

参与和支持第三期中国国际公务员能力建设培训班（北京语言大学）

参与和组织第四期中国国际公务员能力建设培训班（上海外国语大学）

2013年11月28日，
项目负责人和部分成员参加“金砖国家与2015年后发展议程”国际学术研讨会

2014年10月24日，
前联合国副秘书长陈健大使为首届联合国研究青年论坛获奖论文作者颁奖

2014年11月20日，
承办“联合国2015年后发展议程与南南合作”研讨会

2013年10月12日，
中心博士后石晨霞参加中国社会科学院主办的学术会议

2013年9—12月，中心硕士生杨濡嘉在联合国训练研究所实习

2013年10月17日，
中心博士生邱昌情参加中国国际问题研究所主办的“负责任的保护：建立更安全的世界”国际研讨会，与澳大利亚前外长埃文斯合影

复 旦 联 合 国 研 究 丛 书

联合国发展报告 2013—2014

UN Development Report 2013-2014

张贵洪◇主 编

时事出版社

图书在版编目（CIP）数据

联合国发展报告．2013～2014/张贵洪主编．—北京：时事出版社，2015.4

ISBN 978-7-80232-832-7

Ⅰ.①联…　Ⅱ.①张…　Ⅲ.①联合国—发展—研究报告—2013～2014　Ⅳ.①D813.2

中国版本图书馆 CIP 数据核字（2015）第 038054 号

出 版 发 行：时事出版社
地　　　址：北京市海淀区万寿寺甲 2 号
邮　　　编：100081
发 行 热 线：（010）88547590　88547591
读者服务部：（010）88547595
传　　　真：（010）88547592
电 子 邮 箱：shishichubanshe@sina.com
网　　　址：www.shishishe.com
印　　　刷：北京市昌平百善印刷厂

开本：787×1092　1/16　印张：23.25　彩页：8　字数：500 千字
2015 年 4 月第 1 版　2015 年 4 月第 1 次印刷
定价：118.00 元

本书系教育部哲学社会科学发展报告
培育项目成果

总序

什么是联合国？谁代表联合国？联合国是一个什么样的机构？联合国有什么作用？中国与联合国的关系如何？这是每一个对联合国有兴趣的读者都想知道的。

我的回答是：联合国是一个“不独立的多元体”。所谓不独立，就是说联合国没有独立的主权，它的权力来自于它的成员国。所谓“多元体”，就是说在联合国的所有机构中，没有一个能够完整地、全面地或在任何时候都代表联合国。很多人会认为联合国秘书长是代表联合国的，那么是不是就是说联合国秘书长在任何时候、任何地点、任何问题上都可以代表联合国讲话呢？其实不然，《联合国宪章》对联合国秘书长的职权规定有两段话：第一段话是讲联合国秘书长是联合国的 chief administrative officer，即首席行政长官，所谓行政的概念就是“办事”，而不是“决策”；第二段话是讲秘书长可以将他认为威胁到国际安全与和平的问题提交到安理会，以引起安理会的注意。这两条规定，第一条把秘书长的职权局限到了“非决策”的范围；第二条规定似乎又放宽了一点，让他可以就有关国际和平与安全的问题发表自己的意见。

在成立后的六十多年里，联合国究竟起了怎样的作用呢？综合起来看，它的作用主要有五点：一是作为一面镜子，反映了国际形势的变化，折射了国际格局的演变；二是作为一个论坛，反映了世界上各种各样的声音；三是作为多边外交最活跃的舞台；四是一个国际合作的平台；五是国际行动合法性的象征。

联合国是多边外交的论坛，联大每年都云集了各国的元首、首脑和外长，这是任何一个国际机构都无法比拟的。联合国是集团外交博弈的舞台，许多重大谈判都是在集团之间进行的，集团外交在联合国里面有很重的分量。集团外交有优势也有弱点，它的优势在于增加了弱小者的谈判分量，有利于在这个强弱不等、力量失衡的世界为弱小国家争得一份发言权、一份决策权；缺点在于增加了谈判的复杂性和难度，联合国常常议而不决，决而不行。

联合国是国际合作的平台，二战以后其发挥这个平台作用主要体现在以下几个方面：一是完成了非殖民化的进程，使得一大批亚非拉国家取得独立并参加了联合国；二是开展了历史上最广泛、最持久的发展援助，联合国中有三大机构专门从事援助工作，即联合国开发计划署、联合国人口基金以及联合国儿童基金；三是缓和了国际冲突，通过军控、预防外交、维和、建设和平等手段解决了一系列地区冲突，更重要的是避免了大战的发生；四是规范国际行为，确立行为准则，并通过一系列决议、宣言、行动纲领以至于法律文件如条约、公约等形式，确立战后国际社会应该共同遵行的游戏规则。

联合国还有一个作用是过去人们很少意识到的，就是其已成为某一国际行为是否合法的象征，这从两次伊拉克战争就能看出来，有无联合国的授权是行动合法还是非法的一个依据。

同时，联合国还是一面镜子，反映了国际形势的变化，折射了国际格局的演变。联合国成立到现在大概有这样几个时期：联合国成立初期，只有 51 个成员国，当时联合国是美国操纵的工具；20 世纪 60 年代开始，情况逐步发生变化，到 70 年代就发生了质变，发展中国家成为联合国中的多数；1971 年中国代表权的恢复是一个分水岭，标志着美国操纵联合国的时代一去不复返；70—80 年代，联合国折射出来的是两对矛盾的交叉，一是南北矛盾，二是东西矛盾，既对抗又对话；进入90年代，苏联解体、冷战结束，联合国进入了一个新的时期，这个时期的特点是两极争雄消失、南北矛盾缓和，使得联合国能够在政治、安全、经济、社会、人权等各个领域全面发挥作用。安理会在经历冷战时期的瘫痪之后恢复工作，被称为联合国的黄金时代，世界人民对联合国的期望值也大大提高。但好景不长，第二次伊拉克战争使联合国陷入空前危机，联合国在世界民众心中的形象大为受损。在这样的背景下，要求联合国改革的呼声在世界范围内响起。

从现在来看，联合国将来会怎样？这里人类再次面临需要和可能的矛盾。需要是因为国际关系格局发生了重大的变化，从两极格局向多极格局迈进，但多极化是一个漫长的过程，又是一个充满变数的过程。

进入新世纪以后，联合国在变化，中国也在变化。中国的实际利益已经不局限在国门以内，中国的影响也已经超出了地区。所以，有很多全球问题都事关中国的切身利益，这就要求中国以更积极的态度来参与联合国的事务，维护自身的利益。可以预见，中国将在财政、维和等方面作出更大贡献，同时也需要利用联合国这个平台来拓展自身利益。联合国需要中国、中国需要联合国这样一个时代即将到来。

近年来，国内对联合国问题的研究越来越重视。现在，复旦大学联合国研究中心与时事出版社合作推出“复旦联合国研究丛书”，这是一件非常有意义的事，可喜可贺。相信本丛书的出版必将推动我国的联合国研究上升到一个新的水平。

今天是《联合国宪章》生效和联合国成立六十五周年，此总序也是对“联合国日”的一种纪念。

陈健

（前联合国副秘书长、中国联合国协会会长）

2010年10月24日

于北京和平里

目录

Table of Contents

报告摘要

联合国是最具普遍性、代表性和权威性的政府间国际组织。由于其独特的国际性质和《联合国宪章》赋予的权力，联合国可就广泛的问题采取行动。

本报告分总报告、分报告、专题报告和附录，全面回顾、总结和分析了2013—2014年联合国在各个领域的工作和活动。

总报告主要就联合国六大主要机构的工作进行阐述。联合国大会是联合国的主要审议和监督机构。第68届联大于2013年9月17日开幕，2014年9月15日闭幕。本届联大的主题是“为2015年后发展议程做好准备”。2013年9月24日至10月1日，第68届联大举行一般性辩论，中国外长王毅做了题为“站在新起点上的中国”的发言。第68届联大期间举行了5次高级别会议和对话，审议和讨论173个事项，通过了304项决议。安全理事会是联合国维护国际和平与安全的主要机关，其活动主要涉及防止冲突、促成和平、维持和平、强制执行和建设和平5个方面。2013年，安理会共举行193次会议，通过47项决议，发表了22项主席声明。2014年，安理会共举行258次会议，通过63项决议，发表了28项主席声明。安理会为缓和叙利亚局势，避免冲突升级，开展了大量卓有成效的工作，特别是由于在消除化学武器方面的努力，禁止化学武器组织获得2013年诺贝尔和平奖。经济及社会理事会是联合国协调经济和社会工作的主要机构。2015年后发展议程的核心是可持续发展，2013年9月，可持续发展问题高级别政治论坛成立，将负责审议联合国所有会员国以及联合国系统落实可持续发展的进程。非政府组织参与联合国事务越来越突出，目前全世界超过 2869 个非政府组织拥有经社理事会的咨商地位。作为联合国的一个主要机关，托管理事会的主要任务是监督置于托管制度之下的托管领土的管理。随着最后一个托管领土帕劳于 1994 年 10 月 1 日取得独立，托管理事会已于 1994 年 11 月 1 日停止运作，目前处于停顿状态。秘书处是联合国的日常工作机关，其首长是秘书长。秘书长每年向大会提交《秘书长关于联合国工作的报告》，详细介绍联合国在 8 个工作领域的进展，并报告千年发展目标的进展。秘书长每年向安理会提交约 100 份报告，其中大部分与非洲局势有关。秘书长每年在重要的国际日等发表约 100 次重要致辞。2013—2014 年，潘基文秘书长 3 次访华。国际法院是联合国的主要司法机关，主要对提交的国家间争端进行裁决和为联合国机构提供法律咨询意见。在 2013/2014 司法年度，法院就 3 起案件进行了判决，发布了 13 项命令。至 2014 年 12 月，法院总表上有 14 个待决的诉讼案件。

分报告主要围绕联合国的三大支柱（安全、发展、人权）进行分析。“联合国与全球安全”分报告概述了 2013 年和 2014 年全球和地区安全形势，重点介绍了联合国在叙利亚开展政治调解和在索马里、中非实施和平行动的过程和进展。至 2014 年 10 月 30 日，联合国共实施了 69 项维和行动，目前正在实施的有 16 项；参与维和行动的总人数为 11.2696 万人。2013—2014 年，联合国维和行动出现新特点，采取新举措，即多层面维和，强调应促进冲突后建设和平，防止冲突重现，帮助冲突国实现持久和平与发展。为此，联合国派出特派团，增设干预旅。分报告还介绍了国际军备控制和裁军的新进展，特别是 2013 年 4 月联大通过《武器贸易条约》，潘基文秘书长称之为“历史性的外交成就”。但朝鲜于 2013 年 2 月进行核试验，对防扩散形成新的挑战，在伊朗核问题上也没有取得突破性进展。过去两年，联合国继续开展反恐和打击海盗行动，并取得一些成效。2013—2014 年，中国首次派出安全部队参与联合国在马里的维和行动，向联合国苏丹维和区派遣维和步兵营，向利比里亚派出维和警察防暴队，为联合国维和行动作出了新的贡献。中国还积极参与叙利亚危机的和解和亚丁湾护航。

“联合国与国际发展”分报告介绍联合国负责发展议题的主要机构，梳理联合国在发展领域的主要工作和措施，评析联合国在发展领域的相关报告，并提出将中国的发展理念通过联合国共享给全球的政策建议。负责发展议题的联合国主要机构包括联大第二、第三委员会，经社理事会及其附属机构。联合国开发计划署和世界银行也是重要的多边发展援助机构。2013—2014 年，联合国发展领域的工作和措施主要体现在落实千年发展目标、推动全球可持续发展和制定2015年后国际发展议程三个方面。过去两年，联合国继续致力于与世界各地的合作伙伴一起，加快实现千年发展目标的进展，部分目标已提前和基本实现，但由于气候变化、金融危机和人道主义危机等影响，部分目标将无法按期实现。随着千年发展目标即将到期，联合国正加紧制定2015年后发展议程。第69届联大一般性辩论的主题就是“兑现和实施一项具有变革性的2015年后发展议程”。本分报告对2013—2014年联合国系统在发展领域出台的一些有影响力的报告也进行了简要评析。

“联合国与世界人权”分报告回顾了2013—2014年联合国在世界人权领域的活动，其重点是应对地区热点问题所导致的人道主义危机，并在推动联合国人权机制改革和国际人权规范建构等方面取得了诸多重要突破和进展。中东北非尤其是叙利亚危机中的人权保护问题一直是联合国大会、安理会和人权理事会的重点讨论对象。在2013—2014年间，联合国通过了大量关于叙利亚问题的决议和声明，仅联合国安理会就叙利亚局势就举行了26次会议。利比亚、刚果（金）、中非、马里、苏丹、巴勒斯坦、阿富汗、索马里、朝鲜等国家的人权问题也很严重，为此安理会、人权理事会通过多项决议，讨论并采取行动。2013年12月，潘基文秘书长提出“人权先行”倡议，推动人权议题在联合国系统工作中的主流化，确保人权议题成为联合国工作内容的三大核心议题之一。秘书长还继续推动“保护的责任”规范的发展。人权理事会继续开展第二轮国别人权审查。联合国人权高专办则积极推动人权条约机构体系“加强进程”。目前，中国已参加27项国际人权条约，每年与近20个国家进行人权对话与磋商。2013年10月，联合国人权理事会国别人权审查工作组对中国人权状况进行了第二轮审查。

专题报告分别就2015年后发展议程、气候变化、可持续发展、国际争端的法律解决、伊朗核问题等议题进行论述。专题报告“2015年后发展议程与可持续发展的全球治理”回顾了可持续发展指标的演进过程、各方的认识和分析及其多元化特点，并提出中国可利用联合国的平台，主动谋求可持续发展目标的领导作用。千年发展目标将在2015年到期，联合国将公布全球发展的新目标，即可持续发展目标。这一新目标以综合性、共同性和可持续发展为基础，设置一系列提升全球可持续发展福祉的子目标。可持续发展涉及可持续经济、可持续生态和可持续社会三方面的协调统一，要求人类在发展中讲究经济效率、关注生态和谐以及追求社会公平，最终达到人的全面发展。在可持续发展目标和指标体系谈判进程中，发达国家始终主导着谈判与合作进程，在议程设定、合作原则制定、谈判路径和对策方面均掌握着话语权。但是，随着可持续发展权力结构的变化，可持续发展治理的领域出现多元化，治理的主体也出现了变化。中国应强调充分发挥联合国的领导核心作用，重申全球责任和公平原则，同时积极倡导可持续发展指标体系的一揽子解决方案。

专题报告“联合国气候变化治理进展”重点讨论了2013—2014年全球气候变化治理的两大议题：一是落实“巴厘路线图”确立的各项谈判任务，特别是发达国家履行资金承诺和提高2020年前的减排力度以及建立“损失和危害”的国际机制等；二是正式开启德班平台谈判，制订工作计划，为2015年达成新的协议奠定基础。2013年11月华沙气候大会虽然取得了一些进展，但是联合国框架下的气候谈判继续处于群龙无首、低效乏力的局面，气候变化谈判已经失去了实质性推动多边减排的动力。《联合国气候变化框架公约》的影响力、正当性和有效性进一步受到挑战。2014年中期波恩气候谈判取得某些积极进展。2014年9月在纽约举行的气候变化峰会预示着进行20年的国际气候谈判逐渐从“政治博弈”回归到“气候行动”，为在2015年达成全面的、有法律约束力的协议铺平了道路。但从全球气候治理的趋向来看，历史责任和南北格局正发生转变，各利益集团的矛盾与合作已经取代全球气候治理而成为全球气候政治的主轴。会议中谈判集团的组织也预示着地缘政治经济取代全球共同利益而成为气候谈判未来的发展方向。

专题报告“联合国可持续发展问题高级别政治论坛的角色和挑战”详细阐述了论坛的背景、机制、挑战和前景。2013年9月成立的论坛取代经社理事会下属的可持续发展委员会，在确保落实包括可持续发展目标在内的“里约＋20”峰会的承诺以及实现2015年后发展议程方面发挥着至关重要的作用，并将审议联合国所有会员国以及联合国系统落实可持续发展的进程。经过成员国、国家集团和利益攸关方的谈判，论坛将发挥行为体和平台的双重作用。作为行为体，论坛可设立可持续发展的议题，并审查落实情况；作为平台，论坛分别在大会和经社理事会下召开不同级别的会议。这样的安排有利于推动可持续发展在经济、社会、环境三个层面的整合，也有利于社会力量的参与。但是，论坛现有的资源还欠缺，成果的约束力也不足。未来，论坛面临三个方面的挑战：一是政治领导能力，能否领导利益攸关方并统筹可持续发展的三个领域；二是议程设置，如何处理千年发展目标与2015年后发展议程的关系，以及是否同时处理安全治理和发展治理两个方面；三是机制建设，包括相关准则和规范的建立以及审查和监督机制的健全。

专题报告“联合国与国际争端的法律解决”分析了以法律方式解决国际争端的性质和特点，并介绍了国际法院近年的几个案例。第二次世界大战后，和平解决国际争端成为国际社会的主流价值。近年来，随着国际司法及仲裁实践的日益增多以及新的国际司法机构的创立，和平解决国际争端也呈现出一些新的特征，包括争端事项涉及范围不断扩展、国际司法机构管辖权重叠以及非国家行为体越来越多地成为国际司法程序的参与方等，由此和平解决国际争端的内涵也产生了变化。基于尊重国家主权原则，国际仲裁或司法机构的管辖权应以争端双方共同同意为基础。国际法院行使两种不同方式的管辖权，即咨询管辖权与诉讼管辖权。1946 年以来，国际法院共发布 25 件咨询意见，共有 161 起案件进入法院总表。国际刑事法院有权就规约所规定的最严重的国际犯罪对个人行使管辖权，并对主权国家刑事管辖权起补充作用。作为海洋法领域最具权威性和系统性的法律文件，1994 年生效的《联合国海洋法公约》在涉及海洋权益争端解决方面制定了全面而复杂的规则。补充管辖权、并行管辖权和强制管辖权等多重管辖权的存在，导致国际司法判例的相互冲突和“碎片化”。国际法院近年受理的案件涉及的范围既包含了国际政治中有关政治安全及领土主权等所谓“高政治”领域的争端，也包括了涉及环境侵权损害、司法互助协作、国家管辖豁免及本国国民的外交保护等有关国家间交往过程中各种较为技术性的议题领域。

专题报告“联合国与伊朗核问题”介绍了过去两年联合国对伊制裁机制的进展，就联合国对伊制裁的作用进行评析，并分析了对伊制裁当前面临的挑战。为确保伊朗核活动的和平性质，2006 年至今联合国安理会就伊朗核问题一共通过 11 项决议，对伊朗制裁范围和力度不断提高，包括关于扩散敏感核活动与核武器运载系统的禁运、武器禁运、旅行禁令、资产冻结、加油服务禁令等。多年来，联合国对伊制裁的战略目的即迫使伊朗以可核实的方式将核活动限制在和平利用核能的范围之内未能实现。但是，伊朗核问题在 2013 年伊朗大选前后出现转折，伊朗与六国（五常加德国）的谈判取得一些进展。联合国对伊朗实施的一系列制裁是和平解决该问题的诸多国际努力的一部分，制裁效果在一定程度上决定着国际社会谋求解决伊朗核问题的方式选择。近年来，联合国对伊制裁机制从技术方面取得了显著的进步，这包括实施定向制裁、由专门机构负责制裁名单的列入和除名，以及规定解除制裁的条件等。上述措施意味着联合国制裁的灵活性在逐步提高，它们有助于发挥制裁的最大作用。但是，联合国对伊制裁仍面临一些挑战，如：联合国、美国和欧盟等都对伊朗实施了制裁，这些制裁的范围、力度和内容不尽相同，并且与成员国的国内法律程序存在一定冲突，这种情况对联合国制裁的执行带来挑战。同时，商业便利化和互联网技术的发展为躲避制裁活动提供了条件，并增加了监督制裁执行的难度。另外，对联合国制裁机制的宣传和教育工作在世界范围内十分欠缺。

Executive Summary

The United Nations is the most universal, representative and authoritarian inter-governmental and international organization in the world. Because of its unique international attribute and power granted by the United Nations Charter, UN can take actions on the extensive issues.

The Report includes the General Report, Sub-reports, Special Reports and Appendix, which review, sum up and analyze the UN work and activities in various arenas in 2013—2014.

The General Report focuses on the work of six principal organs of UN. The UN General Assembly (UNGA) is the major institution of review and supervision in UN. The 68th-session UN General Assembly was opened on September 17, 2013 and concluded on September 15, 2014. This session of the General Assembly set a new development agenda beyond 2015 as its priority. On September 24— October 1, 2013, the 68th session of UNGA held the general debate and the Chinese Minister of Foreign Affairs Mr. Wang Yi gave a speech entitled "China Standing at a New Starting Point" . During the 68th session of UNGA, 5 high-level meetings and dialogues were held, 173 items were reviewed and discusses and 304 resolutions were passed. The United Nations Security Council (UNSC) is the organ in UN maintaining international peace and security, whose activities mainly involve conflict prevention, peace promotion, peace keeping, compulsory execution and peace building. In 2013, UNSC held 193 meetings, passed 47 resolutions and issued 22 Presidential Statements. In 2014, UNSC held 258 meetings, passed 63 resolutions and issued 28 Presidential Statements. To alleviate the situation in Syria and avoid the escalation of the conflict, UNSC has done a large quantity of effective work, in particular the efforts in eliminating the chemical weapons. OPCW won the 2013 Nobel Peace Prize. Economic and Social Council (ECOSOC) is the principal organ in UN responsible for coordinating economic and social work. The post-2015 development agenda focuses on sustainable development. In September 2013, UN High-level Political Forum on Sustainable Development was established, which is responsible for reviewing the process of implementing the sustainable development by all UN member states and UN organs. NGOs are playing a bigger role in UN affairs. At present, more than 2, 869 NGOs work as the counselors of ECOSOC. As a principal UN organ, the Trusteeship Council is mainly responsible for supervising the management of trust territories in the trusteeship. As the last trust territory Palau gained its independence on October 1, 1994, the Trusteeship Council stopped its operation on November 1, 1994 and is still in the halting state. UN Secretariat is the routine-work organ of UN with the Secretary General as its chief. The Secretary General would submit to UNGA, on an annual basis, Report of the Secretary General on the Work of the UN, which introduces in detail the progress of UN in 8 arenas of work while reporting on the progress in Millennium Development Goals. The Secretary General would submit to UNSC about 100 reports annually, most of which are about the situation in Africa. Each year, the Secretary General would make about 100 speeches on important dates such as the International Day. In 2013—2014, UN Secretary General Ban Ki-Moon visited China for 3 times. The International Court of Justice (ICJ) is the principal judiciary organ of UN, which mainly judges the inter-state disputes it receives and provides legal advisory opinions for the UN organs. In Judiciary Year 2013/2014, ICJ made decisions on 3 cases and issued 13 decrees. By December 2014, ICJ had 14 pending lawsuits.

The sub-reports mainly analyze the 3 UN pillars (security, development and human rights) . The sub-report UN and Global Security gives overview of global and regional security situation in 2013 — 2014 while highlighting the process and progress in political mediation in Syria and peace operations in Somalia and Central Africa made by the United Nations. By October 30, 2014, UN had conducted 69 peacekeeping operations. Nowadays, UN is engaged in 16 peacekeeping operations and 112, 696 people are involved in the peacekeeping operations. In 2013—2014, new features were seen and new measures were taken in the UN peacekeeping operations, namely, the peacemaking in multiple levels while highlighting the promotion of peace building after the conflict, prevention of conflict recurrence and helping the conflicting nations realize long-term peace and development. As a result, UN has deployed MIT and Military Intervention Brigade. The sub-report also introduces the new progress in international arms control and disarmament, in particular the Arms Trade Treaty (ATT) passed at the UNGA in April 2013. The Secretary GeneralBan Ki-Moon called it "the historical diplomatic accomplishment" . However, DPRK made nuclear test in February 2013 and posed new challenge against the nonproliferation. Besides, no breakthrough progress was made in the Iran nuclear issue. In the past 2 years, UN continued to conduct the anti-terrorist and counter-piracy operations and made some effect. In 2013—2014, China, for the first time, sent the security troops to participate in the UN peacekeeping operations in Mali, deployed peacekeeping infantry battalion to UN Sudan peacekeeping region, and dispatched peacekeeping police force to Liberia, thus making new contributions to the UN peacemaking operations. China also actively participated in resolving Syria crisis and escorted ships in the Gulf of Aden.

The sub-report UN and International Development introduces the principal UN organs responsible for development issues, explains the major work and measures of UN in the development arena, evaluates and analyzes relevant reports of UN in the development arena and makes the policy proposal of sharing the Chinese development philosophy globally via UN. The principal UN organs responsible for development issues include the UNGA the 2nd Committee, the 3rd Committee, ECOSOC and its affiliates. In 2013—2014, the UN work and measures in the development arena were represented by the efforts to implement the Millennium Development Goals, push forward the global sustainable development and make post-2015 development agenda. In the past 2 years, the UN continued to be dedicated to working with its partners in the world to speed up the progress in the Millennium Development Goals. Some of the goals were realized in advance or partially realized. However, because of the climate change, financial crisis and humanitarian crisis, some goals were not realized as scheduled. As the Millennium Development Goals are about to be due, the UN is now working hard to make the post-2015 development agenda. The general debate theme of the 69th session of UNGA is "delivering on and implementing a trans-formative post-2015 development agenda" . The sub-report also makes simple comments on and analysis of some influential reports issued by UN organs on development in 2013—2014.

The sub-report UN and World Human Rights reviews the UN activities in the arena of world human rights in 2013—2014, which focus on responding to the humanitarian crisis caused by the regional hot-spot issues. These activities make many important breakthroughs and progress in pushing forward UN human right mechanism reform and building the international human right norms. The issue of human right protection in the Middle East and North Africa, in particular in the Syria crisis, has been the major discussion topic in UNGA, UNSC and UNHRC. In 2013—2014, UN passed many resolutions and statements about Syria issue and UNSC alone held 26 meetings about Syria situation. Besides, Syria, Congo, Central Africa, Mali, Sudan, Palestine, Afghanistan, Somalia and DPRK also faced serious human right problems. In light of this, UNSC and UNHRC passed many resolutions, made discussions and took actions. In December 2013, UN Secretary General Ban Ki-moon made the proposal of "human right priority" to push forward the human right issue become mainstream issue in the work of UN organs so as to secure human right becomes one of the 3 principal issues in the UN work contents. The UN Secretary General also continued to push forward the development of the norm of "responsibility to protect" . UNHRC continued to make the second round of Universal Periodic Review (UPR) . UN Office of the High Commissioner for Human Rights was active to facilitate the process of Treaty-based Bodies. Till today, China has participated in 27 international human right treaties and gets into human dialogue and negotiations with nearly 20 countries. In October 2013, the UNHRC Country-based Human Right Review Work Team made the 2nd round of review of human right situation in China.

The Special Reports discuss such issues as the post-2015 development agenda, climate change, sustainable development, legal solutions to international disputes and Iran nuclear issue. The Special Report Post-2015 Development Agenda and Global Governance of Sustainable Development reviews the evolution of sustainable development indicators, the perception and analysis of relevant stakeholders and its diversity characteristics. It also proposes that China should make use of UN as a platform to seek the leadership role in the sustainable development goals. The Millennium Development Goals will become due in 2015 and UN will publicize the new global development goals, or the Sustainable Development Goals. The new goals are based on comprehensiveness, commonality and sustainable development while setting a series of sub-goals to improve the welfare of global sustainable development. The sustainable development involves the coordination and unity among sustainable economy, ecology and society. It requires that human kind should focus on economic efficiency, give attention to ecological harmony and seek social equity to achieve the all-round development of human beings. In the negotiation process of Sustainable Development Goals and indicator system, the developed nations have been dominating the process of negotiation and cooperation while possessing the power of say in making the agenda, partnership principles, negotiation routes and counter-measures. Nevertheless, as the power structure of sustainable development changes, diversity has been seen in the arena of sustainable development arena and subjects of governance have also changed. China should emphasize on fully playing the leading role of UN and reiterating the principle of global responsibility and equity while advocating the package of solutions to sustainable development indicator system.

The Special Report UN Progress in Climate Change Harnessing focuses on discussing two issues in global climate change harnessing in 2013—2014. First, implement the negotiation tasks established in Bali Roadmap, in particular the fulfillment of fund promise made by developed nations, tightening up the emission-reduction efforts before 2020, establishing the international mechanism of Loss and Damage. Second, initiate the Durban Platform Negotiations, make work plan and lay the foundation for the new agreement to be reached in 2015. Though some progress was made in United Nations Climate Change Conference Warsaw in November 2013, the climate negotiations in the UN framework was still in the state featured by the absence of leader, low efficiency and weakness. The climate change negotiations have lost the substantial power of pushing forward the multi-lateral emission reduction. The influence, legitimacy and effectiveness of UN Framework Convention on Climate Change continued to be challenged. The Bonn Climate Change Negotiations in the mid-term of 2014 made some active progress. The UN Climate Change Summit held in New York in September 2014 hinted that the international climate negotiations lasting 2 decades were gradually returning from the political game to the climate operations, thus paving the road towards reaching the comprehensive and law-binding agreement by 2015. However, when we observe the trend of global climate harnessing, we find the historical responsibilities and south-north pattern are changing, and the contradictions and cooperation among the interest groups have replaced the global climate harnessing and become the principal part in the global climate politics. The organization of negotiating groups also predicts that the geopolitics and geoeconomics have replaced the common interest of the world and become the development trend of future climate negotiations.

The Special Report Role of United Nations High-level Political Forum on Sustainable Development and the Challenge It Faces gives detailed introduction to the background, mechanism, challenges and prospect of the Forum. The Forum, established in September 2013, replaced the Sustainable Development Committee subordinate to the ECOSOC. It plays an important role in implementing the commitments to the Sustainable Development Goals made in Rio＋20 Summit, and the post-2015 development agenda. At the same time, it will review the process of implementing sustainable development by all UN member states and UN organs. Through the negotiations among the member states, national groups and stakeholders, the Forum will play as both the behavioral body and platform. As the behavioral body, the Forum can set up the issues of sustainable development while reviewing their implementation. As the platform, it will convene meetings of different levels under the UNGA or ECOSCO. Such arrangements will help push forward integration of sustainable development in economy, society and environment while facilitating the involvement of social forces. However, the Forum now suffers from insufficiency of resources and lack of binding force of results. In the future, the Forum will be confronted with challenges in 3 aspects. First, the political leadership, or whether it can lead the stakeholders to integrate the 3 arenas of sustainable development; second, the setting of agenda, or how it treats the relations between the Millennium Development Goals and the post-2015 development agenda, and whether it should treat the security governance and development governance; third, building of mechanism, including the establishment of relevant criteria and norms and improvement of review and supervision mechanism.

The Special Report UN and Legal Solutions to International Disputes analyzes the nature and features of solving international disputes in legal means while introducing a few cases of ICJ in recent years. After the Second World War, the peaceful resolving of international disputes has become the mainstream value of the international community. In recent years, as the international justice and arbitration practice increases and as the new international judiciary organ is established, the peace resolving of international disputes has presented some new characteristics, including the expanded scope of dispute items, overlapping of jurisdictions of international judiciary organs, and the fact that non-state behavioral bodies are increasingly becoming the participants in the international judiciary procedure. As a result, the connotations of peaceful resolving of international disputes have also changed. Based on the principle of respect for the national sovereignty, the jurisdictions of the international arbitration or judiciary organs should be based on the common agreement of the disputing parties. The ICJ exerts two different kinds of jurisdictions, namely, the consultancy jurisdiction and lawsuit jurisdiction. Since 1946, ICJ has issued 25 consultancy opinions and 161 cases have been included in the General Table of ICJ. ICJ has the right to exert the jurisdiction over individuals as per the most serious international crimes specified in the stipulations while supplementing the criminal jurisdiction of the sovereign states. As the most authoritarian and systematic maritime law, the United Nations Convention on the Law of the Sea, which went into effect in 1994, makes comprehensive and sophisticated rules about solving disputes in maritime rights and interests. The existence of supplementary, concurrent and compulsory jurisdictions leads to contradiction and fragmentation of international judiciary precedents. The cases accepted by ICJ in recent years involve the so-called highly-political disputes in political security and territory sovereignty in the international politics. At the same time, they also involve the technical issues about environmental infringement and damage, judiciary mutual aid and cooperation, exemption of national jurisdiction, and diplomatic protection of their nationals in the process of inter-state connections.

The Special Report UN and Iran Nuclear Issue introduces the UN progress in the mechanism of sanction against Iran over the past 2 years, comments on and analyzes the role of UN in sanctioning Iran, and analyzes the challenges faced by sanction against Iran. To ensure the peace nature of Iran nuclear activities, the UNSC, since 2006, has passed 11 resolutions about Iran nuclear issue, kept enlarging the scopes of sanctions against Iran and enhancing the force, including the proliferation of sensitive nuclear activities, embargoing of nuclear weapon delivery system, weapon embargoing, travel bans, assets freezing and ban on refueling service, etc. Over the past years, UN has failed to realize the strategic purpose of UN's sanctions against Iran, that is to force Iran to limit the nuclear activities, in the verifiable way, within the scope of peaceful use of nuclear energy. However, Iran nuclear issue saw its turning point after the 2013 General Election in Iran. Some progress was made in the negotiations between Iran and 6 nations (5 UNSC Permanent Member States plus Germany) . The UN sanctions against Iran constitute part of the many international endeavors to solve the issue in a peaceful way. In some degree, the effect of sanctions determines which way the international community will select to solve the Iran nuclear issue. In recent years, UN has made evident progress in technologies of sanction mechanism against Iran, including the targeted sanctions, the special organ responsible for inclusion in and exclusion from the sanction list, and the conditions of sanction lift. These measures mean UN is gradually improving its flexibility of sanctions and help maximize the role of the sanctions. However, UN sanctions against Iran still face some challenges, e. g. , UN, USA and EU, etc. have all posed sanctions against Iran and these sanctions differ in the scope, strength and contents. Besides, they, in some degree, contradict against the domestic legal procedure of member states. Such situation poses challenges against the execution of UN sanctions. At the same time, the commercial facilitation and development of Internet technologies have made it possible to evade from the sanctions while enhancing the difficulty of supervising the sanction execution. Besides, the promotion and education of UN's sanction mechanism is still insufficient on the worldwide basis.

总报告 联合国2013—2014

张贵洪*

联合国是1945年第二次世界大战后成立的国际组织。当时共有51个国家承诺通过国际合作和集体安全来维护和平、发展国家间友好关系、促进社会进步、提高生活水平和保护人权。由于其独特的国际性质和《联合国宪章》赋予的权力，联合国可就广泛的问题采取行动，并通过大会、安全理事会、经济及社会理事会以及其他机构和委员会，为其193个会员国提供一个论坛来表达他们的观点。

联合国也是当今国际社会最具普遍性、代表性和权威性的国际组织。根据《联合国宪章》，联合国有四项宗旨：维持国际和平与安全；发展国家间友好关系；合作解决国际问题和促进对人权的尊重；构成协调各国行动之中心。

70年来，联合国积极应对全球挑战，为80个国家的9000万人提供粮食；为全世界58%的儿童接种疫苗，每年挽救300万人；为逃离战火、饥荒或迫害的3870万难民和人民提供援助；同193个国家合作应对气候变化，使发展具有可持续能力；在4大洲16项行动中有12万名维和人员在维持和平；消除贫穷，帮助4.2亿农村贫民过上更好的生活；在实地并通过大约80项条约和宣言保护和促进人权；筹措人道主义援助220亿美元，帮助受紧急情况影响的人；利用外交手段防止冲突，每年协助约60个国家进行选举；促进孕产妇保健，每年拯救3000万妇女的生命。①

2015年，联合国迎来70周年。“联合国强大，世界更美好。”

---

* 张贵洪，复旦大学联合国研究中心执行主任、教授、博士生导师，中国联合国协会常务理事、上海联合国研究会副会长兼秘书长，主要从事联合国与国际安全问题研究。

① http://www.un.org/zh/aboutun/.

一、第 68 届联合国大会

联合国大会（United Nations General Assembly），简称“联大”，是联合国的主要审查、审议和监督机构。

（一）联合国大会概况

根据《联合国宪章》的规定，大会有权讨论宪章范围内的任何问题或事项，并向会员国和安理会提出建议。大会接受并审议安理会及联合国其他机构的报告；选举安理会非常任理事国、经社理事会和托管理事会的理事国；大会和安理会各自选举国际法院的法官；根据安理会的推荐，批准接纳新会员国和委任秘书长。联合国的预算和会员国分摊的会费比额都需经大会讨论决定。每一个会员国在大会有一个投票权。

大会全体会议由大会主席（或副主席）主持。大会设主席 1 人，副主席 21 人，由全体会议选举产生。安理会 5 个常任理事国是当然的副主席，其余副主席席位按地区分配原则选出，即非洲 6 席、亚洲 5 席、东欧 1 席、拉美 3 席、西欧及其他国家 2 席。大会主席所属地区的副主席名额减少 1 个。大会主席由上述 5 个地区轮流推选本地区代表并经大会选举担任。

大会设有 6 个主要委员会，各委员会由全体会员国组成，负责讨论大会分配给该委员会的议题并提出建议。各委员会的建议以简单多数表决通过，然后提交大会全体会议决定。这 6 个主要委员会分别是：裁军及国际安全委员会（第一委员会），负责处理关于限制及解除军备以及国际安全等议题；经济及金融委员会（第二委员会），负责处理国际经济议题；社会、人道及文化委员会（第三委员会），负责处理关于社会、人道主义等议题；特殊政治及非殖民化委员会（第四委员会），负责处理裁军及安全以外的政治问题，以及关于消除殖民主义的问题；行政及预算委员会（第五委员会），负责处理行政以及预算事务；法务委员会（第六委员会），负责讨论关于国际法的议题。

大会还设有总务委员会和全权证书委员会。总务委员会由大会主席、副主席和 6 个委员会的主席组成，负责就议题项目的通过、议题的分配和会议的组织工作提出报告，交大会全体会议决定。全权证书委员会由大会根据上届大会主席提议任命的 9 个会员国组成，负责审查各国出席会议代表的全权证书。

大会另有两个常设委员会：行政预算咨询委员会和会费委员会。行政预算咨询委员会由大会任命16人组成，负责联合国方案预算的专业审查，并协助第五委员会工作；会费委员会由大会任命的18名专家组成，负责就各会员国间分摊联合国的会费问题向大会提供意见。尽管联大决议不同于安理会决议，它只是建议，并无约束力，但它在一定程度上代表了国际社会的大多数意愿，具有道义力量。

大会常会每年于9月从至少有一个工作日的第一个星期起算的第三个星期的星期二开始举行。联合国大会每年举行一届常会，主要会议从9月开始至12月结束。次年1月复会，讨论所有与议程有关的问题，直到下届会议开始之前。秘书长在收到安全理事会或联合国会员国过半数所提出召开特别会议的请求，或得到会员国过半数赞同开会的通知后召集特别会议。至今大会已举行过28届特别会议。在秘书长收到安全理事会依据任何9个理事国的赞成票提出召开紧急特别会议的请求，或在收到联合国会员国过半数以其在临时委员会的赞成票或以他种方式表示的请求，或在得到会员国过半数赞同开会的通知后24小时内召开。大会至今已举行过10届紧急特别会议。

大会分为两个阶段，前半期为一般性辩论阶段，后半期是大会审议列入议程的各项议题阶段。在大会休会期间，大会的工作由6个主要委员会、其他附属机关和联合国秘书处进行。“重要问题”，例如关于维持国际和平与安全、接纳新会员国、制定联合国预算和维持和平预算的建议，是以2/3多数决定，其他事项以简单多数决定。近年来，大会作出特别努力，通过协商一致而不是通过正式表决作出决定。

（二）第68届联大议程和决议

第68届联大于2013年9月17日开幕，2014年9月15日闭幕。本届联大的主题是“为2015年后发展议程做好准备”。

安提瓜和巴布达常驻联合国代表约翰·阿什（John Ashe）担任第68届联大主席。根据惯例，联大主席一职由亚洲、东欧、非洲、拉美和加勒比以及西欧和其他国家（包括北美）5个地区组轮流推选代表担任，任期1年。主管大会和会议管理事务副秘书长为特格涅沃克·格图。

大会第68届会议一般性辩论于2013年9月24日至10月1日举行。联合国秘书长在开幕式上发言指出，“2015年是一个历史性的机会”，新的发展议程“必须是普遍性的，把消灭贫困作为最高优先事项，把可持续发展作为核心，并且把治理作为凝聚力”。他呼吁“让我们找到治理、结伴和解决问题的新途径。让我们赋予联合国力量，使其不止步于充当第一个作出反应的机构或最后的手段”。中国外长王毅做了题为“站在新起点上的中国”的发言，指出“文化决定理念，历史昭示未来”，中国身体力行地走和平发展道路，同时也主张世界各国共同走和平发展道路，中国将坚定不移地继续改革开放和可持续发展，中国也将坚定不移地推进以联合国为核心的全球治理体系变革。

第 68 届联大期间举行了 5 次高级别会议和对话，包括 9 月 23 日举行的“残疾与发展问题大会高级别会议”，9 月 24 日举行的“可持续发展高级别政治论坛”，9 月 26 日举行的“核裁军大会高级别会议”，10 月 3—4 日举行的“国际移徙与发展问题高级别对话”，10 月 7—8 日举行的“关于发展筹资问题高级别对话”。

根据 2013 年 9 月 20 日大会第 2 次全体会议通过的第 68 届联大会议议程，本届联大审议和讨论 173 个事项，涉及会议程序（8 项），促进持续经济增长和可持续发展（20 项），维护国际和平与安全（34 项），非洲的发展（1 项），促进人权（6 项），有效协调人道主义援助工作（2 项），促进司法和国际法（16 项），裁军（20 项），药物管制、预防犯罪和打击一切形式和表现的国际恐怖主义（3 项），组织、行政和其他事项（63 项）。秘书长在关于联合国工作的报告中，全面回顾和总结了联合国在落实会员国确定的联合国上述优先事项方面取得的进展，并指出将“继续优先努力把联合国建成一个现代化、负责任且能以最高标准交付工作的全球性组织”。

第 68 届联大共通过 304 项决议，其中根据第一委员会（裁军和国际安全）的报告通过的决议 49 项，根据二委（经济和金融）的决议 41 项，根据三委（社会、人道主义和文化）的决议 71 项，根据四委（特别政治和非殖民化）的决议 27 项，根据五委（行政和预算）的决议 42 项，根据六委（法律）的决议 21 项，未经发交主要委员会而由全会通过的决议 53 项。2013 年 10 月 3 日，大会还通过“国际移徙与发展高级别对话宣言”。

（三）第 69 届联大

第 69 届联合国大会于 2014 年 9 月 16 日下午在纽约联合国总部开幕。本届联大主席萨姆·库泰萨表示，本届联大的主题是“落实和执行 2015 年后发展转型议程”。2015 年对联合国来说是重要的一年，将迎来联合国成立 70 周年、北京世界妇女大会 20 周年、联合国《千年宣言》15 周年和 2005 年世界首脑会议

10 周年。

第 69 届联大于 2014 年 9 月 24 日至 10 月 1 日举行本届联大一般性辩论。中国外长王毅做了题为“共谋和平发展、共守法治正义”的发言。他指出，在这个世界中，我们应该平等相待、开放包容、合作共赢、讲求公道。面对这个不安宁的世界，中国的回答是：坚持政治解决、兼顾各方利益、推进民族和解、践行多边主义。2015 年是世界反法西斯战争胜利和联合国成立 70 周年，也是中国人民抗日战争胜利 70 周年，中国欢迎将“纪念二战胜利 70 周年”列入本届联大议程。

本届联大常会期间举行了一系列会议，其中 9 月 22 日举行关于《国际人口与发展会议行动纲领》2014 年后后续行动的联大特别会议，9 月 22—23 日举行“世界土著人民大会”联大高级别全体会议，9 月 23 日举行由潘基文召集的 2014 年气候峰会。2015 年还将举行三场高级别专题辩论会，包括 2015 年 2 月讨论 2015 年后发展议程的执行手段，3 月讨论 2015 年后发展议程中促进性别平等和增强妇女权能的问题，4 月讨论和平解决争端及加强联合国与区域和次区域组织间合作的问题。6 月还将召开一次遏制气候变化问题高级别会议。

根据 2014 年 9 月 19 日大会第 2 次全体会议通过的第 69 届联大会议议程，本届联大审议和讨论 172 个事项，涉及会议程序（8 项），促进持续经济增长和可持续发展（19 项），维护国际和平与安全（34 项），非洲的发展（1 项），促进人权（6 项），有效协调人道主义援助工作（1 项），促进司法和国际法（16 项），裁军（19 项），药物管制、预防犯罪和打击一切形式和表现的国际恐怖主义（3 项），组织、行政和其他事项（65 项）。

二、联合国安全理事会

联合国安全理事会（United Nations Security Council），简称“安理会”，是联合国维护国际和平与安全的主要机关，负有首要责任。

（一）安理会的职权和组成

根据《联合国宪章》，联合国所有会员国都同意接受和执行安全理事会的决定。联合国其他机构只能向会员国提出建议，唯有安全理事会才有权作出会员国根据《宪章》必须执行的决定。安理会可在和平受到威胁时随时举行会议。

安理会在接到一项威胁和平的投诉时，可以采取一系列措施，包括：建议当事方尝试以和平手段达成协议；提出达成此种协议的原则；在某些情况下进行调查和调解；派遣访问团；任命特使；请秘书长进行斡旋，以实现争端的和平解决。当争端导致敌对行动时，安理会可以：发出有助于防止冲突升级的停火指示；派遣军事观察员或维持和平部队，帮助减少紧张程度，隔离敌对部队，并建立可寻求和平解决问题的安宁环境。除此之外，安理会还可选择各种强制执行措施，包括：经济制裁、军火禁运、金融惩罚和限制以及旅行禁令；断绝外交关系；封锁；乃至集体军事行动。

根据《联合国宪章》，安全理事会具有下列职能和权力：依照联合国的宗旨和原则来维护国际和平与安全；调查可能引起国际摩擦的任何争端或局势；建议调解这些争端的方法或解决条件；制订计划以处理对和平的威胁或侵略行为，并建议应采取的行动；促请各会员国实施经济制裁和除使用武力以外的其他措施以防止或制止侵略；对侵略者采取军事行动；就接纳新会员国以及各国加入《国际法院规约》的条件提出建议；在“战略地区”行使联合国的托管职能；就秘书长的任命向大会提出建议，并与大会共同选举国际法院的法官。

安理会由 15 个理事国组成，包括 5 个常任理事国（英国、俄罗斯、法国、美国和中国）和 10 个非常任理事国。非常任理事国由大会选举产生，任期两年，包括阿根廷、澳大利亚、韩国、卢森堡、卢旺达（以上任期截至 2014 年），以及立陶宛、尼日利亚、乍得、智利、约旦（以上任期截至 2015 年）。安理会需要有 9 票赞成才能作出决定。除关于程序问题的表决外，只要任何一个常任理事国投反对票（否决），安理会就无法作出决定。所有会员国都有义务执行安理会的决定。

安理会的主席一职由安理会理事国按照理事国国名英文字母次序轮流担任，每一轮主席的任期为 1 个月。

安理会设有为履行其职能所必需的附属机关，包括反恐怖主义委员会和反扩散委员会（1540 委员会）、军事参谋团、制裁委员会、常设委员会和特设机构、维持和平特派团和政治特派团、前南问题国际法庭和卢旺达问题国际法庭、咨询机构（建设和平委员会）。

（二）安理会 2013 年会议、决议和活动

2013 年，安理会共举行 193 次会议，其中的 93 场会议与非洲相关。种族冲突和政治冲突问题长期困扰着非洲地区，2013 年非洲中部爆发了新的冲突。安

理会在 15 个成员国的支持下，与非洲联盟合作，致力于施加持续、有效的影响力，推动国家内部和区域的权力格局趋于稳定。

2013 年，安理会共通过 47 项决议，其中 27 项与非洲相关。安理会一如既往，力求各成员国达成共识，通过的决议中只有 4 个没有得到全票。但关于将国际刑事法院对肯尼亚总统和副总统的审判推迟 1 年的一项决议并未获得通过，投票结果为 7 票赞成，0 票反对，8 票弃权。

2013 年，安理会发表了 22 项主席声明，其中 13 项声明与非洲有关。1 月 15 日的声明强调，只有采取持久、全面的对策，有所有国家、国际组织和区域组织的积极参与和协作，以遏制、削弱、孤立恐怖主义威胁并使其失去能力，才能战胜恐怖主义。安理会重申，不能也不应将恐怖主义与任何宗教、国籍或文明联系起来。

2013 年，联合国秘书长向安理会共递交或转递 102 份报告，其中大部分与非洲局势有关。根据大会第 68/11 号决议和安理会第 2096（2013）号决议，秘书长每 3 个月报告一次阿富汗境内的事态发展。2013 年，秘书长向安理会递交了 4 份报告，介绍联合国在阿富汗的活动，包括重要的人道主义活动、发展和人权工作的最新情况，概述了政治和安全方面的主要事态发展以及与阿富汗有关的区域和国际事件。

2013 年，安理会特派团提交了 2 份报告，分别通报了赴非洲埃塞俄比亚、苏丹和肯尼亚访问团（2011 年 5 月 19—26 日）和也门访问团（2013 年 1 月 27 日）的情况。

2013 年 10 月 17 日，沙特阿拉伯当选安理会非常任理事国，但拒绝出任这一席位。沙特常驻联合国代表在辞信中表示："安理会的工作机制和双重标准使之无法承担和履行维护国际和平与安全的职责"，导致"全球和平与安全不断受到破坏，不公平的现象愈演愈烈，权利受到侵害，冲突和战争不断蔓延"。此外，在安理会工作方法问题年度辩论会上，法国提议，在面对诸如叙利亚大规模暴行之类的情况时，5 个常任理事国应避免使用否决权。这引发了大量争论，即是否应该制定一个"行为准则"来指导 5 个常任理事国应对此类极端情况。

在非洲，2013 年 7 月，安理会在联合国组织刚果民主共和国稳定特派团（联刚稳定团）内部署了首支干预旅，这是安理会迄今采取的最特殊的行动之一，通过授权干预旅执行适应新局势的任务，打破了标准的维和模式。安理会第 2098（2013）号决议授权干预旅可单方面或协同刚果（金）武装部队采取军事行动打击"3 月 23 日运动"和其他危害刚果民主共和国东部和平的武装团体。由于联合国加大了在刚果（金）的武装行动力量，迫使"3 月 23 日运动”在11月宣布结束长达20个月的武力抵抗。这项决议还授权特派团使用无人机为平民和维和人员提供更有效的保护，并监视武器贩运情况。这开创了在联合国维和部队中引入无人机这一先进技术的先例。安理会还授权在非洲其他地区设立3个特派团。年末，安理会在中非共和国同样采取了全面行动，设立并部署了由非洲联盟主导的中非共和国国际支助团（中非国际支助团）。5月，安理会在非洲之角设立了联合国索马里援助团（联索援助团），帮助索马里政府和非洲联盟驻索马里特派团（非索特派团）开展工作，从根本上解决暴力，建立能够执行法治的安全、司法和管理机构。2013年，南苏丹的局势变化可能是整个非洲最令人始料未及的，针对这一情况，安理会在12月24日决定，将联合国南苏丹共和国特派团（南苏丹特派团）的兵力增至1.25万人，警察人数增至1323人。

在中东地区，联合国调查员确认，叙利亚政府在8月21日针对大马士革郊区的进攻行动中使用了化学武器。随后，安理会在9月一致通过了一项决议，要求叙利亚政府销毁化学武器库存，否则将依据《联合国宪章》第七章对叙采取强制措施。这一决议结束了1个月以来国际上关于叙利亚局势的激烈外交争辩。联合国秘书长潘基文在会议上称，第2118（2013）号决议获得通过，是“长期以来在叙利亚问题上第一个给人带来希望的消息”。

关于中东局势，安理会仍按往常模式就巴以局势举行每月简报会，联合国高级官员警告称若不对冲突采取行动，各方将面对严重后果。

关于伊拉克局势，联合国驻该国最高官员表示，政治僵局、恐怖袭击，以及阿拉伯人与库尔德人之间的紧张关系使当前安全问题进一步恶化，导致伊拉克的政治格局出现“摩擦”。是继续寻求民主和改革，还是“在一条充斥着政治僵局和宗派暴力的危险道路上越走越远”，伊拉克人必须作出选择。

在巴尔干地区，安理会获悉波斯尼亚和黑塞哥维那在政治上的“零和”做法阻碍了该国加入欧盟的步伐。而塞尔维亚与科索沃在4月19日签署了《关于“关系正常化”规则的首份协议》。

在专题层面，安理会在题为“受冲突影响的形势下妇女、法治和过渡司法”的公开辩论会上通过了13年来首个关于从实质上解决“妇女、和平与安全”议程中妇女参与问题的决议。第2122（2013）号决议要求会员国、区域组织以及联合国在和平谈判桌前为妇女留出一席之地。

在特派团缩编和调整方面，安理会调整了联合国科特迪瓦行动（联科行动）的军事部署，将兵力集中在高危地区。安理会还授权联合国利比里亚特派团（联利特派团）执行兵力削减的第二阶段，在2014年9月30日前减员1129人，并决定延长并调整 2003 年起对利比里亚采取的武器禁运措施。安理会还要求联合国塞拉利昂建设和平综合办事处（联塞建和办）于 2014 年 3 月 31 日前完成全面缩编，意味着其在塞拉利昂这一西非国家长达数十年的工作进入了尾声。

大会选举乍得、智利、沙特阿拉伯、立陶宛和尼日利亚为安理会非常任理事国，任期自 2014 年 1 月 1 日开始，为期两年。12 月 6 日，大会在沙特阿拉伯拒绝接受非常任理事国席位后举行了一场罕见的补选，选举约旦接任这一席位。上述五国接替于 2013 年 12 月 31 日任期届满的阿塞拜疆、危地马拉、摩洛哥、巴基斯坦和多哥。阿根廷、澳大利亚、卢森堡、韩国和卢旺达的任期于 2014 年年底结束。

（三）安理会 2014 年会议、决议和活动

2014 年，安理会共举行 258 次会议，其中利比亚、中东、中非、索马里、苏丹、伊拉克、马里、阿富汗、刚果（金）、科特迪瓦、布隆迪等是讨论的重点。

2014 年，安理会共通过 63 项决议，其中 34 项直接与非洲相关，7 项有关中东局势，6 项关于恐怖主义行为对国际和平与安全的威胁。2014 年 3 月 15 日，俄罗斯对有关乌克兰局势的安理会决议草案（S/2014/189）投了否决票。2014 年 5 月 22 日，中国和俄罗斯对有关叙利亚局势的安理会决议草案（S/2014/348）投了否决票。

2014 年，安理会发表了 28 项主席声明。其中，2 月 21 日的主席声明强调要在维持国际和平与安全方面促进和加强法治。2 月 14 日和 12 月 15 日的主席声明分别强调要加强联合国与欧洲联盟和非洲联盟在维护国际和平与安全方面的合作。

2014 年，联合国秘书长向安理会共递交或转递 100 份报告，其中一半以上的报告与非洲局势有关。根据大会第 68/11 号决议和安理会第 2145（2014）号决议，2014 年秘书长向安理会递交了 4 份报告，提供联合国在阿富汗活动的情况，包括重要的人道主义活动、发展和人权努力，概述了政治和安全方面的主要事态发展以及与阿富汗有关的区域和国际事件。

2014 年，安理会特派团提交了 4 份报告，分别通报了赴利比里亚、科特迪瓦和塞拉利昂访问团（2012 年 5 月 18—24 日），非洲访问团（2013 年 10 月 3—9 日），马里访问团（2014 年 2 月 1—3 日），欧洲和非洲访问团（2014 年 8 月 8—14 日）的情况。

2014 年 12 月 18 日，第 69 届联大以 116 票赞成、20 票反对、53 票弃权的结果通过决议，决定将朝鲜人权问题调查委员会的报告提交安理会，并鼓励安理会考虑将朝鲜人权问题提交国际刑事法院，以追究肇事者责任。2014 年 12 月 22 日，中国常驻联合国代表刘结一对安理会召开会议讨论朝鲜人权局势表示反对。刘结一强调，不应将人权问题政治化，同时朝鲜半岛局势依然复杂敏感，各方应维护半岛和平与稳定，坚持通过对话协商解决问题。

三、联合国经济及社会理事会

联合国经济及社会理事会（United Nations Economic and Social Council，ECOSCO），简称经社理事会，是联合国协调经济和社会工作的主要机构。

（一）经社理事会概况

作为政府间机构，经社理事会接受联合国大会的领导，协调联合国及各专门机构的经济和社会工作；研究有关国际间经济、社会、发展、文化、教育、卫生及有关问题；就其职权范围内的事务，召开国际会议，并起草公约草案提交联合国大会审议。作为讨论国际经济和社会问题以及拟订政策建议的中心论坛，经社理事会在加强国际合作促进发展方面发挥关键作用。

经社理事会与民间社会团体（包括非政府组织和私营部门）进行咨商，它是给予非政府组织咨商地位的主要机构。目前全世界超过 2869 个非政府组织拥有经社理事会的咨商地位。这些组织获准参与理事会及其附属机构的工作，向它们提交书面文件和发言。

经社理事会主要关注世界的经济、社会和环境挑战。经社理事会负有广泛的责任，涉及整个联合国系统 70％的人力和财务资源，负责协调 24 个专门机构以及基金会和方案、9 个功能性委员会以及 5 个区域委员会。

理事会由 54 个理事国政府组成，经联合国大会选举产生，任期 3 年。理事会席位按地域代表制分配席位，非洲国家 14 个，亚洲国家 11 个，东欧国家 6 个，拉丁美洲和加勒比地区国家 10 个，西欧和其他国家 13 个。

经社理事会常年的工作由附属机构进行。附属机构包括职司委员会 9 个、[①] 区域委员会 5 个、[②] 常设委员会 3 个、[③] 特设机构 1 个、[④] 由政府专家组成的专家机构 3 个、[⑤] 成员以个人身份组成的专家机构 5 个、[⑥] 其他有关机构 4 个。[⑦]

经社理事会还有 3 个特设机制：冲突后非洲国家问题特设咨询小组、海地问题特设咨询小组、联合国农村发展公私联盟。

长期以来，经社理事会主要是一个讨论机构，很少有采取行动的权利。从 1992 年开始，一些国家开始加强经社理事会在经济、社会以及相关事务，特别是发展事务的责任和权利。经社理事会开始对联合国发展项目以及对联合国开发计划署、联合国人口基金会和联合国儿童基金会等机关有监督和设定政策的责任，在一些交叉领域内，如麻醉剂控制、人权、克服饥饿和克服艾滋病等领域有协调各个机关行动的作用。

在 2005 年世界首脑会议上，各国元首和政府首脑授权经社理事会举行年度部长级审查和两年一次的发展合作论坛。年度部长级审查的目标是评估落实各次主要会议和首脑会议提出的国际商定发展目标的进展情况。发展合作论坛的目标是提高不同发展伙伴活动的一致性和有效性。通过审查国际发展合作的趋势和进展情况，论坛将为提高发展合作的质量和效果提出政策指导和建议。

2014 年 1 月 14 日，奥地利常驻纽约联合国代表马丁·萨迪克（Martin Sajdik）大使当选为经济及社会理事会第七十任主席。2013 年的经社理事会主席为哥伦比亚常驻联合国代表内斯托尔·奥索里奥（Néstor Osorio）。

---

① 即统计委员会、人口与发展委员会、社会发展委员会、妇女地位委员会、麻醉药品委员会、预防犯罪和刑事司法委员会、科学和技术促进发展委员会、可持续发展委员会、联合国森林论坛秘书处。

② 即非洲经济委员会（非洲经委会）、亚洲及太平洋经济社会委员会（亚太经社会）、欧洲经济委员会（欧洲经委会）、拉丁美洲和加勒比经济委员会（拉加经委会）、西亚经济社会委员会（西亚经社会）。

③ 即方案和协调委员会、非政府组织委员会、政府间机构协商委员会。

④ 即信息学不限成员名额特设工作组。

⑤ 即危险货物运输和全球化学品统一分类标签制度专家委员会、国际会计和报告标准政府间专家工作组、联合国地名专家小组。

⑥ 即发展政策委员会，公共行政专家委员会，国际税务合作特设专家组，经济、社会和文化权利委员会，土著问题常设论坛。

⑦ 即联合国人口奖委员会、国际麻醉品管制局、提高妇女地位国际研究训练所董事会、联合国艾滋病毒/艾滋病联合规划署方案协调委员会。

（二）经社理事会的会议、决议和活动

经社理事会每年举行一届组织会议和一届实务会议，年初举行一次会议专为选举主席和主席团成员。组织会议于2月第一个星期二召开，续会则于4月召开。实务会议于5—7月间召开，至迟于大会常会开幕前6个星期休会。

经社理事会最重要的会议是每年7月举行的为期长达1个月的年度实质性届会。届会每年在纽约和日内瓦之间交替举行，分为5个部分——高级别会议、协调会议、业务活动会议、人道主义事务会议和常务会议，讨论全球事务和技术及行政问题。在高级别会议上，各国内阁部长与国际机构主管以及其他高级官员将讨论重大的经济、社会和环境政策问题，通常会通过一项关于高级别会议主题的部长级声明，为行动提供政策指导和建议。

2013年度经社理事会届会于7月1—26日在日内瓦举行，主题是“科学、技术和创新以及文化在促进可持续发展和千年发展目标方面的潜力”。潘基文秘书长在会上发布《2013年联合国千年发展目标报告》并致辞指出，目前各国已经实现或基本实现了包括到2015年将极端贫困人口减半，提供安全饮用水以及抗击疟疾、结核病等千年发展目标的关键目标，但仍然面临环境、生物多样性流失以及婴幼儿死亡居高不下等严重挑战。他强调，科学、技术和文化应当成为2015年后发展议程的重要元素。创新在解决相互关联的全球性发展问题方面发挥着关键性的作用，一个成功的发展战略必须构建能够解决地方性挑战和促进增长的广泛创新能力。

2013年9月24日，可持续发展问题高级别政治论坛会议在纽约联合国总部开幕。潘基文秘书长在开幕会议上指出，该论坛的成立标志着国际社会在朝着实现“里约＋20”峰会成果文件中的承诺方面迈出了重要一步，他希望论坛能够充分发挥其专业知识、智慧和影响力，为实现可持续发展的共同愿景作出贡献。第68届联大主席阿什指出，在落实消除贫困、实现可持续发展的主要目标的过程中，高级别政治论坛不仅可为再续伙伴关系、加强多边参与的工作提供支持，还可在确保落实包括可持续发展目标在内的“里约＋20”峰会的承诺以及实现2015年后发展议程方面发挥至关重要的作用。可持续发展问题高级别政治论坛将取代已于9月20日结束其工作的可持续发展委员会。隶属于联合国经社理事会的可持续发展委员会，在过去20多年来一直负责增进环境与可持续发展方面的国际合作，并对国际社会落实1992年联合国环境与发展大会通过的《21世纪议程》情况进行审议。可持续发展问题高级别政治论坛以后每年将举行

一次部长级会议，并且每 4 年将在联大的框架内举行一次首脑峰会。此外，从 2016 年起，高级别政治论坛还将审议联合国所有会员国以及联合国系统落实可持续发展的进程。

2014 年 7 月，联合国经济和社会理事会高级别会议及可持续发展高级别政治论坛在纽约联合国总部举行。中国常驻联合国代表刘结一指出，当前国际社会正面临加速实现千年发展目标、落实“里约＋20”大会成果、制订可持续发展目标和规划 2015 年后发展议程等重要任务。为此，中方认为：（1）坚持以消除贫困为核心，推进包容性增长；（2）加强全球发展伙伴关系；（3）以科技创新推进可持续发展；（4）加强可持续发展理念的推广和实践。展望 2015 年后发展议程，中方认为应坚持以下原则：一是坚持将消除贫困和促进发展作为核心；二是坚持“共同但有区别的责任”原则；三是坚持发展模式多样化原则；四是坚持统筹平衡发展原则，全面协调推进经济、社会和环境发展；五是坚持成员国主导、协商一致的原则；六是坚持普遍性原则的同时充分考虑到各国不同的国情、能力和发展阶段。

2013 年，经社理事会共通过 44 项决议，其中比较重要的有“加强联合国紧急人道主义援助的协调”（E/RES/2013/6）、“发展政策委员会的报告”（E/RES/2013/20）、“联合国替代发展问题指导原则”（E/RES/2013/42）等决议。

2014 年，经社理事会共通过 30 项决议，其中比较重要的有“发展筹资问题国际会议的后续行动”（E/RES/2014/11）、“科学、技术及创新促进发展”（E/RES/2014/28）、《2011—2020 十年期支援最不发达国家行动纲领》（E/RES/2014/29）、“人类住区”（E/RES/2014/30）等决议。

2013 年，经社理事会共发表 98 个报告，包括“经济、社会及相关领域的区域合作”（E/2013/15＋Add. 2）、“科技创新和文化潜力促进可持续发展和实现千年发展目标”（E/2013/47、E/2013/54）以及附属机构的报告。

2014 年，经社理事会共发表 98 个报告，包括“2014 年世界经济和社会概览：减少不平等，促进可持续发展”（E/2014/50）、“可持续发展筹资和 2015 年后发展议程方面的统筹、协调与合作”（E/2014/53）、“可持续的城市化的有效治理、决策和规划”（E/2014/67）、“国际发展合作的趋势与进国际发展”（E/2014/77）以及附属机构的报告。

四、联合国托管理事会

托管理事会（United Nations Trusteeship Council）是联合国负责监督托管

事务的机关。

《联合国宪章》在建立国际托管制度过程中设立了托管理事会，作为联合国的一个主要机关，并规定其任务为监督置于托管制度之下的托管领土的管理。托管制度的主要目标是促进托管领土居民的进展以及托管领土朝自治或独立方向的逐渐发展。托管理事会由安全理事会的5个常任理事国组成，即中国、法国、俄罗斯、英国和美国。托管制度的目的已经充分实现，所有的托管领土均已取得自治或独立，有的成为单独的国家，有的加入相邻的独立国家。

《联合国宪章》规定，托管理事会有权审查并讨论管理当局就托管领土人民的政治、经济、社会和教育方面进展提出的报告，会同管理当局审查托管领土的请愿书，并对托管领土进行定期的和其他特别的视察。

随着最后一个托管领土帕劳于1994年10月1日取得独立，托管理事会于1994年11月1日停止运作。理事会1994年5月25日通过决议，决定修改其议事规则，取消每年举行会议的规定，并同意视需要举行会议。

五、联合国秘书处和秘书长

联合国秘书处（United Nations Secretariat）是联合国的日常工作机关。

（一）秘书处概况

秘书处为联合国其他主要机关服务，并执行这些机关制定的方案与政策。秘书处的首长是秘书长，秘书长由大会根据安全理事会的推荐任命，任期5年，可以连任。

秘书处由在联合国纽约总部和世界各地工作的全体国际工作人员组成。到2014年6月30日止，秘书处有来自世界各地的工作人员约41426名。作为国际公务员，工作人员和秘书长都对联合国负责，并宣誓不寻求或接受联合国以外任何政府或其他当局的指示。根据《联合国宪章》，各会员国承诺尊重秘书长和工作人员责任的专属国际性，决不设法不当影响其责任的履行。

秘书处的职责广泛，范围从管理维持和平行动到调停国际争端，从调查经济及社会趋势和问题到编写关于人权和可持续发展问题的研究报告。秘书处工作人员还使世界各通信媒体了解和关心联合国的工作；就全世界所关切的问题组织国际会议；监测联合国各机构所做决定的执行情况；将发言和文件翻译成联合国各正式语文。

秘书处下设秘书长办公厅、内部监督事务厅、法律事务厅、政治事务部、裁军事务厅、维持和平行动部、外勤支助部、人道主义事务协调厅、减少灾害风险办公室、经济和社会事务部、大会和会议管理部、新闻部、安全和安保部、管理事务部等。

联合国秘书处总部设在纽约，但在日内瓦、内罗毕、维也纳等设有办事处。

(二) 秘书长概况

联合国秘书长既是外交官又是代言人，既是公务员又是首席执行官，作为联合国理想的象征，秘书长为全世界人民尤其是穷人和弱势人群仗义执言。

《联合国宪章》规定，秘书长是联合国的"首席行政长官"，其履行行政长官的职务，以及安理会、联合国大会、经济社会理事会和其他联合国组织"所托付之其他职务"。《宪章》还规定秘书长有权力"将其所认为可能威胁国际和平及安全之任何事件，提请安全理事会注意"。这些纲领性的原则既明确规定了本职位的权力，又给予其极大的采取行动的自由。如果秘书长不关心成员国的利益，他就不称职，但是他必须要维护联合国的价值观念和道德权威，一言一行都要从和平的角度出发，为此甚至可以不惜得罪上述成员国。

秘书长要参加联合国各机构的会议，同世界领袖、政府官员和其他人员举行会谈，奔赴世界各地，使成员国的人们能清楚地了解联合国日程上值得国际关注的众多事情。每年，秘书长都要做联合国工作报告，评价联合国的工作，指出今后的工作重点。联合国秘书长同时又是联合国系统行政首长协调理事会（CEB）的主席。该理事会由联合国基金会、署及其他专门机构组成，每两年举行一次会议，在联合国体系面临的全部重要事宜和管理事务上谋求进一步的协调与合作。

根据《联合国宪章》，联合国秘书长经安理会推荐由联合国大会任命。历任秘书长包括：特里格夫·赖伊（挪威），1946 年 2 月至 1952 年 11 月；达格·哈马舍尔德（瑞典），1953 年 4 月任职，1961 年 9 月在非洲因飞机失事不幸罹难；吴丹（缅甸），1961 年 11 月担任执行秘书长，1962 年 11 月被正式任命为秘书长，任期至 1971 年 12 月；库尔特·瓦尔德海姆（奥地利），1972 年 1 月至 1981 年 12 月；哈维尔·佩雷斯·德奎利亚尔（秘鲁），1982 年 1 月至 1991 年 12 月；布特罗斯·布特罗斯—加利（埃及），1992 年 1 月至 1996 年 12 月；科菲·安南（加纳），1997 年 1 月至 2006 年 12 月；潘基文（韩国），2007 年 1 月至今。

秘书长的团队包括高级管理小组、特别代表和特使。高级管理小组是秘书长主持的高级团体，汇集联合国各部门、办事处、基金和方案的主管，现有 38 人，包括常务副秘书长、副秘书长、地区经济社会委员会执行秘书、重要专门机构的负责人等。

秘书长任命特别顾问、特别代表、特使、高级代表、高级协调员等，现有约 122 人，其中包括非洲问题 45 个、美洲问题 6 个、亚洲及太平洋问题 7 个、欧洲问题 5 个、中东问题 21 个、其他 38 个。2014 年 5 月 30 日，联合国南南合作办公主任周一平（中国籍）被任命为秘书长南南合作问题特使。

（三）秘书长潘基文：2013—2014 年

2012 年 1 月，潘基文顺利连任秘书长。1 月 25 日，他发表《秘书长未来五年的行动纲领》，提出国际社会应该采取的行动，包括可持续发展、预防、建立一个更加安全更有保障的世界、支持转型国家、与妇女和青年合作并为妇女和青年服务，同时提出两个推进手段：充分利用伙伴关系的力量、加强联合国。

秘书长每年向大会提交《秘书长关于联合国工作的报告》，详细介绍联合国在 8 个工作领域（促进持续经济增长和可持续发展，维护国际和平与安全，非洲的发展，促进和保护人权，有效协调人道主义援助工作，促进司法和国际法，裁军，药物管制、预防犯罪和打击一切形式和表现的国际恐怖主义）的进展，并报告千年发展目标的进展。秘书长每年向安理会提交约 100 份报告，其中大部分与非洲局势有关。

潘基文秘书长每年在重要的国际日等发表约 100 次重要致辞。9 月 12 日，潘基文秘书长在联合国南南合作日致辞中指出，22 亿人仍然生活在赤贫中，约 14 亿人（多数在南方）仍然得不到可靠的电力，9 亿人没有清洁饮水，26 亿人没有适当的环境卫生设备。面对这种严峻现实，南南合作和三角合作提供了一条通过新的全球促进可持续发展伙伴关系走向平衡增长和公平的道路。10 月 31 日，首个世界城市日纪念活动由上海主办，潘基文秘书长在致辞中指出，联合国大会决定设立世界城市日后，我们现在就有了一个每年庆祝人类最伟大、最复杂的发明创造的日子。全世界已有半数以上的人口生活在城市地区，因此人类的未来在很大程度上就是城市的未来。

促进尊重人权是联合国的核心宗旨之一，也体现了联合国是服务全世界人民的组织。会员国负有保护本国人民的主要责任，却有时无法或不愿履行这项义务。有时，联合国系统也未能履行促进和鼓励尊重人权的职责。为此，2013 年 11 月，潘基文秘书长提出“人权先行”（Rights up Front），这是秘书长为强化联合国保障世界各地人权行动的一项新措施，是为提高联合国应对复杂危机的能力，以“防止可怕的人类苦难”再次发生。

2014 年 12 月 4 日，潘基文秘书长向联大提交题为《到 2030 年前通往尊严的道路：结束贫困、使所有人的生活转型并保护地球》的综合报告。这份报告全面综合了参与广泛的全球有关 2015—2030 年可持续发展议程的讨论。报告为在今后 15 年实现尊严绘制了一个路线图。报告提出了可持续发展的普遍性和变革性议程，以权利为基础，以人和地球为中心。报告提供了一体化的一套 6 个基本因素，以利构建和强化可持续发展议程，确保传达会员国表达的雄心和愿景，并在国家一级变成现实：（1）尊严：消除贫穷和不平等；（2）人：确保健康的生活、知识，并将妇女和儿童包含在内；（3）繁荣：发展强有力、包容各方和有转型能力的经济；（4）地球：为所有社会和我们的后代保护生态系统；（5）公正：促进安全与和平的社会和强有力的机构；（6）伙伴关系：为可持续发展促进全球团结。

潘基文担任联合国秘书长后 8 次访华。2013 年 6 月 19—22 日，潘基文秘书长访华，首次会晤习近平主席，并希望联合国与中国建立“更大、更强的伙伴关系”，加强中国与联合国全方位合作。2014 年 5 月 18—22 日，潘基文出席在上海举行的亚信峰会，并在复旦大学发表题为《我们需要一个什么样的世界》的演讲，希望青年人成为世界公民，具有全球视野。2014 年 8 月 15—17 日，潘基文访问南京，出席第二届青奥会开幕式，前往中山陵拜谒，做客南京大学并接受在线访谈。

六、国际法院

国际法院（International Court of Justice，ICJ）是联合国的主要司法机关，1945 年 6 月根据《联合国宪章》成立，1946 年 4 月开始工作。

国际法院是唯一具有一般管辖权的普遍性国际法院。法院的管辖权有两个方面：对诉讼案件的管辖权和对咨询事项的管辖权。首先，法院就各国行使主权自愿向其提交的争端作出裁决。目前有 70 个国家（不含中国）依照《法院规约》承认法院的管辖权具有强制性。此外，约有 300 项双边或多边条约或公约规定法院在解决关于这些条约或公约的适用或解释的争端方面具有管辖权。其次，法院也发表咨询意见。除有权就“任何法律问题”请法院发表咨询意义的大会和安理会外，经社理事会、托管理事会、大会临时委员会和一些专门机构也有权就其活动范围内出现的法律问题请法院发表咨询意见。

国际法院设在荷兰海牙和平宫，由卡内基基金会负责管理。

国际法院正式语文为英文和法文。

国际法院由经大会和安理会选出的 15 名法官组成，任期 9 年，每 3 年改选 1/3。《法院规约》第十九条规定，“法官于执行法院职务时，应享受外交特权及豁免”。

2014 年 7 月 31 日，法院组成如下：院长：彼得·通卡（斯洛伐克）；副院长：贝尔纳多·塞普尔韦达—阿莫尔（墨西哥）；法官：小和田恒（日本）、龙尼·亚伯拉罕（法国）、肯尼斯·基思（新西兰）、穆罕默德·本努纳（摩洛哥）、列昂尼德·斯科特尼科夫（俄罗斯）、安东尼奥·奥古斯托·坎卡多·特林达德（巴西）、阿布杜勒卡维·艾哈迈德·优素福（索马里）、克里斯托弗·格林伍德（英国）、薛捍勤（中国）、琼·多诺霍（美国）、吉奥尔吉奥·加亚（意大利）、朱莉娅·塞布廷德（乌干达）和达尔维尔·班达里（印度）。

书记官处是国际法院常设的国际秘书处。由于法院既是司法机关又是国际机构，书记官处的职责既包括提供司法支持，又作为一个永久行政机构运作，因此书记官处不仅从事司法和外交性质的工作，而且也具有行政性质。目前，书记官处有 120 个员额和包括 60 个专业及以上职类员额和 60 个一般事务职类员额。

书记官长负责书记官处的各部和各处，是书记官处的首长，他承担司法、外交和行政三方面的职责。书记官长为比利时国民菲利普·库弗勒，副书记官长为喀麦隆国民让一珀莱·福梅泰。

书记官处下设法律事务部、语文事务部、新闻部、行政和人事处、财务处、出版处、文件处和法院图书馆、信息通信技术处、档案索引编制和分发处、文本处理和复制处、安保处、特别助理、法官秘书、主任医官、工作人员委员会。

法院为便利行政工作，设立各个委员会，包括预算和行政委员会、规则委员会、图书馆委员会。

法院的主要职能之一是根据国际法裁判各国提交的争端。第一个进入法院总表的案件是 1947 年 5 月 22 日提交的英国诉阿尔巴尼亚。至 2014 年 12 月 30 日，共有 161 个案件进入法院总表。

至 2014 年 12 月，法院总表上有 14 个待决的诉讼案件。这些案件涉及各种主题，如领土和海洋争端、侵犯领土完整、灭绝种族、核军备竞赛等。

（1）加布奇科沃—大毛罗斯项目（匈牙利/斯洛伐克）

（2）刚果境内的武装活动（刚果民主共和国诉乌干达）

（3）《防止及惩治灭绝种族罪公约》的适用（克罗地亚诉塞尔维亚）。

（4）边界争端（哥斯达黎加诉尼加拉瓜）

（5）公路建设争端（尼加拉瓜诉哥斯达黎加）

（6）海洋通道争端（玻利维亚诉智利）

（7）大陆架争端（尼加拉瓜诉哥伦比亚）

（8）海洋争端（尼加拉瓜诉哥伦比亚）

（9）关于查封和扣押某些文件和数据的争端（东帝汶诉澳大利亚）

（10）海上划界争端（哥斯达黎加诉尼加拉瓜）

（11）关于停止核军备竞争和进行核裁军（马绍尔群岛诉印度）

（12）关于停止核军备竞争和进行核裁军（马绍尔群岛诉巴基斯坦）

（13）关于停止核军备竞争和进行核裁军（马绍尔群岛诉英国）

（14）海上划界争端（索马里诉肯尼亚）

在 2013/2014 司法年度（2013 年 8 月 1 日至 2014 年 7 月 31 日），法院就以下 3 个案件进行了判决。

（1）2013 年 11 月 11 日判决，解释 1962 年 6 月 15 日对柏威夏寺案（柬埔寨诉泰国）所做判决。

（2）2014 年 1 月 27 日判决，海上争端（秘鲁诉智利）。

（3）2014 年 3 月 31 日，南极捕鲸（澳大利亚诉日本）。

在 2013/2014 司法年度，法院还发布了 13 项命令。

法院的另一职能是对经适当授权的联合国机关和机构向其提出法律问题提供发表咨询意见。在上一司法年度，没有提出这样的请求。

分报告一 联合国与全球安全

蒋振西*

当前，国际形势正在出现重大变化：一是经济全球化快速发展，世界各国之间的发展与合作增强，信息技术的发展推动了社会的发展和人类生活方式的改变；二是全球政治向多极化发展，世界上出现了多个力量中心，这对世界的和平与繁荣起到了积极推动作用，使全球安全局势保持基本稳定。

与此同时，全球安全威胁也呈现了多样化趋势。目前，世界形势虽然整体稳定，但仍有多个地区爆发武装冲突，涉及主权、领土纷争的传统威胁依然突出，同时恐怖主义、大规模杀伤性武器扩散以及能源安全和气候变化等带来的非传统安全威胁日益上升。网络安全、太空安全、海洋安全成为世界各国关注的新领域。以联合国为主导的国际组织在多个领域发挥主导作用。“20 国集团”在世界经济的复苏与发展中的促进作用凸显。欧盟、非盟、上海合作组织、东南亚国家联盟等地区组织也十分活跃，成为地区维持稳定与发展的重要保证。为此，国际社会要加强国际合作，实施全球治理，应对共同安全威胁。

2013 年以来，世界上一些地区发生了种族冲突和政治困扰，有的国家甚至爆发武装冲突。在中东地区，叙利亚内战加剧，政府军与反政府武装激烈对峙；埃及局势剧变，总统穆尔西下台后引起全国动乱；巴勒斯坦与以色列和谈未果；在非洲萨赫勒地区，一些国家恐怖主义滋长，宗教极端势力不断上升，造成新的不稳定形势；中非共和国、刚果民主共和国、马里、索马里国内形势持续动荡，广大平民遭受战乱苦难。2012 年举行的非洲国家和区域组织领导人会议对非洲形势动荡的根源进行了分析。他们认为，这一地区动乱的根源大多来自宗教和族群冲突造成的极端势力活跃，而“基地”组织及其北非分支“伊斯兰马

* 蒋振西，中国国际战略学会高级研究员、中国联合国协会理事，长期在中国常驻联合国代表团工作，从事联合国维和行动等领域的研究。

格里布基地组织”的恐怖活动则加剧了非洲局势的动荡不安。

2014 年，中东地区依然动荡不宁。叙利亚国内冲突仍未平息，反政府武装与政府军持续对抗，影响国家稳定与地区安全；7 月 10 日，以色列对加沙地区发动空袭，造成大量巴勒斯坦人伤亡；7 月 27 日，极端组织在伊拉克北部地区建立“伊斯兰国”并进行残酷暴力活动，他们占领了伊北部大部分地区并扩展到叙利亚境内，威胁到地区和国际安全，遭到联合国等国际社会的强烈谴责，一些国家对其发起了军事打击。欧洲地区出现紧张局势。年初，乌克兰发生国内冲突并急速升级，导致欧洲地区形势紧张，引起美国、欧盟与俄罗斯严重对抗，人们担心危机升级，重现以往东西方对立局面；7 月 17 日，一架民航飞机在乌克兰境内被击落，致使 298 名无辜平民旅客遇难，引起国际公愤。

近年来，联合国加大对国际安全的治理力度，积极调解地区冲突。目前，联合国在世界各地开展和平调解，促成和平及建设和平的活动，“实施了 14 项特别政治事务特派团，任命了 10 名联合国特使或特别顾问，建立了遍及世界各地的 100 多个联合国国家工作队”。[①] 2014 年 8 月，联合国安理会通过了 2171 号决议，申明全面的预防冲突战略“包括早期预警、预防性外交、调解、预防性部署、维持和平、实际可行的裁军措施和其他有助于阻止武器的扩散和非法买卖的措施、问责措施以及包容性冲突后建设和平工作，并确认，所有这些事项是相辅相成的，不分先后”。[②] 这一决议是对联合国和平行动的高度概括。

据联合国发布的统计公报，联合国当前正在实施的联合国维和行动达 16 项。2013 年，联合国正式建立了“马里稳定特派团”，2014 年联合国决定实施“中非共和国稳定团”。联合国还对整个维和行动进行了调整。其中“联合国东帝汶综合特派团”在东帝汶实施 14 年之后，已于 2012 年 12 月完成使命后关闭。此外，联合国计划对“联合国利比里亚特派团”的军事部门进行削减，同时增加维和警察人员的编制。此外，联合国已从“联合国科特迪瓦行动”撤出了一个营，还将对“联合国海地稳定团”的军事与警察人员进行缩减，海地稳定团的工作重点将转向巩固政治稳定和法治活动。同时，联合国加大了在苏丹和刚果（金）实施维和行动的规模与力度。联合国秘书长潘基文指出：“会员国表明它们仍然愿意开展维持和平活动，继续认为维和是一个有效的有成本效益的工

---

① 联合国秘书长：关于联合国工作的报告，2013。关于联合国正在实施的维和行动、政治调解与建设和平行动另见本分报告附件。

② 联合国文件：S/RES/2171（2014）。

具，如果没有维和工具，冲突和冲突重现带来的人力和物力代价无疑会高很多。”①

近年来，联合国建设和平委员会得到推动与加强。2013 年，建设和平基金拨出了 8670 万美元，支助 14 个冲突后国家的和平过渡。② 该基金支持联合国应对中非共和国和几内亚比绍重新爆发的暴力行为。建设和平基金为塞拉利昂选举提供了政治和资金支持，推动召开了布隆迪合作伙伴会议，并向利比里亚提供了支助。联合国还在吉尔吉斯斯坦、尼泊尔、尼日尔、索马里和也门，利用建设和平基金来支助重要的政治过渡或巩固和平工作。基金还在有关国家的司法、人权和妇女参政领域提供了援助。同时，联合国建设和平行动也在不断调整。2014 年 3 月，由于塞拉利昂成功进行了大选，联合国遂关闭了塞拉利昂建设和平综合办事处，将其任务移交给联合国国家工作队。目前，建设和平行动仍然有不确定因素。由于建设和平基金主要由会员国捐助，资金很不充裕，2012 年募集到的资金只有 8000 多万美元。

联合国在实施维和行动中，与阿拉伯国家联盟、非洲联盟、欧洲联盟、美洲国家组织和伊斯兰合作组织等国际和地区组织建立了新的、更加牢固的伙伴关系，并得到了联合国会员国的有力支持。

一、联合国的政治调解与建设和平行动

（一）联合国对叙利亚危机的调解活动

2013 年 9 月 24 日，联合国秘书长潘基文在 68 届联大发表讲话中指出，叙利亚危机是当今世界最大的和平与安全挑战。他说：“这场持续近 3 年的灾难性内战已造成超过 10 万人丧生，700 多万人逃离家园，将整个中东地区推向危险的动荡边缘。此外，国际社会目睹了 25 年来最严重的针对平民的化学武器攻击。”

自 2011 年叙利亚危机发生以来，联合国大会与安理会多次召开会议讨论叙利亚问题，并采取了一些实际行动。2012 年 1 月 31 日，联合国安理会在纽约联合国总部举行紧急会议。阿盟及西方国家呼吁安理会尽快通过决议草案，但俄

---

① 联合国：“秘书长关于联合国工作的报告”，联合国大会文件 69/1＊，2014。

② 同上。

罗斯、中国、印度等国反对对叙利亚进行制裁或使用武力。1月27日，摩洛哥代表阿盟向安理会提交决议草案，要求叙利亚总统巴沙尔·阿萨德向副总统移交权力，政府与反对派“认真对话”，并要对叙利亚政府采取制裁行动，不过草案最终没有在安理会得到通过。①

1. 联合国特使的调解活动

2012年2月23日，根据联合国大会第66/253号决议的要求，联合国秘书长潘基文和阿盟秘书长阿拉比共同任命前联合国秘书长科菲·安南为联合国—阿盟叙利亚危机联合特使。2012年3月10日，联合特使安南提出了解决叙利亚危机的六点计划，要求有关方面承诺，“在叙利亚人主导的包容各方的政治进程中与联合国特使合作，以满足叙利亚人民的合理愿望与关注”；“叙利亚冲突各方为保护平民和实现国家稳定承诺停止战斗，立即在联合国监督下切实停止一切形式的武装暴力行为”。②

2012年4月21日，联合国安全理事会通过第2043号决议，决定设立联合国叙利亚监督团（联叙监督团，UNSMIS），其任务是监督冲突各方停止一切形式的武装暴力活动，监督和支持完全执行联合特使安南的六点计划。

2012年6月30日，关于叙利亚问题的国际会议在日内瓦召开，会议被称为第一次关于叙利亚问题的国际会议。此次会议是应联合国—阿盟叙利亚危机联合特使安南的要求召开的，被认为是弥合各国分歧的最后机会，会议对安南提出的叙利亚政治过渡计划也至关重要。俄罗斯在会议开始前做了强硬表态，主张巴沙尔的去留应由叙利亚人自主决定，而美国等一些西方国家更加倾向巴沙尔下台。会议从一开始便陷入僵局。美俄等国在叙利亚总统巴沙尔·阿萨德是否应当留任问题上分歧严重，日内瓦国际会议面临重重挑战。

此外，由于“联合国驻叙利亚监督团”在战火纷飞中无法进行维持和平行动，安理会遂于8月16日决定关闭这一行动。此前，科菲·安南辞去联合国—阿盟叙利亚危机联合特使职务。

2012年9月1日，来自阿尔及利亚的拉赫达尔·卜拉希米接替安南，成为联合国—阿盟叙利亚危机新任联合特别代表，继续对叙利亚危机展开斡旋。这位80岁来自阿尔及利亚的外交官在外交领域拥有非常丰富的经验，对联合国系统也极为了解，曾担任联合国秘书长有关阿富汗、海地、南非等国事务的特别代表，人们对他寄予高度期待。

---

① 人民网，2013年6月14日。

② 联合国文件：安理会关于叙利亚问题的决议S/RES/2042/（2012）。

2. 叙利亚使用化学武器风波

2013 年 8 月 21 日，叙利亚在大马士革地区使用化学武器成为各方关注的焦点。美国总统奥巴马一度表示准备对叙实施军事打击。为避免叙利亚遭到美国的军事打击，俄罗斯主动与美国就销毁叙利亚的化学武器达成协议，并在联合国与禁止化学武器组织的共同努力下，安排了叙利亚化学武器的核查与销毁工作。

9 月 12—13 日，美国国务卿克里与俄罗斯外长拉夫罗夫就叙利亚化学武器问题举行双边会谈，并邀请联合国与阿盟叙利亚问题联合特别代表卜拉希米参加。据俄媒体透露，俄罗斯“协调叙利亚问题”方案共分 4 个阶段实施：(1) 叙利亚加入禁止化学武器组织；(2) 叙利亚公开本国化学武器的生产地和存放地；(3) 叙利亚政府允许禁止化学武器组织的专家进入上述地点；(4) 叙利亚政府与这些专家共同确定由谁以何方式销毁这些武器。无疑，俄关于叙利亚问题提出的这一提议避免了美国的军事打击，得到国际社会的积极评价。

9 月 23 日，联合国叙利亚化武调查团提出报告，对叙利亚使用化学武器问题作出结论：“联合国调查团收集到明确和令人信服的证据，显示 2013 年 8 月 21 日在大马士革姑塔地区也对包括儿童在内的平民相对较大规模地使用了含有沙林毒剂的化学武器。”① 9 月 27 日，安理会通过了授权对叙利亚存在的化学武器进行核查和销毁的决议草案。这是自叙利亚冲突爆发以来，安理会通过的第一份有关叙利亚问题的决议草案。此前，禁止化学武器组织执行理事会制定了迅速消除叙利亚化学武器的计划并对叙利亚化学武器进行严格核查的特别程序。安理会在当天通过的决议中对此表示欢迎，并决心按照禁化武组织执行理事会提出的时间表，消除叙利亚的化学武器。

禁止化学武器组织制定的有关销毁叙利亚化学武器的规定有：叙利亚需在 7 天内就拥有或持有或在其管辖下的化学武器提供详细材料，于 2014 年上半年完成对所有化学武器物料和设备的销毁；尽快且无论如何不晚于 2013 年 11 月 1 日，完成化学武器生产和混合/装填设备的销毁；规定禁止化学武器组织将尽快并最迟于 2013 年 10 月 1 日根据本决定启动在叙利亚境内的视察活动；至迟于本决定通过后 30 天内，对清单所列的所有设施进行视察。

2014 年 5 月 8 日上午，负责监督销毁叙利亚化学武器的禁止化学武器组织和联合国联合特派团负责人卡格向安理会进行了汇报。她向新闻界表示，转移和销毁叙利亚化学武器的工作取得了重大进展，该国 92%的化学武器物质已经

① 联合国网站：《联合国叙利亚化武调查团报告》第 108 段，2013 年 9 月 23 日。

被转移到境外或已经被销毁。但特派团仍然感到关切的是，还有8%的化学武器物质由于安全原因不能够被转移。10月1日，联合国秘书长发言人迪雅里克说，负责销毁叙利亚化学武器的禁止化学武器组织一联合国联合代表团已经完成其任务，并于9月30日结束使命。此后，禁止化学武器组织将牵头销毁叙利亚剩余的化武生产设施，并就叙利亚最初申报化武项目的部分情况进行核实澄清。[①]

3. 第二次叙利亚问题国际会议

2013年5月，美国国务卿克里访俄期间与俄罗斯外长拉夫罗夫共同提议，再次举行有关叙利亚问题的国际会议，以促使叙利亚各方切实履行2012年6月第一次叙利亚问题日内瓦会议上发表的公报。

2014年1月22日，联合国举办叙利亚问题国际会议，联合国、5个安理会常任理事国、叙政府与反对派以及主要地区国家和组织参加。这是叙利亚政府和反对派第一次进行面对面会谈，会议有30多个国家和3个地区组织参加。

本次会议是2012年6月30日举行的日内瓦叙利亚问题“行动小组”外长会议的延续，所以又称第二次叙利亚问题日内瓦国际会议，旨在为政治解决叙利亚危机寻找出路。第二次日内瓦会议是叙利亚危机爆发近3年来，叙政府与反对派代表第一次“面对面”坐到谈判桌前，这本身就是一个突破。会上各方争论的焦点主要是叙利亚总统巴沙尔的命运问题。叙境外主要反对派“全国联盟”主席贾尔巴表示，叙总统巴沙尔的政权不合法，必须立即成立排除巴沙尔的过渡政府。叙副总理兼外长穆阿利姆则强调，巴沙尔继续担任总统是不可触碰的“红线”，“任何人都不能触碰总统职位这一议题”。出席会议的各国外长也都做了简短发言。美国国务卿克里表示，巴沙尔不应出现在过渡政府的名单中；俄罗斯外长拉夫罗夫表示，叙利亚问题应由叙利亚双方和平协商解决，外部势力应遵守不干涉叙内政的原则；中国外长王毅则强调叙各方应坚持政治解决大方向，在各方诉求之间走一条符合自身国情、兼顾各方利益的“中间道路”。

尽管各方立场明显对立，但叙政府和反对派还是自2014年1月24日起在日内瓦举行了直接谈判。根据联合国特使卜拉希米的安排，25日叙双方在日内瓦开始了直接谈判的首轮会谈。尽管叙政府与反对派代表坐到一起，但双方斗争激烈，互不让步。看来，第二次日内瓦叙利亚问题国际会议后有可能出现曲折。

这次国际会议并未取得成功，其原因有：首先，叙利亚反对派未能组建统一的代表团，“全国联盟”不具有广泛代表性。“全国联盟”只能代表叙境外为主的部分反对派，不能代表境外所有的反对派。因此，会议即使作出决议，恐

---

① 新华社联合国2014年10月1日电。

怕也很难约束叙所有反对派组织。其次，伊朗被排除在会议之外，这将成为影响会议成果的一个重要因素。伊朗被认为是对巴沙尔政权影响最大的一个因素，要解决叙利亚危机，伊朗的作用不可或缺。会前，联合国秘书长潘基文曾向伊朗发出与会邀请，然而在美国和“全国联盟”的压力下，潘基文最终不得不撤销了对伊朗的邀请。第三，会议倡导者对如何政治解决叙利亚危机并无共识。虽然美俄共同倡导召开这次日内瓦会议，然而美俄本身对成立叙“过渡管理机构”的看法就南辕北辙，会上相互展开的是一场搏弈。第四，成立“过渡管理机构”是第一次日内瓦会议通过的日内瓦公报的精髓。叙反对派想要通过成立“过渡管理机构”排除巴沙尔，而叙政府则是要借反恐削弱和打击反对派。2014年6月3日，叙利亚举行大选，巴沙尔成功连任总统。在政府军占据优势的情况下，叙利亚的反对派很难有所作为。

虽然联合国和国际社会为解除叙利亚危机作出了不懈的努力，但在当前形势下，叙利亚的和平之路还很漫长。2014年5月13日，联合国秘书长接受联合国—阿盟叙利亚危机联合特使卜拉希米的辞呈。潘基文指出，长期以来，卜拉希米被公认为是一位世界杰出的外交官，他所付出的努力没有得到肩负和平与安全重任的联合国机构和能够对叙利亚局势施加影响的国家的有效支持，“对于联合国来讲，这是一次失败”。[①] 从2012年“叙利亚监督观察团”的无果而终到两任联合国叙利亚特使的黯然退出，3年多的实践表明联合国在叙利亚危机中发挥的作用是有限的。对联合国来说，如何找准在解决国际问题中的位置，如何发挥有效的作用是值得思索的。

（二）联合国索马里和平行动

索马里是非洲一个小国，但自1960年独立以来一直战乱不断，经历着部族、派别冲突，国内形成长期割据局面。特别令人关注的是索马里海盗在亚丁湾兴风作浪，为此许多国家派出军舰护航，成为国际问题中的一大热点。近年来，联合国对索马里实施了多项维和行动和政治调解活动，和平进程虽然有所进展，但安全局势依然不容乐观。

1. 长期动荡的索马里局势

1969年，索国民军司令穆罕默德·西亚德·巴雷发动政变上台，成立索马

① 联合国网站：潘基文宣布接受叙利亚问题联合特别代表卜拉希米辞呈，2014年5月13日。

里民主共和国。1991 年 1 月西亚德政权被推翻，索陷入内战，形成了多个政权分裂的局面：1991 年，索马里北部宣布“独立”，成立“索马里兰共和国”；1995 年，索当时的最大武装派别领导人穆罕默德·法拉赫·艾迪德宣布在摩加迪沙成立临时政府，自任“总统”；1998 年 7 月，阿卜杜拉希·优素福·艾哈迈德在索东北部成立“邦特兰”地方政府并任主席；2002 年，拉汉文抵抗军（RRA）决定成立“索马里西南国”。不过，国际社会对 1991 年以来成立的这些分裂政权均未承认，索马里过渡政府一直是合法政权。

为结束索军阀割据状态，国际社会先后召开 13 次索马里和会。2002 年 10 月，东非地区组织“政府间发展组织”（伊加特，IGAD）在肯尼亚主持召开第 14 次索马里和会，各派势力、政治集团及民间组织，除了“索马里兰”，均派代表与会。会议得到了联合国、欧盟、非盟等国际组织的广泛支持。

2004 年以来，索和平进程取得一些积极进展。2004 年 2 月 23 日，索马里和谈全体代表举行会议，通过索马里《过渡宪章》。10 月 10 日，阿卜杜拉希·优素福·艾哈迈德被选为索马里过渡联邦政府总统。2005 年 1 月 15 日，索过渡联邦政府正式成立。

2. “青年党”反政府武装

2006 年 12 月，索马里过渡联邦政府在埃塞俄比亚军队支持下击溃了反政府的“伊斯兰法院联盟”武装，控制了首都摩加迪沙及周边地区。“伊斯法院联盟”被击溃后，其下属的青年武装组织“青年党”（沙巴布，SHABAAB）继承其衣钵，趁索过渡联邦政府羸弱和埃塞撤兵之机迅速壮大，成为实力最强的反政府武装组织。该组织以在索建立极端伊斯兰政权为目标，向异教徒和外国“侵略者”发动圣战。

2008 年，美国国务院将“青年党”定为恐怖主义组织。2012 年 2 月，“青年党”宣布正式与“基地”组织合流并宣誓效忠“基地”领导人扎瓦希里。“青年党”除与过渡政府和非盟驻索马里特派团武装对峙外，还在索境内以及乌干达、肯尼亚等国频繁制造恐怖袭击。

2009 年 1 月 31 日，索马里“重新解放索马里联盟”领导人艾哈迈德当选索马里总统，成立了新的过渡政府。索政府积极寻求与各方谈判，谋求与伊斯兰极端势力和解，得到了索国内和国际社会的普遍支持。但反政府武装“青年党”与“伊斯兰党”拒不与新政府对话，他们的联合武装占领首都摩加迪沙大部分街区和索中南部大部分地区。过渡政府在“非洲联盟驻索马里特派团”（AMISOM）的支持下守住了摩加迪沙部分街区和索中部部分地区，双方形成僵持状态。2010 年 3 月 15 日，过渡政府与“伊斯兰党”达成和解协议，“伊斯兰党”

宣布加入政府，但“青年党”依然坚持进行武装反对活动。2011 年 6 月，索马里过渡政府与有关方面在乌干达的斡旋下达成了《坎帕拉协议》，一致同意将延长过渡政府任期，加强政府的武装力量。2011 年下半年以来，在索马里安全部队、非盟驻索马里特派团以及肯尼亚、埃塞军队的联合打击下，“青年党”遭受重创，联军对其展开了清剿行动。2012 年 8 月 1 日，索马里全国制宪会议通过《临时宪法》。9 月 10 日，哈桑·谢赫·马哈茂德当选索总统，11 月 15 日新政府宣誓就职。至此，索正式结束了长达 8 年的政治过渡期，成立内战爆发 21 年来首个正式政府。①

1992 年，联合国安全理事会通过决议，建立“联合国索马里行动”，但这一行动遭到当地武装的袭击。同年，联合国授权以美国为首组建“联合国特遣部队”执行武装军事行动。此项行动有 13 个国家参加，总兵力达到 3.7 万人。在强大压力下，索马里境内 14 个武装派别签署了和解协议。但索马里形势依然严峻，为此联合国又组建了“第二批索马里行动”，仍由以美国为首的多国部队组成。在执行任务中，多国部队采取强制军事行动，与当地武装展开激战。多国部队遭到当地武装强烈反击，导致美国与巴基斯坦维和部队多人伤亡。随后，美国与其他国家决定从索马里撤出。1995 年，联合国决定结束第二期索马里行动。这次索马里行动宣告失败。

1995 年 4 月 15 日，联合国在多国部队行动失败后，即在索马里成立“联合国索马里政治事务特派团”（UNPOS）。特派团归属联合国政治事务部，其主要任务是促进索马里国内各个派别和解。2000 年，索马里各派在“政府间发展组织”（伊加特，IGAD）主持下组成联邦过渡政府，此后又在联合国秘书长特别代表的主持下达成了“吉卜提”协议。

3. 非洲联盟派出维和部队

2007 年，联合国安理会授权非洲联盟向索马里派遣 8000 人的维和部队，组建“非洲联盟驻索马里特派团”（非索特派团，AMISOM）并呼吁联合国成员国向非盟维和部队提供财政、人员和装备支持，要求联合国秘书长向索马里派出技术评估小组报告当地局势。此后，非索特派团不断增强兵力，军警人数达到 1.7 万人。

此外，联合国秘书处专门为非索特派团组建了“联合国非索特派团支助办事处”（联合国非索特派团支助办）以向其提供后勤支持。他们向部署到索马里 4 个区的 17731 名非索特派团军警人员、2 支建制警察部队和 207 名警察提供后

---

① 中国外交部网站：国家和组织，索马里。

勤支持；为非索特派团增建办公和住宿设施，改善部队和文职人员的生活条件；还为其打井，保证水源供应，并提供医疗支持和战略通信支持。

4. 2013 年联合国在索马里的和平行动

2013 年，联合国在索马里行动的安全仍然是联合国关注的主要问题之一。安理会就这一问题召开了 11 次公开会议，并通过了 5 项决议，其中包括 3 月 6 日通过的第 2093（2013）号决议。根据决议，安理会决定延长非索特派团的任期；部分解除对索马里长达 20 年的武器禁运，以加强政府的防卫能力，保证政府从“青年党”手中收复地区的安全。

2013 年 6 月 3 日，联合国安理会决定设立由秘书长特别代表领导的“联合国索马里援助团”（联索援助团）。联合国决议指出，联索援助团不是联合国维和部队，而是一个混合编制的联合国特派团，具有政治调解与建设和平的双重功能，其任务是：（1）提供联合国的政治“斡旋”职能，支持索马里联邦政府的和平与和解进程；（2）支持索马里联邦政府和非索特派团，就建设和平与国家建设提供战略政策咨询。为此，联合国要求联索援助团必须有效协调国际社会为索马里联邦政府提供的支助，并期待 2013 年 9 月在布鲁塞尔召开索马里问题会议。[①] 决议要求联索援助团和派驻索马里的联合国系统组成的“国家工作队”共同努力，对索马里的经济建设与战略规划作出积极贡献。此外，联合国还决定在内罗毕的驻地协调员和人道主义协调员办公室与联索援助团联合办公。

5. 索马里和平之路漫漫

当前，非索特派团在索马里承担主要的维和行动，与此同时，联合国安全理事会也一直考虑派遣联合国维和部队。在第 2102 号决议中，联合国安理会要求秘书长制定在索马里部署联合国维和行动的基本标准，为此联合国和非洲联盟派出了“联合审查团”前往索马里进行调查评估。审查团访问了非索特派团驻区，并与驻索马里以及亚的斯亚贝巴和内罗毕的有关国家和国际伙伴进行了磋商。联合审查团的调查结果表明，自 2013 年 5 月以来，反政府武装“青年党”发动了针对政府、国家机构以及在索马里开展活动的国际组织的袭击，索马里国民军和非索特派团目前基本采取了防御固守的态势。联合审查团认为，必须进一步削弱“青年党”叛乱分子发动攻击的能力。为了实现这一目标，必须切实恢复对“青年党”的军事行动，迅速削弱其控制关键战略部位的能力，削弱其强行招募、训练和资助其进行武装行动的能力。同时，还必须提高索马里部队的作战能力，有效收复并控制被“青年党”占领的地区。

---

① 安理会决议：S/RES/2102/2013。

联合审查团认为，索马里当局有责任在联索援助团和非索特派团的支持下，确保及时设立新的行政当局进行有效治理。非索特派团要逐渐减少在索马里作战行动方面的作用，能够及时向监督安全和快速反应方向过渡，为索马里国家安全部队提供有效支持。

为此，联合审查团提出了一套在索马里部署联合国维持和平行动的基本准则，包括：“(a) 签订政治协定，最终落实索马里联邦的愿景并组建行政部门和各级机构；(b) 根据索马里临时宪法条款扩大国家权力，在收复地区建立地方行政当局；(c) 通过一项包括政治、经济和军事部分在内的全面战略，削弱“青年党”，使其不再成为一支有效的军事政治力量；(d) 努力改善安全状况，将简易爆炸装置的袭击事件减少 30%至 50%，并对主要城市中心进行有效的进出控制；(e) 增强索马里国民军把守索马里中南部大多数主要城市的能力，保持必要数量训练有素和装备精良的士兵（1 万人）；(f) 有关索马里警察的作用和职能的重大安全安排达成广泛协议；(g) 为至少 4000 名索马里国家警察提供设备，使其具有可持续性，从而在一个更加宽松的安全环境下促进和平选举，维护法律和秩序；(h) 联合国维持和平行动的部署需获得联邦政府认可，并得到索马里各主要群体的支持。”①

联合国秘书长表示同意联合审查团的结论，还建议向非索特派团部署直升机和其他军事装备；紧急提供特种部队，使非索特派团能够有效地支持进攻行动，保障收复地区的安全；立即部署一支联合国守卫部队，以加强摩加迪沙国际机场内联索援助团驻地的安保；并由联合国从索马里警察抽调大约 150 人专职部队提供培训和装备，用于保障联合国人员在摩加迪沙的行动安全。联合国表示支持联合审查团建议，即非洲联盟和平与安全理事会授权提高非索特派团的 17731 人现有军警部队编制，将再增加 3 个步兵营。

联合国秘书长特别强调，目前联合国实施维和行动的条件还不成熟，仍需由非索特派团实施维和行动，联合国将向其提供支持。他同时指出，索马里的安全局势不能仅靠军事解决办法，军事目标的实现必须与政治和人权领域的进步挂钩。联合国“欢迎索马里联邦政府最近在这方面采取步骤，特别是举行 2016 年愿景会议和成立国家安全委员会，成立促进和保护人权国家机构并开展外联与调解工作”。联合国“敦促所有会员国履行承诺，协助索马里开展国家建设和建设和平努力”。②

---

① 安理会关于索马里的决议：S/RES/2102/2013。

② 联合国秘书长关于索马里形势的报告：S/2013/606。

（三）联合国在中非共和国的和平行动

1. 政变与动乱频发的国家

中非共和国是非洲大陆的一个内陆国家，最近一个多世纪经历了长期的动荡和战乱。1885 年中非遭法国入侵，1891 年沦为法国殖民地。1958 年 12 月 1 日成为法兰西共同体内的“自治共和国”，定名为中非共和国。1960 年 8 月 13 日中非共和国正式宣布独立，达科担任总统。1965 年博卡萨发动政变，自立为总统。1976 年 12 月 4 日，博卡萨又自封皇帝，改国名为中非帝国。1979 年 9 月 20 日，前总统达科在法国军队的协助下发动，政变推翻博卡萨再次出任总统，并恢复国名为“中非共和国”。

1981 年 9 月，安德烈·科林巴将军发动政变，推翻达科并自任国家复兴军事委员会主席、国家元首兼政府首脑。1986 年 11 月 21 日中非举行公民投票，科林巴被正式选举为共和国总统。1987 年 7 月中非举行立法选举，恢复了中断 22 年的议会制度。1993 年，中非举行历史上首次民主选举，昂热—菲利克斯·帕塔塞当选总统。2003 年 3 月，前武装部队参谋长弗朗索瓦·博齐泽自立为总统。2011 年 2 月，博齐泽连任总统。

2. 反政府武装“塞雷卡”的活动

2012 年 12 月，反政府武装穆斯林“塞雷卡”发起一系列攻击行动，中非共和国重现暴力。2013 年 1 月，中非共和国政府与“塞雷卡”武装达成“利伯维尔协议”，但冲突并未平息。3 月，“塞雷卡”反政府武装占领了首都班吉，迫使博齐泽总统出逃。此后中非共和国虽然成立了过渡政府，但国仍局势仍进一步恶化，面临宗教和族裔分裂局面，持续数月的暴力导致国家机构倒闭。2013 年 12 月，“反巴拉卡”民兵及其他反穆斯林武装团体在班吉与“塞雷卡”武装再度爆发武装冲突，“截至 2014 年 3 月，中非境内已有超过 65 万人流离失所，其中仅首都班吉就有 23.2 万人以上，还有 29 万多人逃到喀麦隆、乍得、刚果民主共和国和刚果共和国等周边国家”。[①]

2013 年 5 月 15 日，中非共和国政府总理尼古拉斯·蒂昂盖伊发出紧急呼吁，请求法国进行武装干预，解除“塞雷卡”成员的武装，并请求欧洲联盟和非洲联盟为这一行动提供财政支持。他强调，中非国家分崩瓦解以及缺少国防和安全部队导致安全真空，造成彻底的无政府状态。在首都班吉，肆无忌惮的

① 联合国网站：联合国中非稳定团背景资料，2014 年。

掠夺迫使学校和企业关闭；在班吉以外，“塞雷卡”成员对非穆斯林人进行抢劫，这种情况引起基督教社区的不满。

3. 联合国实施和平行动

自危机爆发以来，联合国以及包括中部非洲国家经济共同体、非洲联盟、欧洲联盟和法国在内的其他国际和区域组织一直不懈努力，以期找到和平解决冲突、保护平民并提供人道主义救济的办法。

2010 年 1 月，联合国在中非共和国部署了“联合国中非共和国建设和平综合办事处”（中非建和办），旨在帮助巩固和平和加强民主体制。2013 年下半年，联合国秘书长特别代表敦促安理会着力解决中非共和国的危机。他指出过渡政府无力控制“塞雷卡”武装成员，中非共和国同喀麦隆边界局势紧张，从中非共和国流入邻国的难民大增。

2013 年，安理会举行了 7 次公开会议，着力帮助这一内陆国家摆脱“塞雷卡”叛军引发的混乱局面。安理会在此期间收到行动呼吁，包括部署中立部队保护平民。安理会认真考虑了这一呼吁，先后通过了 3 项决议来加强对中非共和国的支持。10 月 10 日，安理会通过第 2121（2013）号决议，决定采取措施加强中非建和办的工作：协助落实过渡进程；支持冲突预防工作和人道主义援助；协助实现安全局势的稳定；增进和保护人权；协调国际行为体。

为此，联合国安全理事会在第 2127（2013）号决议中授权由非洲主导的“中非共和国国际支助团”（中非支助团）和由法国部署的维和部队负责平息持续蔓延的暴力行为。安理会责成联合国秘书长迅速做好应急工作准备和计划，为中非支助团转型及联合国维和行动做好准备。联合国授权中非共和国境内的法国部队“采取一切必要措施”支持支助团。

非盟派驻在中非共和国的中非支助团拥有 6032 名军人，法国政府派出 1600 名军人，展开代号为“红蝴蝶”的行动。他们采取联合行动在班吉地区解除了一些武装团体的武装，其中大多为“塞雷卡”成员。这次行动对拯救中非共和国的平民生命、防止中非共和国境内发生更大悲剧发挥了极其重要的作用。然而，由于中非发生危机的规模过大，当地的安全需求已远远超过当地部署的国际部队的能力，因而暴力及侵犯人权行为仍在全国各地普遍发生。

2014 年 2 月 20 日，联合国秘书长呼吁采取全面的综合性方案，以应对中非共和国境内复杂的安全、人道主义、人权和政治危机。秘书长呼吁迅速增强非盟和法国在当地的部队，增派部队和警力；为非洲部队提供后勤和资金支助；协调国际部队进行指挥与控制；迅速为中非共和国政府提供实质性支助；加快该国的政治和解进程；为人道主义行动提供紧急和充分的供应物资。

4. 联合国建立中非稳定团

2014 年 3 月 3 日，秘书长建议安理会根据《联合国宪章》第七章采取行动，授权部署一个多方合成的联合国维持和平行动，其任务包括：（1）保护平民；（2）保护联合国人员、设施和装备，保障联合国和相关人员的安全和行动自由；（3）维持政治进程和主要的过渡内容，包括国家权力的恢复及其在该国全境范围的扩大；（4）为人道主义援助以及难民和境内流离失所者安全、自愿、可持续的回返创造有利安全条件；（5）增进和保护人权；（6）促进各个级别的全国对话、调解与和解；（7）支持前武装分子解除武装、复员和重返社会，并特别注意保护儿童、遣返外国分子以及减少社区暴力。稳定团的其他任务应包括：（1）支持组织和举行选举；（2）支持进行安全部门改革；（3）支持警察、司法和惩罚教育机构活动的恢复；（4）开展排雷行动、监测武器和弹药贩运以及储存管理；（5）协调国际努力，以支持加强善政，包括制定健全的财政政策和自然资源管理方案；（6）建设与完善政府机构，为长期社会经济复原奠定基础。

2014 年 4 月 10 日，安全理事会通过第 2149（2014）号决议，决定设立“联合国中非共和国多层面综合稳定团”（中非稳定团，MINUSCA）。中非稳定团将从 2014 年 9 月 15 日起开始部署，初步由以下人员组成：1 万名军事人员（包括 240 名军事观察员和 200 名参谋）、1800 名警察人员（包括 1400 名建制警察部队人员和 400 名独立执行任务的维和警察）。

安理会决议授权中非稳定团根据《联合国宪章》第七章采取行动。安理会授权其根据自身能力在部署地区内采取一切必要手段（包括军事手段）执行其任务。根据决议，中非稳定团初期的工作重点包括保护平民、协助中非共和国开展过渡工作、协助人道主义援助、保障联合国和相关人员的安全和行动自由、增进和保护人权、支持国家和国际司法、解除民兵和武装团体武装等。

安理会还决定，以非盟主导的“中非共和国国际支助团”将于 2014 年 9 月 15 日把权力移交给中非稳定团，并将“联合国中非共和国建设和平综合办事处”的派驻人员并入中非稳定团。安全理事会授权法国部队在其能力范围内在部署区采取一切必要手段，为中非稳定团人员提供行动支助。这样，联合国将在中非维和行动中发挥主导作用。

（四）联合国建设和平行动

作为联合国维持和平行动的后续行动，联合国对建设和平行动给予高度重视。为此，2005 年，联合国决定成立“建设和平委员会”，以对刚刚摆脱冲突的国家进行经济重建、改革政治安全制度，保证可持续发展。“建设和平委员会”的任务是：“调集有关资源和为冲突后建设和平及恢复提出咨询意见和综合战略。”“建设和平委员会”与维持和平行动不同的是，它侧重于为冲突后建设和平及恢复提出综合战略；帮助确保早期恢复活动和中长期可持久财政投入的可预见性筹资；在政治、安全、人道主义和发展等行为方之间开展广泛协调。但是在当前形势下，维持和平与建设和平又不可能截然分开，二者通常是相互连接，有时甚至是合为一体的。

“建设和平委员会”除其组织委员会成员外，在具体国别组合中还包括冲突国邻近国家、区域组织、多边国际组织、金融机构和民间社会代表等。联合国秘书处内设有“建设和平支助办公室”，负责支助建设和平委员会的各项保障工作。支助办公室还承担协助秘书长加强联合国系统的协调，研究制定建设和平总体战略等事务。支助办公室由 1 名助理秘书长负责。秘书长专门设立了建设和平基金，以为摆脱冲突国家建设和平解决燃眉之急。建设和平基金可采取有效措施，加强有关国家维持和平的能力，因而会有助于降低这些国家重陷冲突的风险。

2013 年，“建设和平委员会”和“建设和平基金”积极推动巩固和平的工作。其为有关各方有效、和平地参与塞拉利昂选举提供了政治和资金支持，推动召开了布隆迪合作伙伴会议，并向利比里亚的司法和安全中心提供了支助。建设和平基金在吉尔吉斯斯坦、尼泊尔、尼日尔、索马里和也门等国被用于支助重要的政治过渡或巩固和平工作。2012 年，建设和平基金募集的资金为 8000 多万美元，是 2008 年以来筹集到的年度最高数额。

二、联合国维持和平行动

联合国维和行动是联合国为维护世界和平而采取的一项重大行动，其参与人员与支出的经费规模都很庞大，在国际上颇为引人注目，被称为联合国所有活动中的“旗舰”。联合国维和人员通常又称“蓝盔”部队，遍布世界许多地区和国家。

据联合国维和部统计，截至 2014 年 10 月 30 日，联合国共实施了 69 项维和行动。目前正在实施的联合国维和行动有 16 项，参加这些行动计划的总人数为 112696 人。其中军事人员为 104184 人（内含军事部队 89911 人，维和警察 12516 人，军事观察员 1757 人），他们分别来自 122 个联合国成员国；另有文职人员 16961 人，其中国际文职人员 5271 人，当地雇员 11700 人，联合国志愿人员 1824 人。2013 年 7 月 1 日至 2014 年 6 月 30 日核定的联合国维和行动年度预算为 70.6 亿美元。①

2013 年，联合国实施的维和行动为 15 项，当年组建了马里稳定团，并在一些维和部队中部署了干预旅，负责执行保护平民等军事行动。2012 年 12 月，"联合国东帝汶综合特派团"在东帝汶实施 14 年之后，完成使命被关闭。2014 年 3 月，联合国决定建立中非稳定团，使得当前维和行动总数达 16 项。同时，联合国对其他维和行动也做了一些调整。综合看来，目前联合国维和行动有两个突出特点：

第一，联合国更加突出"多层面维持和平"的重要性。2013 年 1 月 21 日，联合国通过第 2086（2013）号决议，这是 10 年来通过的第一份有关全面评述联合国维和行动的决议。它强调联合国开展的维和行动应促进冲突后建设和平，防止冲突重现，帮助冲突国在实现持久和平与发展方面取得进展。为此，联合国将会派出特派团帮助各国建立安全部门机构，加强东道国的法治体系，执行巩固和平和包容性政治进程及协助保护平民等任务。此外，联合国强调在维和行动中应使用高新技术，维和特派团部队应更广泛地利用非武装飞行器或无人机，增强维和行动的军事和政治情报收集能力以及有效的行动和防卫能力。

第二，在联合国维和行动中增设干预旅。2013 年联合国在马里稳定团和刚果稳定团新设了干预旅，加强了维和行动的军事进攻能力，这对联合国维和行动来说是一个重要变化。多年来，联合国一直强调加强联合国维和行动的加力行动，赋予其"保护平民"的职责，建立干预旅是一项新举措。

关于联合国维和人员使用武力的问题，联合国秘书长在其联合国工作报告中做了全面阐述，对在新形势下坚持维和行动关于"征得冲突方同意、不偏不倚"的基本原则进行了新的诠释。他强调："联合国维和人员使用武力，必须在明确的政治进程或政治协定范畴内进行，并且必须符合国际人道主义法则。在刚果民主共和国、马里和其他地方，维持和平的核心原则将继续适用，但不偏不倚并不是面对暴行而保持中立，坚持同意原则不等于捣乱者可以阻碍联合国特派团执行任务。此外，联合国维和部队部署到新的环境之后，需要有适当的工具来应对新的或更严峻的挑战，这些工具包括增强军力手段和军力倍增手段，改善指挥和控制，以及采用更有效的情报和分析工具。"②

① 联合国网站：维持和平行动，2014 年 8 月。

② 联合国秘书长：联合国工作报告，2013。

（一）联合国在马里实施的维和行动

近年来，马里正面临一场深刻的危机。2012 年 3 月 22 日，驻守在北部地区的马里士兵发起兵变，组成军政府上台，随之宣布中止宪法并解散了政府机构。3 月 27 日，“西非国家经济共同体”（西非经共体）出面调解。4 月 6 日，军政府与西非经共体签署和平框架协定，同意设立马里过渡政府，但马里安全形势依然脆弱，多处发生武装冲突，北部地区被分裂势力占领。9 月 18 日，马里过渡当局写信给联合国秘书长，要求安理会批准部署一支国际军事部队，以协助马里武装部队收复马里北部被分裂分子占领的地区。

2012 年 12 月 20 日，安理会第 2085 号决议决定批准部署一个非洲国家主导的“马里国际支助团”（马里支助团）。安理会要求支助团完成以下任务：与参与此事的其他国际伙伴（包括欧洲联盟和其他会员国）密切协调，协助重建马里国防和安全部队；支持马里当局收复其领土北部被恐怖分子、极端分子和武装团体控制的地区；努力减轻恐怖组织，包括“伊斯兰马格里布基地”组织、“西非统一和圣战运动”等极端团体造成的威胁，同时采取适当措施减轻军事行动对平民的伤害；协助马里过渡当局建立维持安全和巩固国家权力的能力，以向实现稳定的方向过渡。①

2013 年 1 月，马里北部多个城镇遭“图阿雷格”部族的武装袭击，马里政府军与反政府武装人员发生多次交火，造成大量人员伤亡。据联合国难民署公布的数据显示，马里北部地区武装冲突导致约 8 万人逃往周边国家避难。

在马里安保局势恶化的形势下，马里过渡当局请求法国协助捍卫马里主权并恢复其领土完整。为此，由法国领导的“薮猫行动”展开针对恐怖分子及相关人员的军事行动，此后马里安全局势有所改善。

1. 国际社会的广泛支持

2013 年，联合国安理会的主要努力集中在稳定马里局势及推动和平进程。尽管马里从 2012 年几近崩溃的局面开始走向复苏，但是由于极端分子的武装袭击以及军队内部的矛盾冲突，马里的安全局势依然脆弱，马里当局与北部分裂分子之间达成的停火协议只是暂时性的。2013 年初，主管政治事务副秘书长警告称，10 个月前马里政体突然崩溃以及北部地区被武装分裂分子迅速占领背后有深刻的原因。当前，在马里国内各派势力内部、各派势力之间以及包括国家

---

① 联合国安全理事会决议：S/RES/2085（2012），2012 年 12 月 20 日。

武装军队在内的各行动方之间开展对话至关重要。他指出，联合国在处理马里危机时，要在采取强力军事行动的同时，给予政治方面挑战以“同等程度”的重视。马里政府能否恢复民主、收复失地，取决于国际社会的支持程度。同时，他提出了成立一支联合国稳定特派团的备选方案。

2013 年 2 月 5 日，在布鲁塞尔再次召开了紧急国际会议，商讨如何为马里走出危机提供支持。这次会议由欧盟、非盟、西非国家经济共同体和联合国共同主持，马里方面派出了由外交部长库里巴利率领的代表团出席会议。非盟和平与安全事务委员拉马姆拉认为，这次国际会议对于稳定马里局势、维护地区与世界和平具有重要意义。会上，欧盟外交与安全政策高级代表阿什顿承诺：“欧盟将帮助训练马里军队，帮助建立由非洲领导的支持马里国际行动小组，恢复向马里提供援助，并承诺欧盟在未来的一年里，将提供 3 亿欧元的资金支持。”西非国家经济共同体委员会主席韦德拉奥果表示：“我们作出了重要决定，帮助部署支持马里国际行动小组的地面行动。”联合国负责政治事务的副秘书长费尔德曼也表态将协助马里。他说：“联合国将继续与与会的各方合作，与马里政府合作来处理所有的问题，包括所有政治、军事、人道主义和人权问题。”①

2. 联合国马里稳定团的成立

2013 年 4 月 25 日，安理会通过第 2100（2013）号决议，决定在 7 月 1 日前成立联合国马里多层面综合稳定特派团（马里稳定团），并由其接管非洲联盟主导的马里国际支助团的职能。根据该决议，马里稳定团将支持政治进程，并开展若干与安保相关的稳定任务。第 2100 号决议还请秘书长把联合国马里办事处并入马里稳定团，在 2013 年 7 月 1 日把马里支助团的授权移交给马里稳定团。②

决议授权马里稳定团以一切必要手段来解除执行任务中遇到的威胁，其中包括在其能力范围和部署地区内保护人身即将受到暴力威胁的平民和保护受到威胁的联合国人员。马里稳定团编制有 12640 军警人员。截至 2014 年 2 月 28 日，实有人员编制为 7093 名军警人员，其中 6137 名军事人员，956 名维和警察；另有国际文职人员 287 人，当地文职人员 113 人，联合国志愿人员 58 人。2013 年度经费预算为 6.02 亿美元。

当前，马里安全形势虽有一定缓和，但严重的安全挑战依然存在，一些地区继续存在恐怖活动和军事行动。在纷乱繁杂的马里局势中，政府军与北部伊斯兰极端宗教势力、“图阿雷格”人和马里黑人之间激烈的矛盾成为引发内战的

① 中国国际在线，2013 年 2 月 6 日。

② 联合国安全理事会决议：S/RES/2100（2013），2013 年 4 月 5 日。

主要因素。因此，恢复马里领土完整和确保北方各社区实际安全仍然是政府的中心任务。此外，恐怖袭击、小武器扩散、毒品贩运以及其他有关犯罪活动也都对马里安全构成挑战，将会继续破坏马里的治理与发展。今后，马里政府打击极端宗教势力的军事活动有可能成为非洲大陆上的另一种战争常态。

2014 年 9 月 22 日，联合国秘书长就马里局势提出报告，称联合国等国际社会在马里建立和平的努力取得了显著进展。经过阿尔及利亚、非洲联盟、西非国家经济共同体（西非经共体）以及区域各国政府协调一致的努力，武装团体与马里政府之间的正式和平谈判得以启动。第一轮谈判于 7 月 14—24 日在阿尔及尔举行，通过了一项路线图，马里政府与两个分别称作“协调会”和“纲领会”的不同武装团体联盟签署了一份关于停止敌对行动的宣言。第二轮谈判于 9 月初举行，旨在处理政治、安全、发展、正义与和解等问题。“截至 2014 年 9 月 1 日，马里稳定团的军警及文职人员已达计划部署人数的 71%，所有工作人员的 80%以上和军警人员的 90%已经驻扎在北部地区。”其中军人和警察等武装人员为 9298 人。①

（二）联合国在苏丹与南苏丹地区的维和行动

苏丹位于非洲东北部，是非洲第一大国，拥有丰富的自然资源，然而苏丹南北地区在民族、宗教、文化、政治等方面存在较大差异。居住在苏丹北部的阿拉伯人与居住在南部的黑人长期对立，双方在石油等资源分配方面的分歧导致武装冲突。苏丹自独立以来长期爆发内战，长达半个世纪的武装冲突使这个国家的经济遭到严重破坏，大量苏丹人民无家可归，有的沦为难民，殃及邻国。

联合国对苏丹安全形势及经济发展一直高度关注。目前联合国在南北苏丹共实施了 3 项维和行动，维和人员达 4 万多人，占联合国维和行动力量总人数的 1/3 以上。其中达尔富尔维和行动是联合国与非洲联盟共同组建的第一支混合部队，这在联合国维和行动历史上开创了先例。

1. 联合国南苏丹共和国特派团

长期以来，苏丹南北冲突激烈，苏丹政府与南部地区反政府武装的持续对抗引起国际社会的高度关注。2005 年 1 月 9 日，在国际社会的斡旋下，苏丹政府与苏丹人民解放运动（SPLM）在肯尼亚首都内罗毕签署了《全面和平协定》，开启了长达 6 年的和平进程。2005 年 3 月 24 日，联合国安理会通过第 1590 号

① 联合国文件：秘书长关于马里局势的报告，S/2014/692。

决议，决定建立“联合国苏丹特派团”（苏丹特派团，UNMIS）。2011年7月9日，南苏丹独立建国。为防止南苏丹独立后再次发生武装冲突，联合国安理会遂于2011年7月8日决定设立“联合国南苏丹共和国特派团”（南苏丹特派团，UNMISS）。此后，南苏丹地区形势稍有缓解，随着石油收入增加，南苏丹经济状况有所改善，但民族矛盾仍然突出，武装冲突并未平息。

2013年7月，由于总统萨尔瓦·基尔解除副总统里克·马沙尔的职务并解散整个内阁，南苏丹政府的内部矛盾达到白热化程度。7月15日，在南苏丹宣布独立两年后，安理会通过了第2109（2013）号决议，要求各方停止侵犯人权的行为，联合国授权南苏丹特派团采取“一切必要手段”执行保护任务。决议要求南苏丹政府必须更多地承担保护平民的责任，并解除对南苏丹特派团行动的限制。2013年12月15日，战火再次笼罩这个非洲和世界上最年轻的国家。在12月24日紧急召开的一次会议上，安理会通过了第2132（2013）号决议，决定增加南苏丹特派团的兵力，使军事人员达到1.25万人，警察达到1323人。为此，安理会授权从联合国刚果稳定团、达尔富尔混合行动、联合国阿卜耶伊临时安全部队、联合国科特迪瓦行动和联合国利比里亚特派团5个特派团抽调部队，及时增强南苏丹特派团的军事力量。

2014年5月2日，联合国安理会讨论南苏丹问题。人权高级专员皮莱指出，南苏丹总统基尔和前副总统马沙尔之间政治分歧导致的报复性暴力行为在过去4个半月中已经在南苏丹人民当中制造了恐惧的灾难，该国局势还会由于有可能出现的大规模饥荒而变得更加糟糕。① 联合国秘书长特别代表、南苏丹特派团团长对南苏丹的不稳定态势表示担忧，她认为有必要“非常认真地”监测南苏丹执政党内部的动态。

联合国秘书长在关于南苏丹形势的报告中指出：“和平解决内部冲突是南苏丹发展的另一个重要先决条件。应找到可持续办法，解决武装团体构成的威胁和部族间暴力。只有解决冲突根源，才会实现持久和平。”②

2. 联合国阿卜耶伊临时安全部队

苏丹与南苏丹实现分治后，石油资源丰富的阿卜耶伊的归属问题未能解决，再次成为南北双方武装冲突的焦点。2011年6月27日，联合国安全理事会决定在阿卜耶伊地区设立“联合国阿卜耶伊临时安全部队”（UNISFA），专门负责监测和查证苏丹政府武装部队、苏丹人民解放军（SPLM）或其他部队撤离阿卜耶

---

① 联合国网站：2014年5月2日。

② 联合国网站：秘书长关于南苏丹形势的报告，S/2013/651。

伊地区的情况。

2013 年 5 月 4 日，恩哥克一丁卡族的最高酋长被杀害。南苏丹政府对此表示抗议，此后一直拒绝参与阿卜耶伊联合监督委员会的任何会议。为缓解这一紧张局势，联阿安全部队特派团敦促该委员会的苏丹和南苏丹两位共同主席保持沟通，并鼓励部族领导人执行阿卜耶伊联合监督委员会 5 月 2 日达成的关于使阿卜耶伊成为“无武器”地区的决定。但在 2013 年 8 月 23 日，阿卜耶伊联合监督委员会的南苏丹主席突然颁布了一项书面命令，将前阿卜耶伊地区行政当局的 4 名成员除名，并任命了一个新的阿卜耶伊部族协调执行委员会和阿卜耶伊部族协调委员会，引起当地民众不满。10 月 26 日，数千名恩哥克一丁卡人分别在阿戈克和阿卜耶伊镇举行示威，一些部族成员要求实现独立公投。同时，大约 250 名米塞里亚人于 10 月 25 日在迪夫拉联阿安全部队营部前举行示威。他们提交请愿书，反对单方公投。10 月 28 日，喀土穆的一个青年团体宣布，如果进行“单方公投”的话，他们将组织进行反公投。南苏丹未对公投表示支持，非洲联盟则要求执行 2011 年 6 月 20 日达成的和平协议。

2013 年，安理会就苏丹和南苏丹的领土局势召开的 3 次会议主要关注阿卜耶伊地区形势。安理会决定将联阿安全部队的维和人员从 4200 增加至 5326 名。11 月 25 日，联合国再次决定将联阿安全部队的任期延长至 2014 年 5 月 31 日。决议强调联阿安全部队的任务中包括在平民遭受紧迫的人身暴力威胁时对其进行保护。截至 2013 年 9 月 5 日，联阿安全部队有 3881 名军人和 15 名警务人员。

目前，南北苏丹在阿卜耶伊地区的归属问题上互不让步。苏丹代表指出，《全面和平协议》明确概述了阿卜耶伊地区是苏丹不可分割的一部分，而南苏丹代表团则反驳称，非洲联盟和平与安全理事会在 2013 年 11 月 6 日举行的新闻发布会上强调阿卜耶伊地区人民拥有不可剥夺的自决权利。在 8 月 23 日发布的一项安理会主席声明中，安理会呼吁苏丹和南苏丹有效利用为执行 2012 年合作协议设立的联合机制，并立即执行《阿卜耶伊地区临时行政和安全安排的协议》。

3. 非洲联盟—联合国达尔富尔混合行动特派团

达尔富尔地区位于苏丹西部，是阿拉伯族与富尔族混居的地区，族群冲突导致地区形势动荡。2003 年，苏丹政府与武装反叛集团之间爆发内战，造成数十万人丧生，约有 180 万人流离失所。2006 年 5 月 5 日，苏丹政府与反对武装派别在非洲联盟的主持下，以及联合国和其他合作伙伴的支持下签署了《达尔富尔和平协议》。2006 年，非洲联盟向苏丹部署了一支 7000 人的维持和平特派团，在达尔富尔开展维和行动。联合国安理会于 2007 年设立了非盟—联合国达尔富尔混合维和行动“非洲联盟－联合国达尔富尔混合行动特派团”（UN-

AMID)。混合行动的核心任务是保护平民，协助保障人道主义援助行动的安全，帮助开展包容各方的政治进程，并协助促进人权和法治。达尔富尔特派团总部设在北达尔富尔州首府法希尔，并在达尔富尔地区的 3 个州都部署了维和部队。此项维和行动目前有近 2 万名军警人员和近 4000 名文职人员，是目前全世界最大的一个维持和平特派团。

2013 年，安理会针对苏丹达尔富尔地区局势召开了 8 次会议。年初，苏丹政府与正义与平等运动组织的一个派系达成了和平协议。开始各方对苏丹局势持谨慎的乐观态度，但随着暴力冲突愈演愈烈，这一态度逐渐被焦虑取代。截至当年 7 月，暴力冲突已经导致多名人员伤亡，其中包括 7 名坦桑尼亚派出的维和人员。非洲联盟—联合国达尔富尔问题联合特别代表 7 月 24 日称，2013 年上半年，苏丹政府与未签署《达尔富尔和平协议》的反政府派别之间的武装冲突以及部族间的暴力活动遍布整个达尔富尔地区，形势“非常令人担忧”。联合国主管维持和平行动副秘书长拉德苏 4 月 29 日曾经表示，和平解决达尔富尔冲突需要安理会、非盟和广大国际社会协同努力，同时也需要苏丹政府、达尔富尔地区权力机构、武装运动各方的共同努力，无论是在和平进程内还是和平进程外，各方都要致力于达成和平协议。

目前，苏丹政府与各反对派部队之间的冲突仍有零星发生，特别是在南达尔富尔州和东达尔富尔州发生了多次军事战斗。看来，达尔富尔地区的和平与稳定仍有很长的路要走。

（三）联合国在刚果（金）的维和行动

刚果民主共和国一直是联合国实施维和行动的一个重点地区，同时也是联合国在非洲地区开展维和行动最早的一个国家。1960 年，联合国组建了“联合国刚果行动”，当时有关国家出动兵力达 2 万多人，历时 4 年，是当时联合国维和行动中最大的一支军事力量。联合国在维和行动中使用了武力，时任联合国秘书长哈马舍尔德在执行公务中遇难，但这一维和行动未取得成功，在国际社会一直饱受诟病。

此后，由于联合国在刚果民主共和国继续实施了多项维持和平行动，该国的和平进程取得了一些进展，许多地区的局势大体稳——但是东部地区仍然不断发生冲突，造成长期的人道主义危机。

1. 从联刚特派团到联刚稳定团的转型

1998 年，刚果民主共和国东部基伍地区爆发反对卡比拉政府的叛乱，反叛分子占领该国大片地区，对政府形成严重挑战。1999 年 7 月，刚果民主共和国与该区域 5 个国家（安哥拉、纳米比亚、卢旺达、乌干达和津巴布韦）签署了《卢萨卡停火协定》。联合国安全理事会 1999 年 11 月 30 日决定设立“联合国刚果民主共和国特派团”（联刚特派团，MONUC），其任务是观察监督双方停火及实现部队脱离接触，并与《停火协定》所有签署方保持联络。此后，刚果（金）形势大体稳定。2006 年 7 月 30 日，刚果民主共和国举行了 46 年来首次自由和公正的选举。选举之后，联刚特派团仍留在当地，并继续执行安全理事会决议授权的多项政治、军事、法治和政府能力建设的任务。

2009 年，刚果（金）反政府武装组织“保卫人民国民大会”与政府签署和平协议，加入政府军。但是在 2012 年，“国民大会”的下属组织又重新组成反政府武装组织“M23 运动”（又称“3 月 23 日运动”），对政府军展开武装袭击，曾一度占领北基伍省首府戈马。在联刚特派团的协助下，刚果（金）政府军对“M23 运动”反政府武装组织发动攻势，并将武装反叛分子全部赶出据点。11 月 8 日，刚果（金）反政府武装组织“M23 运动”宣布解除武装，停止持续了 20 个月的叛乱活动。2010 年 7 月 1 日，联合国安理会认为：大选后刚果（金）局势趋于稳定，已进入一个经济建设与社会治理的新时期。为此，联合国安理会决定将联刚特派团更名为联合国组织刚果民主共和国稳定特派团（联刚稳定团，UNSCO）。联刚稳定团的组建标志着联合国维和行动试图向建设和平行动的一个明显转变。但是，联刚稳定团与联刚特派团并无实质差别，它仍拥有 2 万人的兵力，获得了可以“使用一切必要手段”应对武装团伙的安全威胁的授权，而且要执行保护平民的任务。此外，稳定团还负有执行武器禁运的职责，并且要支持刚果（金）政府在巩固稳定与和平进程中的活动。当前，在该国仍然存在重大安全挑战的形势下，联刚稳定团的首要任务仍是维持和平，建设和平的转型之路将会非常漫长。

2. 2013 年的联合国维和行动

2013 年 2 月 24 日，《刚果民主共和国和区域和平、安全与合作框架协议》[①] 在亚的斯亚贝巴签署，这为解决刚果民主共和国东部的长期危机带来了希望。由于取得了世界银行集团的支持，《框架》可以在推进区域经济一体化中发挥

① 《和平、安全与合作框架》的 11 个签署国，即安哥拉、布隆迪、中非共和国、刚果、刚果民主共和国、卢旺达、南非、南苏丹、乌干达、坦桑尼亚联合共和国和赞比亚。此外，下列 4 个政府间组织担任《框架》的担保人：非洲联盟、大湖区问题国际会议、南部非洲发展共同体和联合国。

重要作用，提供了追求地区和平、安全、发展的机会。在5月6日向安理会的工作通报中，新上任的联合国秘书长非洲大湖区特使敦促各代表抓住“再次出现契机的时刻”，她表示，《和平、安全与合作框架》提供了“把事情做好”的机会。

2013年10月22日，秘书长特别代表兼联刚稳定团团长介绍了她提出的确保“M23运动”和刚果民主共和国政府达成和平协议的“循序渐进的政治方法”。她随后呼吁，联刚稳定团的任务必须更好地与《和平、安全与合作框架》的总目标保持一致。安理会在2013年11月14日发表的一份主席声明中对此表示欢迎。安理会要求根据大湖区问题国际会议主席、乌干达总统约韦里·穆塞韦尼主持开展的坎帕拉和平谈判的结果，迅速达成并执行一份商定成果文件。

3. 组建联刚部队干预旅

2013年3月28日，为支持实现《刚果民主共和国和区域和平、安全与合作框架协议》的目标，安全理事会通过第2098（2013）号决议，决议要求在联刚稳定团中建立一个专门用于武装攻击行动的干预旅，以加强联刚稳定团的维持和平行动。安理会决定，作为例外，在不形成先例或损害商定的维和原则的情况下，在核定的联刚稳定团19815名兵员的上限内，设立一个干预旅，初步为期1年。该旅下设3个步兵营、1个炮兵连、1支特种部队和侦查连，旅部设在戈马，行动由联刚稳定团部队指挥官直接指挥。干预旅负责解除武装团体的作战能力，协助减轻反政府武装团体对刚果民主共和国东部地区的国家权力机构和平民安全构成的威胁，为开展稳定活动开拓空间。干预旅的部署已于2013年10月10日完成，并参加了10月26日至11月4日由刚果政府主导的追剿“M23运动”的行动。在行动中。干预旅的地面部队为刚果（金）政府军提供了攻击型直升机支援以及后勤支助，并且发射了大炮和迫击炮弹。此后，刚果民主共和国东部出现了一些积极进展。刚果（金）军队成功击退“M23运动”，解放了该组织盘踞了16个月的地区，还迫使其他武装团体的几百名战斗人员投降。

2014年9月，联合国秘书长在提交给安理会的报告中指出，联刚稳定团正在实施对前武装人员的解除武装、复员和重返社会方案。许多前战斗人员及其有关团体的家属、儿童被遣返。联刚稳定团向联合国国家工作队移交实质性职责的工作已于7月1日完成。今后，“联刚稳定团在非冲突影响地区不再履行以下职责：人权培训、受武装冲突影响儿童、性暴力、地雷行动、司法和惩戒、自然资源的开采和贸易（包括在受冲突影响地区）以及巩固和平与民主”。[①]

联合国秘书长在报告中赞赏了干预旅的表现，同时指出，“联刚稳定团的干预旅是更广泛的政治战略框架中的一个有效工具。它为刚果武装部队领导的击溃‘M23 运动’行动取得成功发挥了重要作用。但是，如果没有联刚稳定团整个部队和整个特派团强有力地参与保护平民的工作，此项行动是不可能取得成功的”。

2013 年，联合国确定联刚稳定团向在马里的“联合国国家工作队”移交部分任务，以使联刚稳定团能够集中精力履行其核心职责，保护平民和发挥政治斡旋作用，支持政府履行该国根据《和平、安全与合作框架》作出的各项承诺。不过，目前“联合国国家工作队”尚缺乏执行这些任务的资源和能力。此外，联合国的合作伙伴也在很大程度上依赖于稳定团的后勤支援能力。因此，联刚稳定团任务的移交可能会出现困难。为此，联合国呼吁国际社会采取行动弥补这方面的不足。[②]

4. 评述

当前，造成刚果民主共和国出现暴力冲突的原因有：国家军队和警察力量薄弱，无法有效保护平民和国家领土以及确保法律和秩序，在东部地区出现权力和安全真空；刚果国内反政府武装仍在东部地区进行活动；刚果族裔之间存在纷争，资源遭到非法开采，影响经济发展；来自邻国的干预，外国武装团体在东部地区支持反政府武装。其中最重要的是刚果政府能否与“M23 运动”执行长期的和平协议，这是真正解除刚果危机的关键所在。

目前，联合国呼吁刚果民主共和国政府在“M23 运动”前占领区努力迅速恢复国家权力，制订出重建工作的全面解除武装、复员和重返社会方案，前战斗人员必须解除武装和复员，同时需要找到防止前战斗人员重新拿起武器的长期解决方案；继续扩大活动规模，以恢复国家权力和稳定社区生活；为难民和流离失所者返回做好准备；打击重罪不受惩罚现象。同时，联合国敦促所有《和平、安全与合作框架》签署国抓住这次机会履行根据《框架》作出的承诺，在该区域建立持久和平与稳定，实现刚果的长治久安。

---

① 联合国秘书长的报告：S/2014/698。

② 联合国秘书长的报告：S/2013/757。

三、国际军备控制与裁军

近年来，随着全球化、网络化、信息化步伐加快，核武器的研制技术越来越普及，获取核武器变得较为容易。由于核武器仍被一些国家作为跻身世界强国行列、增加国家实力的一个重要手段，因此核国家有所增多。一是近年来出现了一些“拥有核武器”的国家。1998 年，印度和巴基斯坦率先冲破核门槛，南亚地区出现了两个事实上拥有核武器的国家。2003 年，朝鲜公开宣布称自己“拥有核武器”。这样除了现有国际公认的 5 个核国家外，又出现了印度、巴基斯坦、朝鲜 3 个宣布拥有核武器的国家。虽然以色列一直对是否拥有核武器讳莫如深，但其早已被世界公认为事实上的核国家。据估计，目前世界上有 30 多个国家拥有核能力，包括核材料和核技术。其中有的国家试图发展核武器，他们一旦作出政治决定，短时间内就可以制造出核武器。

（一）核军备控制成为国际关注焦点

1. 核安全引起国际社会高度关注

原子的发现和核能的开发给人类发展带来了新的动力，使人类生活发生了巨大变化。核能发电和医用同位素等广泛应用给人类带来了福祉。但与此同时，核能发展也伴有核安全风险，会给人类带来灾难。为此，加强核安全，防止核风险，特别是核武器扩散是国际社会的共识。当前，世界上有 430 多座核电反应堆在运转，总发电量占世界总量的 17%。此外，世界上还有 250 多个研究型反应堆和 200 多个核燃料循环系统在运作，其中有许多用于核武器系统。

联合国于 1974 年制定了《核材料实物保护公约》，要求对核材料在运输过程中的安全加强保护，以防止核材料的丢失与扩散。进入 21 世纪以来，核材料、核设施与核技术的安全再次成为国际社会的重要关切。

2010 年首届核安全峰会在华盛顿召开，主要议题是防止核恐怖主义威胁。会议公报指出，“核恐怖主义是对国际安全最具挑战性的威胁之一，强有力的核安全措施是防止恐怖分子、犯罪分子及其他非授权行为体获取核材料的最有效途径”。为此，国际社会应共同承诺加强核安全和减少核恐怖主义威胁，并采取国家行动以及持续和有效的国际合作。2012 年，第二届核安全峰会在韩国首都首尔举行。由于这次核安全峰会前发生在日本的地震和海啸引发了日本核电站事故，因而会议加大了对核电站安全的关注，还要求有关国家“大大减少”高浓缩铀和分离钚的储存，并为此制订了具体行动计划。2014 年在荷兰海牙举行的第三届核安全峰会确定了三大议题，即减少危险核材料的储存，将高浓缩铀和分离钚稀释为低度浓缩铀和钚以用于核发电；改进核设施安全；加强国际合作，发挥国际原子能机构（IAEA）的核查监督和技术支持作用。三次核安全峰会的召开有助于加强国际社会在核材料与核设施安全方面的合作，有助于防止核材料与核技术的扩散。会议决定第四届核安全峰会将于 2016 年在美国华盛顿召开。

2. 防止核武器扩散制度作用突出

20 世纪 60 年代，设在日内瓦的裁军谈判委员会启动了《不扩散核武器条约》的谈判，重点是防止在 1967 年 1 月 1 日之后出现新的核国家。《不扩散核武器条约》自 1970 年生效以来，一直作为国际核不扩散体系的基石在实现防止核扩散、推动核裁军和促进和平利用核能的国际合作三大目标方面发挥着重要作用。1995 年，《不扩散核武器条约》大会通过决议，使这一条约得以无限期延长。延期决议中要求每 5 年举行一次条约审议大会。在 2000 年的审议会上，会议提出了在世界上逐步削减核武器的具体步骤，为核裁军制定了具体措施。事实表明，《不扩散核武器条约》是当前世界上最具普遍性的核军控条约，现有 189 个缔约国。条约对核武器国家与无核武器国家建立了明确的权利和义务，建有比较完善的履约机制和核查机制，因而具有较强的执行力。作为条约的保存方，联合国安理会在条约执行中发挥着主导作用，其对违约行为实施了多次谴责与制裁。此外，联合国所属的国际原子能机构为条约的履行提供了技术支撑和核查功能。所以说，国际核不扩散机制在防止核扩散方面功不可没，其普遍性、权威性和有效性不容置疑。与此同时，我们也应该看到，现有国际核不扩散机制本身存在缺陷，《不扩散核武器条约》本身具有歧视性和不公平性，其对缔约国的约束能力有限，对非国家实体更是无能为力。近年来这一条约的权威性受到冲击和损害，条约机制亟需进一步改进和完善。

3. 美俄核裁军有所进展

2010 年 4 月，美国总统奥巴马与俄罗斯总统梅德韦杰夫签署了《关于削减与限制进攻性战略武器新条约》。条约规定，美俄双方 7 年后将各自的战略核弹头裁减到 1550 枚，其中部署的运载工具不得超过 700 枚。按照条约规定，条约生效 10 年内缔约方每年对对方实施 18 次现场核查，为此双方还专门成立联合协商委员会处理与核查有关的事务。这一条约的签署与生效表明美国与俄罗斯愿意承担进一步限制与削减其核武库的责任，对于保持战略稳定、减少核威胁具有积极作用。目前《美俄新核裁军条约》执行情况较为顺利，美俄双方保持着相互通报信息、定期实施现场核查、共同进行磋商的通畅运行机制。

（二）联合国通过《武器贸易条约》

2006 年底，联合国大会通过了制定《武器贸易条约》的决议。然后条约谈判会议筹委会召开了 4 次会议，以讨论议事规则等问题。2012 年 7 月，联合国召开《武器贸易条约》谈判大会，但是美国、俄罗斯和中国等国表示需要更多时间考虑条约的最终草案，大会未能取得成果。2013 年 3 月 18—28 日在纽约联合国总部举行的最后一次谈判会议上，由于朝鲜、伊朗和叙利亚三国反对，谈判会议再次失败。但是，支持该条约的许多国家随后决定将有关草案提交联合国大会重新审议和表决。

2013 年 4 月 2 日，联大以 154 票赞成、3 票反对、23 票弃权的结果表决通过了该《条约》。联合国秘书长潘基文形容通过该条约是“历史性的外交成就，是长期梦想与多年不遗余力所取得的成果”。《武器贸易条约》为监管 8 类常规武器的国际贸易制定了国际标准，其对象包括坦克、装甲战车、大口径火炮、战斗机、攻击直升机、战舰、导弹与导弹发射器以及小武器。目前，全球常规武器每年的交易额高达 700 亿美元。

《武器贸易条约》明确禁止缔约国批准在违反安全理事会所采取的强制措施，尤其是武器禁运措施规定的义务的情况下转让武器或弹药。《条约》也禁止下列情况的转让：即出口国在批准时知悉转让的武器将用于犯下灭绝种族罪、危害人类罪、严重违反《1949 年日内瓦四公约》的行为，实施针对民用物品的袭击或其作为缔约国的国际文书所规定的其他战争罪。此外，该《条约》规定，在批准出口《条约》所涵盖的常规武器、弹药和零部件前，出口缔约国必须评估这些物项被用于实施严重违反国际人道主义法或国际人权法或便利跨国有组织犯罪的风险。在进行风险评估时，作为出口方的缔约国还应考虑到出口物项被用于实施或帮助实施严重的基于性别的暴力行为或严重的暴力侵害妇女和儿童行为的风险。《条约》规定缔约国有法律义务采取措施管制常规武器转口、转运和中介活动，并采取措施防止武器和弹药流失。

联合国秘书长指出，联合国将继续坚定地支持这一具有里程碑意义的《条约》，争取其早日生效并支持其得到充分执行。如同任何多边条约一样，这一条约普遍参加的目标将需要几年甚至几十年的时间才能实现。不过，人们希望，鉴于国际社会对《条约》的鼎力支持，所有国家都将在参与国际常规武器交易时采取负责任的行动。[①]

（三）当前国际军备控制中的热点问题

1. 安理会加大对朝鲜核试验的制裁措施

2013 年，安理会召开了 6 次关于不扩散核武器的会议，其中在 1 月 22 日召开的会议上谴责了朝鲜民主主义人民共和国于 2012 年 12 月 12 日运用弹道导弹技术进行的发射活动，称这一活动违反了安理会对朝鲜的制裁决议。安理会在第 2087（2013）号决议中要求朝鲜不得进一步进行任何此类活动，并表示如果朝鲜不遵守这一要求，安理会将“决心采取重要行动”；谴责朝鲜 2012 年 12 月 12 日使用弹道导弹技术进行发射，违反了第 1718（2006）和第 1874（2009）号决议；并要求朝鲜重新确认以前作出的暂停导弹发射的承诺。

2013 年 2 月 12 日，朝鲜进行第三次核试验。安理会当天上午召开紧急闭门会议，立即发表声明进行强烈谴责，称朝方此举严重违反了安理会相关决议。3 月 7 日，联合国安理会通过第 2094 号决议，表示对朝鲜民主主义人民共和国进行的核试验进行强烈谴责。决议强调这一试验对《不扩散核武器条约》和旨在加强防止核武器扩散全球机制的国际努力构成的挑战以及对区域内外和平与稳定带来的危险，会议决定根据 2006 年通过的第 1718 决议加大对朝鲜的制裁活动。

2. 伊朗核谈判在曲折中前行

2013 年，联合国安理会“1737 委员会”（安理会于 2006 年根据第 1737 号决议成立）主席在有关最新进展的报告中称，委员会认为伊朗于 2012 年 7 月发射导弹的行为违反了第 1929（2010）号决议。7 月 15 日，主席报告对有关伊朗核计划的民用性质仍存在疑虑。安理会大多数成员国希望新选举的伊朗政府与国际原子能机构之间重启的谈判以及伊朗与“五常加一”之间恢复的对话能够取得进展。

2013 年 11 月 24 日，伊朗与“五常加一”（中国、法国、俄罗斯联邦、美国、英国以及德国）在日内瓦达成时效为 6 个月的临时协议。12 月 12 日，安理会各成员国对此表示欢迎，视其为伊朗重返国际舞台的重要一步。该协议为达成一个旨在确保伊朗核计划和平性质的更全面的协议奠定了基础。根据协议，伊朗同意使铀浓缩纯度不超过 5%。

---

① 联合国秘书长关于小武器的报告：S/2013/503，2013 年 8 月 22 日。

联合国安理会一致通过了第 2105（2013）号决议，请专家小组于 11 月 9 日向委员会提出伊朗遵守制裁决议的有关报告，并于 2014 年 5 月 9 日提交附有结论和建议的最后报告。

（四）发挥联合国在国际军控中的主导作用

联合国对维护世界和平与安全负有首要责任，在核不扩散领域也发挥着重要作用。1998 年，安理会通过决议谴责印度和巴基斯坦进行核试验。2004 年，安理会通过了 1540 号决议，禁止向恐怖主义组织提供核材料和核技术及其运载工具。近年来，联合国安理会对伊朗核问题和朝鲜核试验分别通过了多个决议，并采取了经济制裁等相应行动；联合国安理会常任理事国参加了伊朗核问题等谈判工作。这些都表明，联合国安理会在促进国际军备控制、制止核扩散方面发挥了重要作用。今后，联合国安理会的作用将会进一步增强，更有效地承担起维护世界和平与安全的责任。日内瓦裁军谈判会议、国际原子能机构作为联合国系统的重要成员，在防止核扩散、促进核能和平利用方面也发挥了积极作用。

近年来，国际军备控制与裁军领域虽然有所进展，但距国际社会的期待差距较大。为此一是要发挥国际组织的作用，实现普遍安全，促进全球治理，维护多边机制。在核军备控制领域，核裁军、核不扩散与和平利用核能这三大支柱同等重要、缺一不可，共同支撑着国际核秩序的大局。在常规军备控制领域也应有所突破。为此，必须充分发挥联合国、日内瓦裁军谈判会议、国际原子能机构等现有多边机制的核心作用，共同解决国际军备控制领域的问题。二是要发挥大国的作用。中国、美国、俄罗斯、英国、法国五国既是核武器国家，也是安理会常任理事国，他们承担着维护全球和平安全的重要使命，也必然会在核领域全球治理方面发挥引领作用。核问题关系到国际稳定与安全，关乎各国重大利益，为此国际社会必须在平等讨论的基础上，遵循协商一致的原则进行决策。三是增加国际条约的普遍性和权威性，《不扩散核武器条约》和《全面禁止核试验条约》都具有全球性的作用，只有关键国家的广泛参与，才能保证有关议题能谈得起来、谈出成果，条约达成后的履约也才有保证。①

① 外交部网站：外交部副部长李保东在五核国北京会议开幕式上的讲话，2014 年 4 月 14 日。

四、联合国反恐、打击海盗行动

(一) 打击恐怖主义的行动

当前，恐怖主义对国际和平与安全、人权以及所有会员国的社会和经济发展构成重大威胁，破坏全球稳定和繁荣。

早在上个世纪，国际恐怖主义的活动就已引起国际社会的高度重视，2001年的“9·11”事件更将国际反恐行动推向高潮。美国等国在全球广泛开展打击恐怖主义行动，但全球范围内的恐怖主义行动仍在继续，其中有的地区仍很严重。究其原因，澳大利亚经济与和平学会认为，美国领导的在阿富汗、伊拉克的军事行动，触发了中亚地区和南亚地区的恐怖主义潮流。2011 年，伊拉克、巴基斯坦、阿富汗、印度、也门、索马里、尼日利亚、泰国、俄罗斯、菲律宾等国的恐怖沃土已分列世界前 10 名。其中，巴基斯坦和阿富汗是“基地”组织和塔利班的大本营，是全球恐怖主义活动的中心。

目前，恐怖主义在中东和非洲地区的活动仍在发展蔓延，世界上不同区域的恐怖行为，包括极端主义导致的恐怖行为正在增加。2014 年 7 月，极端组织在伊拉克建立“伊拉克和黎凡特伊斯兰国”（ISIL)。他们拥有武装，占据伊北部大部分地区，进行残杀活动。2014 年 8 月 15 日，联合国通过第 2170 号决议对其杀戮行为进行严厉谴责，确认“伊黎伊斯兰国”是一个从“基地”组织分裂出来的团体，已被列入制裁名单。联合国“最强烈地反对和谴责伊黎伊斯兰国的恐怖行为和它的暴力极端主义思想，反对和谴责它继续有步骤地广泛严重践踏人权和违反国际人道主义法”。[①] 美国、英国和土耳其等国对这一极端组织采取了空袭等军事行动。

近年来，联合国为应对恐怖主义采取了一系列措施和行动，主要有：

1. 成立 1540 决议委员会

2001 年，联合国根据第 1373 号决议设立了“反恐怖主义委员会”（反恐委员会)，并设立了反恐怖主义委员会下属的“反恐执行局”（反恐执行局)。此前，安理会于 1999 年设立了“制裁基地组织/塔利班委员会”及其分析支助和制裁监测组。2004 年，安理会成立了由全体成员国组成的第 1540（2004）号决

① 联合国文件：S/RES/2170（2014)。

议委员会。

1540 号决议的重点打击对象是属于非国家行为体的恐怖主义分子，联合国要求各国采取有效措施，加强对大规模杀伤性武器及相关材料和技术的国内管理和出口管制，防范和打击非国家实体获取上述物项，防止他们窃取核材料以及制造核武器。联合国鼓励各成员国推动 1540 号决议的全面执行，加强国际援助与合作。2014 年 5 月 7 日，安理会召开了“纪念第 1540 号决议通过十周年并展望未来”讨论会。会议通过主席声明，对恐怖主义的威胁和非国家行为体获取、开发、贩运或使用核武器、化学武器和生物武器及其运载工具的风险继续表达严重关切。声明表示，必须根据第 1540 号决议消除核、化学和生物威胁。安全理事会强调，1540 委员会需要同其他国际、区域和次区域组织协调其防扩散工作。

2. 成立联合国反恐中心

2006 年，全体联合国会员国确认可以考虑创建一个国际反恐怖主义中心的问题，认为这是加强反恐斗争国际努力的一部分。[①] 2011 年，联合国秘书处通过沙特阿拉伯政府的自愿捐款启动了“联合国反恐怖主义中心”（反恐中心），该中心总部设在纽约联合国总部的反恐执行办公室内，并与在世界各地执行反恐任务的 30 多个反恐执行工作队实体开展协作。反恐中心设立“咨询委员会”，为在世界各地的反恐组织提供政治支持和专业咨询；开展旨在促进国际反恐合作的活动，并推动各国、区域和国际反恐怖主义中心和组织之间的协作；通过与反恐执行工作队进行协作，加强会员国的能力建设，以在反恐工作中发挥关键作用。

同年，联合国大会鼓励会员国与该中心合作。联合国同时强调，国际社会应通过继续努力，加强不同文明之间的对话和扩大相互了解，防止不加区别地把不同的宗教和文化作为打击目标。要求反恐中心关注恐怖主义在某些情况下与跨国有组织犯罪和非法活动，例如毒品、军火和人口贩运以及洗钱等非法活动之间的联系，增进国家、次区域、区域和国际各级的协调，努力为克服这一国际安全的严重挑战和威胁而采取全球措施。

3. 制定《全球反恐战略》

2006 年 9 月 8 日，联合国大会一致通过了在全球范围内打击恐怖主义的《全球反恐战略》，以协调和加强联合国各个成员国在打击恐怖主义方面的努力。这是联合国 192 个成员国第一次就打击恐怖主义的全球战略达成一致意见。

---

① 联合国大会决议：A/RES/60/288。

《全球反恐战略》由一份决议和一个行动计划组成。决议强调，恐怖主义是国际和平与安全面临的最为严重的威胁之一，因此要“坚决和明确地强烈谴责各种形式的恐怖主义，不论其在何处发生、何人所为和出于何种目的”。决议还重申了国际关系中的一些普遍准则，例如维护所有国家的主权平等，尊重各国领土完整和政治独立，不采取有悖于联合国的宗旨和原则的行为，不以使用或威胁使用武力来处理国际关系等。

行动计划中包括了各个成员国在打击恐怖主义方面的原则承诺和具体措施，如执行所有联大和安理会有关打击恐怖主义的决议、在打击恐怖主义的过程中遵守包括《联合国宪章》在内的国际法、消除滋生恐怖主义的因素、继续加强和发挥联合国的作用、实现千年发展目标等。①

4. 联合国主张不对绑架行为支付赎金

2014 年，联合国安全理事会通过了第 2133 号决议，决议谴责任何恐怖主义行为，“无论其动机为何，在何时发生，何人所为，都是不可辩解的犯罪行为”，并“重申需要根据《联合国宪章》采取一切手段消除恐怖行为对国际和平与安全的威胁，重申会员国有义务防止和打击资助恐怖主义的行为”；决议强烈谴责恐怖团体为筹集资金或赢得政治让步，制造绑架和劫持人质事件，特别指出向恐怖分子支付赎金就是为今后的绑架和劫持人质行为提供资金，将会使更多的人受害，并使问题长期延续下去。决议表示国际社会决心根据有关国际法开展反恐行动，防止恐怖团体绑架和劫持人质，在不支付赎金或作出政治让步的情况下争取人质安全获释。

2014 年 5 月 23 日，联合国安理会宣布将与“基地”组织关系极为密切的尼日利亚恐怖组织“博科圣地”（Boko Haram）增列入“基地组织制裁名单”，并将依据安理会相关决议对其实施有针对性的金融制裁和武器禁运。该组织在尼日利亚策划和实施了一系列恐怖暴力事件，自 2009 年以来，已造成数千人死亡；2014 年 4 月，其还在尼日利亚北部武装绑架了 200 多名女学生。

在 2013 年 1 月 15 日召开的高级别会议上，联合国秘书长在开幕辞中表示：“恐怖分子越来越多地利用社交媒体网络来煽动人们的激进情绪，并传播憎恨言论。必须用和平、发展和人类福祉信息来取代这种恐怖主义言论。”他指出了在马里和整个萨赫勒地区，恐怖主义借极端贫困之机滋生，并且通过暴力、不容忍和侵犯人权行为来破坏发展，联合国决心消除这一威胁。与此同时，联合国

① 新华网联合国 9 月 8 日电，2013 年。

还重申不能也不应将恐怖主义与任何宗教、国籍、文明或群体联系起来。[①]

（二）打击索马里海盗行动

近年来，索马里海盗在亚丁湾猖狂活动，劫持过往船只，对国际航运造成危害。为此，国际上展开大规模护航行动，保护过往船只和国际援助物资的安全。欧洲联盟实施了“阿塔兰特行动”，北大西洋公约组织实施了“海洋之盾行动”，巴基斯坦和英国指挥海上联合部队第151联合特遣队，美国向第151联合特遣队派出舰只；中国、印度、印度尼西亚、日本、韩国、马来西亚、巴基斯坦和俄罗斯联邦等国家也派出军舰参加护航行动；与此同时，非洲联盟在索马里陆地开展反海盗活动，肯尼亚、毛里求斯、塞舌尔、坦桑尼亚、索马里和该区域其他国家根据有关国际人权法，起诉海盗，并将其监禁。

据联合国报告，在国际社会的严厉打击下，2013年亚丁湾的海盗活动有所收敛，索马里沿海海盗事件大幅度减少。截至当年8月15日，海盗只劫持了1艘大船和6艘小船，“为2006年以来的最低点”。联合国安理会在第2012号决议中对此表示欢迎。与此同时，安理会继续严重关切“海盗和海上武装继续不断抢劫在索马里区域运送人道主义援助的物资，对海员和其他人员的安全，对国际航运和海上商业航线安全构成了威胁”，并称“海盗威胁已扩大到西印度洋以及邻近海域，且海盗的行动能力有所加强”。[②] 决议欢迎索马里国家和地区行政当局准备相互开展合作，以便能依循有关国际法，包括国际人权法，根据适当的囚犯移交安排，将被定罪的海盗分子遣返索马里并绳之以法。

第2012号决议“确认索马里境内一直缺少稳定是海盗产生的一个主要起因，这导致了索马里沿海海盗横行和武装抢劫猖獗。与此同时，海盗行为产生了大量非法现金，助长了索马里其他犯罪和腐败行为，加剧了不稳定局势”；决议强调国际社会必须全面打击海盗行为，消除其产生的根源；决议着重指出索马里当局在打击索马里沿海海盗和海上武装抢劫行为方面负有首要责任，要求索马里当局在秘书长和相关联合国实体协助下，毫不拖延地制定一套完整的反海盗法律；促请有能力的国家和区域组织参与打击索马里沿海海盗和海上武装抢劫行为，尤其是依照本决议和国际法，部署海军舰只、武器和军用飞机，为反海盗部队提供基地和后勤支助，并扣押和处置被用于在索马里从事海盗和海

① 联合国安理会决议：S/RES/2129（2013）。

② 联合国安理会决议：S/RES/2012（2013），18/11/2013。

上武装抢劫行为的船舶、舰艇、武器和其他相关装备。

五、中国积极参与联合国的和平行动

2013—2014 年，中国主动参与处理国际和热点问题，积极参与联合国维和行动，为世界和平作出了积极贡献。中国在叙利亚问题上提出了和平解决冲突的原则立场，坚持在联合国框架内解决叙利亚问题。在解决叙利亚化学武器问题上，中国既反对使用化学武器，也反对使用武力。在核军备控制领域，中国从维护核不扩散体系和稳定中东大局出发，积极劝和促谈，推动解决伊朗核问题。

（一）中国参与叙利亚危机的调解行动

中国对联合国调解叙利亚危机持积极立场。2013 年 9 月，中国外长王毅提出：为倡导政治解决叙利亚问题，中方提出应履行“五个坚持”：一是坚持通过政治手段解决问题；二是坚持由叙利亚人民自主决定国家的未来；三是坚持推进包容性政治过渡进程；四是坚持实现全国和解和团结；五是坚持开展人道救援。

中国对安理会通过的第 2118 号决议表示支持，认为这一决议将叙利亚局势从一触即发的战争边缘拉回到和平轨道，为推动叙利亚问题政治解决提供了新的机遇。这份决议符合政治解决叙利亚问题的大方向，中方愿派专家参与有关工作，并为此提供资助。①

此后，中国积极支持和参与了销毁叙利亚化学武器的工作。中国军舰在地中海为运送叙利亚化学武器的国际船只担任护航任务；此外，为缓解叙利亚人民所遭受的苦难，中国向叙利亚和周边国家提供了人道援助。②

（二）中国参与联合国维和行动

自 1990 年中国派出军事人员参加联合国维和行动以来，中国在联合国维持

① 外交部网站：王毅在安理会表明中国政府立场，2013 年 9 月 28 日。

② 外交部网站：中国外长王毅在叙利亚问题第二次日内瓦会议上的发言，2014 年 1 月 24 日。

和平行动中发挥的作用日益增强，贡献不断加大。作为安理会常任理事国，中方一贯坚持支持并积极参与联合国维和行动，是联合国维和行动主要出兵国之一。迄今，中国共派出军事人员、警察和民事官员 2.5 万多人次。

20 多年来，中国维和人员在十分艰苦的条件下，不畏艰险，不负重托，抢修机场、架设桥梁、运送物资、治疗伤员，展现出和平使者的良好形象。中国维和人员作为一支作风勇猛、战斗力强、富有牺牲精神和正义感的威武之师、文明之师、和平之师，中国“蓝盔”部队名扬海外。中国作为一个发展中国家，较大幅度地提高了在维和行动摊款中的份额，目前中国在联合国维和行动中的摊款占近 4%，约 3 亿美元。①

目前，中国仍有 2192 名维和人员在冲突地区为和平值守，他们分布在 9 个任务区执行任务，部署在苏丹、刚果（金）、科特迪瓦、黎巴嫩、利比里亚等联合国维和任务区，其中维和部队 1984 人、军事观察员 36 人，维和警察 172 人。②

1. 中国派出安全部队参加马里维和行动

2013 年 6 月 27 日，国防部新闻发言人宣布，中国将首次派出安全部队参与联合国在马里的维和行动。他在记者会上表示：“应联合国请求，中国政府决定向联合国驻马里综合稳定特派团派遣工兵、医疗和警卫分队近 400 名官兵。这是中国军队自 1990 年首次派出联合国维和人员以来参与的第 24 项联合国维和行动，也是中国军队首次派出安全部队参与维和。”中国安全部队主要负责联合国马里稳定特派团部队的安全保卫工作。

2. 中国决定向联合国苏丹维和区派遣维和步兵营

2013 年 9 月 25 日，中国国防部新闻发言人耿雁生在北京表示，中国军队决定派遣一个 700 人的维和步兵营赴南苏丹执行维和任务，主要承担保护平民、巡逻警戒等任务。这是中国向境外派遣的规模最大的一支担负安全警戒任务的维和部队。据介绍，该步兵营主要承担保护平民、联合国和人道主义工作人员，以及巡逻警戒、防卫护卫等任务。③

3. 中国向利比里亚派出维和警察防暴队

2013 年 10 月，应联合国要求，中国向联合国利比里亚任务区派遣一支 140

① “参加联合国维和行动 20 年：‘中国蓝盔’名扬海外”，《解放军报》2010 年 4 月 26 日。

② 联合国网站统计数字，2014 年 8 月。

③ 国防在线，2014 年 9 月 26 日。

人的维和警察防暴队，这是中国第一次向非洲派遣成建制维和警察防暴队。2014 年 5 月，中国第二支赴利比里亚维和警察防暴队在中国维和警察培训中心集中训练。

自 2000 年以来，中国已向东帝汶、波黑、利比里亚、阿富汗、科索沃、海地、苏丹、南苏丹 8 个维和任务区派遣维和警察。“自 2000 年以来，公安部已向联合国 8 个维和任务区派遣维和警察 1946 人次，其中 2004—2010 年向联合国海地任务区派遣了 8 支维和警察防暴队 1004 人次。全体维和警察舍生忘死、顽强拼搏，出色地完成了各项维和任务，为祖国和人民赢得了荣誉。”①

中国外长王毅强调：“中国是联合国维和行动的坚定支持者和积极参与者”，“中国将继续坚定支持并扩大参与联合国维和行动，即将向联合国驻南苏丹特派团增派 700 人的维和步兵营，正积极考虑向联合国维和行动派遣直升机和更多维和民警，并愿继续为加强非洲国家维和能力建设提供力所能及的支持”。②

（三）中国参加亚丁湾护航

2008 年 12 月 26 日，中国政府开始派遣海军舰艇编队赴亚丁湾、索马里海域实施护航。中国护航编队的主要任务是保护中国航经亚丁湾、索马里海域的船舶、人员安全，保护世界粮食计划署等国际组织运送人道主义物资船舶的安全，并努力为航经该海域的外国船舶提供安全掩护。中国海军护航编队大体由 3 艘舰只组成，编制为 800 人，配备有 2 架直升机和数十名特战队员。护航行动主要采取伴随护航、区域巡逻和随船护卫等方式。截至 2013 年 12 月 26 日，中国海军亚丁湾护航走过了 5 年的辉煌历程，中国海军已派出 17 批护航编队，先后为 5000 多艘中外船只实施了安全护航，成功解救、接护、救助了 50 多艘中外船只，有效保护了中外船只人员及财产的安全，有效维护了国际海上运输线的安全与秩序，有效维护了国家战略利益，在远离祖国的大洋上立下了不可磨灭的“中国航迹”。③

在护航过程中，中国海军护航编队与有关国家和组织建立了互通共享情报信息机制，与多国护航舰艇进行指挥官登舰互访，并开展了联合护航行动，进行海上联合演练。

---

① 新华网，2013 年 10 月 21 日。

② 王毅出席联合国维和行动问题高级别会议，2014 年 9 月 27 日。

③ 中国军网，2014 年 3 月 17 日。

结　语

当前，国际安全形势复杂多变，需要国际社会加强合作，进行有效治理，联合国等国际机制为此作出了不懈努力，取得了可喜成绩。但武装冲突、恐怖主义给国际社会带来的挑战是长期的、严峻的，有着极其复杂的历史渊源和国际背景，为此需要国际社会的长期通力合作。

联合国是世界各国协商合作的大舞台，也是各国人民团结互助的大家庭。《联合国宪章》的宗旨和原则是当代国际关系的基石，是世界和平安宁的保障。今后，联合国等国际组织将会发挥更加有效的作用。

中国将坚定不移地推进以联合国为核心的全球治理体系变革，深化同联合国的合作关系，更加积极地参与联合国各领域工作。

附件 1　联合国正在实施的 16 项维和行动

联合国西撒哈拉全民投票特派团（西撒特派团）

United Nations Mission for the Referendum in Western Sahara（MINURSO）

联合国中非共和国多层面综合稳定团（联中稳定团）

United Nations Multidimensional Integrated Stabilization Mission in the Central African Republic（MINUSCA）

联合国马里多层面综合稳定特派团（马里稳定团）

United Nations Multidimensional Integrated Stabilization Mission in Mali（MINUSMA）

联合国海地稳定特派团（联海稳定团）

United Nations Stabilization Mission in Haiti（MINUSTAH）

联合国组织刚果民主共和国稳定特派团（联刚稳定团）

United Nations Organization Stabilization Mission in the Democratic Republic of the Congo（MONUSCO）

非盟—联合国达尔富尔混合行动（达尔富尔混合行动）

African Union-United Nations Hybrid Operation in Darfur（UNAMID）

联合国脱离接触观察员部队（观察员部队）

United Nations Disengagement Observer Force（UNDOF）

联合国驻塞浦路斯维持和平部队（联塞部队）

United Nations Peacekeeping Force in Cyprus（UNFICYP）

联合国驻黎巴嫩临时部队（联黎部队）

United Nations Interim Force in Lebanon（UNIFIL）

联合国阿卜耶伊临时安全部队（联阿安全部队）

United Nations Interim Security Force for Abyei（UNISFA）

联合国南苏丹共和国特派团（南苏丹特派团）

United Nations Mission in the Republic of South Sudan（UNMISS）

联合国科特迪瓦行动（联科行动）

United Nations Operation in Côte d'Ivoire（UNOCI）

联合国科索沃临时行政当局特派团（科索沃特派团）

United Nations Interim Administration Mission in Kosovo（UNMIK）

联合国利比里亚特派团（联利特派团）

United Nations Mission in Liberia（UNMIL）

联合国印度和巴基斯坦观察组（印巴观察组）

United Nations Military Observer Group in India and Pakistan（UNMOGIP）

联合国停战监督组织（停战监督组织）

United Nations Truce Supervision Organization（UNTSO）

附件 2　联合国正在实施的政治斡旋与建设和平特派团

联合国驻布隆迪办事处

United Nations Office in Burundi（BNUB）

联合国阿富汗援助团

United Nations Assistance Mission in Afghanistan（UNAMA）

联合国伊拉克支助团

United Nations Assistance Mission for Iraq（UNAMI）

联合国几内亚比绍建设和平综合办事处（联几建和办）

United Nations Integrated Peace-building Office in Guinea-Bissau（UNIOGBIS）

联合国驻中非地区办事处

United Nations Regional Office for Central Africa（UNOCA）

联合国驻西非办事处

United Nations Office for West Africa（UNOWA）

联合国中亚预防外交地区中心

United Nations Regional Centre for Preventive Diplomacy for Central Asia（UNRCCA）

联合国驻利比亚支助团

United Nations Support Mission in Libya（UNSMIL）

联合国中东地区和平进程协调员办事处

Office of the United Nations Special Coordinator for the Middle East Peace Process（UNSCO）

联合国黎巴嫩特别协调员办事处

Office of the United Nations Special Coordinator for Lebanon（UNSCOL）

联合国驻索马里支助团

United Nations Assistance Mission in Somalia（UNSOM）

分报告二
联合国与国际发展

祁怀高*

联合国在发展方面的工作深刻地影响着世界各地数百万民众的生活和福祉。只有当各地人民的经济繁荣和福祉有保障时，持久的国际和平与安全才有可能实现。本分报告介绍联合国负责发展议题的主要机构，梳理联合国在发展领域的主要工作和措施，评析联合国在发展领域的相关报告，并提出将中国的发展理念通过联合国共享给全球的政策建议。

一、联合国负责发展议题的主要机构

负责发展议题的联合国机构主要包括以下四类：联合国大会第二委员会（经济和金融），联合国大会第三委员会（社会、人道主义和文化），联合国经济及社会理事会（以下简称“经社理事会”），经社理事会附属机构。此外，联合国开发计划署是联合国从事发展的全球网络；作为联合国专门机构之一的世界银行的主要目标之一是推动发展中国家经济发展。

（一）联合国大会第二委员会

联合国大会第二委员会，即经济和金融委员会，负责处理国际经济议题。第 68 届会议（2013 年）第二委员会的主席是圭亚那常驻联合国代表乔治·威尔弗雷德·塔尔博特（George Wilfred Talbot）；第 69 届会议（2014 年）第二委员

* 祁怀高，复旦大学联合国研究中心副研究员，哈佛大学肯尼迪政府学院访问学者（2013 年），主要从事联合国与全球治理、中国周边外交的研究。

会的主席是意大利常驻联合国代表瑟巴斯提亚诺·卡迪（Sebastiano Cardi）。

在第 68 届会议期间，第二委员会主要处理有关经济增长和发展问题，如宏观经济政策（包括国际贸易与发展、国际金融体系与发展、外债的可持续性）、发展筹资、可持续发展、人类居住、消除贫困、全球化和相互依存、发展业务活动，以及信息和通信技术促进发展等问题。[①] 第二委员会还考虑有关国家在特殊情况下的问题，如最不发达国家和内陆发展中国家问题。它还考虑被占领的巴勒斯坦领土、包括东耶路撒冷在内的巴勒斯坦人民永久主权问题和在被占领的叙利亚戈兰地区阿拉伯居民对其自然资源享有的问题。[②] 在第 68 届会议期间，联合国大会根据第二委员会的报告通过了 41 个决议，主题涉及人类居住状况和规划、防止中亚地区放射性威胁、生态与可持续发展、南南合作、消除贫困和粮食安全等国际经济生活和环境的各个领域。[③] 在经济发展方面的提案主要有：

（1）农业发展、粮食安全和营养。重申发展中国家决定本国粮食安全战略的重要性；重申改善粮食安全和营养状况既是一个全球挑战，也是一项国家政策责任。在消除贫穷范围内应对这一挑战的任何计划，都必须与国家一级所有主要利益攸关方适当磋商，由国家阐述、制定、掌控、领导和构建。敦促会员国特别是受影响的会员国，将粮食安全和营养定为高度优先事项，并在本国的国家方案和预算中予以反映。鼓励所有利益攸关方考虑到联合国粮食及农业组织、国际农业发展基金、联合国贸易和发展会议以及世界银行制定的《负责任农业投资原则》等现有框架，参加世界粮食安全委员会内的包容性协商和谈判进程，并扩大对 2014 年 10 月提交世界粮食安全委员会第 41 届会议核可的加强粮食安全和营养负责任农业投资原则的自主权。[④]

（2）联合国第二个消除贫穷十年（2008—2017 年）。重申消除贫穷是当今世界尤其是非洲、最不发达国家和一些中等收入国家面临的最严峻的全球性挑战，并着重指出必须加速实现可持续、包容和公平的经济增长和可持续发展，包括充分生产性就业和人人享有体面工作。重申联合国第二个消除贫穷十年（2008—2017 年）的目标是以高效、协调一致的方式支持贯彻落实与消除贫穷有

---

① The Economic and Financial Committee（Second Committee）of General Assembly of the United Nations，参见：http：//www. un. org/en/ga/second/index. shtml。

② 同上。

③ “根据第二委员会（经济和金融）的报告通过的决议”，参见：http：//www. un. org/zh/ga/68/res/c2. shtml。

④ “农业发展、粮食安全与营养：第二委员会的报告”，A/68/444，2013 年 12 月 12 日印发，参见：http：//www. un. org/zh/documents/view _ doc. asp? symbol=A/68/444。

关的国际商定发展目标，包括千年发展目标，并为此对国际支持进行协调。敦促会员国制定和执行各项战略，使各地青年人真正有机会找到体面的生产性工作，以此应对青年失业问题的全球性挑战。在这方面，特别需要在《全球就业契约》和国际劳工组织行动呼吁的基础上，制定一项全球青年就业战略。①

(3) 与内陆发展中国家的特殊需要和问题有关的具体行动。促请内陆和过境发展中国家采取大会第 63 届会议关于《阿拉木图行动纲领》中期审查高级别会议的宣言和一切适当措施，加快执行《阿拉木图行动纲领：在内陆和过境发展中国家过境运输合作全球新框架下满足内陆发展中国家的特别需要》；并促请内陆发展中国家提高对《阿拉木图行动纲领》的主人翁意识，进一步将其纳入本国发展战略的主流。②

在第 69 届会议期间，第二委员会处理的问题与第 68 届会议期间类似。根据 2014 年 9 月 19 日联大第 69 届会议第 2 次全体会议的决定，分配给第二委员会的议程项目主要包括以下内容：按照大会和最近各次联合国会议的相关决议促进持续经济增长和可持续发展，如《21 世纪议程》、《进一步执行〈21 世纪议程〉方案》以及可持续发展问题世界首脑会议和联合国可持续发展大会成果的执行情况、联合国第二个消除贫穷十年（2008—2017 年）的执行情况等。③

(二) 联合国大会第三委员会

联合国大会第三委员会，即社会、人道主义和文化委员会。第 68 届会议第三委员会的主席是保加利亚常驻联合国代表斯特凡·塔夫罗夫（Stephan Tafrov）；第 69 届会议第三委员会的主席是东帝汶常驻联合国代表索菲亚·梅斯基塔·博尔热斯（Sofia Mesquita Borges）。联合国大会第三委员会的议程项目与

---

① "Eradication of Poverty and other Development Issues: Implementation of the Second United Nations Decade for the Eradication of Poverty (2008－2017): Report of the Second Committee", Distr.: 10 December 2013, A/68/442/ Add. 1, 参见: http: //www. un. org/zh/documents/view _ doc. asp? symbol＝A/68/442/ADD. 1&referer＝/zh/&Lang＝E。

② "与内陆发展中国家的特殊需要和问题有关的具体行动：内陆和过境发展中国家与捐助国及国际金融和发展机构过境运输合作问题国际部长级会议的成果", A/RES/68/225, 2013 年 12 月 20 日大会决议。参见: http: //www. un. org/zh/documents/view _ doc. asp? symbol＝A/RES/68/225。

③ "联合国大会第六十九届会议分配给第二委员会的议程项目", A/C. 2/69/1, 2014 年 9 月 19 日印发, 参见: http: //www. un. org/zh/documents/view _ doc. asp? symbol ＝ A/C. 2/69/1＃4339。

影响世界各地的一系列社会、人道主义事务和人权问题有关。[①]

在第 68 届会议期间，第三委员会高度关注人权状况，向大会报告了包括朝鲜、伊朗、缅甸、叙利亚等国的人权状况。提出了要进一步保护囚犯、迁徙者、流离失所者的人权，进一步保护妇女和儿童的人权；保护宗教信仰自由，加强彻底消除种族主义、种族歧视、仇外心理和相关不容忍行为的全球努力；促进人权条约机构成员名额公平地域分配，增进人权领域的国际合作等。

在第 69 届会议期间，第三委员将继续高度关注人权状况和促进人权。根据 2014 年 9 月 19 日联大第 69 届会议第 2 次全体会议的决定，分配给第三委员会的议程项目主要包括以下内容：促进和保护儿童权利；土著人民权利；消除种族主义、种族歧视、仇外心理和相关不容忍行为。[②] 同时，第三委员会在第 69 届会议期间还将讨论持续经济增长和可持续发展，与难民、回返者和流离失所者有关的问题以及人道主义问题，药物管制、预防犯罪和打击一切形式和表现的国际恐怖主义等问题。[③]

（三）联合国经济及社会理事会

联合国经济及社会理事会关注世界的经济、社会和环境挑战。经社理事会成立于 1946 年，是根据《联合国宪章》设立的机构，是讨论和辩论这类问题以及发布政策建议的论坛。因此，经社理事会负有广泛的责任，涉及整个联合国系统 70％的人力和财务资源，包括 14 个专门机构、9 个职司委员会以及 5 个区域委员会。[④]

经社理事会全年都会举行各种定期会议，与著名学者、工商界代表和 3200 多个注册的非政府组织进行磋商。经社理事会最盛大的会议定于夏天举行，即每年 7 月举行为期长达 1 个月的年度实质性届会。届会每年在纽约和日内瓦之间交替举行，分为 5 个部分：高级别会议、协调会议、业务活动会议、人道主义事务会议和大会，讨论全球事务和技术及行政问题。高级别部分侧

---

① The Third Committee of the General Assembly，参见：http：//www. un. org/en/ga/third/index. shtml。

② “联合国大会第六十九届会议分配给第三委员会的议程项目”，A/C. 3/69/1，2014 年 9 月 22 日印发，参见：http：//www. un. org/zh/documents/view _ doc. asp? symbol = A/C. 3/69/1。

③ “联合国大会第六十九届会议分配给第三委员会的议程项目”，A/C. 3/69/1。

④ “关于经社理事会”，参见：http：//www. un. org/zh/ecosoc/about/index. shtml。

重于紧迫的发展挑战（就业、教育、卫生等），经常吸引来自政府高层的决策者。[①]

2013—2014年，经社理事会的活动主要涉及加强国家间在刑事犯罪、毒品和非法移民等方面的国际合作，加强人道主义救援和对非洲的援助等领域。经社理事会的上述活动成果可从下面的一些重要决议中体现出来：2013年7月25日通过的“将残疾问题纳入发展议程的主流：2015年之前及之后”（E/RES/2013/28）；2013年7月25日通过的“开展国际合作，预防、侦查、起诉和惩治经济欺诈与身份相关犯罪”（E/RES/2013/39）；[②] 2014年6月12日通过的“巴勒斯坦妇女状况和向巴勒斯坦妇女提供援助”（E/RES/2014/1）；2014年6月12日通过的“促进增强人的权能以消除贫穷、实现社会融合以及充分就业和人人都有体面工作”（E/RES/2014/5）；2014年6月12日通过的“促进残疾人的权利并将残疾问题纳入2015年后发展议程”（E/RES/2014/6）；2014年7月16日通过的“加强国际合作，应对偷运移民问题”（E/RES/2014/23）；2014年7月25日通过的“2011—2020十年期支援最不发达国家行动纲领”（E/RES/2014/29）等。[③]

（四）经社理事会附属机构

经社理事会附属机构包括经社理事会职司委员会、经社理事会区域委员会、经社理事会常设委员会、经社理事会特设机构、由政府专家组成的专家机构、成员以个人身份组成的专家机构、其他有关机构。[④]

经社理事会职司委员会下含：统计委员会、人口与发展委员会、社会发展委员会、妇女地位委员会、麻醉药品委员会、预防犯罪和刑事司法委员会、科学和技术促进发展委员会、可持续发展委员会、联合国森林论坛秘书处。经社理事会区域委员会下含：非洲经济委员会（非洲经委会）、亚洲及太平洋经济社会委员会（亚太经社会）、欧洲经济委员会（欧洲经委会）、拉丁美洲和加勒比经济委员会（拉加经委会）、西亚经济社会委员会（西亚经社会）。经社理事会

---

① “关于经社理事会”，参见：http://www.un.org/zh/ecosoc/about/index.shtml。

② “2013年经济及社会理事会决议”，参见：http://www.un.org/zh/ecosoc/docs/res13.shtml。

③ “2014年经济及社会理事会决议”，参见：http://www.un.org/zh/ecosoc/docs/res14.shtml。

④ “经社理事会附属机构”，参见：http://www.un.org/zh/ecosoc/about/subsidiary.shtml。

常设委员会由方案和协调委员会、非政府组织委员会、政府间机构协商委员会组成。由政府专家组成的专家机构包括：危险货物运输和全球化学品统一分类标签制度专家委员会、国际会计和报告标准政府间专家工作组、联合国地名专家小组。成员以个人身份组成的专家机构包括：发展政策委员会，公共行政专家委员会，国际税务合作特设专家组，经济、社会和文化权利委员会，土著问题常设论坛。其他有关机构包括联合国人口奖委员会、国际麻醉品管制局、提高妇女地位国际研究训练所董事会、联合国艾滋病毒/艾滋病联合规划署方案协调委员会。

2014 年，经社理事会附属机构出版或发布了一些比较重要的报告，比如：人口与发展委员会发布了《人口与发展建议纲要》、《世界堕胎政策和生殖健康》、《2014 年世界人口形势简明报告》等；[①] 亚太经社会发布了《贸易便利化对外国直接投资的影响》、《贸易表现和竞争力：亚洲发展中经济体的相关议题》、《亚洲和太平洋：转型和复苏的故事》、《全球金融危机后的亚太经济：吸取教训和未来路向》等。[②]

（五）联合国开发计划署

联合国开发计划署是世界上最大的负责进行技术援助的多边机构，也是联合国从事发展的全球网络，其工作是为发展中国家提供技术上的建议、培训人才并提供设备，特别是为最不发达国家进行帮助。联合国开发计划署致力于推动人类的可持续发展，协助各国提高适应能力，帮助人们创造更美好的生活。[③] 现任署长是海伦·克拉克，副署长是丽贝卡·格林斯潘。

联合国开发计划署协调全球与各国努力实现千年发展目标。开发计划署关于千年发展目标的工作主要包括以下方面：（1）宣传与动员：支持宣传千年发展目标，同合作伙伴一起调动全社会广泛的意愿和力量，提高对千年发展目标的认识。（2）分析：为实现千年发展目标进行研究和分享最佳战略经验，这其中包括创新实践、政策和机制改革、施政方法和融资渠道的评估。（3）监测：支助国家在监测和报告千年发展目标方面的能力建设。（4）运行活动：提供援

---

① “Population Division Publications Since 2000”，http：//www.un.org/en/development/desa/population/publications/index.shtml.

② “Publications of the UN ESCAP”，http：//www.unescap.org/publications.

③ “联合国开发计划署”，参见：http：//www.un.org/zh/aboutun/structure/undp/。

助以支持各国政府根据当地具体情况和挑战调整实施千年发展目标；着手解决千年发展目标实施过程中的主要问题。[①] 此外，联合国开发计划署也是2015后发展议程中的主要联合国机构之一。

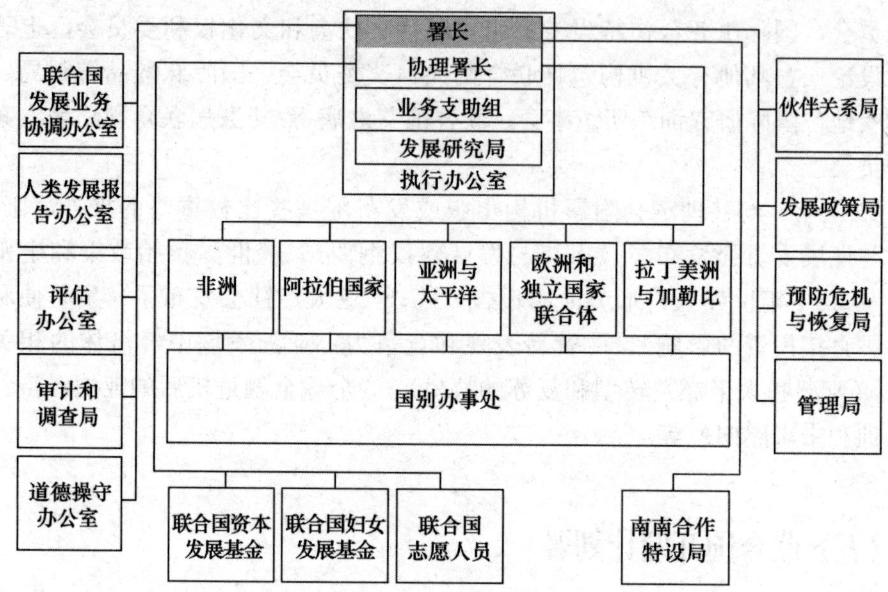

图1　联合国开发计划署组织结构图

资料来源："联合国开发计划署组织结构图"，参见：http：//www.un.org/zh/aboutun/structure/undp/chart.shtml。

2013—2014年，联合国开发计划署发布了几份重要报告，包括：2013年3月发布的《南方的崛起：多元化世界中的人类进步》（2013年人类发展报告）；[②] 2014年7月发布的《促进人类持续进步：降低脆弱性，增强抗逆力》（2014年

① "联合国开发计划署与千年发展目标"，参见：http：//www.un.org/zh/aboutun/structure/undp/mdg.shtml。

② 联合国开发计划署：《南方的崛起：多元化世界中的人类进步》（2013年人类发展报告）（The 2013 Human Development Report - "The Rise of the South：Human Progress in a Diverse World"），参见：http：//www.undp.org/content/undp/en/home/librarypage/hdr/human-development-report-2013/。

人类发展报告)；[1] 2014 年 9 月发布的《2014—2017 年联合国开发计划署青年战略：赋权青年，持久未来》等。[2]

(六) 世界银行

世界银行是世界银行集团的简称，是联合国专门机构之一，也是世界上最大的两个金融机构之一（另一个是国际货币基金组织)。世界银行并非一般意义上的银行，而是由归属于 188 个成员国所有的国际复兴开发银行（IBRD）和 172 个成员国所有的国际开发协会（IDA）构成的国际组织。[3] 此外，国际金融公司（IFC)、多边投资担保机构（MIGA）和国际投资争端解决中心（ICSID）三个机构也归属于世界银行序列之下，对其主要工作进行支持和补充。世界银行的使命在于：在一代人时间内终结极度贫困，促进共享繁荣。[4] 世界银行主要是通过提供和组织长期贷款和投资，帮助成员国战后恢复和发展经济的资金需要，其主要业务是贷款。世界银行的主要贷款对象是中等收入国家，贷款的经济部门主要集中于各种基础设施，如能源、交通等。世界银行的资金主要有 3 个来源：会员国缴纳的股金、借款和出让债权所得。[5] 世界银行现任行长为金墉(Jim Yong Kim)。

2013—2014 年，世界银行将其工作重点放在终结极度贫困和促进共享繁荣上。2013 年 4 月，世界银行行长金墉在美国乔治敦大学的演讲中，提出了世界银行的两大目标：第一个目标是到 2030 年终结极度贫困；第二个目标是促进各国底层 40%的人口共享繁荣。[6] 为了达到这两大目标，世界银行把工作重点放在以下三个领域：

---

① 联合国开发计划署：《促进人类持续进步：降低脆弱性，增强抗逆力》（2014 年人类发展报告）(2014 Human Development Report-Sustaining Human Progress：Reducing Vulnerabilities and Building Resilience)，2014 年 7 月。

② UNDP, *UNDP Youth Strategy* 2014－2017：*Empowered Youth*，*Sustainable Future*，September 2014，http：//www.undp.org/content/undp/en/home/librarypage/democratic-governance/youthstrategy/.

③ “成员国”，参见：http：//www.shihang.org/zh/about/leadership/members。

④ “About the World Bank”，http：//www.worldbank.org/en/about.

⑤ 于永达编著：《国际组织》（第二版），清华大学出版社 2011 年版，第 194—197 页。

⑥ “‘一个没有贫困的世界’目标可及：世界银行集团行长金墉在乔治敦大学的演讲”，2013 年 4 月 2 日，参见：http：//www.shihang.org/zh/news/speech/2013/04/02/world-bank-group-president-jim-yong-kims-speech-at-georgetown-university。

一是与私营部门联手抗击贫困。2014 年 9 月，世界银行集团和加拿大、挪威以及美国政府宣布启动创建一个创新型全球融资基金（GFF），该基金的目的是调动（资源），支持发展中国家加快在健康相关的千年发展目标方面取得进展，并在 2030 年前终结可预防的孕产妇和儿童死亡现象。[①] 2014 年 10 月，世界银行集团启动新的全球基础设施基金（GIF），该基金由多边发展机构（世界银行集团等）和捐助国与世界最大的资产管理和私人股本公司、养老金和保险基金以及商业银行联手成立。[②]

二是加强对脆弱和受冲突影响国家的援助。2013 年 5 月，世界银行集团宣布提供 10 亿美元新增资金，帮助非洲大湖地区各国提供更好的卫生和教育服务，促进跨境贸易，资助水电项目建设，以支持 11 国于 2013 年 2 月签署的大湖地区和平协议。[③] 2013 年 10 月，金墉承诺，在今后 3 年将国际开发协会对脆弱国家的援助比重提高 50%。国际金融公司也承诺在未来 3 年将其对脆弱国家的援助增加 50%。[④] 2014 年 1 月，世界银行宣布计划投入 20 亿美元支持缅甸的跨年发展规划（multi-year development program），资助能够显著改善贫困人口获得能源和医疗服务的项目。[⑤]

三是积极应对全球重要性议题，包括增加对妇女和女童的投入、抗击气候变化等。比如，2013 年 9 月，金墉在联合国宣布，在 2015 年年底前世行集团预计至少再投入 7 亿美元资金，用于帮助发展中国家实现改善妇女儿童健康的千

① “发展伙伴支持创建全球融资基金以提升妇女和儿童的健康”，2014 年 9 月 25 日，参见：http：//www. shihang. org/zh/news/press-release/2014/09/25/development-partners-support-creation-global-financing-facility-women-children-health。

② “世界银行集团启动新的全球基础设施基金”，2014 年 10 月 9 日，参见：http：//www. shihang. org/zh/news/press-release/2014/10/09/world-bank-group-launches-new-global-infrastructure-facility。

③ “世界银行宣布向非洲大湖地区承诺资金 10 亿美元用于能源、公路、农业、跨境贸易、卫生与就业项目”，2013 年 5 月 22 日，参见：http：//www. shihang. org/zh/news/press-release/2013/05/22/world-bank-announces-us-1-billion-pledge-to-africa-great-lakes-region-targeting-energy-roads-agriculture-cross-border-trade-health-jobs。

④ 金墉：“世界银行如何在 2030 年终结极度贫困”，2013 年 10 月 9 日，参见：http：//finance. sina. com. cn/zl/international/20131009/105416932266. shtml。

⑤ “世界银行集团投入 20 亿美元支持缅甸改革和减贫”，2014 年 1 月 26 日，参见：http：//www. shihang. org/zh/news/press — release/2014/01/26/world-bank-group-to-invest-2-billion-in-myanmar-to-support-reforms-and-reduce-poverty。

年发展目标。[①] 2013 年 1 月，金墉在美国《华盛顿邮报》刊文指出，“世界银行集团通过总额超过 70 亿美元的气候投资基金保护森林，推广太阳能，促进城市的绿色扩张，这一切的目标是阻止全球变暖”。[②]

二、联合国在发展领域的主要工作和措施

联合国在发展领域开展的主要工作和采取的措施体现在以下方面：落实千年发展目标，推动全球可持续发展，制定 2015 年后国际发展议程（以下简称“2015 年后议程”）等。

（一）落实千年发展目标

在联合国发起的众多促进全球发展的倡议中，千年发展目标是最为著名的综合性发展纲领。2000 年 9 月，联合国千年首脑会议通过《千年宣言》，确立了千年发展目标（参见表 1）。发达国家和发展中国家的领导人都承诺到 2015 年实现这些相互紧密相关的目标。千年发展目标是国际社会为缩小南北差距、促进共同发展而确立的共识和任务，承载着人类几千年来战胜饥饿、疾病和贫困的良好愿望。

表 1　千年发展目标内容与目标实现预测

千年发展目标及其指标	2015 年目标实现情况预测
目标一：消除极端贫穷与饥饿	
1. A　1990 年至 2015 年间，将每日收入低于 1 美元的人口比例减半	已经实现
1. B　使所有人包括妇女和青年人都享有充分的生产性就业和体面的工作	不能实现
1. C　1990 年至 2015 年间，将挨饿人口的比例减半	有潜力实现

① “世界银行集团在 2015 年之前投入 7 亿美元改善贫困国家妇女儿童健康”，2013 年 9 月 23 日，参见：http：//www. shihang. org/zh/news/press-release/2013/09/23/world-bank-group-invest-700-million-2015-improve-women-children-health-poor-countries。

② Jim Yong Kim，“Make Climate Change a Priority，” The Washington Post，January 24，2013，http：//www. washingtonpost. com/opinions/make-climate-change-a-priority/2013/01/24/6c5c2b66-65b1-11e2-9e1b-07db1d2ccd5b _ story. html.

续表

千年发展目标及其指标	2015 年目标实现情况预测
目标二：普及小学教育	
2.A 确保到 2015 年，世界各地的儿童，不论男女，都能上完小学全部课程	持续努力可能实现
目标三：促进性别平等和增强妇女权能	
3.A 争取到 2005 年消除小学教育和中学教育中的两性差距，最迟于 2015 年在各级教育中消除此种差距	有潜力实现
目标四：降低儿童死亡率	
4.A 1990 年至 2015 年间，将 5 岁以下儿童的死亡率降低 2/3	持续努力可能实现
目标五：改善孕产妇保健	
5.A 1990 年至 2015 年间，孕产妇死亡率降低 3/4	不能实现
5.B 到 2015 年实现普遍享有生殖保健	不能实现
目标六：与艾滋病病毒/艾滋病、疟疾和其他疾病做斗争	
6.A 到 2015 年遏制并开始扭转艾滋病毒/艾滋病的蔓延	不能实现
6.B 到 2010 年向所有需要者普遍提供艾滋病毒/艾滋病治疗	2015 年可能实现
6.C 到 2015 年遏制并开始扭转疟疾和其他疾病的发病率	持续努力可能实现
目标七：确保环境的可持续能力	
7.A 将可持续发展原则纳入国家政策和方案，扭转环境资源的流失	不能实现
7.B 减少生物多样性的丧失，到 2010 年显著降低丧失率	不能实现
7.C 到 2015 年将无法持续获得安全饮用水和基本卫生设施的人口比例减半	安全饮用水目标已经实现，基本卫生设施目标似乎无法实现
7.D 到 2020 年使至少 1 亿贫民窟居民的生活明显改善	已经实现
目标八：全球合作促进发展	
8.A 进一步发展开放的、有章可循的、可预测的、非歧视性的贸易和金融体制	无量化指标或数据
8.B 满足最不发达国家的特殊需要	无量化指标或数据
8.C 满足内陆发展中国家和小岛屿发展中国家的特殊需要	无量化指标或数据
8.D 通过国家和国际措施全面处理发展中国家的债务问题	无量化指标或数据
8.E 与制药公司合作，在发展中国家提供负担得起的基本药物	无量化指标或数据
8.F 与私营部门合作，普及新技术特别是信息和通信技术的好处	持续努力可能实现

资料来源：作者根据以下材料整理：United Nations，*The Millennium Development Goals Report* 2014，New York，June 2014；联合国经济和社会事务部统计司编制：《千年发展目标：2014 年进度表》，统计数据截至 2014 年 6 月。

千年发展目标实施 13 年来，联合国致力于与世界各地的合作伙伴一起，加快实现千年发展目标的进展。根据联合国发布的《2014 年千年发展目标报告》，全球极端贫困人口比例减半（具体目标 *1. A*）、将无法获取改善的饮用水源的人口减半（具体目标 *7. C*）的具体目标已提前 5 年完成。抗击疟疾、肺结核取得显著成绩（具体目标 *6. C*）。小学教育的性别平等进一步改善（具体目标 *3. A*），平等获取艾滋病治疗机会（具体目标 *6. B*）、消除消耗臭氧层物质（具体目标 *7. A*）等方面的具体目标也触手可及。这意味着联合国千年发展目标中第一项、第三项、第六项和第七项的部分具体目标已经提前实现或基本实现。但与此同时，不同地区和国家、不同人群在实现千年发展目标各个不同目标方面差距很大。如果不能改变不平衡的问题，在分娩（具体目标 *5. A*）、孕产妇死亡率（具体目标 *5. A*）、普及教育（具体目标 *2. A*）、环境可持续性（具体目标 *7. A* 和 *7. B*）方面的一些关键目标将无法实现。

在消除极端贫穷与饥饿目标（目标一）上，极端贫穷率已经减半，但仍存在重大挑战。1990 年，发展中地区有近一半的人每天生活费不足 1.25 美元，到 2010 年，这一比率已降至 22%，极度贫困人数减少了 7 亿。这意味着与 2015 年的限期相比，世界提前 5 年实现千年发展目标将极端贫穷人口比例减半的具体目标（具体目标 *1. A*）。尽管总体上已取得成绩，但减贫的进展仍不平衡。东亚、东南亚、拉丁美洲和加勒比以及高加索和中亚已实现了将极端贫穷率减半的具体目标，但撒哈拉以南非洲和南亚仍然落后。依照世界银行的预测，撒哈拉以南非洲不可能在 2015 年实现具体目标。[①] 2011—2013 年，全世界约有 8.42 亿人或 1/8 人口遭受长期饥饿。营养不足人口的比例，即那些无法经常获取足够食物以便积极和健康生活的人口比例，已从 1990—1992 年的 23.6% 降至 2011—2013 年的 14.3%，但是，在过去 10 年中的进展比 20 世纪 90 年代要慢。如果保持过去 21 年的年均减少速度直到 2015 年，那时营养不足的发生率将高于具体目标约 1 个百分点。[②] 因此，实现“在 2015 年前实现将挨饿人口比例减半”的具体目标（具体目标 *1. C*），需要立即作出额外的努力，特别是在那些进展很小的国家。

在普及小学教育目标（目标二）上取得显著进展，但减少儿童失学人数方

---

① United Nations, *The Millennium Development Goals Report* 2014, New York, June 2014, p. 9.

② United Nations, *The Millennium Development Goals Report* 2014, p. 12.

面的进展却极大地放缓了。2000—2012 年期间，发展中地区在小学教育普及方面取得了很大进展，调整后的小学净入学率增加 7 个百分点，从 83%增加到 90%。截至 2012 年，小学适龄儿童中每 10 人有 1 人仍在失学。21 世纪初，全球失学儿童人数明显减少，从 2000 年的 1 亿降到 2007 年的 6000 万，在这之后进展迟滞。2012 年，仍有 5800 万儿童失学。① 在过去的 20 年间，全球青少年和成年人识字率取得了巨大的进展，但全球文盲人数仍居高不下。全球 15—24 岁青少年的识字率有所增加，从 1990 年的 83%增加到 2012 年的 89%；成年人识字率（对于 15 岁以上人群来说）从 76%增加到 84%。但在 2012 年，全球仍有 1.26 亿青少年和 7.81 亿成年人缺乏基本的读写能力。②

在促进性别平等和增强妇女权能（目标三）方面取得了较大进展。2012 年，在小学教育方面，所有发展中地区都实现或几乎实现了性别均等（具体目标 *3. A*）。③ 在小学教育方面，南亚在发展中地区的成绩最为突出：1990 年，其小学教育性别均等指数在所有地区中是最低的，为 0.74；截至 2012 年，这一指数已至 1.00。撒哈拉以南非洲的性别均等指数在发展中地区是最低的，2012 年为 0.92。2012 年，发展中地区中学教育（性别均等指数为 0.96）的性别差距要高于小学教育（性别均等指数为 0.97）。④ 在过去 20 年间，女性对非农业部门有偿就业的参与正缓慢提高。全球女性在非农业部门有偿就业中的比重从 1990 年的 35%增加到 2012 年的 40%，几乎各地区都有所增长。⑤ 女性对政治的参与继续增长，但晋升上的"玻璃天花板"仍然存在。截至 2014 年 1 月，女性议员占全球议会总议席的 21.8%，比上年的 20.3%有所增长。2014 年 1 月，在 46 个国家中，女性在国家议会至少一个议院中有 30%以上的席位，比上年的 42 个国家有所增加。在政府的执行层面，2014 年女性部长的比例达到了 17.2%，比 2008 年的 16.1%有所增加。截至 2014 年 1 月，36 个国家有 30%或以上的女部长。现在有更多的女性掌管一些诸如国防、外交和环境等方面的所谓"硬"的部长职责。但是，也要看到女性国家元首或者政府首脑以及议会发言人的人数有轻微的下降或迟滞。自 2012 年以来，全球女性国家元首或政府首脑略有减少，从 19 位减少到 18 位。同时，女性议会发言人的比例几乎没有增长，从 2012 年的

---

① United Nations, *The Millennium Development Goals Report* 2014, p. 17.

② Ibid., p. 18.

③ 性别均等指数介于 0.97 和 1.03 之间时，便实现了教育性别均等。性别均等指数（GPI）指的是女童相对于男童的毛入学率。

④ United Nations, *The Millennium Development Goals Report* 2014, pp. 20—21.

⑤ Ibid., p. 21.

14.2%增长到2013年的14.8%，这意味着在一些国家女性在晋升上存在“玻璃天花板”。①

在降低儿童死亡率（目标四）方面已经取得实质进展，但仍未达到千年发展目标有关儿童死亡率的具体目标。1990年以来，全球5岁以下儿童死亡率下降了几近50%，从1990年的每1000例活产婴儿死亡90人下降到2012年的48人。2012年儿童死亡人数比1990年减少了600万。全球5岁以下儿童年均死亡率的降低在稳步加快，从1990—1995年期间的每年下降1.2%增加到2005—2012年期间的3.9%。尽管如此，诸如大洋洲、撒哈拉以南非洲、高加索和中亚以及南亚等地区仍未达到2015年的目标。按照目前的发展速度计算，要到2028年全球才可实现千年发展第四个目标。2013—2015年需将死亡减少的速度提升3倍才可实现5岁以下儿童死亡率减少2/3的目标（具体目标*4.A*）。②

改善孕产妇保健（目标五）方面取得了一些进展，但仍需更多的努力。1990—2013年期间，全球孕产妇死亡率下降了45%，从每10万活产婴儿有380例产妇死亡降至210例死亡。尽管如此，仍达不到千年发展目标提出的到2015年孕产妇死亡率减少3/4的具体目标（具体目标*5.A*）。③ 仅2013年，就有约28.9万名女性在妊娠、分娩或终止妊娠42天内死于与妊娠或其管理相关或由此加重的病情（意外或偶然死亡除外）。减少孕产妇发病率和死亡率的一个重要方法就是确保每个婴儿都在专业医护人员（医生、护士或助产士）的帮助下出生。2012年在发展中地区，专业医护人员参与了68%的分娩；与此相比，1990年仅为56%。在发展中地区，在妊娠期至少得到过一次专业保健护理人员照顾的女性比例从1990年的65%增加到2012年的83%。在发展中地区，2012年仅有52%的孕妇在妊娠期得到了至少4次产前护理，尽管比1990年的37%有所增加。④ 显然，发展中地区的妇女在妊娠期定期获取保健护理方面（具体目标*5.B*）仍面临着挑战。

在与艾滋病病毒/艾滋病、疟疾和其他疾病做斗争（目标六）方面，某些具体目标能够如期实现，但总体挑战巨大。2001—2012年期间，全球每100个成年人（15—49岁）中，新感染艾滋病毒（人类免疫缺陷病毒）人数下降了

---

① United Nations，*The Millennium Development Goals Report* 2014，p. 23.

② Ibid.，p. 25.

③ Ibid.，p. 29.

④ Ibid.，p. 30.

44%。然而，全球仍有230万各个年龄段的新感染者和160万人死于艾滋病相关原因。2014年，全球约有3530万人携带艾滋病毒。[①] 2012年携带艾滋病毒人数达到新高，这表明“到2015年遏制并开始扭转艾滋病毒/艾滋病的蔓延”（具体目标 *6.A*）是一项艰巨的挑战。在最近几年，接受抗逆转录病毒治疗（ART）这一挽救生命疗法的人数一直在急剧增加，更多人的生命被挽救。1995—2012年期间，全球范围内抗逆转录病毒治疗扭转了660万艾滋病毒和艾滋病相关的死亡，其中540万在发展中地区。如果可以保持当前的势头，那么全球便有望在2015年底实现1500万患者接受抗逆转录病毒治疗的目标，这一目标是2011年6月在联合国大会艾滋病毒和艾滋病特别会议中达成的。[②] 在抗击疟疾、肺结核方面取得显著成绩（具体目标 *6.C*）。2000—2012年期间，全球疟疾干预措施的极大扩展使得疟疾死亡率下降了42%，在这期间有约330万患者的生命得到了挽救。[③] 世界正朝着实现疟疾方面具体目标的方向迈进。自1995年以来，抗击肺结核的集中努力挽救了全球约2200万人的生命。全球每10万人中肺结核新病例数继续下降，2012年比2011年下降约2%；在大多数地区，每10万人中，死于肺结核的人数（除艾滋病毒测试呈阳性人群外）在下降。[④] 如果这个趋势继续下去，千年发展目标的遏制和扭转肺结核发病率的具体目标可以实现，遏止结核病战略中所提出的到2015年实现1990年死亡率减半的目标在全球层面和几个地区层面都可以实现。

在确保环境的可持续能力（目标七）方面，一些关键性的具体目标将无法实现。2000—2010年期间，每年因自然因素破坏或土地转为他用而流失的森林面积达1300万公顷。全球二氧化碳（CO2）排放继续呈上升趋势，2010—2011年增长了2.6%。2011年全球二氧化碳排放达322亿公吨，比1990年高出48.9%。许多物种濒临灭绝，可再生的水资源也变得更为稀缺。但与此同时，国际社会采取行动几乎消除了消耗臭氧层的物质，也使受保护的陆地和近岸海域得到了增加。2012年，全球获取改善过的饮用水源的人口比例为89%，比1990年的76%有所增长。将没有获得改善水源的人口比例减半的具体目标（具体目标 *7.C*）已在2010年实现，比预期提前5年。1990—2012年期间，有超过23亿人获取了改善的饮用水源。但需要指出的是，2012年仍有7.48亿人依赖

---

① United Nations, *The Millennium Development Goals Report* 2014, p. 35.

② Ibid., p. 36.

③ Ibid., p. 37.

④ Ibid., p. 38.

不安全的饮用水源，其中 1.73 亿人从河水、溪流和池塘获取饮用水。[①] 1990—2012 年期间，有约 20 亿人获得了改善的卫生设施，即将人与粪便卫生地分隔开的设施。尽管在卫生覆盖范围方面取得了很大的提高，从 1990 年的 49%提高到 2012 年的 64%，但似乎仍然不可能在 2015 年实现千年发展目标 75%覆盖率的具体目标（具体目标 *7.C*）。[②] 2000—2012 年期间，有超过 2 亿的贫民窟居民得到了改善的水源、改善的卫生条件、耐久的住房或不那么拥挤的居住条件（具体目标 *7.D*）。尽管这一具体目标（具体目标 *7.D*）已实现，但贫民窟居民的数量还在继续增加。2012 年居住在贫民窟条件下的城市居民约为 8.63 亿，2000 年为 7.6 亿，1990 年为 6.5 亿。

在全球合作促进发展（目标八）方面，出现发展援助回升等可喜进展。2013 年，发达国家对发展中国家的官方发展援助（ODA）金额为 1348 亿美元，达到有记录以来的最高值。[③] 尽管如此，2013 年发达国家对非洲的双边援助净额下降了 5.6%（在 48 个最不发达国家中有 34 个位于非洲），实际值为 289 亿美元。[④] 发展援助委员会的调查显示对最不发达国家和低收入国家的国别可规划援助会继续降低 5%，特别是在非洲，这反映在减少了对最不发达国家高度依赖的物资的拨款。[⑤] 2012 年，发展中国家向发达国家出口的 80%的商品免税，关税也保持最低点，最不发达国家从真正的优惠待遇中获益。2012 年，发展中国家的债务负担比 2000 年要低很多。2012 年，按外债与出口收入的比例计算，发展中国家的债务负担为 3.1%，与之前两年的水平相似。这比 2000 年的水平低很多，当时发展中国家的债务负担相当于其出口收入的 12%。[⑥] 良好的债务管理、贸易的扩大以及对最贫穷国家的实质性债务减免，都减少了债务的负担。

13 年来，联合国在进行发展活动的过程中，不断总结经验教训，促使其发展理念不断丰富和进步。如强调以人为本，发展应当惠及普通民众，切实改进世界人民的生活质量；进一步确立可持续发展观；强调发展问题的综合性等。[⑦] 这些理念深刻影响了联合国成员国的发展理念。以“以人为本”的理念为例，

---

① United Nations, *The Millennium Development Goals Report* 2014, p. 44.

② Ibid., p. 45.

③ Ibid., p. 48.

④ Ibid., p. 49.

⑤ Ibid., p. 49.

⑥ Ibid., p. 51.

⑦ 孙洁婉：“联合国千年发展目标的实现：现状与思考”，中国联合国协会编：《联合国与和谐世界》，四川人民出版社 2008 年版，第 162—163 页。

千年发展目标是一种非常典型的从人类本身角度出发、以人为本而提出的目标内容体系。正如《我们民众：秘书长千年报告》中所述，千年发展目标中的思想或行动的方法最重要的转变莫过于："我们的一切工作必须以人为本。让世界各地城镇乡村的男女老少都有能力改善自己的生活，没有任何号召比这更崇高，没有任何责任比这更重大。只有这样……能让每个人都分享它带来的机遇。"[①] 千年发展目标对妇女、儿童等弱势群体给予了特别的关注。在千年发展目标中，直接涉及妇女问题的就有两项，即目标三促进性别平等和增强妇女权能和目标五改善孕产妇保健。直接针对儿童的也有两项，即目标二普及小学教育和目标四降低儿童死亡率。涉及妇女和儿童的目标在 8 项千年发展目标中占了 4 项，体现出联合国对这两类社会弱势群体的重视。整个千年发展目标均以"自由、平等、团结、容忍、尊重大自然、共同承担责任"为价值导向，强调从人类本身的角度出发探索发展的涵义。

目前，千年发展目标的实现已经到了前所未有的关键时刻，一些前期所艰难取得的成果正遭受气候变化、金融危机和人道主义危机等的侵蚀。

气候变化给中低收入国家和弱势群体带来了严重的影响，过去 10 多年来取得的成就可能因气候改变而消失。2011 年全球二氧化碳排放量比 1990 年高出 48.9%。生物多样性继续在快速丧失，土地退化和荒漠化、海洋酸化以及物种和森林的消失继续以惊人的速度进行。中低收入国家和弱势群体对气候变化问题应负的责任最小，但是他们却经受着气候变化带来的最严重的影响。比如马尔代夫的平均海拔高度只有 1.5 米，如果全球变暖的趋势持续下去，马尔代夫可能会在本世纪消失。气候变化给地处三角洲的孟加拉国造成了严重的负面影响，如果海平面上升 1 米，孟加拉国 18%的陆地面积将被淹没，直接影响到该国 11%的人口。气候变化加剧了撒哈拉以南非洲的水资源短缺问题，而缺水问题又严重影响该地区的粮食生产，阻碍消除饥饿与贫困的努力。

国际金融和经济危机使得消灭贫穷饥饿的难度加大。2008 年下半年开始的国际金融和经济危机对生活在极端贫困中的工作群体造成了相当大的负面冲击。千年发展目标直至 2007 年以来明显的令人鼓舞的趋势，在 2008 年已经出现减缓或逆转。国际金融和经济危机不仅减缓了发展中国家消灭贫穷饥饿的进程，而且使得儿童孕妇健康、性别平等、疾病防控等联合国千年发展目标所明确的关键领域都受到了影响。2013 年，全球经济增长减少到 2009 年以来的新低。疲软

① Kofi A. Annan，*We the Peoples*：*The Role of the United Nations in the 21st Century*，April 2000，p. 7，http：//www. unmillenniumproject. org/documents/wethepeople. pdf.

和不平衡的全球经济复苏继续对劳动力市场造成影响，特别是对发展中地区影响较大。这表现在低质量就业减少上的有限进展，低质量就业在大多数发展中国家已非常普遍。

人道主义危机对千年发展目标成果构成重大威胁。2013 年，持续的多次难民危机的结果导致难民数量达到 1994 年以来的新高。这一年，中非共和国、刚果民主共和国、马里、阿拉伯叙利亚共和国以及南苏丹及苏丹之间边界的冲突迫使每天平均 3.2 万人放弃家园寻求庇护。截至 2013 年底，迫害、冲突、普遍的暴力和人权侵犯已迫使全球 5100 万人流离失所，这一数字达到了历史新高。[①]受冲突影响地区儿童、贫困农村家庭女童以及残疾儿童更可能失学。尽管受冲突影响地区的小学适龄儿童仅占全球的 22%，但其失学人数却占总失学数的约 50%。撒哈拉以南非洲有 44%这样的儿童，南亚约有 19%，西亚和北非有 14%。[②] 国家之间和国内的武装暴力和冲突，以及由此导致的人道主义危机，正在对人类安全和取之不易的千年发展目标成果形成严重威胁。

（二）推动全球可持续发展

到 2050 年，全世界人口很有可能会增至 90 亿。自然资源不断减少，而需求却不断增加。收入差距正在扩大。可持续性要求在不损害子孙后代需求的前提下，使所有人都能过上体面的生活。

1987 年，世界环境与发展委员会报告《我们共同的未来》提出了可持续发展理念。该报告认为，可持续发展是“既满足当代人的需要，又不对后代人满足其自身需求的能力构成危害的发展”。[③] 1992 年联合国环境与发展大会取得了突破性进展，进一步明确了可持续发展理念，将环境保护与减贫、最不发达国家及环境最脆弱国家的环境保护问题提升到世界各国国家环境保护的重要日程。

联合国与各国政府和民间社会共同合作，塑造一个雄心勃勃的可持续发展框架，建立“我们期望的未来”。无论是在千年发展目标中，还是在 2015 年后议程的制定中，可持续发展都是作为一项极为重要的理念提出的。

---

① United Nations，*The Millennium Development Goals Report* 2014，p. 15.

② Ibid.，p. 17.

③ 世界环境与发展委员会著，王之佳等译：《我们共同的未来》，吉林大学出版社 1997 年版，第 52 页。

可持续发展理念明确出现在联合国千年发展目标中。2000 年 9 月，在提出千年发展目标的《千年宣言》中，联合国各成员国宣布“我们必须不遗余力，使全人类、尤其是我们的子孙后代不致生活在一个被人类活动造成不可挽回的破坏、资源已不足以满足他们的需要的地球”。[①] 千年发展目标“确保环境的可持续能力”（目标七）正是依据这一精神制定的。在目标七中，专门列出“将可持续发展原则纳入国家政策和方案，扭转环境资源的流失”这一项具体目标。在这一具体目标下，有 4 项指标：森林覆盖地带所占比例；为保持生物多样性而加以保护的地带；国内总产值每单位能耗；二氧化碳排放量。可见，联合国在进行发展活动和实施千年发展目标时，将经济社会发展与环境保护视为一个密不可分的整体。联合国促使可持续发展概念逐步成为全球一致认可的共识，成为各成员国制定国家发展政策的指导方针，而不再仅仅是一种新的发展理念。现任联合国秘书长潘基文指出：“千年发展目标和可持续发展目标是相互支持的两个概念。在落实千年发展目标方面取得的进步，将增强实现可持续发展目标的信心并调动国际社会对一个宏大的 2015 年后议程的支持，可持续发展目标应加快并继续在‘千年发展目标’旗帜下开始的工作。”[②]

推动全球可持续发展也是 2015 年后议程的重心。联合国经济和社会事务部（DESA）全面致力于推动和支持建立内容详实、目标宏大 2015 年后议程的制定，该议程将以可持续发展为重心。[③] 2012 年 6 月召开了联合国可持续发展会议（即“里约＋20”峰会)。《我们希望的未来》(“里约＋20”峰会成果文件）是这一会议的成果文件，于 2012 年 7 月在联合国大会上予以印发。《我们希望的未来》承诺：实现可持续发展，确保为我们的地球及今世后代，促进创造经济、社会、环境可持续的未来。《我们希望的未来》认为，消除贫穷、改变不可持续的消费和生产方式、推广可持续的消费和生产方式、保护和管理经济和社会发展的自然资源基础，是可持续发展的总目标和基本需要。《我们希望的未来》指出，可持续发展目标的制定应与 2015 年后的联合国发展议程一致。[④] 可以这样

---

① 《联合国千年宣言》，联合国大会 2000 年 9 月 8 日第 55/2 号决议通过，http：//www. un. org/chinese/hr/issue/docs/7. PDF。

② “潘基文：2015 年后发展的可持续目标应致力于推动千年发展目标开启的进程”（2013 年 3 月 14 日），联合国网站：http：//www. un. org/chinese/News/story. asp? NewsID＝19444。

③ “2015 年后的发展”，参见：http：//www. un. org/zh/development/desa/development-beyond-2015. html。

④ “The Future We Want”，Draft resolution submitted by the President of the General Assembly，United Nations，24 July 2012，A/66/L. 56.

认为，《我们希望的未来》启动了一套可持续发展目标的工作。

表 2　“里约＋20”峰会宣言提出的可持续发展目标议题

扶贫	非洲
食品和营养安全以及可持续农业	地区性行动
水和卫生	减少灾害风险
能源	气候变化
可持续旅游	森林
可持续交通运输	生态多样性
可持续城市和人类定居	沙漠化、土地退化和干旱
健康和人口	山脉
促进充分就业和生产性就业、所有人体面的工作和社会保障	化学物质和废弃物
洋和海	可持续消费和生产
小岛屿发展中国家	采矿
最不发达国家	教育
内陆发展中国家	性别平等和增强妇女权能

资料来源：Rio＋20 UN Conference on Sustainable Development，Outcome of the Conference：The Future We Want，A/CONF. 216/L. 1，June 19，2012.

为了推动全球可持续发展，联合国设立了可持续发展委员会（Commission on Sustainable Development，CSD）。它是一个关于可持续发展问题的高级别论坛，审查国家、区域和国际各级实施《21 世纪议程》、《巴巴多斯行动纲领》和《约翰内斯堡执行计划》的进展，监测实施情况并予以报告。

此外，联合国秘书长潘基文还设立了全球可持续性问题高级别小组，试图提出新的发展模式及实现机制。2012 年 1 月，全球可持续性高级别小组向联合国秘书长潘基文提交了一份题为《人与地球的可持续发展：值得选择的未来》的报告。该报告就如何落实促进可持续发展并尽快将其纳入经济政策提出 54 条建议，其中包括：在考量经济活动时纳入社会和环境成本因素；创建超越传统 GDP 概念的可持续发展指标；各国政府提出并落实可动员全球参与并监控其进展的可持续发展目标。2012 年 6 月的“里约＋20”峰会成果文件基本采纳了这些建议，还提出可持续发展目标应与 2015 年后的联合国发展议程相一致，并成为其不可分割的一部分。

2013 年 1 月，联合国秘书长潘基文在第 67 届联大全体会议上讲话指出，可持续发展是联合国在 2013 年面临的三大挑战之一（另外两大挑战是叙利亚危机和马里问题），也是 2013 年联合国的工作重点之一。

2014 年 9 月，联合国在太平洋岛国萨摩亚举办了“第三届小岛屿发展中国家国际会议”，会议的主题为“通过真正与持久的合作伙伴关系促进小岛屿发展中国家的可持续发展”。该会议的一大目标是确定小岛屿发展中国家可持续发展的优先事项，为联合国制定 2015 年后发展议程提供参考。会议通过了名为《小岛屿发展中国家快速行动方式》（又名《萨摩亚途径》）的成果文件。[①]

（三）制定 2015 年后国际发展议程

千年发展目标即将于 2015 年到期，有关届时的替代性国际发展目标的讨论已成为国际社会的一个重要议题。自 2010 年联合国千年发展目标高级别会议之后，对 2015 年后国际发展议程的讨论便被纳入联合国议事日程。[②] 2015 年后议程的主要目标是尽力减少贫困和降低能使人们陷入贫困的脆弱性，消除极端贫困不仅要朝“零贫困”努力，还要守住减贫成果。[③]

近年来，就 2015 年后议程的制定而言，联合国系统内存在两个进程同时运行。一个进程讨论是否应在千年发展目标于 2015 年到期后设立一个新的全球发展议程及其内容；另一进程是给未来编制一系列可持续发展的目标。两年来，确实存在这样一种可能：这两个进程将在 2015 年带来两组指导国际发展政策的目标体系。2013 年召开的联合国大会决定，未来的发展目标必须具备真正的普世性，且只能是“单一目标体系”，这样 2015 年后议程的核心挑战便是如何同时虑及减贫和可持续发展。可持续发展目标的拥护者视贫困为一系列需要解决

① “第三次小岛屿发展中国家国际会议通过《萨摩亚途径》”，新华网，2014 年 9 月 4 日，参见：http：//news. xinhuanet. com/world/2014-09/04/c _ 1112360703. htm。

② 2010 年 9 月第 65 届联大千年发展目标高级别会议通过的决议要求，联合国秘书长应当在此后的年度报告中提议恰当的促进联合国在 2015 年后议程中作用的步骤。参见：*Keeping the Promise*：*United to Achieve the Millennium Development Goals*，Resolution adopted by the General Assembly，UN，October 19，2010，A/RES/65/1，p. 29。

③ 联合国开发计划署：《促进人类持续进步：降低脆弱性，增强抗逆力》（2014 年人类发展报告）（2014 Human Development Report-Sustaining Human Progress：Reducing Vulnerabilities and Building Resilience），2014 年 7 月版，综述，第 2 页。

的全球问题中的一个，而这又恰恰是千年发展目标拥护者所担心的。千年发展目标拥护者担心，在未来的可持续发展目标中，扶贫将居于次要地位（只是诸多议题之一）。同时，可持续发展目标的支持者批驳认为，千年发展目标支持者的发展观念过于狭隘，将直接成果凌驾于社会、经济和生态等可持续成果之上。[①] 两种关切都有道理，重要的是要找到一个能同时满足世界各国利益的两全其美的方案。

依据建立时间的先后次序，联合国系统内涉及2015年后议程的工作序列主要有两类。[②] 第一类是联合国固有机构，依据其既有工作职责而先后介入2015年后议程，其中最重要的如：（1）以联合国开发计划署（UNDP）为核心的联合国发展集团（UNDG），介入2015年后议程的时间较早，在相关正式工作序列创建之前和之后都始终发挥着重要作用；（2）联合国地区经济委员会（RECs），主要负责各地区的咨询活动；（3）联合国全球契约组织（UN Global Compact），主要负责收集全球跨国公司的相关意见和建议；（4）联合国助理秘书长，依据其分工而负责协助秘书长协调相关工作序列。

第二类是新创建的工作序列，其履行使命的时间尽管未明确设定并假定以2015年9月议程正式出台后终止，但事实上很多工作序列发挥作用的时间短得多（可从下文有关阶段设置的讨论中看出），主要包括：（1）2011年9月创建的联合国系统工作组（UN System Task Team on the Post－2015 UN Development Agenda，UNSTT），它是联合国系统内正式创建的第一个有关2015年后议程的工作序列，旨在围绕2015年后议程与所有利益攸关方开展咨询，包括成员国、公民社会、学者和私营部门，覆盖了60余个联合国机构和国际组织；（2）紧随系统工作组建立的跨部门技术支持组（Inter-Agency Technical Support Team），主要负责各种技术支持；（3）大致同时成立的还有一个“单一秘书处”（One Secretariat）以负责具体协调；（4）2012年7月成立的联合国秘书长2015年后联合国发展议程高级别名人小组（High Level Panel of Eminent Persons on the Post－2015 Development Agenda，以下简称“高级别小组”），由27名成员组成，旨在为联合国秘书长提议相关建议；（5）2012年8月成立的联合国可持续发展行动网络领导委员会（Sustainable Development Solutions Network，以下

① 马库斯·洛伊（Markus Loewe）：“千年发展目标与可持续发展目标——人类发展目标同全球公共产品目标的结合?”，《国际展望》2014年第4期，第50—67页。

② 张春：“2015年后国际发展议程的进程压缩与中国的可能贡献”，张贵洪主编：《联合国研究》2014年第1期（总第三期），社会科学文献出版社2014年版，第71—73页。

简称“可持续发展行动网络”），由联合国秘书长潘基文倡导并由全球学术与科技界、工商界和民间社会领导人士以及发展领域专业人士组成；（6）2013 年 1 月成立的联合国大会可持续发展目标开放工作组（Open Working Group of the General Assembly on Sustainable Development Goals，以下简称“开放工作组”），主要是为联合国成员国提供一个磋商平台；（7）2013 年 6 月建立的可持续发展融资专家委员会（Committee of Experts on Sustainable Development Financing）负责讨论相关融资问题；（8）2013 年 7 月成立的高级别政治论坛（High Level Political Forum），旨在为可持续发展提供政治领导、指南和建议；（9）2013 年 9 月正式启动的联合国大会主席工作序列，又包括三个部分，即 3 次专题辩论（分别为“水、卫生设施和可持续能源”、“发展伙伴关系作用”和“确保和平与稳定的社会”专题辩论）、3 次专题性高级别会议（分别聚焦“妇女、青年和公民社会角色”、“南南合作、三边合作和 ICT[①] 角色”和“人权、法治与 2015 年后议程”）和 2014 年 9 月联大期间举行的综合性“倡议盘点”（Stock-Taking）高级别会议。[②]

2013 年 5—7 月，联合国系统先后出台三份涉及 2015 年后议程的重要报告，在某种程度上设定了有关 2015 年后议程的基调。这三份重要报告分别为：（1）高级别小组（HLP）提交的《新型全球合作关系：通过可持续发展消除贫困并推动经济转型》（2013 年 5 月 30 日）；[③]（2）可持续发展行动网络（SDSN）提交的《可持续发展行动议程：报告提交联合国秘书长》（2013 年 6 月 6 日）；（3）开放工作组（OWG）提交的《大会可持续发展目标开放工作组的进展报告》（2013 年 7 月 23 日）。表 3 是高级别小组（HLP）报告、可持续发展行动网络（SDSN）报告和开放工作组（OWG）19 个重点领域与千年发展目标 8 项目标的比较。

---

① ICT 是 Information and Communication Technologies 的缩写，指的是“信息与通信技术”。

② “The Post—2015 Development Agenda：Setting the Stage!” President of the 68th Session，UNGA，参见：http：//www. un. org/en/ga/president/68/settingthestage/。

③ A New Global Partnership：Eradicate poverty and Transform Economies through Sustainable Development：The Report of the High-Level Panel of Eminent Persons on the Post-2015 Development Agenda，United Nations，May 30，2013. 参见：http：//www. un. org/sg/management/pdf/HLP _ P2015 _ Report. pdf。

表 3　2015 年后议程的主要目标体系比较

千年发展目标	HLP 目标	SDSN 目标	OWG 目标
一、消除极端贫穷与饥饿	1. 消除贫困	1. 消除包括饥饿在内的极端贫困	1. 消除全球范围内的各式贫困
二、普及小学教育	3. 提供接受素质教育和终身进修的机会	3. 为所有儿童和青年人提供有效学习保障其生活与生计	4. 为所有人提供高质教育和终生学习
三、促进性别平等和增强妇女权能	2. 赋予女童和妇女权能并实现两性平等	4. 实现所有人的性别平等、社会包容和人权	5. 实现所有地方的性别平等和妇女赋权
四、降低儿童死亡率 五、改善孕产妇保健 六、与艾滋病病毒/艾滋病、疟疾和其他疾病做斗争	4. 保证健康的生活 5. 确保食品安全和优质营养 6. 实现饮用水和卫生设施的普及	5. 实现所有年龄群体的健康和福利	3. 所有人在各年龄段的健康生活 2. 通过可持续的农业和改善的粮食体系消除饥饿并改善所有人的营养 6. 可持续的水与卫生设施
七、确保环境的可持续能力	7. 保护可持续能源 8. 创造就业机会、可持续生计和公平增长 9. 可持续管理自然资源资产	2. 实现地球极限范围内的发展 6. 改善农业体系和促进农村繁荣 7. 创建具有包容性、可塑性与互联性的城市 8. 遏制人为造成的气候变化，确保所有人都获得清洁能源 9. 保障生态系统服务、生物多样性和自然资源的良好管理	7. 确保所有人能获得支付得起的、可持续的和可靠的现代能源 8. 促进可持续的、包容性的对所有人的经济增长和体面就业 9. 促进可持续的工业化和国家间平等 10. 建设包容的、安全的和可持续的城市与人居环境 11. 促进可持续消费与生产类型 12. 采取紧急和重要行动以缓解和适应气候变化 13. 采取紧急和重大行动以保存和可持续使用海洋资源和海洋 14. 保护和拯救陆上生态系统，阻止所有生物多样性的消失

续表

千年发展目标	HLP 目标	SDSN 目标	OWG 目标
八、全球合作促进发展	12. 创造有利的全球环境并促进长期资金融通		15. 强化可持续发展的全球伙伴关系，执行手段
	10. 确保良好的管理和有效的制度 11. 确保社会安定和平	10. 为可持续发展转变治理模式	16. 和平与包容的社会、法制和有能力的机制

资料来源："Working Document for 5—9 May Session of Open Working Group," *UN Sustainable Development Knowledge Platform*, April 24, 2014, http://sustainabledevelopment.un.org/content/documents/3686WorkingDoc_0205_additionalsupporters.pdf; *A New Global Partnership*: *Eradicate Poverty and Transform Economies through Sustainable Development*: *The Report of the High-Level Panel of Eminent Persons on the Post*—*2015 Development Agenda*, New York: United Nations, May 30, 2013; 可持续发展行动网络领导委员会：《可持续发展行动议程：报告提交联合国秘书长》，2013 年 6 月 6 日，参见：张春："2015 年后国际发展议程的进程压缩与中国的可能贡献"，张贵洪主编：《联合国研究》2014 年第 1 期（总第三期），社会科学文献出版社 2014 年版，第 81—82 页。

目前，有关 2015 年后议程的讨论正迈入一个关键时期，即从最初的开放式咨询和参与式讨论，逐渐迈入封闭式的政府间谈判。通过当前正在进行的对参与行为体和提议目标/指标的压缩，开放式咨询和参与式讨论阶段所收集的大量目标/指标，将被浓缩为一个可供联合国成员国开展政府间谈判的数量有限且可操作性强的目标/指标体系。① 在 2014 年 9 月召开的第 68 届联合国大会 2015 年后发展议程高级别总结会上，联合国秘书长潘基文呼吁国际社会在千年发展目标最后期限即将到来之际，抓住历史机遇，加紧制定 2015 年后发展议程。第 69 届联大的核心工作之一就是围绕 2015 年后发展议程继续谈判。第 69 届联大一般性辩论的主题也被确定为"兑现和实施一项具有变革性的 2015 年后发展议程"。

① 张春："2015 年后国际发展议程的进程压缩与中国的可能贡献"，张贵洪主编：《联合国研究》2014 年第 1 期（总第三期），社会科学文献出版社 2014 年版，第 69 页。

三、联合国在发展领域的相关报告评析

2013—2014 年，联合国系统在发展领域出台了一些有影响力的报告，包括：2013 年 3 月发布的《南方的崛起：多元化世界中的人类进步》（2013 年人类发展报告）；2013 年 5 月提交的《新型全球合作关系：通过可持续发展消除贫困并推动经济转型》（高级别名人小组 2015 年后联合国发展议程报告）；2013 年 6 月提交的《可持续发展行动议程：报告提交联合国秘书长》；2013 年 9 月发布的《全球发展伙伴关系：我们面临的挑战》（千年发展目标差距工作队 2013 年报告）；2014 年 6 月发布的《促进人类持续进步：降低脆弱性，增强抗逆力》（2014 年人类发展报告）；2014 年 9 月发布的《全球发展伙伴关系现状》（千年发展目标差距工作队 2014 年报告）。上述报告的简要评析如下：

（一）《南方的崛起：多元化世界中的人类进步》（2013 年人类发展报告）[①]

2013 年 3 月 14 日，联合国开发计划署发布了这一报告。该报告研究了当今时代不断演变的地缘政治、各种新出现的问题和趋势以及正在改变当今世界发展格局的新兴力量。该报告指出，目前许多发展中国家在不断增强经济活力和提高政治影响力的同时，对人类发展进步也带来重要影响。据该报告预测，到 2020 年，三大领先的发展中经济体（巴西、中国、印度）的经济总产出将超过加拿大、法国、德国、意大利、英国和美国这 6 个国家的总和。在南方国家相互之间新建立起来的贸易和技术合作伙伴关系是推动该增长的主要因素。该报告确定出对于保持发展势头具有重要作用的 4 个具体方面：促进公平（包括性别平等）、加强包括青年在内的公民话语权和参与权、应对环境压力和应对人口变化。最后，该报告还提倡以批判的视角来看待国际治理机构，以帮助建立一

① 联合国开发计划署：《南方的崛起：多元化世界中的人类进步》（2013 年人类发展报告）（The 2013 Human Development Report – "The Rise of the South：Human Progress in a Diverse World"），参见：http：//www. undp. org/content/undp/en/home/librarypage/hdr/human-development-report-2013/。

个更加公平和平等的世界。

（二）《新型全球合作关系：通过可持续发展消除贫困并推动经济转型》（高级别名人小组 2015 年后联合国发展议程报告）①

2013 年 5 月，高级别名人小组向联合国秘书长潘基文提交了该报告。在该报告中，高级别名人小组概述了同时适用于发达国家与发展中国家的五项显著改革建议。包括：（1）所有人携手共进。我们必须确保所有人，不分民族、性别、地域、残障、种族或其他身份，都能享有基本的经济机会和人权。（2）以可持续发展为核心。我们必须立即采取行动，以应对日益加剧的气候变化与环境恶化，这是人类所面临的前所未有的威胁。（3）经济转型推动就业与包容性增长。经济体制的深刻转型能够通过利用创新、科技和潜在的商机来消除极端贫困，推动可持续发展并改善生活。（4）为所有人创建和平、有效、开放且负责的制度。我们提倡实现根本性转变，即意识到和平和良治是实现人民幸福的核心要素，而不是可有可无的附加因素。（5）打造新型的全球合作关系。2015 年后议程必须以团结、合作和相互问责的新精神为基础，新的合作伙伴关系应建立在共有的人道精神、相互尊重和互利互惠的基础之上。在此基础上，高级别名人小组制定了一项 2015 年后议程，包括 12 个目标，分别为：（1）消除贫困；（2）赋予女童和妇女权力并实现两性平等；（3）提供接受素质教育和终身进修的机会；（4）保证健康的生活；（5）确保食品安全和优质营养；（6）实现饮用水和卫生设施的普及；（7）保护可持续能源；（8）创造就业机会、可持续生计和公平增长；（9）可持续管理自然资源资产；（10）确保良好的管理和有效的制度；（11）确保社会安定和平；（12）创造有利的全球环境并促进长期资金融通。

---

① A New Global Partnership：Eradicate Poverty and Transform Economies through Sustainable Development：The Report of the High-Level Panel of Eminent Persons on the Post-2015 Development Agenda，United Nations，May 30，2013. 参见：http：//www. un. org/sg/management/pdf/HLP _ P2015 _ Report. pdf。

(三)《可持续发展行动议程：报告提交联合国秘书长》[①]

2013 年 6 月 6 日，联合国可持续发展行动网络领导委员会向联合国秘书长潘基文提交了该报告。基于“可持续发展”概念，该报告界定了 2015 年后议程的十项优先政策。包括：消除包括饥饿在内的极端贫困；在地球极限范围内实现发展；为所有儿童和青年人提供有效学习，保障其生活与生计；实现所有人的性别平等、社会包容和人权；实现所有年龄阶段人群的健康和福利；改善农业体系，促进农村繁荣发展；创建具有包容性和可塑性的城市；遏制人为的气候变化，确保所有人获得清洁能源；保障生态系统服务、生物多样性和水资源及其他自然资源的良好管理；为可持续发展转变治理模式。该报告提出的上述十项优先政策涵盖了可持续发展的 4 个主要领域：经济增长和贫困终结、社会共融、环境可持续性和良好治理。联合国秘书长潘基文表示：“可持续发展行动网络领导委员会提交的这份报告是顶尖科学家、科技人员、企业家和发展专家们共同合作的结果。这份报告对我们正在努力制定一份宏大且切实可行的 2015 年后议程来说，是至关重要的。”[②]

(四)《全球发展伙伴关系：我们面临的挑战》(千年发展目标差距工作队 2013 年报告)[③]

2013 年 9 月发布的该报告，主要针对千年发展目标的第八项目标“全球合作促进发展”进行了监测评估。该报告认为，国际社会没有全面落实它对于发展援助和就注重发展的多边贸易达成一项协议的承诺。不同的方向和不同的结果，削弱全球伙伴关系的凝聚力。由于很多发展中国家正在加倍努力，力争加快步伐，在 2015 年之前实现千年发展目标，因而需要增强全球伙伴关系内的政

---

① 可持续发展行动网络领导委员会：《可持续发展行动议程：报告提交联合国秘书长》，2013 年 6 月 6 日，第 7—21 页。

② “2015 年后发展议程新闻”，参见：http：//www. un. org/zh/millenniumgoals/beyond2015-news. shtml。

③ 千年发展目标差距工作队：《全球发展伙伴关系：我们面临的挑战》(千年发展目标差距工作队 2013 年报告)，联合国，2013。The MDG Gap Task Force Report 2013 - “The Global Partnership for Development：The Challenge We Face”，参见：http：//www. un. org/en/development/desa/policy/mdg _ gap/mdg _ gap2013/mdg _ report _ 2013 _ en. pdf。

策连贯性和一致性，为发展中国家的努力提供帮助。该报告在回顾“全球伙伴关系”后指出，一种行之有效的全球伙伴关系，需要拥有共同愿景，体现一种可接受的义务和责任分担，必须有一揽子承诺，需要有一揽子政策，解决当前最显著的关切，可能包括：加强税务问题上的国际合作；加强有系统的金融监管；推动解决气候变化问题的谈判。该报告在评估“官方发展援助”指标后认为，捐助国政府亟需扭转官方发展援助这两年的削减趋势，加倍努力实现联合国的目标，尤其是援助最不发达国家的目标。该报告在监测“市场准入”指标后建议，多哈回合贸易谈判达成注重发展的结论；在监测“债务可持续性”指标后建议，确保及时为债台高筑的发展中国家减免债务，以免妨碍在实现千年发展目标方面取得进展；在监测“获取新技术”指标后建议，发展中国家政府应当加紧努力，增强信通（信息和通信）技术的获取机会和经济承受能力。

（五）《促进人类持续进步：降低脆弱性，增强抗逆力》（2014 年人类发展报告）①

2014 年 7 月发布的该报告，旨在提高关于“降低脆弱性和增强抗逆力”对可持续人类发展的重要性的认识。该报告认为，脆弱性正威胁到人类发展，如果不能通过调整政策和社会准则的系统方法加以解决，便无法确保人类发展进步的公平性和可持续性。生命周期脆弱性、结构性脆弱和缺乏安全感的生活是持续性削弱的根源，为了保障人类发展和维持人类进步，这些问题必须加以解决。该报告提出的解决办法包括：（1）普遍提供社会服务：每个人都有享受教育、医疗和其他基本服务的权利；将该普遍主义原则应用于实践当中需要投入特别的关注和资源，尤其是对贫困和脆弱群体。（2）加强社会保障：强大的普遍性社会保障政策不仅能提高个人的抗逆力，还能加强整体经济的抗逆力。（3）确保充分就业：无论社会处于什么发展水平，都应将充分就业作为一项政策目标。该报告还认为，脆弱性的根源和影响日益全球化，因此要求采取集体行动和改善国际治理。为确保全球化能够促进和保护人类发展，需要全球共同努力，如能得到全球承诺和全球支持，那么国家措施便更容易实现。由于联合国成员国正在举行 2015 年后国际发展议程谈判和制订一套可持续发展目标，因此该报

① 联合国开发计划署：《促进人类持续进步：降低脆弱性，增强抗逆力》（2014 年人类发展报告）（2014 Human Development Report-Sustaining Human Progress：Reducing Vulnerabilities and Building Resilience），2014 年 7 月。

告收集和分析的证据及人类发展视角都极具价值。

(六)《全球发展伙伴关系现状》(千年发展目标差距工作队 2014 年报告)[①]

这份报告由千年发展目标差距工作队编写，于 2014 年 9 月发布。该报告指出，尽管作为整体，发展中国家的财政收支状况持续得到改善，但在落实千年发展目标中第八项目标“全球合作促进发展”的具体目标方面，就使最贫穷的发展中国家获得更多资金援助、市场准入、债务减免、基本药品和技术而言，其结果喜忧参半。报告建议，在制定 2015 年后国际发展议程之际，发达国家政府应继续努力兑现之前商定的承诺，达到联合国将国民总收入的 0.7%用于官方发展援助的目标。该报告还强调：“为了在国际社会迈向新时代之际制定一套协调的、实质性的全球发展政策，再次对发展合作作出政治承诺势在必行。”

四、将中国的发展理念通过联合国共享给全球

理念决定着发展能否取得成功。经过 30 多年的改革开放，中国在经济和社会发展领域取得了举世瞩目的成就，也逐渐形成了具有“普世”意义的发展理念。这些发展理念包括：明确确立民生优先的导向性；在市场与政府之间把握好动态平衡；以科学发展观推动发展的转型升级；大力整合发展利益攸关者的力量；务实利用国际援助和开展对外援助等。[②] 在上述中国的五个发展理念中，民生优先的发展议题解决理念是最为核心的中国发展理念。

鉴于中国经济和社会发展所取得的重大成就，其他发展中国家对于借鉴中国的发展理念表现出浓厚的兴趣。鉴于国际组织的中立地位，它们对国际规范、

---

① 千年发展目标差距工作队：《全球发展伙伴关系现状》(千年发展目标差距工作队 2014 年报告)，联合国，2014 年 9 月 18 日。The MDG Gap Task Force Report 2014 - “The State of the Global Partnership for Development”，参见：http：//www. un. org/en/development/desa/policy/mdg _ gap/mdg _ gap2014/2014GAP _ FULL _ EN. pdf。

② Qi Huaigao，“China Shares its Development Ideas Worldwide：Perspective on the Role of International Organizations”，December 5，2013，final paper for the Rajawali Foundation Institute for Asia Fellows Program at the Ash Center of Harvard University’s Kennedy School of Government.

标准和公约的推动，它们的全球经验和专业知识，都对中国发展理念和经验的推广极具意义，因此中国可借助国际组织将其发展理念共享给全球。

将中国的发展理念通过国际组织共享给全球，对于总结中国发展理念、提升国家软实力、扮演国际组织新角色、增进国内良善治理等都有着重要的意义。一是有助于总结中国改革开放 30 多年来形成的具有“普世”意义的发展理念。改革开放 30 多年来，中国减贫成效显著，成功建起了世界上覆盖人口最多的社会保障网，在经济落后的情况下完成农村公共卫生体系的覆盖，基础设施改善明显，降低文盲率取得重大进展。中国好的发展理念和经验亟需总结，以便通过国际组织向发展中国家推广。二是为中国国家软实力的提升提供新的思路。中国在发展领域取得的成就和形成的发展理念能够彰显中国的软实力，也对发展中国家有着极大的吸引力。向发展中国家共享中国发展理念和经验的过程，也是中国构建国家软实力和贡献知识类公共产品的过程。三是推动中国在国际组织中扮演更为重要的角色。中国如果能够成功地将其发展理念通过国际组织共享给全球，将可望在国际组织和全球发展议题的解决中获得更大的话语权、影响力和创制力。四是能够增进未来中国国内良善治理的实现。中国发展理念在与国际组织双向互动的过程中，以人为本、可持续发展、包容性发展等国际组织倡导的发展理念也在影响中国的发展转型与国内治理，这一互动将是增进未来中国国内良善治理的重要方式之一。

在笔者看来，中国借助国际组织向其他发展中国家共享其发展理念的政策选择包括：①

第一，通过联合国向世界讲述中国发展故事。中国如果要成功地将其发展理念和经验共享给其他发展中国家，就必须讲述好其发展故事从而能够让世界感兴趣。未来中国可与联合国开展合作，讲述好以下两个发展故事。中国“五位一体建设总布局”（即经济、政治、文化、社会和生态文明建设）可作为一个总揽全局的发展故事。“五位一体”发展故事的内容是：中国把生态文明建设放在突出地位，融入经济建设、政治建设、文化建设、社会建设的各方面和全过程，努力建设美丽中国。“五位一体”发展故事的精髓是实现中华民族永续发展，这是一个值得全世界借鉴的“可持续发展”故事。中国建设经济开发区的经验可作为一个新的中国发展故事。一直以来，发展中国家对中国如何推动经济开发区的快速发展有着浓厚的兴趣。中国可以与联合国系统合作，从相关发

① Qi Huaigao，“China Shares its Development Ideas Worldwide：Perspective on the Role of International Organizations”，December 5，2013.

展中国家的实际需求出发，讲好中国建设经济开发区的新故事。比如，故事的内容可包括：中国经济开发区发展规划的设计和实施、可持续的开发区管理模式、激励体制的设计和实施、关税和贸易便利化、技能开发和公私合作关系等。

第二，与联合国开展国际发展合作。联合国系统是中国开展国家发展合作的重要伙伴，中国已与联合国系统（联合国开发计划署、粮食计划署、儿童基金会、人口基金会、国际粮农组织、世界卫生组织等）建立起紧密的工作关系，以共同应对全球发展面临的挑战。为了更好地将中国的发展理念和经验共享给其他发展中国家，中国和联合国系统可以尝试开展以下三方面的合作。一是中国可支持联合国开发计划署设立“中国发展工具箱”（以下简称“工具箱”）。这一“工具箱”将主要包含那些经过改革开放实践检验的成功的中国发展理念和经验，借助这一“工具箱”，发展中国家将能快速便捷地获取中国有参考价值的发展理念和经验。比如，该“工具箱”可放入中国减贫治理的经验、中国在经济落后的情况下完成农村公共卫生体系覆盖的做法、中国的社会救助救济方式、中国的基础设施改善经验、中国降低文盲率的途径等。二是中国可与联合国系统合作设立“中国发展实践知识中心”（以下简称“知识中心”）。设立“知识中心”是为了建立一个有效的合作机制和全球发展网络，以促进中国和联合国围绕全球发展议题加强合作，并向世界其他发展中国家传播中国发展的创新性解决方案。三是中国可与联合国系统合作为其他发展中国家设立“中国发展基金项目”。比如，中国政府可在世界银行的帮助下，考虑设立一个“中国经济与社会发展基金项目”，旨在资助非洲等地区的发展中国家，以及资助非洲等地区经济与社会发展领域的国际学者。

第三，引领全球发展议程的设置。中国作为一个取得重大发展成就的发展中大国，理应在设置全球发展议程上具有重要的话语权，但现实情况是，中国在全球发展议程设置上的话语权欠缺，无法与其对全球发展的重大贡献相匹配。在 21 世纪的第二个十年，中国应调整其对全球发展议程设置的消极态度，努力实现从“规则接受者”到“规则制定者”的转变。目前国际社会正在紧锣密鼓地规划 2015 年后议程，以补充或取代即将于 2015 年到期的千年发展目标。据统计，有 120 个国家的 5000 多家公民社会组织、30 个国家的 250 家公司，以及大量非政府组织、公民社会运动、学者专家等参与了联合国的专题咨询行动。[①] 与

① A New Global Partnership：Eradicate Poverty and Transform Economic through Sustainable Development：The Report of the High-Level Panel of Eminent Persons on the Post-2015 Development Agend a，United Nations，May 30，2013，p. 2.

国际社会围绕 2015 年后议程的热烈讨论相比，迄今为止中国对 2015 年后议程设置的重视度不够，参与度不足。[①] 中国需要积极参与 2015 年后议程的讨论，尽早确立一项相对全面和前瞻的“2015 年后议程引领设置战略”，积极引领主流讨论并尝试纠正不良倾向，以避免出现“前期参与不足、后期反对有余”的尴尬局面。中国“2015 年后议程引领设置战略”的核心是引领确立一项以减贫和可持续发展为核心的 2015 年后议程，并推动新型全球发展伙伴关系的建立。中国通过引领 2015 年后议程的设置，可以学习和积累经验，并把中国的发展理念融入国际发展规则的制定和议程设计中，从而在未来的全球减贫和可持续发展中作出更大的贡献。

第四，发挥中国非政府组织在国际发展合作中的作用。非政府组织兴起于 20 世纪 80 年代，致力于全球范围的公益性事业，是目前世界上最富发展潜力的民间组织。[②] 非政府组织已被广泛视为一个参与国际发展的独立行为体，它们在全球发展合作中发挥着以下重要作用：为社区提供教育、医疗、女性生殖保健、农业扶持和食品安全、金融服务和商业支持等方面的服务；为当地社区和机构带来独特而专业的发展知识和“在地化”的发展经验；通过培训和能力建设传播发展技能和知识；推动政府机构和官员增加透明度和责任心等。[③] 与西方发达国家成熟的非政府组织和公民社会相比，中国的非政府组织和公民社会欠成熟。中国非政府组织的欠成熟和弱势使得它们很难为全球发展合作贡献出有影响力的理念或建议。要推动中国非政府组织的成长和加强它们在国际发展合作中的作用，中国政府需要实施构建现代社会组织体系的政策。

与此同时，中国政府和中国非政府组织之间需要建立一种“伙伴关系”、“合作关系”和“对话关系”。就“伙伴关系”而言，这意味着中国政府需要把中国非政府组织视为推动国际发展合作的平等伙伴。就“合作关系”而言，中国政府需要为中国非政府组织的海外项目提供必需的资金，让非政府组织能够

---

① 张春：“对中国参与‘2015 年后国际发展议程’的思考”，《现代国际关系》2013 年第 12 期，第 1—8 页。

② 李宝俊、金彪：“全球治理中联合国与非政府组织的关系”，《现代国际关系》2008 年第 3 期，第 50 页。

③ Brian Tomlinson and AidWatch Canada，*Working with Civil Society in Foreign Aid：Possibilities for South-South Cooperation*? Published by UNDP China，September 2013，pp. 45－48，参见：http：//www. undp. org/content/dam/china/docs/Publications/UNDP-CH-Working%20With%20Civil%20Society%20in%20Foreign%20Aid. pdf（访问日期：2013 年 11 月 30 日）。

开展其海外活动；中国政府也需要在能力建设方面扶持中国非政府组织，为非政府组织的发展壮大构建有利的成长环境。就“对话关系”而言，中国政府需要倾听中国非政府组织在推动国际发展合作和完善中国对外援助政策方面的建议，并将非政府组织的好建议反映到政府的政策制定中。

当前中国越来越重视对发展中国家开展“发展外交”，中国外交的议题也更加重视发展议题。中国外交的宗旨正在由过去的“反对霸权主义，维护世界和平”，向“维护世界和平，促进共同发展”转型。在这一转型过程中，将中国的发展理念通过国际组织共享给其他发展中国家，能够强化中国的南南外交力度。比如，中国主张联合国等国际组织应更多地关注发展议题，积极参与联合国发展会议，努力落实联合国千年发展目标，参与制定 2015 年后议程等，由此可从中发现中国对“发展外交”和发展议题的重视。

在笔者看来，中国发展理念的全球共享意味着中国亟需转变思路，即从以前的“世界能为中国发展做什么”转变为今后的“中国能为世界发展做什么”。[①]在改革开放之初，中国主要是从联合国学习国际规则和治理理念。比如，中国在落实千年发展目标的过程中，联合国以人为本、可持续发展等理念也深刻影响了中国的发展理念。[②] 改革开放 30 多年后的今天，中国在经济社会发展领域积累了一些理念和经验，如明确确立民生优先的导向性，在市场与政府之间把握好动态平衡，以科学发展观推动发展的转型升级，大力整合发展利益攸关者的力量，务实利用国际援助和开展对外援助等。中国的上述发展理念和经验通过联合国向发展中国家推广，既是中国构建国家软实力的过程，也是中国为全球发展贡献知识类公共产品的过程。

“中国发展理念的全球共享”并无在全世界推广“中国发展模式”的主观意图，而是主张发展道路的多样化。中国的发展理念具有“普世”价值，但考虑到每一个国家的独特发展道路，中国政府并不希望其他发展中国家简单地复制中国的发展道路，而是鼓励它们走适合自己国情的发展道路。因此，中国在对外交往中恪守不干涉内政和尊重其他国家的发展道路。比如，中国在对外援助中奉行不干涉受援国内政和“不附带任何政治条件”的原则，尊重受援国自己独立选择发展道路和发展模式的权利。

---

① Qi Huaigao，“China Shares its Development Ideas Worldwide：Perspective on the Role of International Organizations”，December 5，2013.

② 祁怀高：“联合国千年发展目标与中国发展理念的互动”，《国际关系学院学报》2012 年第 6 期，第 54—55 页。

在将中国发展理念通过联合国共享给全球的过程中，不必讳言中国在现阶段发展过程中遇到的诸多挑战和难题。[①] 中国还需清醒地认识到其发展道路存在许多有待进一步改善的地方。中国在向其他发展中国家共享其发展理念时，也将共享其是如何应对自身发展过程中出现的新挑战。这种应对发展挑战的理念共享可以让中国的发展理念更贴近现实，从而让其他发展中国家在发展过程中少走弯路。

中国发展理念的总结、提炼和共享是为了给其他发展中国家提供更多的发展道路选择，从而促进全球的可持续发展。同时，也能推动中国在全球发展类议题的解决进程中获得更大的话语权、影响力和创制力。

① Qi Huaigao，“China Shares its Development Ideas Worldwide：Perspective on the Role of International Organizations”，December 5，2013.

分报告三
联合国与世界人权

邱昌情*

在全球化深入发展的时代，国家之间发生大规模战争的可能性正在降低，但国际社会却面临着日益复杂的新威胁和新挑战：局部动荡和地区冲突持续不断，国家内部的民族矛盾、族群纠纷、宗教冲突以及国家治理等问题纷纷从"潘多拉魔盒"中涌现出来，导致冲突国出现无政府状态和大规模的人道主义灾难，成为威胁地区和平与国际人道主义需求攀升的主要原因。在这些地区性冲突中，平民往往成为首当其冲的受害者。根据联合国数据统计，目前世界上仍有约 15 亿的平民生活在脆弱和受冲突影响的国家之中。联合国人权高专办公室最新发布的统计分析报告指出，自中东北非巨变以来，利比亚内战所导致的平民伤亡人数高达 6.026 万人。[①] 从 2011 年 3 月到 2014 年 4 月，叙利亚内战导致了约 19.1369 万人死亡，流离失所的难民更是高达 400 多万。[②] 从全球范围来看，全球热点问题仍持续不断，国内武装冲突导致平民伤亡数量攀升，地区人道主义形势严峻并不断恶化。联合国作为当今国际人权保护体系的核心力量，在建构地区和平、保护人权、应对导致暴力循环、冲突发生的根源性问题方面均作出了大量努力。联合国安理会、大会、人权理事会等机构多次就武装冲突中保护平民、儿童与武装冲突、妇女和平与安全、维持和平和冲突后建设和平举行专题辩论，听取相关成员国和地区性国际组织的意见，增进了国际社会对国际人权保护相关问题的共识。联合国与非盟、阿盟等区域性组织的沟通与协

---

* 邱昌情，对外经济贸易大学国际关系学院讲师，研究方向为联合国与国际安全、国际人权、南亚安全。

① Lotta Themner, Peter Wallensteen, "Armed Conflicts: 1946 - 2012", *Journal of Peace Research*, Vol. 50, No. 4, 2013, pp. 509-521.

② "关注叙利亚局势"，人数统计参见联合国网站：http://www.un.org/zh/focus/northafrica/syria.shtml。

调也不断增强，在国际人权保护领域开展了卓有成效的合作。

一、2013—2014 年联合国在世界人权领域的活动回顾

2013—2014 年，全球自然灾害、地区性冲突和内战导致全球人道主义援助需求居高不下，气候变化、人口增长、金融危机后续影响等因素导致部分发展中国家的发展环境进一步恶化、人道主义危机频发，冲突各方经常违反国际人道主义法所规定的尊重和保护平民的义务。其主要表现为：蓄意杀害平民；袭击学校和医疗设施等平民目标；阻碍国际社会提供人道主义援助；性暴力；强迫失踪；酷刑和残忍；强行招募和使用儿童兵；不追究实施或煽动侵权行为的人的责任和不为受害者提供支持、公正处理和补救措施。[①] 针对日益严峻的人道主义形势，联合国秘书长潘基文在第二任期的《秘书长未来五年的行动纲领》中明确提出了未来五年联合国在国际人权领域的行动规划，针对发展、安全与和平、人权等问题提出综合性的解决思路。着重提出通过推动采用预防性行动来处理人权问题，建立一个更加全球化、更加负责和更为强大的人道主义系统，大力推动“保护的责任”（R2P）议程的发展，让国际人权合作的新规范、架构和程序更加合法化。[②] 在巴西“里约＋20”大会上，联合国突出强调各成员国有责任“尊重、保护和促进所有人的人权和基本自由”，并将人权纳入了“2015 年后发展议程”的框架内。[③] 2013 年 10 月 10 日，联合国人权事务高级专员纳瓦尼特姆·皮莱（Navanehtem Pillay）发布了《2014—2017 年人权高专办计划》，着重规划了 2014—2017 年间联合国人权事务的优先事项和主要任务：（1）加强国际人权机制；（2）将人权融入发展和经济领域；（3）在冲突、暴力和不安的情况下提供早期预警和人权保护行动；（4）增强平等，对抗歧视，尤其是种族歧视、性别歧视、宗教歧视以及针对边缘人群的歧视；（5）对抗有罪不罚，增强

① 《联合国秘书长关于武装冲突中保护平民的报告》，S/2012/376，2012 年 5 月 22 日，http：//www. un. org/zh/documents/view _ doc. asp? symbol=S/2012/376。

② 《秘书长未来五年的行动纲领》主要包括 5 部分内容：可持续发展；预防的重要性；一个更安全和更有保障的世界；帮助正在转型的国家；为全世界的妇女和年轻人做更多的事。内容参见：http：//www. un. org/sg/priorities/sg _ agenda _ 2012. pdf。

③ “人权与 2015 后发展议程”简介，参见联合国人权事务高级专员办事处网站：http：//www. ohchr. org/CH/Issues/MDG/Pages/Intro. aspx。

问责和法制；（6）拓展民主空间。同时，强调加强联合国人权系统和利益攸关方的合作，共同促进和保护人权。[①] 2013 年 12 月 19 日，联合国秘书长潘基文提出了“人权先行”（Rights up Front）倡议，[②] 推动人权议题在联合国系统工作中的主流化，确保人权议题成为联合国工作内容的三大核心议题之一。2014 年 6 月 9 日，联合国大会还专题举行了“人权与法治在 2015 年后发展议程中的贡献”高级别会议，潘基文秘书长和联大主席在会议中均强调：人权、法治与发展的相互关联并相互促进，处理好这一关系对推动 2015 年后发展议程发挥着重要作用。从总体上看，在 2013—2014 年期间，联合国在国际人权领域的重点是应对地区热点问题所导致的人道主义危机，并在推动联合国人权机制改革和国际人权规范建构等方面取得了诸多重要突破和进展。

（一）应对地区冲突中的人道主义危机

2013—2014 年，全球范围内爆发的地区冲突数量与人道主义危机呈现攀升之势，美国乔治·梅森大学系统和平中心对第二次世界大战以来全球武装冲突的趋势进行过详细的数据统计（见图 1）。当前全球正在发生重大武装冲突的国家和地区主要包括：亚洲地区的阿富汗、印度、巴基斯坦、斯里兰卡、缅甸、东帝汶、柬埔寨；中东地区的利比亚、叙利亚、也门、伊拉克、巴勒斯坦、土耳其；美洲地区的哥伦比亚、海地；非洲地区的中非共和国、乍得、马里、科特迪瓦、索马里、南苏丹、利比里亚、刚果（金）、布隆迪等。这些地区冲突与动荡不仅使平民成为首当其冲的受害者，在极端情况下甚至导致国内出现无政府状态和震撼人类良知的大规模人道主义灾难，不仅造成冲突国内部混乱、失序和严重倒退，同时带来涌向周边国家的难民潮和其他恶性冲击波，成为威胁地区和平甚至国际安全的新挑战。

---

① “OHCR Management Plan 2014 — 2017: Working for your rights”, http: //www2. ohchr. org/english/OHCHRreport2014 _ 2017/OMP _ Web _ version/media/pdf/0 _ THE _ WHOLE _ REPORT. pdf.

② Deputy Secretary-General's press conference on Rights up Front Action Plan, New York, 19 December, 2013, http: //www. un. org/sg/dsg/dsgoffthecuff. asp? nid=270.

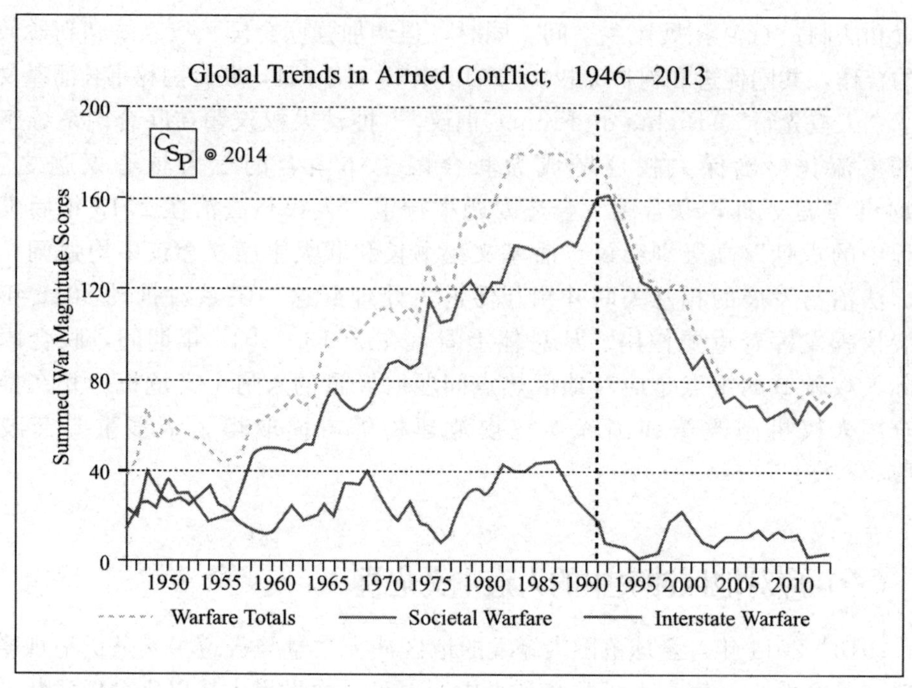

图 1　2013—2014 年武装冲突全球趋势

资料来源：the Center for Systemic Peace，George Mason University，http：//www. systemicpeace. org/.

叙利亚危机自 2011 年 3 月爆发以来，已经持续了近 4 年时间。截至目前，叙利亚已有超过 19 万人在内战中丧生，大约 200 万人流离失所沦为难民，还有数百万被困民众正面临着食物和饮水的短缺。叙利亚危机中的人权保护问题一直是联合国大会、安理会和人权理事会的重点讨论对象。在 2013—2014 年间，联合国通过了大量的关于叙利亚问题的决议和声明，仅联合国安理会就叙利亚局势就举行了 26 次会议。2013 年 5 月 15 日，第 67 届联合国大会围绕“预防武装冲突”的主题举行全体会议，并表决通过了一份由法、德、英、美等 37 个国家共同起草的有关叙利亚局势的新决议草案，对该国不断升级的暴力、有计划的大规模粗暴侵犯人权和违反国际法以及威胁使用化学武器或生物武器等问题表示持续关注。联大会议当天以 107 票赞成、12 票反对和 59 票弃权的最终表决结果通过了此项决议草案，其中中国、俄罗斯、朝鲜、伊朗、津巴布韦等 12 个国家在联大表决中投了反对票。2013 年 6 月 14 日，联合国人权理事会通过一项新决议，要求叙利亚政府立即向叙利亚独立调查委员会[①]提供全面通行，允许其在叙利亚境内开展调查工作，并要求叙利亚政府采取有效途径，协助国际人道主义组织向所有存在需要的难民提供人道主义援助，呼吁冲突各方尊重人道主义工作者和联合国人员的安全，并根据适用的国际法对医务人员、设施和运输提供保护。2013 年 8 月 21 日，叙利亚使用大规模化学武器导致大量平民乃至儿童伤亡的消息被曝光后，联合国秘书长强烈谴责叙利亚境内使用化学武器的行为，认为这一行径构成反人类罪行，严重违反了 1925 年通过的《禁止在战争中使用窒息性、毒性或其他气体和细菌作战方法的议定书》。在联合国的努力下，2013 年 9 月 14 日，叙利亚政府同意加入《关于禁止发展、生产、储存和使用化学武器及销毁此种武器的公约》。9 月 16 日，联合国调查小组向安理会提交了一份关于叙利亚大马士革的古塔地区使用化学武器的调查报告，[②] 制定了《全面消除叙利亚的化学武器计划》。10 月 11 日，禁止化学武器组织也因其在全面销毁化学武器方面所作出的杰出贡献而被授予了“2013 年度诺贝尔和平奖”。[③] 2013 年 9 月 27 日，联合国安理会 15 个成员以一致赞成的结果通过了授权对叙利亚存在的化学武器进行核查和销毁的决议草案，[④] 这是自叙利亚危机爆发以来，联合国安理会所一致通过的第一份有关叙利亚人权保护问题的决议草案，决议强调叙利亚的任何一方都不得使用、开发、生产、获取、储存、保留或转让化学武器，并计划于 2014 年上半年完成对所有化学武器物料和设备的销毁。截至目前，叙利亚问题虽然仍未得到彻底的解决，但并没有出现像利比亚那样被西方

① 叙利亚问题独立国际调查委员会由联合国人权理事会于 2011 年 8 月授权成立，其任务是调查 2011 年 3 月以来叙利亚境内所有涉嫌违反国际人权法的行为，对叙利亚国内侵犯人权的事实和情况加以确认，并在可能时查明肇事者，以确保追究其责任。

② “关于指控 2013 年 8 月 21 日在大马士革古塔地区使用化学武器的报告”，A/67/997-S/2013/553，2013 年 9 月 16 日。报告全文参见：http：//www.un.org/zh/documents/view_doc.asp? symbol=A/67/997。

③ 自 1945 年成立以来，联合国及其专门机构、相关组织、基金、方案和工作人员先后共 11 次获得诺贝尔和平奖：1950 年，联合国秘书长特别代表和平特使拉尔夫·邦奇因调节巴勒斯坦问题获诺贝尔和平奖；1954 年联合国难民事务高级专员办事处获诺贝尔和平奖；1961 年联合国秘书长达格·哈马舍尔德获诺贝尔和平奖；1965 年联合国儿童基金会、1969 年国际劳工组织、1981 年联合国难民事务高级专员办事处、1988 年联合国维和部队、2001 年联合国秘书长科菲·安南、2005 年国际原子能机构、2007 年政府间气候变化专门委员会、2013 年禁止化学武器组织分别获得诺贝尔和平奖，这是对联合国在当今国际社会和平、发展、安全与人权等领域所发挥的不可替代作用的充分肯定。

④ 联合国安理会第 2118（2013）号决议，S/RES/2118（2013），2013 年 9 月 27 日，参见：http：//www.un.org/zh/documents/view_doc.asp? symbol=S/RES/2118（2013）。

大国强制性武力干预的现象，而是一直在联合国的框架下开展相关的人权保护活动，在一定程度上得到国际社会的广泛认可，凸显了联合国在叙利亚人权保护问题上的重要性和权威性。2014 年 1 月 22 日，第二次日内瓦国际会议在瑞士召开，该会议是叙利亚危机在经历长达 34 个月的冲突后，叙利亚内战双方、地区国家、国际组织以及广泛国际社会的代表首次齐聚探寻结束杀戮、破坏与流离所失的政治出路的一次会谈。本次会议为通过政治途径和平解决已持续长达 3 年之久的内战带来了“脆弱但真实的希望”，但由于叙利亚各方都坚持各自的立场和标准，会议并未取得任何突破性成果。

除叙利亚人道主义危机外，其他地区热点问题所导致的人道主义灾难也造成了大量的人员伤亡。利比亚卡扎菲政权被推翻后，由于国内政治、经济形势不容乐观，局势一直动荡不安。2013 年 10 月 10 日，利比亚政府总理阿里·扎伊丹甚至被武装分子绑架，国内武装袭击导致人员伤亡事件层出不穷。2013 年 9 月 18 日，联合国安理会通过了第 2116（2013）号决议，决定将联合国利比亚支助团任期延长至 2014 年 9 月 30 日并调整其任务授权。2014 年 8 月 27 日，联合国安理会通过第 2174（2014）号决议，谴责武装团体在的黎波里和班加西的针对平民实施暴力的行为，要求各方开展包容性政治对话，对践踏人权或违反国际人道法行为的负责人实施定向制裁。在刚果民主共和国，爆发的冲突使基伍省近 10 万人流离失所，为应对“M23 运动”造成的失控局面，联合国安理会批准设立了首支强势干预部队，并于 2013 年 2 月 24 日在亚的斯亚贝巴签署了刚果民主共和国和该区域的《和平、安全与合作框架》。2013 年 3 月 24 日，中非共和国反政府武装“塞雷卡”攻占首都班吉，推翻了博齐泽政府。中非共和国局势持续动荡，暴力、抢劫、杀戮以及其他侵犯人权的行为不断发生。截至 2014 年 3 月，该国的内部流离失所者人数已经超过 90 万，仅首都班吉就有 51.2 万人无家可归，大部分难民逃往至邻国喀麦隆、乍得、刚果民主共和国。2013 年 12 月 5 日，由法国、卢森堡、摩洛哥、卢旺达和多哥提交的旨在授权成立“非洲主导的中非共和国国际支助团”的决议草案在联合国安理会获得一致通过。2014 年 4 月 10 日，联合国安理会授权向中非共和国派遣一支由 1.2 万名军警人员组成的联合国维和部队，以期协助恢复该国安全与公共秩序，为提供人道主义援助创造有利条件。在埃及，连续发生政局动荡之后，2013 年 7 月 3 日，上台仅仅一年零三天的民选总统穆尔西就被军方赶下台。2013 年 1 月 13 日，马里局势持续恶化，国内人道主义形势严峻，法国出兵干预。根据联合国数据统计，该地区超过 1800 万人处于严重粮食短缺境地，超过 50 万民众成为难民。联合国对马里局势表示了持续关注，并在人道主义援助等领域取得了新的进展。2013 年 6 月，马里政府与图阿雷格族反叛武装签署了和平协定，联合国安理会授权部署由非洲主导的马里国际支助团，以支持西非国家经济共同体和非盟开展与人权相关的维护稳定活动。2013 年 7 月 1 日，联合国马里多层面综合特派团（MINUSMA）成立，总兵力达 1.26 万人，安理会授权马里稳定团采取“一切必要措施”帮助马里政府维持关键地区的稳定并保护战乱中的平民。①

自南苏丹总统基尔于 2013 年 7 月撤销副总统马沙尔的职务后，执政的苏丹人民解放运动内部两个主要派别之间的分歧日益严重，国内冲突不断，成千上万民众因此流离失所，法外处决、基于族裔的杀戮等侵犯人权的行为持续发生，甚至已经收到发现多处群尸坑的报告。根据联合国人道协调厅的最新数据显示，南苏丹内部政治纷争所引发的暴力冲突所导致流离失所者人数已经上升至 12.16 万人。② 随着南苏丹安全、人道局势的不断恶化，包括联合国安理会、人权高专、儿童基金会等在内的联合国机构对南苏丹的人权状况保持密切关注，并呼吁冲突双方领导人对苏丹平民加以保护。2013 年 12 月 24 日，联合国安理会一致通过第 2132（2013）号决议，决定向联合国南苏丹特派团增派 5500 人兵力，以支持其保护平民和提供人道主义援助。截至目前，南苏丹特派团将由多达 1.25 万名各级官兵的军事部分以及包括适量成建制部队在内的 1323 人的警察部队组成。

2014 年，伊拉克和黎凡特伊斯兰国及相关武装团体的控制区域持续存在违反国际人权法和人道主义的现象。根据驻伊拉克人权干事收集的信息表明，约有 180 万伊拉克人因暴力持续忍受着可怕的流离失所处境。2014 年 2 月以来，乌克兰国内局势恶化，国内人道主义形势严峻。根据联合国难民署发布的报告统计，截至 10 月 29 日，冲突导致至少有 4035 人死亡，82.4 万人流离失所。联合国对乌克兰国内动乱造成的人道主义危机加强了回应，迅速部署了一支人权监督团，至今已经发布了两份人权报告，提出了具体建议，并呼吁国际社会加强对冲突地区的人道主义援助。除以上国家以外，阿富汗、索马里、朝鲜等国家的国内形势与人权状况也受到联合国的持续关注。（见表 1）

---

① 安理会第 6952 次会议，S/RES/2100（2013），2013 年 4 月 25 日，http://www.un.org/zh/documents/view_doc.asp?symbol=S/RES/2100（2013）。

② “南苏丹冲突导致内部流离失所者人数升至 12 万人”，联合国新闻网，http://www.un.org/chinese/News/story.asp?NewsID=21088，2013 年 12 月 27 日。

表 1　2013—2014 年全球 10 个最不安全的国家

安全等级	国家	分数
162	叙利亚	3.650
161	阿富汗	3.416
160	南苏丹	3.397
159	伊拉克	3.377
158	索马里	3.368
157	中非共和国	3.331
156	刚果民主共和国	3.213
155	巴基斯坦	3.107
154	朝鲜	3.071
153	俄罗斯	3.039

资料来源：2014 全球和平指数（GPI）网站统计数据，参见：http：//www.visionofhumanity.org/#/page/indexes/global-peace-index。

总体来看，2013—2014 年对于联合国人权保护行动来说是积极和出现诸多进展的一年，显示出人权议题已经成为当前联合国的核心工作内容之一。在刚果民主共和国、马里、苏丹达尔富尔、叙以边境、中非共和国等地，联合国通过各种途径开展了大量的人权保护行动。

（二）联合国安理会和人权理事会通过大量决议

2013—2014 年，联合国安理会就地区热点问题通过大量决议。截至 2014 年 10 月，联合国安理会已通过 48 份决议，主要涉及叙利亚、中非共和国、苏丹、索马里、科特迪瓦、刚果（金）、阿富汗、朝鲜等国家。而联合国人权理事会也举行了多场关于人权问题的专题对话与讨论，并通过了大量的决议和文件（见表 2、表 3）。

表 2　2013—2014 年联合国安理会通过的主要决议

时间	决议号	决议主题	关于人权保护的表述
2013 年 12 月 24 日	S/RES/2132（2013）	秘书长关于苏丹和南苏丹的报告	谴责各地发生的战斗以及针对平民的暴力行为，要求各方充分配合南苏丹特派团执行任务，保护平民

续表

时间	决议号	决议主题	关于人权保护的表述
2013 年 12 月 5 日	S/RES/2127（2013）	中非共和国局势	关注中非共和国违反国际人道主义法和普遍存在的践踏人权行为，尤其是“反巴拉卡”的团体侵权行为
2013 年 11 月 12 日	S/RES/2124（2013）	索马里局势	鼓励索马里联邦政府落实“2016 年愿景”议程，确保妇女、青年、少数群体的权利和参与国家政治进程
2013 年 4 月 25 日	S/RES/2100（2013）	马里局势	谴责马里境内侵犯人权和违反国际人道主义法行为
2013 年 3 月 28 日	S/RES/2098（2013）	刚果民主共和国局势	深切关注北基伍的安全局势和人道主义形势的恶化
2013 年 3 月 14 日	S/RES/2095（2013）	利比亚局势	吁请利比亚政府促进和保护人权
2013 年 1 月 24 日	S/RES/2089（2013）	塞浦路斯局势	采取实际行动，帮助希族塞人和土族塞人实现和解，保护各族平民的基本权利
2013 年 10 月 18 日	S/RES/2122（2013）	消除对妇女歧视委员会第 30 号一般性建议	增强妇女权能、参与和人权，谴责武装冲突中和冲突后所有针对和直接影响平民的违反国际法的行为
2014 年 2 月 22 日	S/RES/2139（2014）	中东局势—叙利亚	严重关切叙利亚冲突造成的难民、境内流离失所者人数的不断增加，全面执行《日内瓦公报》
2014 年 7 月 30 日	S/RES/2169（2014）	伊拉克局势	严重关切伊拉克和黎凡特伊斯兰国以及相关武装团体发动的大规模进攻，呼吁各方保护平民

注：表格仅选取了 2013—2014 年关于联合国人权保护一些重要的决议列出，见安理会网站：http：//www.un.org/zh/sc/documents/resolutions/2013.shtml。

表 3 2013—2014 年联合国人权理事会通过的主要决议

时间	会议	针对国家	决议内容
2013 年 6 月 1 日	联合国人权理事会第 23 次会议	叙利亚	叙利亚国际调查委员会关于叙利亚局势的调查报告
2013 年 9 月 25 日	联合国人权理事会第 24 次会议	苏丹	苏丹国内的人权保护问题
2013 年 9 月 27 日	联合国人权理事会第 24 次会议	中非共和国	中非共和国人权状况独立专家报告
2013 年 11 月 11 日	联合国人权理事会第 22 次会议	叙利亚	秘书长关于被占叙利亚戈兰人权情况的报告
2013 年 6 月 6 日	联合国人权理事会第 23 次会议	马里	全面落实联合国安理会第 2085 和 2100 号决议
2013 年 3 月 11 日	联合国人权理事会第 22 次会议	朝鲜	朝鲜人权状况特别报告
2014 年 4 月 7 日	联合国人权理事会第 26 次会议	也门	也门人权状况专家工作组报告
2014 年 4 月 16 日	联合国人权理事会第 25 次会议	马耳他	马耳他人权状况专家工作组报告
2014 年 9 月 24 日	联合国人权理事会第 27 次会议	朝鲜	朝鲜人权状况普遍定期审议工作组报告

资料来源：根据联合国人权理事会网站整理。

此外，联合国安理会还发表了 22 份主席声明，安理会在联合国组织刚果民主共和国稳定特派团内部署了首支干预旅，这也是联合国安理会迄今采取的最特殊的行动之一，通过授权干预旅执行适应新局势的任务，打破了传统的维和模式。

（三）大力推动“保护的责任”（Responsibility to Protect）规范的发展

联合国秘书长潘基文自任期开始，就一直将“保护的责任”理念架构与执行程序的合法化和标准化作为其任期的重要工作任务之一，并先后多次在其秘书长报告中阐述了联合国框架下“保护的责任”的内容与实施标准，通过多次在联合国大会正式与非正式的辩论，积极吸收来自新兴国家、发展中国家的意见，呼吁国际社会成员国对该理念的认可与接纳。“保护的责任”（R2P）自 2001 年提出以来，在联合国的大力推动与倡导下，经过 10 多年的发展，在针对人道主义危机中的平民保护方面已经有了比较丰富的内涵、原则与具体实施标准。尤其在潘基文秘书长任职期间，“保护的责任”已经开始从一种理念走向人权保护的具体实践，写进了联合国相关文件和决议，[①] 增加了更为具体的内涵与实施标准。

2012 年 7 月 25 日，联合国秘书长潘基文在联大会议上做了《保护的责任：及时果断的反应》（Responsibility to Protect：Timely and Decisive Response）报告，该报告强调要更好地了解《联合国宪章》第六章和第八章规定的可用措施，在必要时增强这些工具，预防和果断、有效地及早采取行动。[②] 2012 年 9 月 5 日，联大会议第四次年度非正式、互动型保护的责任问题对话就《秘书长关于保护的责任报告》进行非正式互动对话，结合联合国在利比亚的军事干预行动中存在的诸多争议问题，对“保护的责任”的实施战略和伙伴关系建设进行了充分的讨论。2013 年 7 月 9 日，联合国秘书长潘基文做了关于“保护的责任：国家责任与预防”的报告，[③] 充分肯定了自 2005 年世界首脑会议通过“保护的责任”概念以来，国际社会在发展这一概念及实施方面所取得的进展、面临的挑战以及未来的计划，并在联合国会议中展开了讨论。2013 年 9 月 11 日，联合国大会举行了第 15 次“保护的责任：国家责任和预防”非正式对话会议，包括中国在内的 68 个国家、地区国际组织以及市民社会团体参与了讨论。[④] 此份报告探讨了暴行罪的原因、动态发展，还提出了国家可以采取的预防这种罪行并建立对这种罪行具有应对能力的措施。2014 年 4 月，安理会通过了关于防止灭绝种族罪的第 2150（2014）号决议，重申 2005 年《世界首脑会议成果文件》关于有责任保护人民免遭灭绝种族、战争罪、族裔清洗和危害人类罪的第 138 段

---

① 2009 年 1 月 29 日，联合国秘书长潘基文向联合国大会提交了《履行保护的责任》的报告，确定了国际社会落实“保护的责任”的三项支柱；2011 年，联合国首次以“保护的责任”为由，在西方国家的施压下，先后通过了第 1970（2011）号决议和第 1973（2011）号决议，只不过西方国家滥用了联合国的决议，使干预行动偏离了“保护的责任”的范围。此外，联合国安理会在第 1674（2006）、1894（2009）、2117（2013）、2150（2014）号决议中重申了“保护的责任”理念。

② A/66/874-S/2012/578，http：//www. un. org/zh/documents/view _ doc. asp？ symbol=A/66/874.

③ 联合国第六十七届会议文件，A/67/929-S2013/399，http：//www. un. org/zh/documents/view _ doc. asp？ symbol=S/2013/399。

④ UN General Assembly Informal Interactive Dialogue on the Responsibility to Protect：State Responsibility and Prevention，September 11th，2013. 内容参见：http：//www. globalr2p. org/resources/471。

和第 139 段。2014 年 9 月，联合国大会就秘书长题为“履行我们的集体责任：国际援助与保护的责任”的第六份报告展开辩论。该报告提出了多个行为体、方法和原则，阐述了国家、区域和国际行为体能够在哪些方面协助各国履行责任以保护人民免遭灭绝种族、战争罪、族裔清洗和危害人类罪之害。[①] 此外，联合国秘书长潘基文还先后任命胡安·门德斯、弗朗西斯·登、爱德华·勒克、阿达马·迪昂、珍妮弗·威尔士为防止灭绝种族罪行问题和“保护的责任”特别顾问，并设立了相应的代表办公室。“保护的责任”特别顾问负责继续丰富和完善“保护的责任”概念，促进会员国和其他利益攸关方就如何进一步行动履行这一责任展开政治对话以及“保护的责任”原则的落实。防止种族罪行和“保护的责任”问题办公室通过收集和评估有关令人关切的资料，提倡采取适当的预防行动，提高国际社会对灭绝种族罪和反人类罪行的原因和动态及可能采取的行动的认识，努力加强联合国在防止灭绝种族、战争罪、族裔清洗和危害人类罪方面的作用。当出现令人担忧的情况时，特别顾问办公室通过联合国秘书长向安理会提供预警机制，提请安理会注意这些事项，并负责为政府官员、民间社会和联合国工作人员举办关于防止灭绝种族、战争罪、族裔清洗和危害人类罪行的培训讨论会。[②]（见表 4）

表 4　2013—2014 年“保护的责任”特别顾问办公室发表的声明和讲话

时间	发言人	主题
2013 年 2 月 1 日	秘书长特别顾问阿达马·迪昂	关于马里局势的声明
2013 年 3 月 25 日	秘书长特别顾问阿达马·迪昂	关于缅甸局势的声明
2013 年 4 月 2 日	秘书长特别顾问弗朗西斯·登	在联大通过“武器贸易条约”的声明
2013 年 7 月 8 日	秘书长特别顾问阿达马·迪昂	关于叙利亚局势的声明
2013 年 8 月 15 日	联合国防止灭绝种族特别顾问	关于埃及局势的声明
2013 年 10 月 1 日	“保护的责任”特别顾问珍妮弗·威尔士	关于中非共和国局势的声明

① Report of the Secretary-General, “Fulfilling our collective responsibility: international assistance and the responsibility to protect”, A/68/947-S/2014/449, http: //www. un. org/zh/documents/view _ doc. asp? symbol = A/68/947&referer = http: //www. un. org/zh/preventgenocide/adviser/responsibility. shtml&Lang=E.

② “防止灭绝种族罪行问题特别顾问办公室的任务和作用”，http: //www. un. org/zh/preventgenocide/adviser/methodology. shtml。

续表

时间	发言人	主题
2013 年 11 月 1 日	“保护的责任”特别顾问珍妮弗·威尔士	中非共和国人权和人道主义局势的声明
2013 年 12 月 24 日	“保护的责任”特别顾问珍妮弗·威尔士	关于苏丹南部局势的声明
2014 年 1 月 22 日	秘书长特别顾问阿达马·迪昂	关于中非共和国人权和人道主义危机的声明
2014 年 3 月 14 日	秘书长特别顾问阿达马·迪昂	中非共和国跨社区的对话和预防犯罪声明
2014 年 5 月 2 日	秘书长特别顾问阿达马·迪昂	安理会南苏丹局势会议的声明
2014 年 6 月 18 日	“保护的责任”特别顾问珍妮弗·威尔士	关于伊拉克局势的声明
2014 年 7 月 24 日	“保护的责任”特别顾问珍妮弗·威尔士	关于以色列和巴勒斯坦被占领加沙地带局势的声明

资料来源：联合国“保护的责任”特别顾问办公室网站，http：//www. un. org/zh/preventgenocide/adviser/。

灭绝种族罪、战争罪、族裔清洗和危害人类罪属于极端的人权侵犯行为，“保护的责任”与防止灭绝种族正在成为当前联合国关切的核心议题之一。自中东北非动荡以来，尤其是在利比亚首次以“保护的责任”开展人权保护行动以来，西方国家出现了滥用“保护的责任”倾向，直接将“保护的责任”与政权更迭、军事干预相挂钩，而非真正保护冲突国家的平民，大大偏离了联合国所倡导的“保护的责任”理念，这也直接导致西方国家干预叙利亚问题的计划受阻，使“保护的责任”规范的发展受到发展中国家的质疑与批评。因此，在未来的国际人权保护进程中，防止“保护的责任”理念被滥用，推动人权保护的规范化和法制化将成为联合国努力的方向之一。

（四）联合国人权高专办推动人权条约机构体系“加强进程”（Strengthening Process）

联合国人权条约机构体系（UN Human Right Treaty Body System）是对根据联合国核心人权条约建立起来的条约机构及其对缔约国实施监督的程序的总称。条约机构处在这一体系的核心位置，它通过审议国家定期报告、受理国家间指控、受理个人来文申诉、调查严重侵犯人权行为以及发表一般性建议或评论等各项程序，监督缔约国履行人权条约义务的情况。[①] 人权条约机构体系是联合国人权保护机制的核心，切实有效地执行联合国人权文书对于促进人权和防止暴力至关重要。2009 年底，联合国人权高级专员纳瓦尼特姆·皮莱（Navanethen Pillay）[②] 呼吁国际社会启动一项针对联合国条约机构体系的“加强进程”（Strengthening Process），旨在合理化、适应、加强和简化在人权领域的机制，建立一个“高效、可持续的条约机构体系”。[③] 此外，联合国人权高专编撰了《关于加强联合国人权条约机构体系的报告》，着重从 6 个方面进行了规划：一是制定和实施《综合报告日程表》（Comprehensive Reporting Calendar）；二是简化和统一各核心人权条约缔约国的报告流程；三是加强个人申诉程序、调查以及国家访问程序；四是加强条约机构成员的独立性和专业知识；五是加强缔约国落实人权条约的能力；六是提高条约机构的可见性和普遍性。[④] 联合国人权条约体系是国际人权法的重要组成部分，“加强进程”也正是国际人权法不断加强效力的最新体现，使其能够对缔约国法定条约义务的履行情况进行由专家牵头的可预测、非政治化、非歧视性的定期独立调查，从而加强对所有人的保护。[⑤] 2013 年 9 月 20 日，联合国大会通过《延长关于加强和增进人权条约机构体系有效运作的政府间进程》。在两年的政府间进程后，联合国大会于 2014 年 2 月 12 日通过了《加强和增进联合国人权条约机构体系有效运作的决议草案》，确认提高人权条约机构体系工作方法的重要性，进一步推动联合国人权机制改革。[⑥] 2014 年 4 月 9 日，联合国大会通过了决议，各方就一项旨在协助各国履行人权条约义务的能力建设一揽子方案达成共识，大会还建议十大人权条约机构

---

① 目前联合国体系下有 10 个人权条约机构负责监督核心国际人权条约：人权事务委员会，经济、社会和文化权利委员会，消除种族歧视委员会，消除妇女歧视委员会，禁止酷刑委员会，防范酷刑委员会，儿童权利委员会，迁徙工人委员会，残疾人权利委员会，强迫失踪问题委员会。参见联合国人权事务高级专员办事处网站：http：//www.ohchr.org/ch/HRBodies/Pages/HumanRightsBodies.aspx。

② 纳瓦尼特姆·皮莱（Navanetehem Pillay）于 2008 年 9 月 1 日任人权事务高级专员，任期至 2014 年 8 月。

③ 参见 UN Doc. A/66/860（2012），加强联合国人权条约机构体系，第 7 页。

④ 加强联合国人权条约机构系统：联合国人权事务高级专员报告，A/66/860，2012 年 6 月 26 日，参见联合国文件系统：http：//www.un.org/zh/documents/view_doc.asp?symbol=A/66/860。

⑤ 同上。

⑥ 联合国大会第六十八届会议，A/68/L.37，http：//www.ohchr.org/Documents/HRBodies/TB/HRTD/A-68-L-37_ch.doc。

协调工作方法，革新条约机构。[①] 这一进程的启动充分反映了国际社会各种行为体（包括缔约国政府、国际组织、人权条约机构体系、非政府组织等）普遍赞成加强人权条约的实施和提高人权条约机构体系的运作效率。

（五）人权理事会普遍定期审议机制加强，独立人权专家和机构分专题或国别开展监督调查

为保证联合国将人权议题置于与安全、发展同等重要的地位，推动将人权工作主流化，加强联合国人权机制与人权规范建设，根据联合国大会第 60/251 号决议，联合国人权理事会于 2006 年 6 月成立，成为联合国系统最为重要的人权机构。人权理事会负责加强世界各地对人权的促进和保护，自成立以来就已经通过特别会议对紧急人权状况作出反应，并通过成立调查委员会或派遣实况调查团等措施对严重违反国际人权法和人道主义法的行为进行监督和问责，截到目前已经通过了约 456 项决议以解决广泛的人权问题。[②] 人权理事会最重要的一项职权就是对成员国的人权状况开展普遍定期审议，2008—2012 年间，人权理事会按照其通过的四年普遍定期日程安排表，完成了对联合国 193 个会员国第一轮普遍定期审议，并从 2012 年开始第二轮普遍定期审议，到 2016 年 11 月结束。2014 年 10 月 27 日至 11 月 7 日，联合国人权理事会普遍定期审议工作组第二十届会议接受对意大利、萨尔瓦多、冈比亚、玻利维亚、斐济、圣马力诺、哈萨克斯坦、安哥拉、伊朗、马达加斯加、伊拉克、斯洛文尼亚、埃及、波斯尼亚和黑塞哥维那等 14 个国家的普遍定期审议。

（六）联合国维和次数和特派团人员增多，并赋予维和行动强有力的人权任务

近年来，联合国维和行动明显加强了联合国和平特派团在预防和响应人权侵犯问题方面的准备，通过监督成员国人权状况、发出公开报告、协助相关国家就处理人权问题进行能力建设，以防止和纠正侵犯人权行为。例如，联合国

---

① A/68/268，http://daccess-dds-ny.un.org/doc/UNDOC/GEN/N13/455/52/PDF/N1345552.pdf?OpenElement.

② “人权高专办成立二十周年——20 项人权成就”，联合国人权事务高级专员办事处网站：http://www.ohchr.org/CH/NewsEvents/OHCHR20/Pages/Achievements.aspx。

安理会决议日益倾向于赋予维和行动更强有力的人权任务。联合国通过维和行动保护冲突国平民免遭大规模人权侵犯已经逐渐成为衡量其维和任务的表现和成功的标杆。截至 2013 年底，联合国维和任务中共有 15 个人权部分。[①] 联合国建设和平基金会在 2013 年共筹资 8670 万美元支助 14 个冲突后国家的和平过渡，该基金在支持联合国应对中非共和国、几内亚比绍、也门、布隆迪、利比里亚和塞拉利昂重新爆发暴力行为中发挥了重要作用。目前，共有 16 个维持和平行动特派团和 1 个阿富汗政治特派团（United Nations Assistance Mission in Afghanistan，UNAMA）。[②]（见表 5）

表 5　联合国目前正在进行的维和行动

派驻时间	维和行动	2013—2014 年通过的相关决议	主要任务
1991 年 4 月至今	联合国西撒哈拉全民投票特派团	S/RES/2099（2013） S/RES/2152（2014）	监督停火，支持建立信任措施
2014 年 4 月至今	联合国中非共和国多层面综合稳定团	S/RES/2149（2014）	保护平民，支持过渡进程
2013 年 4 月至今	联合国马里多层面综合稳定特派团	S/RES/2100（2013） S/RES/2164（2014）	支持全国对话与和解，增进和保护人权
2004 年至今	联合国海地稳定特派团	S/2013/139，S/2013/493 S/2014/162，S/2014/617	恢复安全和稳定的环境，促进政治和解和保护人权
2010 年 7 月至今	联合国组织刚果民主共和国稳定特派团	S/RES/2098（2013） S/RES/2147（2014）	保护平民，实现稳定和协助执行《和平、安全与合作框架》
2007 年 7 月至今	非盟—联合国达尔富尔混合行动	S/RES/2113（2013） S/RES/2173（2014）	保护平民，促进提供人道主义援助
1974 年 6 月至今	联合国脱离接触观察员部队	S/RES2108（2013） SS/RES/2163（2014）	对隔离区和限制进行监督

① 联合国人权事务高级专员办事处网站：http：//www.ohchr.org/CH/NewsEvents/OHCHR20/Pages/Achievements.aspx。

② 联阿援助团（United Nations Assistance Mission in Afghanistan，UNAMA）是一个受维持和平行动部领导和支持的政治特派团。

续表

派驻时间	维和行动	2013—2014 年 通过的相关决议	主要任务
1964 年 3 月至今	联合国驻塞浦路斯维持和平部队	S/RES/2189（2013） S/RES/2168（2014）	监督停火线，维持缓冲区，从事人道主义活动
1978 年 3 月至今	联合国驻黎巴嫩临时部队	S/RES/2115（2013） S/RES/2172（2014）	监测停止敌对行动，并协助确保人道主义援助送达平民
2011 年 6 月至今	联合国阿卜耶伊临时安全部队	S/RES/2126（2013） S/RES/2156（2014）	监测南北之间的边境热点问题，为人道主义援助提供便利
2011 年 7 月至今	联合国南苏丹共和国特派团	S/RES/2155（2014）	授权特派团保护平民，监测和调查人权情况
2004 年 4 月至今	联合国科特迪瓦行动	S/RES/2112（2013） S/RES/2153（2014）	保护平民和支持政府解除武装、复员和重返社会方案
1999 年 6 月至今	联合国科索沃临时行政当局特派团	S/2013/631 S/2014/558	促进科索沃的安全、稳定及对人权的尊重
2003 年 9 月至今	联合国利比里亚特派团	S/RES/2116（2013） S/RES/2176（2014）	支助执行停火协定及和平进程
1949 年 1 月至今	联合国印度和巴基斯坦观察组	S/2014/459 S/2014/458	监督查谟和克什米尔停火
1948 年 5 月至今	联合国停战监督组织（停战监督组织）	S/2013/362 S/2013/361	监测停火，监督停战协定，预防孤立事件升级

资料来源：http：//www. un. org/zh/peacekeeping/operations/current. shtml.

联合国维持和平特派团是联合国安理会为加强实地保护平民而采取的一项重要行动。目前，联合国维持和平行动部、外勤资助部和政治事务部以及人权高级专员办事处已经制定了特派团各部门间共享信息的政策。维持和平行动部和外勤支助部还制定了《保护平民的资源和能力汇总表》，以协助特派团把其现有的资源和能力用于执行保护任务。这一汇总表有助于查明联合国在能力与资源方面的差距，用以确定可能开展的人权保护活动。2014 年 10 月 31 日，潘基文秘书长宣布组建一个“和平行动高级别独立小组”，评估联合国正在进行的维持和平行动情况，并为联合国如何在不断变化、充满挑战的环境中有效开展和平行动提出建议。联合国“和平行动高级别独立小组”由东帝汶前总统奥尔塔担任主席，并汇集了十多名拥有广泛经验的相关专家，其中包括联合国前政治事务副秘书长帕斯科、前南苏丹特派团负责人约翰逊。中国前常驻联合国副代表（首任南非大使、现任中国联合国协会副会长）王学贤是首次担任“和平行动高级别独立小组”中方成员。

（七）联合国秘书长提出“人权先行”(Rights up Front) 倡议

“人权先行”（Rights up Front）倡议是联合国秘书长潘基文任期内为强化联合国保障世界各地人权行动的一项最新举措。为了早期防止大规模暴行与人道主义危机，特别是像 1994 年的卢旺达大屠杀和 1995 年的斯雷布尼察人道主义悲剧的再次发生，面对当前叙利亚危机以及中非共和国和南苏丹的僵局，2013 年 12 月 19 日，联合国秘书长潘基文提出了一项在侵犯人权行为最初发生时就提高警惕的“人权先行”（Rights up Front）倡议。[①] 联合国常务副秘书长埃利亚松在 12 月 18 日联大的一次非正式会议上向各会员国介绍了这一倡议，得到了各成员国的积极响应。联合国秘书长的“人权先行”倡议将人权置于联合国行动的核心议程，呼吁联合国官员将人权的重要性融入每个成员国评估以及整个联合国的发展援助框架中，并制定优先建议。这些行动主要侧重于联合国秘书处以及各机构、基金和方案，明确各个单位都能采取哪些行动，使联合国更好地采取集体措施，应对未来发生的严重侵犯人权行为风险。这些行动的共同任务是将人权议题置于联合国工作的核心。

联合国秘书长潘基文提出的“人权先行”倡议主要包括七方面的内容：就联合国的核心目标——促进对人权的尊重对工作人员进行培训，使人权成为联合国命脉的一部分，使所有的工作人员了解自己和本组织的人权义务；向会员国提供必要的信息，说明人民遭受严重侵犯人权或违反人道主义行为或面临此种风险的情况；确保联合国在世界各地的工作人员对有可能会造成严重侵犯人权行为的局势提高警惕，以便潜在危机发生时有能力进行应对；在危机发生前，

① “Rights up Front”，http：//www. undg. org/docs/13405/Rights%20up%20Front%20-%20May%202014. pdf.

加强联合国秘书处与联大、安理会和人权理事会的协作与沟通，同时为实地工作人员提供更加具有一贯性的支持；更好地协调人权方面工作人员的工作，让他们能够确认有可能导致暴行的严重侵犯人权行为；对有关平民遭受的危险和风险信息进行更好的管理与评估，以便支持行动策划并与会员国分享信息；加强联合国在人权方面的能力建设，更好地协调联合国各人权机构的工作。[①] 这些倡议是《联合国宪章》和会员国赋予联合国的部分职责，其工作的落实需要采取多种做法，包括对现有资源的优先次序重新作出某些调整，并酌情得到会员国的认可与批准。联合国"人权先行"倡议主要强调了预防危机的重要性，及时向各会员国传递信息，通过预防性接触，同时也对联合国系统内部的机构进行了精心的安排，确保联合国在应对人权问题和政治层面的活动时能够更加灵活、及时地采取相关行动。

（八）联合国更加注重人权保护中的伙伴关系建设，共同预防和解决人道主义危机

对冲突地区的平民提供人权保护，需要联合国成员国及人权机构采取协调一致行动，形成合力。联合国注重与当事国政府的互动，通过人权机构的一些特别程序通知发生人权侵犯行为的当事国政府，这些国家理所当然地负有保护其人民的首要责任，通过提请联合国国别工作队注意风险，如中非共和国、科特迪瓦、朝鲜、海地、伊拉克、马里、巴勒斯坦、叙利亚、缅甸、索马里、南苏丹等。整个联合国人权机构体系可根据防范优先事项制订或调整方案，为预防人权危机提供支持，并为国家提供同样的支持。近年来，区域性组织在预防和解决各自所在区域出现的人道主义危机上表现活跃，部分区域组织还设立了自己的人权任务特别报告体系。2013 年，联合国发布的《南方的崛起：多元化世界中的人类进步》[②] 人类发展报告专门用一章阐述了新型全球治理体系下的治理与合作体系，指出当今陈旧的全球治理体系已经无法应对当前风云变幻的国际形势，需要考虑建立新的全球合作体系，促进世界各国政府、国际组织以及全球公民社会在知识经验分享与合作方面发挥协同效应。当前联合国人权机制

---

① Deputy Secretary-General's press conference on Rights up Front Action Plan，New York，19 December，2013，http：//www. un. org/sg/dsg/dsgoffthecuff. asp? nid=270.

② UNDP，2013 ，Human Development Report，"the Rise of the South：Human Progress in a Diverse World"，http：//hdr. undp. org/en/2013-report.

伙伴关系建设的一个范例是：18个国家于2012年启动了拉丁美洲防止灭绝种族和大规模暴行网络。[①] 该联盟与民间社会伙伴以及联合国秘书长防止灭绝种族罪行问题特别顾问和“保护的责任”特别顾问共同协作，支持其成员建设防止暴行罪国家能力的各种举措。2013年9月17日，联合国秘书长儿童与武装冲突问题特别代表办公室与非洲联盟委员会和平与安全部签署宣言，把人权保护列入了非盟的所有和平与安全行动。2014年1月31日，联合国负责冲突中性暴力问题特别代表还与非盟签署了《合作框架》建立非盟—联合国联合小组（“普罗迪小组”）。[②] 这些措施都有利于联合国与区域和次区域组织在预防冲突、维持和平以及加强人权保护中进行更为密切的合作。联合国秘书长潘基文也在如何预防冲突的会议上呼吁联合国与国际社会必须开启一个同心协力、合作与行动的新时代，为应对重大挑战而更加及时地达成强有力的国际共识，并为此果断采取行动。

二、联合国人权保护的主要机构及运作情况分析

保护和促进人权是联合国的根本宗旨之一，为了贯彻这一宗旨，联合国建立了一系列审议国际人权问题和监督人权状况的相关机构。作为当今国际社会最具权威性、普遍性和代表性的国际组织，联合国在冷战后面临的重大挑战就是如何应对国家内部的武装冲突与人道主义灾难。在当前国际社会中安全、发展和人权问题日益联系紧密的情况下，联合国所组织、协调、领导的国际人权保护行动对于维护国际和平及安全具有重要的意义。进入新世纪以来，一个强有力的国际人权体系正在得到不断完善。2006年联合国人权理事会的设立为联合国的人权保护行动带来了力量和效力，特别是人权理事会的普遍定期审议，促使联合国在各国平等的基础上全面覆盖世界各地的人权，以便对冲突国的人权紧急状况作出反应，如在联合国人权高专办的协助下召开特别会议和紧急辩论，设立国别任务、实况调查团和人权调查委员会等。此外，联合国人权条约机构在数量和范围上也不断增多。当然，由于联合国本身组织与机制的局限性，

---

① “保护的责任问题：国家责任与预防”秘书长报告，A/67/929-S/2013/399，2013年7月9日，http://www.un.org/zh/documents/view_doc.asp?symbol=A/67/929。

② “联合国安理会2013年综述”，2014年1月14日，http://www.un.org/zh/sc/documents/review/2013/cooperation.shtml。

其在承担国际人权保护的使命时受到诸多限制，在具体行动中往往异化为大国利益博弈的工具。

（一）联合国人权保护的主要机构

1. 根据《联合国宪章》成立的人权机构

一般性的人权保护机构包括联合国大会、安理会、经济及社会理事会、国际法院、秘书处等，这些机构都具有维护和促进国际人权保护的职能。比如联合国大会是联合国主要的审议、监督和审查机构，它可以讨论《联合国宪章》范围内或依据《联合国宪章》建立的任何机构的任何问题，对地区人权问题进行讨论、研究并提出建议，通过关于人权问题的决议、宣言和公约；讨论审查地区冲突中侵犯人权的事项；接受并审议有关人权问题的报告。联合国大会设立 6 个主要的委员会，关于人权事务的项目，通常提交给第三委员会（社会、人道和文化委员会），或提交第六委员会（法律委员会）。联合国经社理事会在促进人权方面主要负责就其职权范围内的事项召开国际会议和起草提交联合国大会的公约草案。经社理事会包括 9 个职司委员会，在经社理事会的附属机构中，与人权问题关系最直接的机构是妇女地位委员会。联合国秘书处在人权方面的职能包括：出席联合国有关人权会议并发表声明和讲话；提请安理会注意世界各地发生的侵犯人权的事件；通过授权人权高专办专员，协调联合国人权领域的活动。

2. 专门性的国际人权保护机构

（1）联合国人权理事会（Human Rights Council）

联合国人权理事会是联合国负责处理人权事务的主要政府间机构。它根据 2006 年 3 月 25 日第 60 届联合国大会通过的第 60/251 号决议成立，取代了之前的联合国人权委员会的大部分任务、机制、功能和职责。联合国人权理事会由 47 个成员国组成，遵循公平地域分配原则，亚洲组 13 国、非洲组 13 国、拉美组 8 国、东欧组 6 国、西方组 7 国。2014 年联合国人权理事会成员国有：亚洲组：印度、印度尼西亚、菲律宾、科威特、阿联酋、哈萨克斯坦、日本、韩国、巴基斯坦、中国、马尔代夫、沙特阿拉伯、越南；非洲组：布基纳法索、贝宁、刚果（布）、博茨瓦纳、加蓬、科特迪瓦、塞拉利昂、肯尼亚、埃塞俄比亚、阿尔及利亚、摩洛哥、纳米比亚、南非；拉美组：智利、秘鲁、哥斯达黎加、巴西、阿根廷、委内瑞拉、古巴、墨西哥；东欧组：捷克、罗马尼亚、爱沙尼亚、黑山、俄罗斯、马其顿；西方组：奥地利、意大利、美国、德国、爱尔兰、法国、英国。

联合国人权理事会的主要职能就是负责“在全球范围内促进普遍尊重对人人享有所有人权和基本自由的保护”，包括应对系统性的严重侵犯人权等问题，以及在联合国系统内促进人权事务的有效调节和人权工作主流化。在对人权紧急情况（可能会导致灭绝种族、战争罪、族裔清洗和危害人类罪）作出回应时，人权理事会可以：举行特别会议，通过决议并制定跟进措施，成立独立调查委员会实况调查团，调查侵犯人权指控；责成联合国人权事务高级专员办事处提供必要援助，或与有关方进行人权对话与磋商；呼吁为人道主义工作者和人权监督员提供出入机会。联合国人权理事会每年召开三次届会，其中一次为主会，会期总计不少于10周。迄今，人权理事会共召开了26次届会，并就巴勒斯坦问题、苏丹达尔富尔、海地、科特迪瓦、利比亚、叙利亚、中非共和国人权状况等问题举行了21次特别会议。此外，联合国人权理事会的一项重要工作是开展国别人权调查（Universal Periodic Review，UPR），对所有联合国会员国的人权状况进行评估审议，所有会员国履行人权义务的情况必须接受同行审查。其目标是：改善会员国的人权状况；履行国家的人权义务和承诺，评估该国积极的进展以及面临的挑战；增进保护人权方面的合作；鼓励与人权理事会、其他人权机构和人权高专办全面合作与参与。普遍定期审议的第一个周期已于2012年3月完成对联合国所有193个会员国的审议，讨论涉及了包括公民权利和政治权利，经济、社会与文化权利和发展权在内的所有人权议题。2012年5月，第二轮国别人权审查启动，审查周期为四年半。2013年10月，中国接受了第二轮联合国人权理事会的国别人权审查。

2012—2013年，人权理事会继续处理各种紧急和长期的人权状况，进一步延长了阿拉伯叙利亚共和国问题调查委员会的任期，理事会在第22届会议上设立了一个朝鲜民主主义人民共和国问题调查委员会，调查该国境内发生的蓄意、普遍和严重侵犯人权的情况。此外，在人权理事会普遍定期审议方面，截至2013年11月，应于2013年第二个普遍定期审议周期内接受审议的全部42个国家均已完成这一进程。

（2）人权理事会咨询委员会（Human Rights Council Advisory Committee）与特别程序（Special Procedures）

人权理事会咨询委员会作为联合国人权理事会的“智囊”，负责从事人权专题研究并向理事会提出咨询意见。咨询委员会于2008年根据人权理事会第5/1号决议设立，旨在应人权理事会要求为其提供基于研究和调查的相关建议或报告，每年召开两次会议，以便个人和组织有机会提请理事会对侵犯人权行为的注意。咨询委员会由 18 名独立的人权专家组成，遵循公平地域分配原则，亚洲、非洲各 5 名，拉美、西方组各 3 名，东欧组 2 名。[①] 联合国所有成员国均可提名人选，由理事会选举产生，任期为 3 年，可连任 1 次，每年开两次会议，总会期不超过 10 天。人权理事会咨询委员会还决定与非政府组织、人权理事会主席团以及区域和政治团体协调员的会议制度化，通过利用联合国人权高专办、非政府组织、学术界和其他各方的专业知识委员会的工作和审议提供信息。2013 年 9 月，中国专家张义山当选为人权理事会咨询委员会委员，任期至 2016 年 9 月。

人权理事会特别程序是从人权专题角度对人权问题提供建议和报告的独立人权专家机制。特别程序作为联合国人权机制的重要组成部分，涵盖公民、文化、经济、政治和社会等多方面的人权问题，旨在从专题或具体国别角度对人权问题提供相关建议和报告。人权理事会特别程序在人权事务高级专员办事处的支持下开展国别访问，通过发函提请各国及其他行为者关注指称侵犯案件以回应个别案件及更广泛的结构性问题；撰写专题报告和组织专家讨论会，促进国际人权标准的完善。特别程序每年向人权理事会做年度报告，大多数任务也向联合国大会做报告，设立或延长其任务的决议中具体定义其任务内容。人权理事会特别程序可以分为两大类，一类为国别机制（Country Mandate），负责调查和监督某一国家或地区的人权状况；另一类为专题机制（Thematic Mandate），主要对某一特定人权问题开展研究。国别机制成员任期为 1 年，专题机制成员任期为 3 年。截至 2014 年 10 月，共有苏丹、缅甸、朝鲜、伊朗等 14 个国别机制和住房权、教育权、言论自由等 38 个专题机制。

---

① 18 名独立专家分别为：赛义德·穆罕默德·法伊哈尼（巴林—2015 年）；劳伦斯·布瓦松·德·沙祖尔内（法国—2014 年）；马里奥·科廖拉诺（阿根廷—2015 年）；霍达·艾尔萨达（埃及—2016 年）；拉蒂夫·侯赛诺夫（阿塞拜疆—2014 年）；米哈伊尔·列别捷夫（俄罗斯联邦—2016 年）；艾尔弗雷德·恩通杜古鲁·卡罗科拉（乌干达—2016 年）；小畑郁（日本—2016 年）；奥比奥拉·希内杜·奥卡福尔（尼日利亚—2014 年）；凯瑟琳娜·帕贝尔（奥地利—2015 年）；阿南托尼亚·雷耶斯·普拉多（危地马拉—2014 年）；塞西莉亚·雷切尔·可可·基松宾（菲律宾—2014 年）；戴儒吉拉尔·赛图尔辛（毛里求斯—2014 年）；阿赫马尔·比拉勒·苏菲（巴基斯坦—2014 年）；伊梅鲁·塔姆拉特·伊盖组（埃塞俄比亚—2015 年）；张义山（中国—2016 年）和让·齐格勒（瑞士—2016 年）。

（3）联合国人权事务高级专员（UN High Commissioner for Human Rights）及其办公室（Office of the High Commissioner for Human Rights）

联合国人权高专是联合国系统内负责人权事务的最高行政长官，由联合国秘书长任命，经联合国大会核准产生，其主要负责协调联合国在人权领域的活动，任期为 4 年，可连任一次。现任联合国人权高级专员为来自约旦的扎伊德·侯赛因（Zeid Ra' ad Zeid Al-Hussein）。[①]

联合国人权高专办公室负责联合国人权领域的技术支持工作，总部设在日内瓦，在纽约联合国总部设有一个办事处，并在许多国家和区域设有办事处。除了人权高专办公室和几个隶属于副高级专员的工作股以外，人权高专办还设有 4 个主要的司：研究和发展权利司（RRDD），负责专题研究和政策制定、联合国系统所有工作领域中的人权主流化、工具与学习材料的开发、向各利益攸关方就一系列人权专题提供专业知识；人权条约司（HRTD），负责支持 10 个人权条约机构体系的工作，这些机构负责监督国际人权条约在国家层面的落实情况；外勤业务和技术合作司（FOTCD），负责支持外地人权工作，并引领人权高专办与各国就人权议题开展合作；人权理事会和特别程序司（HRCSPD），负责向人权理事会、理事会的普遍定期审议机制（UPR）、特别程序和其他附属机构提供组织方面的实质性支持。截至 2014 年 7 月，联合国人权高专办在欧洲、非洲、美洲等设有 12 个区域办事处，在墨西哥、柬埔寨、乌干达等设有 13 个国家办事处，在联合国 15 项维和行动中派驻人权官员以及联合国驻地协调员和国别工作队的 29 名人权顾问。[②] 联合国人权高专办每年都发布相关的人权报告，评估联合国系统的人权工作状况（见表 6）。

---

① 第一任联合国人权事务高级专员是何塞·阿亚拉·拉索（Jose Ayala Lasso，厄瓜多尔籍），第二任是玛丽·罗宾逊（Marry Robinson，爱尔兰籍），第三任是塞尔吉奥·维埃拉·德梅洛（Sergio Vieira de Mello，巴西籍），第四任是路易斯·阿博尔（Louis Arbour，加拿大籍），第五任是纳瓦尼特姆·皮莱（Navanethen Pillay，南非籍），第六任是扎伊德·侯赛因（Zeid Ra' ad Zeid Al-Hussein，约旦籍）。

② 联合国人权事务高级专员扎伊德·侯赛因在联合国大会第 69 届会议上的讲话，2014 年 10 月 22 日，http://www.ohchr.org/CH/NewsEvents/Pages/Media.aspx?IsMediaPage=true&LangID=C。

表 6　2013—2014 年联合国人权高专办发布的相关报告

时间	报告名称	主要内容
2013 年 2 月	《拉巴特行动计划》	关于禁止煽动歧视、敌意或暴力言论的鼓吹民族、种族或宗教言论
2013 年 6 月	《治愈精神创伤》	科索沃境内与武装冲突有关性暴力幸存者的赔偿问题
2013 年 5 月	《谁承担责任？人权和 2015 后发展议程》	制订 2015 年后目的、目标和指标的选择标准并确定新目的和目标的计量方法
2013 年 9 月	《迁徙与人权：改善人权的国际移徙治理》	确定了一项关于移徙与人权的前瞻性全球议程
2014 年 5 月	《人权高专办 2014 年至 2017 年管理计划》	阐明了人权高专办在这四年中的优先事项、预期成果和战略目标
2014 年 2 月	《2014 年联合国人权呼吁》	呼吁为联合国人权方案提供支持，并提供 2014 年计划开展的活动和预算信息

联合国人权高专办发布的《2014 年至 2017 年管理计划》设立了六大专题优先事项，即加强国际人权机制；增强平等；确保问责制和法治；将人权融入发展和经济领域；拓宽民主空间；以及解决冲突、暴力和不安全问题。所有优先事项都涉及公民政治、经济、社会和文化权利，也涵盖了《维也纳共识》所载的发展权，意在更好地整合联合国人权机制，提升其工作效率。

此外，联合国人权高专办还建立了一个新版本的人权高专办人权案件内部数据库，旨在为联合国人权理事会调查宗教歧视、酷刑、种族主义、侵害言论自由等问题的特别报告员广泛收集各种信息。2013 年，该数据库开始在联合国南苏丹共和国特派团，联合国组织刚果民主共和国稳定特派团和联合国科特迪瓦行动投入使用，目前人权高专办已有 14 个人权实地派驻点使用该数据库。人权数据库的设立在一定程度上增强了联合国人权高专办处理人权问题的实效性，创立了联合国人权保护活动的“及时反应机制”。

联合国人权高专办已经成为世界各地侵犯人权行为受害者的权威代言人与守护者，提醒各国遵守它们根据国际人权法所作作出的承诺，履行其人权保护职责。[①] 2013 年是联合国人权事务高级专员办事处成立 20 周年，过去 20 多年中，联合国人权高专办在推进妇女权利，制定国际人权法以实现对国际人权侵犯行为的问责、保护与促进边缘群体权利，以及更深入理解人权的普遍性和不可分割性方面，已经取得了根本性的进展。

3. 联合国人权条约机构体系（UN Human Right Treaty Body System）

联合国人权条约机构体系是对根据联合国核心人权条约建立起来的条约机构及其对缔约国实施监督之程序的总称，由独立专家组成，负责监督公约执行情况，是监督核心国际人权条约实施情况的独立专家委员会。目前联合国体系下有 10 个人权条约机构负责监督核心国际人权条约：人权事务委员会，经济、社会和文化权利委员会，消除种族歧视委员会，消除妇女歧视委员会，禁止酷刑委员会，防范酷刑委员会，儿童权利委员会，迁徙工人委员会，残疾人权利委员会，强迫失踪问题委员会。人权条约的所有缔约国都有义务确保该国所有人都能享有条约所列的权利。随着各国批准新的人权文书和设立新的条约机构，条约机构系统逐年扩大。2000 年，6 项核心国际人权条约的批准文书仅有 927 个，到 2013 年底，9 项核心国际人权条约的批准文书已增加到 1586 个。

人权条约机构体系的建立和不断改进是国际社会在推广和保护人权方面的最大成就之一。联合国设立条约机构体系的未来愿景就在于通过对缔约国法定条约义务履行情况进行可预测的、定期的、非政治化、非歧视性和由人权专家牵头的独立审查来加强国家讨论和国际对话，与特别程序和普遍定期审查等其他人权机制协调配合，从而加强对所有人人权的保护。十大条约机构将构成国际人权保护体系的基础。（见图 2）

① 2013 年联合国人权事务高级专员年度报告，人权理事会第 25 届会议，A/HRC/25/19，http：//daccess-dds-ny. un. org/doc/UNDOC/GEN/G13/190/16/PDF/G1319016. pdf? OpenElement。

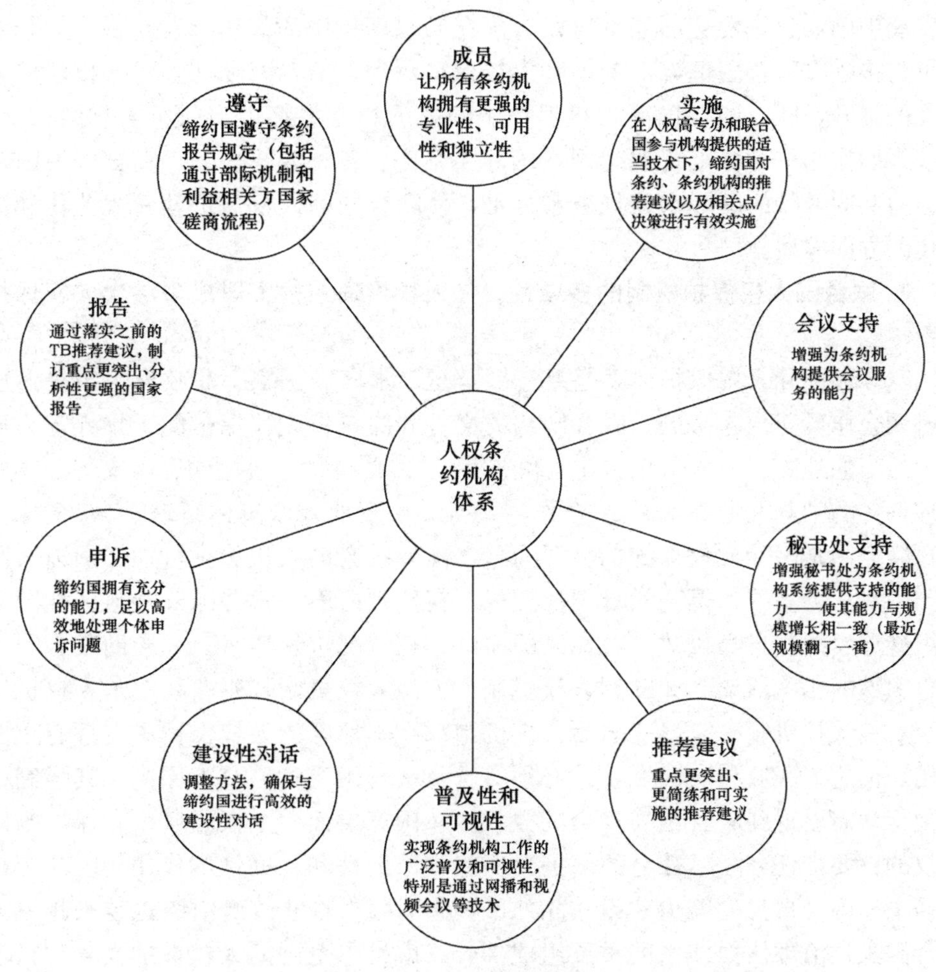

图 2　人权条约机构的愿景

（二）联合国人权保护行动的情况分析

1. 联合国人权保护理念新变化，人权成为有关和平、安全和发展全球对话的核心议题

联合国成立初期，国际人权保护一直属于主权国家的“内部事务”范畴，但随着全球化进程的深入发展，和平、发展、安全与人权的关联性日益紧密，人权保护开始了国际化的进程，和平与安全、发展和人权成为联合国的三大支柱性内容之一。由于联合国在国际人权方面的努力，通过共同努力保护人权的观念已经深入人心，以联合国为核心的人权保障体系已经基本建立起来。无论是发展中国家还是发达国家都对联合国在人权保护中的作用日益重视，并开始认可与接受在联合国框架下的国际人权保护行动。随着国际社会对人权议题关注度的提升，联合国在国际人权保护中的范围和能力都得到前所未有的拓展，人权开始作为一种标准议题出现在国际关系中。各种人权公约、宣言成为国际社会所共同遵循的国际人权规范和标准，使联合国的人权保护朝着规范化和法制化的方向发展。

2. 联合国人权保护机制的多维性，在人权治理结构上形成多层次人权保护体系

当今的国际人权保护体系是基于联合国、地区、国家、非政府组织等多层次协调合作所建构起来的。联合国相关文件和决议将人权保护的干预界定为通过“适当的外交、人道主义和其他和平手段”，必要时“通过联合国安理会逐案处理，并酌情与相关区域组织合作，及时、果断地采取集体行动”。在全球层面，联合国是国际人权保护的主要力量，国际社会的人权保护行动必须以《联合国宪章》为基础，得到联合国的授权。在地区层面，联合国鼓励地区性国际组织充分发挥其自身优势，对地区国家的人权状况进行监督，并协助联合国在人权领域的相关活动。如欧洲人权机制、美洲人权机制、亚洲和中东人权机制以及非洲人权机制等区域性国际人权机制都在本地区的人权保护中发挥着重要作用，但这些区域和次区域安排必须符合《联合国宪章》基本原则，其强制性干预行动需要得到联合国安理会的授权。在国家层面，主权国家负有保护国内人权的首要责任，国际社会的保护只能起到协助性和辅助性的作用，因此必须加强主权国家自身的能力建设。此外，一些国际人权非政府组织也越来越成为联合国人权治理伙伴体系的重要组成部分。就世界范围的人权保护而言，目前已经形成了以联合国为中心的多层次人权治理结构体系。

3. 推动国际人权保护的规范建构和国际人权机制改革

联合国通过各种人权条约以宣示权利和规定缔约国的人权责任与义务，已经生效的联合国核心人权条约多达 10 项，大大推动了联合国人权保护的法制化和规范化进程。此外，联合国大力推动“保护的责任”（R2P）规范在国际人权保护中的作用。自联合国秘书长潘基文上台以来，“保护的责任”的落实成为秘书长工作的优先事项之一，秘书长多次在自己的报告中阐述“保护的责任”的内涵、实施标准，大力推动“保护的责任”在国际社会各种场合的讨论，呼吁国际社会成员国接受“保护的责任”。尤其是在利比亚危机中，联合国首次以“保护的责任”为由开展对利比亚的强制性人权保护行动，但在行动中“保护的责任”却被西方国家滥用，也由此引发国际社会对“保护的责任”的内涵发展和具体适用性存在不同的立场和理解。联合国根据各国的反应，对“保护的责任”的具体内容进行了限定和规制，并将其核心理念写入了联合国的相关决议和文件中，在一定程度上反映了国际社会对国际人权保护问题已经正在从分歧走向共识，大大推动了国际人权保护的法制化、规范化进程。

4. 联合国人权保护功能的拓展：从促进到行动

伴随着国际环境的变化，任何国家和地区都无法对其他国家和地区所发生的大规模人道主义危机置若罔闻，国际社会对人权议题的关注度得到前所未有的提升。在此背景下，联合国在国际人权保护中的功能不断得以拓展，联合国相关人权机构通过调停、斡旋、调查、定期审查、维和甚至授权进行武力干预等多种途径来开展人权保护行动，大大地拓展了联合国在国际人权保护中的功能和范围，增强了联合国在国际人权保护中的干预能力，也使人权议题成为联合国所倡导与安全、发展相并列的三大支柱性工作内容之一。

人权作为联合国的三大支柱性内容之一，也是促进可持续发展、和平与安全的基本内容之一。总体来看，当今联合国系统的主流人权工作取得了重大进展，在条约机构体系和联合国各人权实体机构、地区性国际组织、主权国家以及非政府组织之间建立起坚实的合作伙伴关系的同时，人权保护行动在各方面正经历着重大变化，已经形成了一个促进、监督国际人权的多层次人权治理结构体系。但在具体的国际人权保障实践中，联合国人权保障体系还处于一个不健全和低效运行的阶段。

三、中国参与联合国的国际人权合作

中国政府一直以来高度重视促进和保护人权，在坚持不懈地致力于国内人权事业建设的同时，还积极参与联合国常设机构、专门人权机构关于人权领域的各项活动，积极履行国际人权公约；主张在平等和相互尊重的基础上，就人权问题开展建设性对话与交流，以增进了解，推动国际社会以更加公正、客观和非选择性的方式处理国际人权问题。[①] 到 2013 年底，中国已经是包括《经济、社会及文化权利国际公约》、《儿童权利公约》、《禁止酷刑公约》等在内的 26 项

---

① 第 67 届联合国大会中方立场文件关于人权问题部分，2012 年 9 月 21 日，文件全文可参见中国外交部网站：http：//www.gov.cn/gzdt/2012-09/19/content _ 2228210.htm。

国际人权公约的缔约国。[①] 2013—2014 年，中国政府先后与联事国儿童权利委员会和经济、社会及文化权利委员会进行了对话。在双边人权合作与交流方面，中国每年与近 20 个国家进行人权对话与磋商。在国内人权保障体系建设方面，国务院新闻办公室定期发布《国家人权行动计划》与《人权事业白皮书》，涵盖了国内经济、社会、文化、公民、政治各个领域，对中国未来人权事业的发展提出了更高的要求。目前，中国已经走出了一条与本国国情相适应的人权发展道路，尊重和保障人权已经成为治国理政的重要原则。

（一）中国国内人权保障体系建设

1. 国内人权立法与制订国家人权行动计划

国内人权立法与制订国家人权行动计划是中国政府落实尊重和保障人权宪法原则的重要举措，对于中国参与国际人权保障合作具有重要意义。2013 年 11 月 15 日，党的十八届三中全会《中共中央关于全面深化改革若干重大问题的决定》明确提出了“完善人权司法保障制度”，强调“国家尊重和保护人权”，[②] 把促进社会公平正义、增进人民福祉确立为中国政府在新时期全面深化改革、实现科学发展的出发点和落脚点。2014 年 10 月 23 日，中国共产党第十八届中央委员会第四次会议通过了《中共中央关于全面推进依法治国若干重大问题的决定》，就全面推进依法治国作出重要战略部署，进一步提升人权保障的法制化水

---

① 中国目前已加入 26 项国际人权公约：《防止及惩治灭绝种族罪公约》、《关于难民地位的公约》、《关于难民地位的议定书》、《消除一切形式种族歧视国际公约》、《禁止并惩治种族隔离罪行的国际公约》、《改善战地武装部队伤者病者及遇船难者日内瓦公约》、《消除对妇女一切形式歧视公约》、《儿童权利公约》、《男女同工同酬公约》、《禁止酷刑和其他残忍、不人道或有辱人格的待遇或处罚公约》、《改善战地武装部队伤病者及遇海难者境遇的日内瓦公约》、《关于战时保护平民的日内瓦公约》、《关于战俘待遇的日内瓦公约》、《一九四九年日内瓦四公约关于保护国际性武装冲突受难者的附加议定书》、《一九四九年日内瓦四公约关于保护非国际性武装冲突受难者的附加议定书》、《（残疾人）职业康复和就业公约》、《关于农业工人的结社和联合权利公约》、《经济、社会及文化权利国际公约》、《儿童权利公约关于买卖儿童、儿童卖淫和儿童色情制品问题的任择议定书》、《禁止和立即行动消除最恶劣形式的童工劳动公约》、《最低就业年龄公约》、《消除就业和职业歧视公约》、《就业政策公约》、《儿童权利公约关于儿童卷入武装冲突问题的任择议定书》、《残疾人权利公约》、《联合国打击跨国有组织犯罪公约关于预防、禁止和惩治贩运人口特别是妇女和儿童补充议定书》。

② “中共中央关于全面深化改革若干重大问题的决定”，《中国共产党第十八届中央委员会第三次会议全体会议文件汇编》，人民出版社 2013 年版，第 53 页。

平，明确提出了依法保障公民权利，加快完善体现权利公平、机会公平、规则公平的法律制度，保障公民人身权、财产权、基本政治权利不受侵犯，增强全社会尊重和保障人权的意识，健全公民权利救济渠道和方式。[①]

1993年世界人权大会通过的《维也纳宣言和行动纲领》建议每个会员国考虑是否可以拟定国家人权行动计划，以确定各国为促进和保护人权所应采取的步骤。[②] 中国政府积极响应世界人权大会和联合国人权高专的倡议，2009年4月，国务院授权国务院新闻办公室发布了《国家人权行动计划（2009—2010年）》，这是中国政府制定的第一份以人权为主题的国家人权发展规划。[③] 2011年，中国国务院新闻办公室出版了《国家人权行动计划（2009—2010年）评估报告》，[④] 该计划已经如期实施，中国的公民权利与政治权利，以及少数民族、妇女、儿童、老年人和残疾人等的权利得到进一步保障，国际人权领域交流与合作日益深化，各领域的人权保障在制度化、法制化的轨道上不断推进。2012年6月，国务院新闻办公室颁布《国家人权行动计划（2012—2015年）》，明确了2012—2015年促进和保障人权的目标和任务，[⑤] 标志着中国的人权保障事业进入了有计划推进的时代。

2. 加强对国内公民的人权教育

2012年6月，中国政府制订并公布了《国家人权行动计划（2012—2015年）》，其中，中国政府将人权教育作为《国家人权行动计划》的重要组成部分，明确了国家作为人权教育义务主体的地位。在人权教育方面主要强调四方面内容：（1）将人权教育纳入公务员培训计划，支持人权研究机构编写人权培训教材，参与人权培训工作；（2）加强中小学人权教育，将人权知识融入相关课程，纳入学校法制教育，开展适合青少年特点的人权教育活动；（3）鼓励高等院校

---

① 《中共中央关于全面推进依法治国若干重大问题的决定》，2014年10月23日中国共产党第十八届中央委员会第四次会议通过，新华网，http：//news. xinhuanet. com/politics/2014-10/28/c _ 1113015330. htm。

② The World Conference on Human Rights，Vienna Declaration and Programme of Action，Paragraph 71，1993，转引自：中国人权研究会编：《中国人权事业发展报告（2013）》，中国社会科学文献出版社2013年版，第14页。

③ 中华人民共和国国务院新闻办公室：《国家人权行动计划（2009—2010年）》，人民出版社2009年版。

④ 中华人民共和国国务院新闻办公室：《国家人权行动计划（2009—2010年）评估报告》，人民出版社2011年版，第1页。

⑤ 中华人民共和国国务院新闻办公室：《国家人权行动计划（2012—2015年）》，人民出版社2012年版，第2页。

开设人权专业相关课程，支持人权相关学科和专业建设，鼓励开展人权理论方面的研究；（4）鼓励并推动企事业单位普及人权知识，形成尊重和保障人权的企业文化。

3. 国内非政府组织、学术机构、媒体参与国际人权保障

截至2012年底，在中国有注册登记的非政府组织有49.2万家。首先，各类学术机构自觉开展人权理论研究，普及人权理念和知识，提供全社会的人权意识，并通过举办论坛等形式大力开展对外人权交流与合作。特别是2008年中国人权研究会主办首届“北京人权论坛”以来，北京人权论坛至今已经成功举办了7届（见表7），每届论坛均有上百名来自不同国家、地区以及国际组织的政府官员和专家学者参加，主要围绕国际人权与发展、文化、科技、环境等的关系开展讨论与交流。该论坛在人权方面的对话主体日趋深入，国际影响力越来越大，已经成为中国与世界各国在国际人权领域对话与交流的重要平台，被誉为“全球多边人权论坛的典范”。[①]

表7　2008年以来举办的北京人权论坛

北京人权论坛	时间	论坛主题
第一届论坛	2008年4月21—23日	“发展、安全与人权”
第二届论坛	2009年11月2—3日	“和谐发展与人权”
第三届论坛	2010年10月19—21日	“人权与发展：概念、模式、途径再思考”
第四届论坛	2011年9月21—23日	“文化传统、价值观与人权”
第五届论坛	2012年12月12—13日	“科技、环境与人权”
第六届论坛	2013年9月12—13日	“建设可持续的人权发展环境”
第七届论坛	2014年9月17—18日	“中国梦：中国人权事业的新进展”

其次，鼓励高等院校开设人权公选课和专业课程，支持相关院校的学科和专业建设，大力开展人权理论研究。目前，全国高校和科研院所成立的人权研究机构近30个。[②] 2011年，中国教育部将南开大学人权研究中心、中国政法大学人权研究院和广州大学人权与教育中心纳入国家人权教育与培训基地，并予

① “中国人权研究会副会长叶小文在第七届北京人权论坛闭幕上的致辞”，中国人权网，http：//www.humanrights.cn/cn/zt/tbbd/50/index.htm。

② “中华人民共和国国务院新闻办公室：《国家人权行动计划（2009—2010年）评估报告》，人民出版社2011年版，第45页。

以专项经费支持。2014 年 7 月 22 日，又新增中国人民大学人权中心、复旦大学人权研究中心、武汉大学人权研究院、山东大学人权研究中心和西南政法大学人权教育与研究中心为第二批国家人权教育与培训基地。[①] 与此同时，中国人权研究会等人权研究机构还编写了《中国人权事业发展报告》、《中国人权建设 60 年》、《中国人权在行动》、《中国人权年鉴》等书籍，主办了《人权》杂志、中国人权研究网等媒体，大大推动了人权知识在国内的传播与普及。此外，中国政府与民间组织还积极开展对外人权交流活动，派人员参加联合国及其他国际领域的人权活动，组团出访美国、英国、德国、奥地利、比利时、荷兰、瑞士等国家进行人权沟通与对话，对中国人权事业的发展起到了很大的促进作用。

4. 建立国内人权监督机制

目前，中国政府已经成立由国务院新闻办公室和外交部牵头、中央和国家机关以及人权团体、非政府组织等 56 个联席会议成员单位组成的国际人权行动计划联席会议机制，负责调研、实施、监督和终期评估，并在相关时间内向国际社会公布国内人权评估报告。同时，中国政府还鼓励社会组织在国家人权保障中的发挥建设性作用，也积极鼓励新闻媒体在人权监督方面的宣传、实施方面发挥积极作用。

（二）积极参与联合国人权领域的交流与合作，认真履行国际人权条约义务

中国政府十分重视开展联合国人权领域的交流与合作，中国与联合国人权高专办、联合国开发计划署、联合国儿童基金会、世界卫生组织等有关国际机构保持着良好的合作关系，在人权教育、扶贫开发、儿童保护、性别平等、公共卫生治理等领域开展了广泛合作。此外，中国政府认真落实国际人权条约所赋予的相关义务，并结合中国的实际国情对合理可行的建议加以采纳。到目前为止，中国已经参加了 27 项国际人权公约。2014 年 5 月 8 日，联合国经济、社会及文化权利委员会在日内瓦审议了中国执行《经济、社会及文化权利国际公约》第二次履约报告，联合国经济、社会及文化权利委员会专家在审议中积极评价中国履约成绩，肯定了中国根据国情制定的各项政策措施。2014 年 10 月 23 日，联合国消除对妇女歧视委员会在日内瓦对中国执行《消除对妇女一切形式

① “第二批国家人权教育与培训基地成立”，中国人权网，http：//www.humanrights.cn/cn/zt/tbbd/49/6/t20140725_1191402.htm。

歧视公约》第七、八次合并报告进行审议，国务院妇女儿童工作委员会主任宋秀岩率领由中央政府、香港特别行政区政府及澳门特别行政区政府代表组成的中国代表团出席审议。中国政府认真对待国际人权条约机构所作出的结论性建议，并结合本国的国情，积极落实结论性意见中的可行建议。

1. 建设性地参与联合国人权事务

中国政府一贯坚持联合国在国际人权保护中的核心作用，积极倡导人权领域的国际交流，主张各国在平等和相互尊重的基础上开展建设性对话与合作。[①] 中国在阿富汗问题、叙利亚问题、伊拉克问题、南苏丹问题、马里问题、乌克兰问题等上都始终支持联合国框架下的劝和促谈方式，并发挥了建设性的作用。2013—2014 年，中国建设性地参与联合国人权理事会审议工作，支持联合国大会通过人权理事会终审决议。中国代表团出席了第 65、66、67 届联大第三委员会会议及联合国人权理事会第 13—21 次会议，参与了人权理事会国别人权审查工作组会议。在上述机构和会议中，中国坚决维护《联合国宪章》的宗旨和原则，认真履行职责，积极主动参与有关联合国人权议题的审议和表决，明确表达并坚持自己的立场。2013 年 6 月 18—19 日，中国政府承办联合国支持巴以和平国际会议，来自 40 多个国家、有关国际组织代表以及专家学者与会。2013 年 11 月 1 日，中国接任联合国安理会轮值主席国，任期至 11 月底。中国在作为在主席国期间共举行 20 多场会议和 13 场闭门磋商，审议了包括中东、伊拉克、刚果（金）、苏丹和南苏丹、波黑、有关制裁委员会工作等 20 多个议题，讨论叙利亚、中非共和国、利比亚、科索沃以及推迟国际刑事法院审判肯尼亚领导人等问题，通过了 4 项决议和 2 项主席声明，发表了 7 份主席新闻谈话。[②] 在 2014 年 1 月 22 日举行的叙利亚问题日内瓦会议前，中国外交部长王毅提出了政治解决叙利亚问题的“五个坚持”，鲜明地表达了中国政府在地区热点问题上的立场。2013 年 11 月 12 日，第 68 届联合国大会改选联合国人权理事会成员，中国高票当选，任期自 2014 年至 2016 年。2014 年 10 月 31 日，阿富汗问题伊斯坦布尔进程第四次外长会议在北京举行，会议主题为“深化地区合作，促进

---

① 第 69 届联合国大会中方立场文件，http：//www.china-un.org/chn/hyyfy/t1188820.htm。

② 安理会 11 月轮值主席、中国常驻联合国代表刘结一大使总结安理会本月工作发言，2013 年 11 月 27 日。见中国常驻联合国代表团网站：http：//www.china-un.org/chn/hyyfy/t1103333.htm。

阿富汗及地区持久安全与繁荣”。[①] 与会各方共确立了 64 个优先项目，在反恐、禁毒、商贸投资等六大领域建立信任措施，并一致通过了《北京宣言》。[②] 中国国务院总理李克强就阿富汗问题提出了五点主张，体现了中国对阿富汗平稳过渡和平重建的支持，对国际社会加强涉阿合作、共同维护阿富汗及地区安全稳定的共识发挥了重要的作用。

目前，中国作为联合国维和行动的坚定支持者和积极参与者，是联合国维和费用的第六大缴费国，也是联合国安理会五个常任理事国派出工兵、运输医疗保障分队最多的国家。自 1992 年中国首次向柬埔寨派遣“蓝盔”部队执行联合国维和任务以来，迄今累计派出军事人员、警察和民事官员达 2.5 万余人次，目前有 2200 余名维和人员正在联合国驻刚果（金）、马里、南苏丹等 9 项维和行动中执行维和任务。2013 年 3 月，中国向联合国马里稳定团（MINUSMA）派出一支由 300 名军人组成的具备安全警卫能力的安全部队参与维和行动，这是中国首次派出成建制安全部队参与联合国维和行动。2014 年 9 月 25 日，中国政府宣布向联合国南苏丹特派团（UNMISS）增派 700 人的维和步兵。[③] 中国还向联合国科特迪瓦特派团派出直升机分队，这是中国航空兵首次加入“蓝盔”部队。以上突破意味着中国实现了维和警察、医护人员、工兵部队、安全部队等全面性维和任务的开展。此外，中国还在国内分别设立了国防部维和中心和民事警察培训中心负责培训国际维和人员，这些都是以实际行动支持联合国维和的重要举措，为推动联合国维和行动发展、维护国际和平与安全作出了建设性贡献。

2. 加强与联合国人权高专办的合作

中国与联合国人权高专及其办公室一直保持着良好的合作关系。2011 年，中国与联合国高专办联合举办“中国—联合国司法研讨会”，探讨全球范围内死刑改革趋势等问题。为以实际行动支持联合国高专办的工作，中国政府每年向其捐款，数额从 2010 年的 2 万美元增加到 2011 年的 3 万美元和 2012 年的 5 万

---

① 阿富汗问题的伊斯坦布尔进程于 2011 年由土耳其和阿富汗共同发起成立，有 14 个地区成员国，另外有 16 个域外国家和 12 个地区国际组织作为支持方参与，每年举行一次会议。前三届会议分别在土耳其伊斯坦布尔（2011 年）、阿富汗喀布尔（2012 年）和哈萨克斯坦阿拉木图（2013 年）举行，第五次外长会将于 2015 年在巴基斯坦召开。

② 王毅：“阐释北京外长会三大成果，希望各方落实《北京宣言》，为阿富汗带来持久和平”，中国外交部网站，http：//www.fmprc.gov.cn/mfa_chn/zyxw_602251/t1206424.shtml。

③ 常驻联合国代表团刘结一大使在安理会同联合国维和行动指挥官年度会议上的发言，2014 年 10 月 9 日。见中国常驻联合国代表团网站：http：//www.china-un.org/chn/hyyfy/t1199126.htm。

美元，2014—2017 年期间还将大幅增加至 80 万美元。[①] 西亚北非局势动荡以来，中国已通过联合国人权高专办向叙利亚难民提供约 2.3 亿元人民币的人道主义援助，向西非埃博拉疫区国家提供总价值为 2.34 亿元人民币的援助，并将再提供第四轮总额为 5 亿元人民币的援助。中国政府也多次表示愿继续加强与联合国人权高专办的合作，推动国际人权领域的建设性对话与合作，共同为国际人权保护作出建设性贡献。

3. 履行国际人权条约义务，并积极接受联合国的国别人权审查[②]

中国政府重视国际人权文书的重要作用，并积极认真履行条约义务，在国内立法、司法、行政等方面注重与国际人权条约的规定衔接，按时提交履约报告。目前，中国政府已经加入包括《经济、社会及文化权利国际公约》在内的 27 项国际人权公约，并积极为批准《公民权利和政治权利国际公约》创造条件。2013 年 9 月，中国政府派团出席了联合国儿童权利委员会对中国执行《儿童权利公约》第三、四次合并报告的审议。2014 年 5 月 8 日，联合国经济、社会及文化权利委员会在日内瓦审议了中国执行《经济、社会及文化权利国际公约》第二次履约报告，联合国经济、社会及文化权利委员会专家在审议中积极评价中国履约成绩，肯定了中国根据国情制定的各项政策措施。2014 年 10 月 23 日，联合国消除对妇女歧视委员会在日内瓦对中国执行《消除对妇女一切形式歧视公约》第七、八次合并报告进行审议，国务院妇女儿童工作委员会主任宋秀岩率领由中央政府、香港特别行政区政府及澳门特别行政区政府代表组成的中国代表团出席审议。此外，中国政府先后接待消除种族歧视委员会，儿童权利委员，消除妇女歧视委员会及经济、社会及文化权利委员会的数位委员来中国访问，委员们实地了解了中国履行相关国际人权公约的情况。

随着联合国人权审查机制的逐步改革以及中国人权事业的不断发展，中国正积极利用联合国人权机制宣介中国人权事业取得的成就和发展方式，并推动人权的国际交流与合作。2013 年 10 月 22 日，联合国人权理事会国别人权审查

---

① 中国代表团李笑梅在第 68 届联大三委与人权高专皮莱对话时的发言，2013 年 10 月 23 日。具体内容参见中国常驻联合国代表团网站：http：//www.china-un.org/chn/zgylhg/shhrq/rqsw/t1092697.htm。

② 2009 年 2 月，中国接受了自“普遍定期审议”机制设立以来的首次评估审核。2013 年 10 月，第二轮审议共有 137 个国家参加了中国人权状况审议的互动式对话，其中包括 43 个人权理事会成员和 94 个观察员。

工作组在日内瓦万国宫举行第 17 届会议，对中国人权状况进行第二轮审查。[①] 人权理事会国别人权审查工作组会议对中国提出了 252 条，中国接受了其中 204 条，占建议总数的 81%，涉及减贫、教育、司法改革等 20 多个领域。中国代表团向联合国人权理事会提交了《国家人权报告》，[②] 介绍并回答了中国加入人权公约、司法制度、律师权利、网络管理、民族政策、宗教自由、妇女儿童保护、教育权等问题，中国代表团来自香港特别行政区和澳门特别行政区的代表也回答了有关问题。[③] 联合国人权理事会对中国的审议是中国在国际人权领域开展建设性对话的良机，可以让国际社会更好地了解中国。在中国代表团发言后进行的互动对话中，137 个国家代表发言，其中绝大部分国家特别是发展中国家充分肯定中国过去四年在促进和保护人权方面作出的巨大努力和取得的显著成绩。2014 年 3 月 20 日，联合国人权理事会在日内瓦核可了中国的第二轮国别人权审查报告。

4. 倡导并积极参与双边和多边人权交流与合作

中国政府积极开展、参与双边和国际人权交流与合作，与近 20 个国家举行人权对话或磋商，积极参与亚太地区、次区域框架下的国际人权交流活动（见表 8）。2013 年 5 月 13 日，中国外交部部长助理乐玉成会见红十字会与红新月会国际联合会秘书长格雷塔，双方就灾害管理和人道主义救援开展讨论，并签署了相关协议。2013 年 9 月 9—18 日，欧盟人权事务特别代表普里尼季斯访华，积极评价了中国政府在削减贫困、改善民生、依法治国、保障各民族宗教和文化权利等领域所取得的成就。2014 年 7 月 9—11 日，外交部国际司与澳大利亚人权委员会在江苏省扬州市共同举办“竞聘联合国人权机制职位能力建设培训班”，中、澳人权领域官员、专家共 30 多人参加。双方围绕“联合国人权机制情况”、“人权理事会特别机制职责与功能”和“如何竞聘人权理事会特别机制”

---

① 联合国人权理事会国别人权审查又称“普遍定期审议”，是联合国人权理事会 2007 年 6 月完成建章立制工作时确定的重要内容，旨在定期审查所有国家履行人权义务和承诺的情况，无论是发展中国家还是发达国家，每隔四年半都要接受一次人权状况的全面审议。中国于 2009 年接受了联合国人权理事会的首轮审查。2013 年 10 月 25 日，联合国人权理事会召开的国别人权审查会议通过了中国接受第二轮人权审查报告。

② 中国 2013 年向联合国人权理事会提交的《国家人权报告》，2013 年 11 月 4 日，报告全文见中国外交部网站国际司：http：//www.fmprc.gov.cn/mfa _ chn/wjb _ 602314/zzjg _ 602420/gjs _ 603130/xwlb _ 603132/P020131104667382563826.pdf。

③ 中国接受联合国人权理事会第二轮国别人权审查，2013 年 10 月 23 日，具体报道见中国常驻联合国代表团网站：http：//www.fmprc.gov.cn/mfa _ chn/wjb _ 602314/zzjg _ 602420/gjs _ 603130/xwlb _ 603132/t1092127.shtml。

等议题进行了深入探讨。

表 8 2013—2014 年中国开展的双边人权对话与交流

时间	双边人权对话交流	地点	主题
2013 年 3 月 27 日	中澳人权委员会对话	中国北京	“国家人权机构有的职能、作用和未来发展”
2013 年 5 月 14—15 日	中德第 11 次人权对话	中国银川	“人权领域新进展、种族歧视、少数民族权利保护、欧债危机与人权”
2013 年 6 月 24—25 日	中国—欧盟第 32 次人权对话	中国贵阳	“国际人权合作”
2013 年 7 月 31 日	中美第 18 次人权对话	中国昆明	“人权保护与国际安全、国际人权合作、司法与人权”
2013 年 11 月 25 日	中国与瑞士第 7 次人权对话	中国北京	“欧债危机与人权、少数人权利、国际人权合作”
2013 年 12 月 18 日	中荷第 8 次人权磋商	中国北京	“欧债危机与人权、国际人权合作”
2014 年 2 月 20 日	中澳第 15 次人权对话	中国北京	“国家在保护和促进人权方面的新进展”
2014 年 5 月 21 日	中英第 21 次人权对话	英国伦敦	“国际人权合作、人权技术合作”

此外，中国还积极加强与相关国家及国际组织在人道主义援助、国际维和领域的交流与合作。2013 年 6 月，中国首次与联合国人道事务协调办公室合作举办了“发展中国家灾害管理和人道主义救援”培训班。2014 年 7 月 8 日，中美举行第五次联合国维和事务磋商，中国外交部、国防部、公安部和美国国务院、国防部有关官员参加，双方就联合国维和行动现状、改革及中美在维和领域的双边合作等议题进行了深入探讨。

5. 积极参与国际人权文书及有关国际人权规范和规则的制定

中国政府积极参与和推动联合国大会加强和增进国际人权条约机构体系有效运作的政府间进程（也称“联大进程”）。2011 年 11 月，中国政府向联合国人权高专办提交了《对加强人权条约机构体系进程的意见》，并于 2012 年 7 月派团出席了“联大进程”的首次非正式磋商，就改善人权条约机构体系阐述中国政府的立场和主张。2010—2013 年，中国政府派团参加《儿童权利公约》关于提供来文程序的任择议定书问题不限名额工作组会议，并在联合国人权理事会第

17 次会议和第 66 届联合国大会上参加协商一致通过该任择议定书。中国政府还推荐国内人权专家参加有关竞选并担任经济、社会及文化权利委员会，禁止酷刑委员会，消除种族歧视委员会和消除对妇女歧视委员会委员。2013 年 10 月 1 日，来自中国的国际人权法专家张克宁成功当选禁止酷刑委员会委员，任期从 2014 年 1 月 1 日至 2017 年 12 月 31 日。2013 年 11 月 12 日，在第 68 届联合国大会改选联合国人权理事会成员的选举中，中国高票当选 2014—2016 年度成员。

随着中国经济的快速崛起，中国已经走出一条符合本国国情的有中国特色的社会主义人权发展道路，尊重和保障人权已经成为国家的宪法原则和执政理念。当前，中国经济保持快速增长，人民生活水平大幅提高，民主法治建设稳步推进，中国人权事业发展走进了有计划、持续稳健、全面推进的新阶段。中国政府在积极倡导和参与国际人权领域交流与合作的同时，也坚决反对一些西方国家对中国人权状况进行的无端指责与攻击。当然我们也必须用包容、发展和辩证的大国心态，吸收来自国际社会的人权建议和批评，结合中国的实际国情予以采纳，以更加自信的姿态积极参与国际人权领域的交流与合作，塑造在国际人权领域的话语权，对外树立负责任大国的形象。

四、评估与展望

联合国的人权保护活动是当代国际人权保障的核心，也是当代国际关系中人权议题的集中体现。在地区冲突问题蔓延的跨国威胁时代，国际社会的和平、安全与发展离不开世界各国人权的广泛实现，联合国已将人权议题与安全、发展并列在一起，作为一项核心工作内容予以宣示和确认。事实上，全球化进程的深入发展客观上有利于人权在国际关系中的进展，也有利于联合国在人权领域行动能力的不断提升；突出了联合国在当代国际事务中的中心地位，扩大了联合国在人权保护和规范建构方面的合法性与权威性，推动了全球范围内保障人权活动的深入。目前，联合国在国际、区域和国家内部等层面上积极致力于尊重和保障人权，取得了相当大的进展；但联合国人权保护活动仍然存在诸多争议和难题，如联合国人权保护与国内人权保障不能有效地协调、能力赤字、强权政治的干扰等。未来联合国在国际人权保护方面活动的效果取决于这些矛盾的协调和解决。

第一，国际人权保护与各国的国内人权保护如何有效地协调是联合国始终面临的问题。联合国成立之初，一直尽量避免在人权保护中过多地介入主权国家的内部事务。但进入冷战后，随着全球化进程的深入发展与人权保护的国际化进程，联合国的人权保护行动出现了越来越多的与国内事务相联系的情况。国际维和、选举援助、人道主义救援等已经成为联合国开展人权保护的重要途径。但联合国往往过多地卷入一个国家的内部事务，有时甚至成为大国对小国施加压力的工具，导致人权保护问题政治化甚至直接干涉冲突国的内政，在一定程度上损害了联合国的国际形象。

第二，联合国在人权保护方面的能力赤字。虽然联合国是国际人权保护的核心力量，但由于其在人权保护行动中仍然只能起着保护性促进作用，所通过的大部分人权公约、文件与相关决议不具有强制性的约束力，其纸面规范缺乏“武装牙齿”。此外，联合国的人权保护行动与决议的达成大都依赖于大国尤其是安理会常任理事国对联合国的支持。联合国的财政经费、维和力量大都靠成员国的会费、捐款和人员派出，当成员国在人权保护中有不同意见时，尤其是安理会常任理事国存在分歧时，联合国人权保护行动的效率与作用将大打折扣。

第三，国际社会各成员国对人权保护的内涵、标准、理念存在差异，尤其是发达国家和发展中国家对联合国在国际人权保护中的期待迥异。尽管国际社会对人权保护达成一定的共识，但对具体的人权保护的内涵、标准还存在诸多差异和不同的理解。从当今联合国一直大力倡导的“保护的责任”理念来看，虽然其已经写入联合国成果文件，并多次在联合国的相关决议中得以重申，但这毕竟只是一份成果文件，而不是安理会或者大会的决议，因而不具有法律约束力。在具体的实践中，西方大国希望借联合国的权威来推行军事干涉，过度强调了人权保护中的强制性干预；而发展中国家则更趋向于发挥联合国的协调、斡旋功能，通过和平、人道的方式保护人权，并始终强调国家主权和不干涉内政原则的坚守。在最近的中东北非巨变中，国际社会对利比亚和叙利亚危机的不同态度就典型地反映出成员国对人权保护的内涵、标准以及理念的差异。

第四，联合国的人权保护功能最终只能是辅助性和协助性的作用，冲突根源无法得到实质性根除。当前的国际人权保护深受西方国家的双重标准和政治化的困扰，一些大国出于自身国家的战略利益，热衷于利用别国的人权问题向发展中国家施压，以保护平民、维护人权为名，行干涉内政之实，对发展中国家的主权造成了严重威胁。冲突国家自身的能力未得到根本性改善，人权状况反而更加恶化。事实上，主权国家自身负有保护本国人权的首要责任，一国人权的改善需要从冲突国自身的经济发展水平、文化等实际国情出发，消除造成冲突的根本原因，切实增强冲突国的自身能力建设。联合国虽然一直将人权、安全与发展作为其工作的核心内容，但在国际无政府状态中，其作用的发挥一直受制于国际权力结构体系的影响，在协助冲突国能力建设方面显得心有余而力不足。

国际人权保护是一项系统性的工程。总体而言，联合国在国际人权保护事业中发挥着积极作用，未来国际社会必须加强以联合国为主导的国际人权机制建构，完善人权保护的规范与法律体系，尤其要吸收广大发展中国家在人权保护中的立场和意见。

第一，维护《联合国宪章》的宗旨和原则，加强联合国在领导和协调国际人权保护中的核心地位和作用。在当今新型全球治理形势下，促进和保护人权是世界各国的共同目标，全球人道主义需求猛增，人道主义干预行动也随之激增，人权保护行动的“碎片化”和选择性干预倾向严重，导致人权保护的协调难度加大。联合国在国际人权保护领域不仅拥有成员国授权，而且在知识、能力和机制方面优势明显，因此在国际社会促进和保护人权必须以《联合国宪章》的宗旨和原则为基础，维护联合国的权威和主导作用，切实遵守不干涉内政原则，防止个别国家打着“人权保护”的旗号制造更大的人道主义灾难。各国应坚持在国际人权保护领域平等相待，不将人权问题政治化，不采取双重标准，确保在包容互信的基础上推进国际人权事业健康发展。

第二，完善和落实联合国关于国际人权保护的条约、规范与法律体系，防止西方国家在人权问题上搞政治化和双重标准，尽量通过对话、合作、人道主义援助等和平方式解决人权问题。促进和保护人权是一项崇高的事业，不应沦为现实政治企图的根据。联合国成立至今在人权保护的国际立法中已经取得了重大进展，先后通过了大量的国际人权公约、宣言和文件，但冷战结束后，随着全球性问题的日益凸显，联合国在人权领域的工作内容和方式已经发生了新的变化，如何更新联合国的人权保护理念，建构具有共识的国际人权规范和有国际法约束力的人权条约是联合国今后人权议程中的重要任务。

第三，加强联合国人权治理结构的伙伴关系建设，联合国安理会、秘书处、人权理事会等专门性人权机构宜加强沟通协调，充分鼓励地区性国际组织、非政府组织积极参与国际人权保障合作，切实加强冲突国家自身的能力建设。区域组织在维护地区稳定、保护人权方面具有独特的优势，安理会在讨论并就冲突局势采取行动之前，有必要听取有关区域性组织的主张和意见，这有助于增强联合国安理会决定的可行性、针对性和实效性。另一方面，区域组织也应根据《联合国宪章》的规定，主动加强与联合国安理会的联系，及时、全面报告其采取的行动，这对保持区域组织人权保护行动的正确方向具有重要意义。近年来，安理会与非盟和西非经济共同体等区域和次区域组织在塞拉利昂、利比里亚、科特迪瓦、布隆迪等问题上都开展了卓有成效的互动与合作。

从国家自身的层面看，联合国人权保护的作用和效力的发挥也取决于主权国家自身的能力建设和配合情况，必须坚持在平等和相互尊重的基础上开展人权对话与合作，充分重视冲突国家自身关于人权与发展权的呼声。各国人民都享有人权和基本自由，这是人类的普遍追求和共同理想，但受经济发展水平、文化传统、社会发展阶段等因素的影响，不同的国家对人权有着不同的理解。冲突国家往往都面临资源、技术和发展能力的严重制约，很多国内和地区冲突背后是发展中国家长期贫困、欠发展所导致的尖锐的经济与社会矛盾。因此，国际社会应加大对冲突国的人道主义援助，切实增进冲突国自身的国家能力建设，协助其解决人道主义危机的根源性问题，而不是把注意力放在对冲突国家人权状况的批评甚至实施政权更迭。只有有效协调冲突国家、联合国系统以及其他各方的资源和努力，才能真正有效地实现国际人权保护。

第四，推动联合国文明联盟（United Nations Alliance of Civilizations，UN-AOC）[①] 关于全球文明的对话与交流，消除一切形式的歧视，建设和谐包容的世界。由于世界各国在经济发展水平、文化、社会制度等方面存在差异，各国的人权发展没有固定的标准与模式，必须根据各成员国的实际国情积极开展人权领域的对话与交流，消除对不同文明、不同文化的歧视，保障各成员国都能在自身的国情中最大限度地保障其国民的人权。

第五，进一步推动联合国人权领域的机构与制度改革，增强发展中国家成员在联合国人权机构中的代表性与话语权。联合国人权机构的高效运作是开展人权保护的重要保障，而联合国由于其自身的先天不足，缺乏必要的资源。由于过去联合国的人权机制设计一直由西方发达国家所主导，而联合国相关机构的人权保护行动主要针对的是处于发展困境的弱国家和穷国家，因此联合国人权机构亟需积极吸收发展中国家对人权的立场和看法，以推动人权保护的机制的改革和人权保护效率的提高。

2013 年 12 月 10 日是联合国的国际人权日，其主题是“二十年：为你争取人权”（20 Years Working for Your Rights），时任联合国人权高级专员皮莱表示：“尽管联合国在国际人权保护方面取得诸多进展，但未来人权事业已然任重

① 联合国文明联盟（United Nations Alliance of Civilizations，UNAOC）是全世界最高层次的不同文明对话组织，自 2005 年成立以来，已经成为引领和推动世界不同文明间沟通、对话的重要平台和机制。内容介绍参见联合国文明联盟官网：http：//www. unaoc. org/。

道远，联合国保护人权的成功与否，取决于各成员国的政治意愿与共同努力。”[①] 2014 年是联合国安理会通过关于“武装冲突中保护平民”问题第 1265 号决议 15 周年，[②] 确保尊重人权是联合国今后避免冲突的工作重心。联合国为保护冲突战乱中的平民、及时开展人道主义救援行动、预防和解决冲突作出了不懈努力，并取得了积极成效。在当今新型全球治理体系下，倡导和保护人权已经成为国际社会的主流共识。今天的联合国尽管在人权保护进程中还存在各种争议和问题，各种地区热点问题仍持续动荡不定，叙利亚、中非共和国、南苏丹和其他地区平民经历的人道主义灾难仍然考验着联合国是否有能力利用全部授权和各种活动来保护其所服务的民众，也考验着各成员国履行自身责任的意愿，但这些挑战并不妨碍联合国在国际人权领域为世界作出更多的贡献。作为联合国安理会常任理事国之一，中国对保护人权、维护地区的和平与稳定有着不可推卸的责任。中国政府历来支持联合国在国际人权保护中的核心地位与作用，在国际人权合作中发挥建设性作用，并共同推动联合国在未来的国际人权保护中走上健康的发展轨道。

---

① “世界人权日：联合国呼吁国际社会继往开来应对人权领域新挑战”，2013 年 12 月 10 日，见联合国新闻网：http：//www. un. org/chinese/News/story. asp? NewsID=20986。

② 联合国安理会第 4046 次会议通过“武装冲突中保护平民”的第 1265（1999）号决议，S/RES/1265（1999），http：//www. un. org/zh/sc/documents/resolutions/99/s1265. htm。

专题报告一 2015年后发展议程与可持续发展的全球治理

于宏源*

联合国千年发展目标将在2015年到期，联合国将公布全球发展的新目标——可持续发展目标（Sustainable Development Goals，SDGs），这一新目标以综合性、共同性和可持续发展为基础，将会设置一系列提升全球可持续发展福祉的子目标。可持续发展指标的核心是发展，但要求在保持资源和环境永续利用的前提下实现经济和社会的发展。可持续发展的总目标和基本需要是消除贫穷、改变不可持续的消费和生产方式、推广可持续的消费和生产方式、保护和管理经济和社会发展的自然资源基础。在具体内容方面可持续发展涉及可持续经济、可持续生态和可持续社会三方面的协调统一，要求人类在发展中讲究经济效率、关注生态和谐以及追求社会公平，最终达到人的全面发展。

可持续发展包括社会、经济和环境三个支柱，就社会可持续发展而言，强调社会公平是目标，世界各国的发展阶段可以不同，发展的具体目标也各不相同，但发展的本质应包括改善人类生活质量，提高人类健康水平，创造一个保障人们平等、自由的社会环境。就经济可持续发展而言，强调在重视经济增长数量的同时，更追求经济发展的质量，要求改变传统的以“高投入、高消耗、高污染”为特征的生产模式和消费模式，实施清洁生产、文明消费与高效集约发展。在环境生态可持续发展方面，要求经济建设和社会发展要与自然承载能力相协调，在发展的同时必须保护和改善地球生态环境，保证以可持续的方式使用自然资源和环境成本，使人类的发展控制在地球承载能力之内。生态可持续发展同样强调环境保护，但不同于以往将环境保护与社会发展对立的做法，要求通过转变发展模式，从人类发展的源头、从根本上解决环境问题。

---

* 于宏源，上海国际问题研究院比较政治和公共政策所副所长、研究员。

对于中国而言，可持续发展目标既带来了机遇，同时也伴随着挑战。从机遇来看，一是清晰、明确的全球可持续发展目标对于中国制定中长期的可持续发展战略将具有重要的借鉴意义；二是在实现目标的过程中，国际合作尤其是绿色技术领域的合作将更加广泛和深入，这将为中国加快绿色转型提供更多的国际合作机会。从挑战来看，一是中国当前的经济总量、能源消耗总量等备受全球关注，发达国家以及部分发展中国家都期望中国在 SDGs 制定及实现进程中发挥更大作用，中国将承受来自发达国家和发展中国家的“双重压力”并且这种压力趋于加大；二是中国基本完成工业化和城镇化的时间段在 2030—2040 年，如果国际社会将实现目标的时限定于 2030 年或更早，中国的转型空间将被压缩，转型成本及风险将会加大。

一、可持续发展指标的演进

可持续发展作为一种注重长远发展的经济增长模式，是 20 世纪 80 年代提出的一个新概念，是人类对发展的认识深化的重要标志。1987 年联合国环境与发展委员会发表了《我们共同的未来》（Our Common Future）报告，指出所谓“可持续发展”，就是要在“不损害未来一代需求的前提下，满足当前一代人的需求”。1989 年 5 月举行的第 15 届联合国环境署理事会提出，“可持续发展就是指经济、社会、资源和环境保护协调发展，既要达到发展经济的目的，又要保护好人类赖以生存的大气、淡水、海洋、土地和森林等自然资源和环境，使子孙后代能够永续发展和安居乐业”，这一定义在国际上得到广泛认可，并在 1992 年 6 月的联合国环境与发展大会上形成了全球共识，即“可持续的发展，系指满足当前需要而又不削弱子孙后代满足其需要能力的发展，而且绝不包含侵犯国家主权的含义”。

1992 年联合国的环境与发展大会通过《21 世纪议程》等全球指标体系，确定了一个在国家、区域和国际各级具体实现可持续发展行动计划，并通过设立联合国可持续发展委员会，以确保环发会议成果得到有效落实。1992 年《里约环境与发展宣言》阐述了可持续发展的 27 条原则，其中主要的原则包括：确认人类处于可持续发展问题的中心和人类享有健康生活的权利；重申各国拥有按照其本国的环境与发展政策开发本国自然资源的主权权利，并负有确保在其管辖范围内或在其控制下的活动不致损害其他国家或在各国管辖范围以外地区的环境的责任；发展权必须实现；环境保护工作应是发展进程的一个整体组成部分；消除贫困是实现可持续发展的前提；环境与发展领域的国际行动应优先考虑发展中国家，特别是最不发达国家和环境方面最易受伤害的发展中国家的特殊情况和需要；各国在全球环境保护方面负有共同但又有区别的责任；减少和消除不可持续的生产和消费方式；鼓励公众参与环境事务；反对将环境保护作为新的贸易壁垒；进一步发展关于环境责任和赔偿的国内法和国际法；禁止污染活动和污染物质转移到他国；风险预防原则；污染者承担原则；及早通报原则；各国应制定环境影响评价制度，和平、发展与环境保护是相互依存的；和平解决环境争端；各国以伙伴精神加强合作。《21 世纪议程》是一项关于人类环境与发展问题的行动计划，旨在具体落实《里约环境与发展宣言》。全文共分 4 篇，40 章，1418 条，涵盖了人类环境与发展问题的各个方面，其规模之庞大，内容之详尽，实属罕见。《21 世纪议程》通篇贯穿着可持续发展的战略思想，体现了国际环境法的基本原则。1992 年联合国的环境与发展大会的另一项重要成果是决定在联合国内设立一个高层次的专门处理环境与发展事务的政府间委员会——可持续发展委员会，其宗旨是确保环境与发展大会的后续活动的开展，增强国际合作，使政府间在环境与发展问题相结合方面的决策能力得到合理化，并在国家、区域和国际各级审查《21 世纪议程》的执行进度。

2002 年《约翰内斯堡可持续发展宣言》和《可持续发展问题世界首脑会议执行计划》指出当前国际社会所面临的主要挑战，重申对可持续发展的承诺，明确提出人类的未来在于多边主义，号召各国采取切实的行动，力求实现可持续发展的目标。《可持续发展问题世界首脑会议执行计划》是为了进一步贯彻落实《里约宣言》、《21 世纪议程》而制定的包含具体的目标和时间表的行动计划。它包括 11 个部分：（1）导言；（2）消除贫穷；（3）改变不可持续的消费形态和生产形态；（4）保护和管理经济和社会发展的自然资源基础；（5）在一个全球化世界中实现可持续发展；（6）健康和可持续发展；（7）小岛屿发展中国家的可持续发展；（8）非洲可持续发展；（9）其他区域倡议；（10）执行手段；（11）可持续发展的体制框架。《执行计划》再次确认《里约宣言》和《21 世纪议程》，提出消除贫穷、改变难以持续的增长和消费模式以及保护和管理经济和社会发展的自然资源基础等，是可持续发展的首要目标，也是根本要求。基于此目标，其倡导公众参与及各国内部和国际上的良好治理，提出和平、安全、稳定和尊重人权与包括发展权在内的基本自由及尊重文化多样性，是实现可持续发展和确保可持续发展使人人获益所必不可少的。《执行计划》本身虽然不具备法律约束力，但它就可持续发展领域提出了具体的目标和时间表。

2012 年“里约＋20”的主要成果是《我们憧憬的未来》文件，该成果文件共 283 条，内容分为六大部分：共同愿景、重申政治承诺、在可持续发展和消除贫困的背景下发展绿色经济、建立可持续发展的体制框架、行动措施框架、执行措施。第一，“我们的共同愿景”：“再次承诺实现可持续发展，确保为我们的地球及今世后代，促进创造经济、社会、环境可持续的未来。”第二，“重申政治承诺”：重申了世界各国对《里约环境与发展宣言》、《21 世纪议程》、《约翰内斯堡可持续发展宣言》等地球峰会和后续可持续发展峰会主要成果文件，以及对发展筹资问题国际会议的《蒙特雷共识》等发展筹资机制文件的承诺；评估了目前各国在实现可持续发展方面取得的进展、在实施可持续发展主要峰会成果方面存在的差距，以及需要解决的新问题；并提出要调动主要群体和其他利益攸关方共同努力，实现可持续发展。第三，“可持续发展和消除贫困背景下的绿色经济”：论述了绿色经济对于可持续发展的重要作用，提出了发展绿色经济的政策手段与具体行动，包括建立有关经验分享的国际机制、制定绿色经济发展战略、增加投资、支持发展中国家等。第四，“可持续发展体制框架”：主要从三个层面加强可持续发展，即加强可持续发展方面的政府间安排，国际金融机构和联合国业务活动，区域、国家、国家以下和地方各级等。第五，“行动框架和后续行动”：列举了需要采取行动的主题领域和跨部门问题及相应的行动，提出应确定可持续展目标和相应评估指标的建议，阐述了可持续发展具体领域的未来行动。第六，“执行手段”：从资金、技术、能力建设、贸易四个方面提出了具体实施措施，并对各利益相关方的自愿承诺表示欢迎。成果文件重申了“共同但有区别的责任”原则这一国际合作的基础，敦促发达国家履行官方发展援助承诺，要求发达国家以优惠条件向发展中国家转让和推广环境友好型技术，帮助发展中国家加强能力建设。

2012 年“里约＋20”大会确定了建立一个有关可持续发展目标的包容各方的、透明的政府间进程，也就是可持续发展目标进程。可持续发展指标是对联合国发展议程的继承和补充：第一，发展的社会综合性重在要求经济、政治、文化等社会主要方面的整体进步，揭示了人与社会之间或人与人之间关系上协调发展的必要性；而发展的自然持续性重在阐明人口、资源、环境等自然要素方面对发展的制约，揭示了人与自然之间或人与人之间关系上协调发展的必要性。第二，一般理解的社会综合发展概念较多地重视发展的量的扩张性，只要社会各方面是匹配协调的，发展总是越多越好、越快越好；发展的自然持续性概念则指出常常被人们忽视的发展的量的节制性问题，强调发展的量并非可以无限制地膨胀，我们只能在给定的范围内追求给定程度的发展。第三，发展是追求人类社会相对于过去状态的进步，但发展的社会综合性集中于关注发展的当前状态，主要是在为当代人着想的价值取向下考虑发展问题；发展的自然持续性则着眼于未来，认为关注当代人发展的需要必须同考虑发展的后劲和代际之间的发展需求问题结合起来。上述区别表明，发展的社会综合方面与发展的自然持续方面两者是强烈互补的，它们是推动人类社会协调发展的两个轮子，少一个都会带来重大的负面影响。联合国希望该进程对所有利益攸关者开放，并且实现全球可持续发展目标。联合国可持续发展目标开放的工作组由联合国五个区域集团的会员国提名的 30 名代表组成，目的是达到公平、公正、平衡的地理代表性。该开放的工作组通过各方沟通，特别是保证相关的利益攸关者充分参与，并吸收民间社会、科学界和联合国系统的知识专长。

综上所述，可持续发展理念和指标已经历时 20 多年，经过不断演化和发展，已经成为全球长期发展的指导方针。可持续发展涉及可持续经济、可持续生态和可持续社会三方面的协调统一，旨在以平衡的方式，实现经济发展、社会发展和环境保护。可持续发展要求人类在发展中讲究经济效率、关注生态和谐和追求社会公平，最终达到人的全面发展。这表明，可持续发展虽然起源于环境保护问题，但作为一个指导人类走向 21 世纪的发展理论，已经超越了单纯的环境保护。它将环境问题与发展问题有机地结合起来，已经成为一个有关社会经济发展的全面性战略，涉及到自然、环境、社会、经济、科技、政治等诸多方面。根据联合国开发署（UNDP）的报告，可持续发展目标和千年发展目标的不同之处在于：首先是从发展援助到普遍的全球协议。以往的千年发展目标受援国和捐助国之间的截然分化，加之私营部门与公民社会对发展方向日益增长的影响力，需要呼吁达成一个新的广泛的全球性协议，以获取更稳定的经济、社会和环境体系，并为每个人获取福祉和安全。刚刚获得权力的国家正要求重新进行协商：（1）发展的成本和受益如何分配；（2）不同利益攸关方的角色和职责；（3）协作的条件以及相互负责的途径。“共同但有区别的责任”的原则是在 1992 年地球峰会上最先得到阐述的，如今已成为众多国际公约的支柱，最典型的是联合国气候变化框架公约，为不同国家角色之间展开平等协商以实现可持续发展提供了一个方向。其次是从自上而下到多利益攸关方的决策过程。2015 年后发展进程本身反映了长期以来形成的在全球发展议题上由精英驱动的模式，这种模式通常只是依赖于范围狭隘的特权视角。这样的过程由于缺乏合法性与质量而受到广泛与公正的批评，因为它们并不会让预期的受益者或是企业、地方政府以及社区服务组织参与进来，而这些恰恰是有望行动起来的行为体。越来越多的证据表明，当行动得到落实而且受益的利益攸关方完全参与时，一致认可的行动会变得更加有效和可行，执行机构也会更加尽责。通信和信息技术的进步以及社交媒体的出现，有助于让自下而上的决策在国家甚至全球范围内成为可能。第三是从满足于“简单的”发展目标到应对阻挡进步的系统性障碍。新兴市场国家在世界各地区向全球市场的扩张正在为消除贫困带来迅速积极的成果，并提供基本的服务，但这些进步显得并不均衡，最贫穷的人和少数群体常常会被甩在后面。这一不均衡发展的态势在 2008 年经济危机之后有所放缓，但是对于我们加快前进的步伐而言，仍然还需不断努力。我们需要改变自己的认知、态度和行为（比如降低有限资源的过度消费，用更有效和更可持续的方式使用这些资源）；同时，能完善能力培养条件的举措（比如落实反歧视性法律、土地所有制改革以及为地方优先发展项目提供融资机会），也能超越“简单的多赢格局”，实现可持续发展。第四是从防控损失到培养恢复能力。不断加速的人口、地缘政治和环境变化，以及与之相关的剧变、风险和灾难是我们发展面临的主要挑战。研究显示，如果我们的管理体系基于多个响应层次，它就能非常灵活地应对这些变化和不确定性，比如通过地方与全国、公共与私营部门之间的合作伙伴关系。尽管从长远看来，将被动式的损失防控通过可适应管理转变为主动的恢复能力建设很可能会节省很多成本，但这一过程也会面临许多障碍。它必须克服许多现存的障碍，包括未来投资在政治上的不得人心（比如各国政府及其援助机构更愿意支付灾后援助而不是在减少灾害风险方面进行投入）、保险与贷款行业的结构以及对“有效率的”流水线管理的偏见。这种管理针对的是为完善恢复能力而在主观上过度投入的方式。第五是从概念和试验到干预的逐步增加。许多通向一体化可持续发展的路径都已被检验并应用到全世界具体的情境中去。资源使用者设计和执行的管理制度有助于森林、渔业以及其他自然资源的永续利用。权力产生的去中心化已经将能源的益处传播开来，降低能源的成本，同时限制能源生产的环境影响。这一点对穷人而言具有特别的意义。这些以及其他实践的路径都运行良好，可以帮助许多国家克服取得公平进步的障碍。目前，快速增长完全是可能的，但这需要有政策支撑与政策激励，并克服来自受益于“照常经营”群体的抵制。第六是从多种互不关联行动到跨界协调。尽管一些复杂、多维度问题（比如能源、水资源管理和食品安全）需要不同范围的协调行动这一观点已经广泛为人们所接受，但类似这些协调的结构长期以来一直进展缓慢。然而，要加速这一转变也存在许多机会。地方性的机制越发成熟完善，地缘政治格局重组正在推动有关贸易、知识产权以及气候等问题的国际谈判朝向促使国家间更加公平的方向变化，公民社会行动与改进后的通信技术也可以将地方上的声音引入国家和全球层面的辩论。关于消耗臭氧层物质与生物多样性的国际公约为从全球到国家通过国家行动计划开展协调提供了“具有起点意义”的框架案例。

二、可持续发展过程呈现日益多元和分歧并存

随着国际权力分配逐渐趋向平衡，国际政治格局多极化和世界经济全球化的加快，国际体系处于深刻的变化和转型过程中，2008 年金融危机以来，以巴西、南非、俄罗斯、印度及中国等新兴经济大国为代表的新兴市场国家经济高速发展，反之，美、日、欧等发达经济体则遭受严重的经济创伤并在全球经济格局中地位下降。经过 20 多年的发展变化，可持续发展目标相关各方的能力、潜力、经济实力等发生了巨大变化，当前的时代背景和 2000 年千年发展计划制定时期已然不同，特别表现在新兴发展中国家的发展方面。随着可持续发展权力结构的变化，发展中大国由于能源经济发展迅速、碳排放额增长迅猛，目前南北格局正在发生变化。上个世纪确定以“共同但有区别的责任”为基础的“南北格局”时，发展中国家二氧化碳排放只占全球的 32%，其中中国占 11%；世界银行的报告认为到 2030 年，大部分新增的全球能源消费将会来自新兴发展中大国，其中中国占 55%，印度占 18%。①

（一）公平和普世原则目标认识分歧

可持续发展强调发展应该追求公平，可持续发展要满足全体人民的基本需求和给全体人民机会以满足他们要求较好生活的愿望。当今世界的现实是一部分人富足，而占世界 1/5 的人口处于贫困状态；占全球人口 26%的发达国家耗用了占全球 80%的能源、钢铁和纸张等。这种贫富悬殊、两极分化的世界不可能实现可持续发展。因此，要给世界以公平的分配和公平的发展权，要把“共同但有区别的责任”原则和消除贫困作为可持续发展进程特别优先的问题来考虑。对于普世性原则来说，鉴于世界各国历史、文化和发展水平的差异，可持续发展的具体目标、政策和实施步骤不可能是唯一的。但是，可持续发展作为

① Environment（A Special Report）—Who Wants What in Copenhagen ，The Wall Street Journal，December 7，2009，pp. 6－7. “Climate Change 2007：Impacts，Adaptation，and Vulnerability”，http：//unfccc. int/meetings/intersessional/awg _ 4 _ and _ dialogue _ 4/items/3999. php，2011－06－12.

全球发展的总目标，所体现的公平性原则和持续性原则则是应该共同遵从的。要实现可持续发展的总目标，就必须采取全球共同的联合行动，认识到我们的家园——地球的整体性和相互依赖性。从根本上说，贯彻可持续发展就是要促进人类之间及人类与自然之间的和谐。如果每个人都能按照普世性原则办事，那么人类内部及人与自然之间就能保持互惠共生的关系，从而实现可持续发展。

在 1992 年的联合国环境与发展大会上，发达国家曾经作出很多承诺，并与各国一起达成了“共同但有区别的责任”原则（CBDR），也就是通常所说的“里约精神”，确定了此后 20 年内国际环境领域谈判的多个重要基础性文件和基础性原则，比如《里约宣言》、《21 世纪议程》、《联合国气候变化框架公约》以及《京都议定书》等。面对人类共同的未来，全球伙伴关系的建立对于永续发展至关重要，而“共同但有区别的责任”原则是构建合作关系的基础。20 年过去了，形势发生了变化，国际环发领域矛盾错综复杂，利益相互交错。1992 年里约峰会以来，世界可持续发展领域行动力不足的问题长期存在，环境污染、生态恶化、南北差异的趋势未能扭转，国际金融危机、气候变化、粮食和能源危机正不断削弱各国特别是发展中国家的可持续发展能力。而发达国家一方面受金融危机打击，失业率还在上升，社会环境持续恶化等使其为解决本国难题而疲于奔命；另一方面，发达国家推卸历史责任，不愿承担自身义务，消极履行援助承诺。部分西方国家不顾 18 世纪中叶以来，发达国家累计碳排放量占总排放量 80%的现实，要求中国等发展中大国承担额外的责任，企图转移谈判焦点、转嫁责任。据经合组织统计，2010 年发达国家的官方发展援助仅为其国内生产总值的 0.32%，远低于 0.7%的承诺比例。政治意愿缺乏使“里约声音”越来越弱，《21 世纪议程》的执行步履蹒跚。显而易见，没有理由让发展中国家在贫困中守护空气、森林和海洋资源，而发达国家却在享受公共环境产品时继续其过度生产和消费的习惯。“共同但有区别的责任”原则因此成为发达国家的众矢之的。发达国家以各种理由，甚至包括找出成果报告草案里的具体词汇进行没完没了的讨论，其本意就是不想再承担应尽的义务和责任。美国、日本、挪威都希望删除此条目。美国在谈判中竭力反对接受“共同但有区别的责任”原则，公开声称“无论哪个条款提到这个原则，美国都要求删除”。其他发达国家也纷纷表示不能接受没有获得一致认可的原则。发展中国家强调“共同但有区别的责任”原则是 1992 年里约峰会的成果，“最重要的一点”是该原则得到了与会各国包括发达国家的认可并签署，这一原则理应得以再承诺。发展中国家坚持“共同但有区别的责任”原则，强调应考虑不同国家特别是发展中国家的国情。发展中国家认为自身首要的任务应该是消除贫困，可持续发展也必须以此为首要目标和执行基础。发展中国家普遍要求发达国家进一步体现出他们的政治意愿，带头采取行动改变其不具可持续性的生产消费模式，走绿色发展之路；强烈呼吁发达国家切实兑现向发展中国家提供资金、技术转让和能力建设的承诺，在帮助发展中国家实现绿色经济转型、可持续发展方面发挥更大作用。

因此，“里约+20”联合国大会决定发起可持续发展目标讨论进程，为制定2015年后国际发展议程提供指导；决定启动讨论可持续发展融资战略备选方案的政府间进程，推动为实现可持续发展目标调集并有效利用资源。其中继续重申了“共同但有区别的责任”原则这一国际合作的基础；肯定“可持续发展和消除贫穷背景下的绿色经济是可以实现可持续发展的重要工具之一，可提供各种决策选择”，但也强调敦促发达国家履行官方发展援助承诺，要求发达国家以优惠条件向发展中国家转让和推广环境友好型技术，帮助发展中国家加强能力建设。

(二) 各方对可持续发展目标和指标的分析

可持续发展目标首先是一种真正的普世性努力。目标应该提供清晰的行动指引，这些行动需要政府、国际机构、企业、公民社会组织和个人的共同参与，他们应该帮助动用多样化资源和多种能力来应对集体面临的挑战。联合国千年发展目标强调政府与国际组织的行动，在发达国家与发展中国家之间形成责任和贡献的巨大差异。后2015发展目标必须呼吁所有国家和发展行为体采取行动并为改变作出承诺。可持续发展目标其次也是一种以知识为基础的包容性过程。对于那些被认为是合法且值得追求的目标，这一进程必须以知识为基础，同时又具有包容性。它必须平衡公平政治约定和专家意见以及来自科学、商业、非政府组织与社区的视角。这一进程必须是有远见的，能预料到未来数十年内我们面临的挑战而不仅仅是眼前的事情，否则我们订下的目标可能在实现之前就已经过时了。同时，目标和目的必须适应新的问题与知识。

可持续发展是一种新的人类生存方式，这种生存方式不但要求体现在以资源利用和环境保护为主的环境生活领域，更要求体现到作为发展源头的经济生活和社会生活中去。贯彻可持续发展战略必须遵从一些基本原则：(1) 公平性原则（Fairness）；(2) 持续性原则（Sustainability）；(3) 共同性原则（Common）。然而各国和各地区对相关可持续发展目标和指标存在很多分歧。中国不断从理论到实践丰富和发展可持续发展的内涵。中国认为在人口不断增长、人均资源有限、生态环境压力日益加剧、发展波动历久不衰的情况下，必须走出一条具有中国特色的可持续发展道路。中国表示应充分发挥联合国的领导核心作用，加强联合国经济及社会理事会（ECOSOC）、联合国可持续发展委员会（CSD）及其他联合国专门机构的作用，充分发挥和加强联合国环境规划署（UNEP）在全球环境治理方面的作用，国际金融机构、世界贸易组织及多边发展银行应可持续。发展中国家强调应明确可持续发展的具体指标和目标，很多发展中国家认为自身首要的任务应该是消除贫困，可持续发展也必须以此为首要目标和执行基础。在后 2015 年目标建设中，广大发展中国家提出 14 条目标和原则，具体包括：加强可持续发展机制框架作为可持续发展统筹方法，统筹三大支柱，加强联合国促进国际合作的能力；坚持“共同但有区别的责任”原则；确保发达国家遵照里约原则执行多边环境协议中规定的责任等。以欧盟为代表的发达国家想借绿色经济强调其科技、环保方面的优势，以单纯强调“向前看”的姿态来转移自身的历史责任问题。欧盟建议达成一个绿色经济路线图，包括制订自愿国家、地区和部门的绿色经济能力发展计划，以及开展跨专题和专题国际行动。美国提出未来可持续发展进程应包括 3 个方面（或称“3 个环境”），即建成环境（Built Environment，主要指城市）、自然环境（Natural Environment，主要指农村和自然环境）和机制环境（Institutional Environment，主要指体制机制）。日本则认为，应首先明确问题和措施所在，循序渐进地加强全球环境治理。

发展中国家则担心这样提出的“绿色经济”成为遏制发展中国家的“紧箍咒”，甚至变成绿色贸易壁垒和绿色保护主义，因而要求加上消除贫困和可持续发展的背景。巴西建议采用包容性概念，包容性将对就业和工资产生积极影响，并有助减缓经济危机。印度表示，实现代内公平和消除贫困是发展中国家的首要考虑，应将减贫作为绿色经济可持续发展的首要目标；减贫目标衡量应是多维度的，包括现代能源服务、粮食、水、卫生条件的普遍获取；不支持可持续发展量化目标；坚持“共同但有区别的责任”等里约原则；各国可根据其发展阶段、国内环境和外部援助制定特定的发展战略；坚持多边主义精神。印度认为，全球绿色经济转型的前提是发达国家改变其不可持续的消费方式，为发展中国家释放生态足迹和生态空间，以求得公平发展；改善发展中国家公共健康、基础教育和人力资源发展非常重要；发达国家应向发展中国家提供技术援助；发达国家不应以绿色经济为名设置贸易壁垒或援助条件等。

（三）可持续发展和可持续目标行为主体的多元化

当前，可持续发展治理的领域出现多元化，其治理的主体也发生了变化，可分为三个层次：第一类组织主要包括联合国大会、联合国经社理事会、联合国环境规划署、联合国可持续发展委员会以及联合国发展署等。专门机构包括联合国粮农组织、世界卫生组织、联合国教科文组织、世界气象组织。此外还有世界银行、世界贸易组织、地区或次地区层次上的政府间国际组织（如欧安组织、欧盟），以及地区金融机构（如地区发展银行）等。第二类主体是国家，国家虽然在很多时候成为全球可持续发展治理的对象，但是其作为国际环境合作的重要主体，发挥着重要作用。此外，自 1972 年以来，各国纷纷建立环境部/局/署等专门机构，也是其治理功能的重要体现。第三类是公民社会的各主要群组，包括非政府组织、私有部门、媒体、科学界等，也是全球可持续发展治理的重要参与者。近年来随着全球性环境危机的日益严峻，国际城市开展多层次的合作，建立了一系列对话和共同行动的平台以及部分世界城市参与的国际合作组织或联盟，并签署了《绿色城市宣言》、《市长与地方政府气候保护协定》等国际协定。这些行动尽管还处于探索阶段，大多是行动指南或政策理念性质，不具备现实的法律约束力，但仍然具有里程碑式的意义。“国际地方政府环境行动理事会”（International Council for Local Environmental Initiatives，ICLEI）是一个致力于可持续发展的组织，介于政府间国际组织和非政府组织之间。在全球可持续发展的潮流中，其致力于帮助地方政府在可持续发展方面实现切实的改善。该组织定位为地方政府性国际组织，其参与主体主要是世界各国的 1200 多个地方政府。“国际地方政府环境行动理事会”是各国城市交流可持续发展经验、分享低碳技术的全球平台，主要目标是推广节能、环保和低碳技术与城市规划管理经验，通过 1200 多个地方政府成员以及一位由当地选举的国际执委会委员实施民主管理。联合国“里约＋20”峰会指出，“重申各级政府和立法机构在促进可持续发展方面的关键作用。我们还确认在地方和国家以下各级所作的努力和取得的进展，认识到此类当局和社区在落实可持续发展方面可以发挥重要作用，包括调动公民和利益攸关方，酌情向他们提供有关可持续发展三个层面的相关信息。我们还确认让所有相关决策者参与可持续发展政策的规划和执行的重要性”。[①] 2012 年联合国“里约＋20”峰会的自愿附件性成果大致可以分为三类：第一类，各国政府对各种可持续发展事业的具体承诺，包括美国、英国、法国、丹麦、巴西、南非、马尔代夫、阿巴鲁、莫桑比克等发达或发展

① 联合国大会 62/288：《我们希望的未来》，2012 年 9 月 11 日，http：//www. un. org/ga/search/view _ doc. asp? symbol = A/RES/66/288&referer = http：//sustainabledevelopment. un. org/futurewewant. html&Lang=C3。

中国家以及落后国家都在峰会上宣布开展以气候变化应对为主的政策、投入以及援助等；第二类，各类致力于可持续发展的非政府组织和非营利机构，包括国际性环保团体、大学科研机构等组织发起保护环境的呼吁，承诺将可持续发展纳入各自发展的工作范围，这得到各国政府的积极回应；第三类，包括银行、投资公司、零售业等在内的各类营利性市场主体积极参与全球可持续发展事业，承诺应用绿色会计核算制度来推进保护空气、水源、森林和生态系统等环境。① 公私伙伴关系（或称公共部门与私人企业合作模式）是一种正在迅速发展的可持续发展手段与模式。公私伙伴关系被认为是政府机构与私人开发商之间为了实现共同目的而建立的“创造性同盟”。各种各样的利益集团，包括非政府机构、医疗保健提供商、教育机构、非营利性社团（例如社区基层组织）与中间团体（例如商业改进区），都已经加入了这些伙伴关系。最常见的是在能源系统与基础设施、废水处理与公共交通基础设施规划与开发方面的伙伴关系。在北美洲，这些伙伴关系都已经完成了不动产项目，包括通过土地与物业整合进行多用途开发与城市改造、会议中心与机场之类的市政设施以及经济适用房与军人住宅区之类的公共服务。② 在亚洲与拉丁美洲国家，则以交通运输（墨西哥城的快速公交系统）、废水处理（中国广州与北京）、固体垃圾处理（中国深圳）与电信（印度）为项目的重点。③ 公私伙伴关系是否能够取得成功，取决于以下各种因素：妥善的准备、有协调的领导、利益相关方之间的共同愿景、吸引非营利部门与市民社会的参与、有关风险与回报的明确理解与沟通、协商公平的“双赢”交易、确定利益相关方认为明确合理的决策程序。④

---

① 联合国大会 62/288：《我们希望的未来》，2012 年 9 月 11 日，http：//www. un. org/ga/search/view _ doc. asp? symbol = A/RES/66/288&referer = http：//sustainabledevelopment. un. org/futurewewant. html&Lang=C3。

② 《公私伙伴关系成功的十项原则》，市区用地研究所，2005 年 2 月，http：//www. uli. org/ResearchAndPublications/Reports/～/media/Documents/ResearchAndPublications/Reports/TenPrinciples/TP _ Partnerships. ashx1。

③ 《城市与绿色成长》（第三届经济合作与发展组织城市战略市长与部长圆桌会议关注问题报告）2010 年 5 月 25 日，巴黎经济合作与发展组织会议中心，第 331 页。

④ 《公私伙伴关系成功的十项原则》，市区用地研究所，2005 年 2 月，http：//www. uli. org/ResearchAndPublications/Reports/～/media/Documents/ResearchAndPublications/Reports/TenPrinciples/TP _ Partnerships. ashx1。

三、中国和可持续发展目标进程

多年来，中国不断从理论到实践丰富和发展可持续发展的内涵。在新形势下，我们面临着世界政治经济格局深度调整、全球资源与环境恶化的严峻挑战。2015 年后发展目标谈判进展分歧与共识并存，现在就制定出新的全球可持续发展目标，势必会分散国际社会对千年发展目标的注意力，从而使实现目标的希望更加渺茫。两大阵营的发展差距持续加大，可持续发展面临的核心任务存在巨大差别，在一套目标体系中很难将二者的核心关切同时体现出来。

（一）结合中国国情，实现发展转型

首先需要把握好中国可持续发展的形势与挑战。今后一个时期是全面建设小康社会的关键时期，也是加快推进社会主义现代化的重要阶段，必须深刻认识并全面实现可持续发展的形势。一是人民生活不断改善，需要进一步关注和满足广大城乡居民生活质量日益提高对社会发展的各方面需求。二是全球气候变化影响不断加剧，控制温室气体排放已成为全球共识。中国仍是发展中国家，既要进一步发展经济，又要为应对全球气候变化作出不懈努力和积极贡献，这就需要改变以往的发展模式，大力发展绿色经济。三是中国基础设施不断完善，需要构建全方位保障基础设施建设及重大工程建设的安全线。四是中国水资源及生态恶化的矛盾日益突出，生活、生产、生态都面临极大压力。

当前，中国发展经济，改善民生的任务仍十分艰巨。总体上看，中国属于发展中国家的基本属性没有改变，可持续发展仍然任重道远。中国是可持续发展的坚定支持者和积极实践者，用占世界不到 10%的耕地和人均仅有世界平均水平 28%的水资源，养活了超过世界 20%的人口。改革开放以来，长期实行主要依赖增加投资和物质投入的粗放型经济增长方式导致资源和能源的大量消耗和浪费，同时也让中国的生态环境面临非常严峻的挑战。十八大报告再次论及“生态文明”，并将其提升到更高的战略层面。十八大报告明确指出，建设生态文明是关系人民福祉、关乎民族未来的长远大计，面对资源约束趋紧、环境污染严重、生态系统退化的严峻形势，必须树立尊重自然、顺应自然、保护自然的生态文明理念，把生态文明建设放在突出地位，融入经济建设、政治建设、文化建设、社会建设各方面和全过程，努力建设美丽中国，实现中华民族永续发展。由此，中国特色社会主义事业总体布局由经济建设、政治建设、文化建设、社会建设“四位一体”拓展为包括生态文明建设的“五位一体”，这是总揽国内外大局、贯彻落实科学发展观的一个新部署。环保、资源节约、循环经济等概念在十八大报告中被纳入“生态文明”。

（二）在联合国平台基础上，主动谋求可持续发展目标的领导作用

众所周知，在可持续发展目标和指标体系谈判进程中，发达国家始终主导着谈判与合作进程，在议程设定、合作原则制定、谈判路径和对策方面均掌握着话语权，中国需要改变可持续发展目标南弱北强的态势。

1. 重申全球责任和公平原则

中国表示应充分发挥联合国的领导核心作用，加强联合国经济及社会理事会（ECOSOC）、联合国可持续发展委员会（CSD）及其他联合国专业机构作用，充分发挥和加强联合国环境规划署（UNEP）在全球环境治理方面的作用，并在可持续发展目标谈判中提升中国的领导力。

在新的历史阶段，正是中国展现负责任大国的重要机遇期。中国应该站出来，提出世界是相互依赖的，为了人类的生存和发展，应该建立共同的可持续发展价值观，各国应该超越国家利益，本着“凝聚共识，加强互信，求同存异，积极合作，共创未来”的原则，重塑全球责任的重要性。当然，这不是要将责任都压在中国肩上，而是在新的发展背景下对“共同但有区别的责任”的重新解读，“共同”是优先的，“区别的责任”是可以讨论和具体化的，在提出共同愿景和负责任的同时也应附带中国希望获得的权力和条件。这样中国就可以占领道德制高点，从而为未来更好地发挥中国的绿色领导地位奠定基础。与此同时，有鉴于过去 20 年世界政治经济版图发生了深刻变化，我们应该以发展的眼光去审视过去所取得的共识。针对可持续发展涉及的广泛领域，我们应该在坚持原则的同时考虑淡化目前充满争议的“共同但有区别责任”的提法，取而代之的是强调“公平原则”，包括发达国家援助发展中国家的可持续发展实现机制问题，并把公平问题具体化。

2. 积极倡导可持续发展指标体系的一揽子解决方案

首先，中国应该继续积极倡导根据各国国情和能力，开发自己的可持续发展指标的实现模式。中国赞同发展包容性、多样性、创新性和公平性的可持续发展指标体系，而非规定统一的模式、目标、时间表和路线图，保证发展中国

家的发展问题是今后全球可持续发展目标和指标体系的核心内容。其次，目前的谈判将可持续发展目标和指标等内容分开进行，中国应该避开具体指标问题，重点强调可持续发展指标的转型成本、技术转让、发展路径、商业模式、市场培育以及政策整合的统筹。第三，中国应该表态愿意在公平的基础上为可持续发展目标实现作出更多贡献和承诺，并且希望发达国家能够优先作出新的政治承诺，中国愿意与其他国家合作，共同寻求后 2015 可持续发展目标的实现。

专题报告二 联合国气候变化治理进展*

于宏源**

2013—2014 年全球气候变化治理有两大焦点议题：一是落实“巴厘路线图”确立的各项谈判任务，特别是发达国家履行资金承诺和提高 2020 年前的减排力度以及建立“损失和危害”的国际机制等；二是正式开启德班平台谈判，制订工作计划，为 2015 年达成新的协议奠定基础。2013 年 11 月 23 日，《联合国气候变化框架公约》第 19 次缔约方会议暨《京都议定书》第 9 次缔约方会议（以下简称华沙气候大会）在波兰华沙落下帷幕。虽然大会取得了一些进展，但是联合国框架下的气候谈判继续处于群龙无首、低效乏力的局面，《公约》的影响力、正当性和有效性进一步受到挑战。各利益集团的矛盾与合作已经取代全球气候治理而成为全球气候政治的主轴。会议中谈判集团的组成也预示着地缘政治经济取代全球共同利益而成为气候谈判未来的发展方向。

一、2013—2014 年气候安全概况

气候变化问题是当今人类社会面临的最严峻的非传统安全挑战之一，2013 年华沙气候大会再次强调了气候安全的重要性，尤其是发展中国家快速增长的城市正承受严重的气候变化风险。“在越南其海平面已上升 0.2 米。如果海平面上升超过 0.8 米，就意味着湄公河三角洲地区 39％的地方和胡志明市 20％的地方将被淹没。非洲已有 72％的城市人口生活在低洼非正式定居点。这些最贫穷、

* 本文是“十二五”国家科技支撑计划“气候变化谈判综合问题的关键技术研究”的阶段性成果，课题编号：2012BAC20B02。

** 于宏源，上海国际问题研究院比较政治和公共政策所副所长、研究员。

最脆弱的人们将越来越多地受到洪水、泥石流和水源性疾病的侵害。气候相关的灾害越来越趋向于导致广泛的人类疾病和增加所有地区的经济损失。”① 联合国 2013 年发布的第五次《气候变化评估报告决策者摘要》再次确认了气候变暖的事实，并预测到 21 世纪末地表温度可能比 1850—1900 年增长 1.5—2 摄氏度。届时长时间的高温热浪将变得更加频繁，降水的地区分布将更加不均。之前 2007 年第四次《气候变化评估报告》也认为，气候变化带来的安全挑战已经出现不可逆性，世界各国需要共同应对。世界气象组织一直在强调面临的这一挑战。据报道，大气中二氧化碳的浓度在 2014 年 4 月份创出新高，人类历史上第一次整个北半球二氧化碳的浓度达到了每百万立方米 400 个单位。二氧化碳是促使气温持续上升的最主要的温室气体。从联合国开发计划署、世界银行到国际可再生能源机构，将近 20 个国际组织也公布了其 2020 年前在金融和技术专家方面的减排支持计划。2013 年 12 月，联合国气候变化框架公约秘书处执行秘书克里斯蒂娜·菲格雷斯提出：“人类正在见证更频繁的极端天气事件，很多发展中国家付出的气候代价越来越大，因此世界各国必须立刻开始行动。”联合国官员指出，埃博拉等病毒也和气候变化有关系。根据世界卫生组织的说法，空气污染是目前世界上最大的健康污染威胁，每年大约有 700 万人死于来自于家庭和周围环境的空气污染。而因为气候变暖，西部非洲的湿热环境还将不断导致埃博拉等病毒向全球蔓延。

自 2012 年底《联合国气候变化框架公约》（以下简称《公约》）多哈会议结束“巴厘行动计划”谈判以来，“德班平台”工作组成为国际气候谈判的唯一核心，其两个方面工作的谈判焦点逐渐明晰，各方利益冲突日渐浮出水面。2013 年 4 月的波恩会议是“巴厘行动计划”谈判结束后的第一次谈判，也是仅仅针对“德班平台”工作组召开的一次谈判。会议通过圆桌会和研讨会的方式，就 2020 年后强化行动安排和提高 2020 年前行动力度两方面工作更加深入地交换了看法，各方分歧明显。发达国家要求动态解读公约原则，要求发展中国家共同减排，对于未来减排模式的设计关注较多，围绕减排承诺的提出、提高力度的方式等提出一系列具体设想。多数发展中国家集中围绕捍卫公约原则和框架、体现发达国家历史责任、坚持发达国家和发展中国家在气候变化上本质性的区分等问题表达主张，对未来协议具体设计涉及较少。

2012 年以来，美国对气候变化的脆弱性更加凸显，遭受的损失也越来越大。据统计，美国近年遭受的气候变化灾害远胜于往年。严重的干旱、不同寻常的

① “Climate change and UN climate talks”, *Daily The Pak Banker*，2013 年 11 月 27 日。

高温天气、逐渐减少的降水量以及大面积的山火爆发事件等对美国造成了越来越明显的影响。仅 2012 年，美国因极端气候事件遭受的损失就超过 1000 亿美元，摆在眼前的客观事实为奥巴马政府采取措施主动应对气候变化提供了推动力。尽管美国公众对气候变化的认识略有提升，但近半数美国民众仍然怀疑气候变化论断的科学性。2012 年 10 月，根据皮尤中心的统计，67%的美国人开始认为地球温度上升有充分的科学证据，这比 2009 年提高了 10 个百分点。目前，只有 42%的美国人认为气候变化是人为活动造成的，2011 年只有 38%的人持有同样的看法。相当一部分美国人仍抱有“天佑美国”的宗教情节，抵制气候变化人为学说。美国总统国家安全顾问认为，气候变化对国家安全的影响源自其对世界上国家和人民越来越严重的环境影响。2012 年，美国纬度较低的 48 个州经历了有记录以来最温暖的一年。美国一度有 2/3 处于干旱状态，西部地区将近 1000 万英亩的土地因野火被烧焦。虽然没有任何一场天气灾害归于气候变化，但我们却知道气候变化促使了极端天气事件的频发。仅 2012 年，美国就遭受了 11 次极端天气灾难，承受了约 10 亿美元的损失，甚至更多——包括飓风“桑迪”在内。①

气候变化问题是 21 世纪人类社会面临的最严峻挑战之一，它引发的环境安全问题具有全球性、整体性、长期性、不可逆性和人为性等特征，需要国际社会合作应对。气候变化的影响直接作用于生态环境，但又远不限于生态环境本身，也对传统安全和资源争夺等提出了重要挑战，甚至对国际安全和全球治理产生深层次冲击。首先，全球气候变化安全特殊性的重要原点是全球减排空间的稀缺性。奥兰·杨认为，减排空间竞争是大国处理环境问题的主要关切点，因为减排空间是世界各国“分享的资源”和“共同的财产”。② 减排空间稀缺性是气候变化、气候博弈的最重要缘由。迪克逊从供给、需求和环境结构稀缺性三个维度，建议从环境容量入手限制稀缺资源的无序竞争。③ 世界各国必须在考虑代际公平、对资源的可持续利用、代内公平和环境与发展一体化的基础上对各国的碳排放量满足程度加以限制，因此产生了全球容量和发展空间的竞争，

---

① Remarks by Tom Donilon, National Security Advisor to the President At the Launch of Columbia University's Center on Global Energy Policy White House Press Releases, Fact Sheets and Briefings / FIND, Apr 24, 2013.

② 世界环境与发展委员会编著：《我们共同的未来》，世界知识出版社 1989 年版，第 19 页。

③ Thomas F. Homer-Dixon, "Environmental Scarcities and Violent Conflict: Evidence from Cases", *International Security*, Vol. 19, No. 1 (Spring 1994), pp. 5—40.

进而衍生出全球气候变化政治的两派截然相反的主张：[①] 一派主张应尽早在全球范围内界定温室气体减限排目标，并通过各国履行定量的减排义务来实现使未来全球温室气体稳定在某一个浓度水平；另一派则不鼓励在联合国框架下为各国制定约束性的减排指标，而主张通过技术创新来减少能耗，提高能源利用率，开发使用替代能源。其次，全球气候变化安全的特殊性在于其广泛的关联性。气候变化涉及能源、环保、经济等多个不同领域，同时这些领域之间又出现高度重迭与互动的关系，因此全球气候变化治理推动了能源和经济变革。亨利·舒[②]提出气候变化博弈的四个关键领域，即成本分担、损失补偿、财富技术转移以及碳排放权核定问题，这些问题都和未来经济体系变革息息相关。气候变化危机为权力竞争带来了新的特征。戈卢布[③]等指出，欧盟推动气候变化谈判不仅让其在全球治理中占据主动，提升了创新优势，也为以后主导全球政治经济奠定了基础。气候变化全球治理的特点就是各国受到的影响不同。第三，全球气候变化安全的特殊性在于其复杂的利益属性。复杂的利益分歧形成了欧盟、伞形集团、[④] “77 国集团＋中国”等谈判联盟。欧盟积极推进气候变化治理，强调全球温室气体减限排；“77 国集团＋中国”主张只为发达国家规定进一步的减排目标，不能为发展中国家规定具体指标，强调发达国家要切实履行其在公约下所承担的资金和技术转让的义务。《全球温室机制：谁来承担》[⑤] 首先拉开了研究气候变暖问题中各国的不同收益和受损、立场、政策和不同处境的序幕。石油输出国担心温室气体的行动方案对石油消费构成影响，而成为全球气候变化治理的强硬反对者；小岛屿国家则担心国家生存问题，积极呼吁全球气候变化治理。全球变暖危及欧洲，而欧洲低碳经济又最发达，因此欧洲对气候变化治理十分积极；中国、印度、巴西等国人口众多，经济技术水平和管理相对薄弱，一方面对气候变化的不利影响比较脆弱，另一方面随着经济的发展和城市化进

---

① F. L. Toth ed.，*Air Weather? Equity Concerns in Climate Change*，London：Earthsacn Publication Ltd，1999.

② Henry Shue，“Avoidable Necessity：Global Warming，International Fairness，and Alternative Energy”，in I. Shapiro and J. W. Decena，eds，*Theory and Practice*，New York：New York University press，1998.

③ Zebich-Knos，M.，“Global Environmental Conflict in Post-Cold War Era：Linkage to an Extend Security Paradigm”，*Peace and Conflict Studies*，Vol. 5，No. 1.

④ 伞形集团以美国为主，集结其他非欧盟的工业国家所组成，包括日本、加拿大、澳洲、新西兰等。

⑤ Peter Hayes and Kirk Smith，*The Global Greenhouse Regime-Who Pays?* London：United Nations，University press，1993，pp. 12—23.

程的不断加速，能源消费和温室气体排放需求快速增长；美国能源消费模式是奢侈和浪费型，接受强制性减排指标会伤及石油企业和中西部农业，这是美国共和党传统的利益所在。

由于气候变化安全带来生态环境、传统安全和资源能源等多元复杂的安全问题，气候变化治理必须有统一的和共同的全球责任。国际社会当前亟待解决的问题是提高对气候变化安全的不同层次的认识，为有效治理全球气候变化问题探寻答案。1992—2013 年，世界各国一直为在 2015 年达成全球减排框架——德班平台而努力。2013 年以来联合国气候治理为 2015 年达成新的协议勾画路线图。在这些关键问题上，发达国家和发展中国家两个集团表现出的分歧大于共识，会议取得了积极但相对有限的成果。联合国秘书长潘基文提醒世人："在人类的历史上没有任何危机会像气候变化这样如此清晰地展示国家之间的相互依存。"①

二、对 2013 年末联合国华沙大会谈判的评价

《公约》第 19 次缔约方大会暨《京都议定书》第 9 次缔约方大会在华沙举行。华沙气候变化大会共有两大焦点议题：一是落实从 2007 年开始的"巴厘路线图"所确立的各项谈判任务、已经达成的共识和各国作出的承诺；二是开启德班平台谈判，为 2015 年达成新的协议勾画路线图，奠定良好基础。在这两大议题上，目前发达国家和发展中国家既有共识，但也存在明显分歧。落实好"巴厘路线图"谈判成果，应优先解决发展中国家的两大关切问题。一是解决发达国家减排力度不足问题。为避免议定书第二承诺期减排安排沦为"画饼充饥"，需要敦促参加议定书第二承诺期的发达国家尽快批准关于第二承诺期的修正案，并按照多哈会议决定于 2014 年提高减排指标力度。未参加议定书第二承诺期的发达国家也应依照可比性要求，与参加第二承诺期的发达国家同步、同比提高减排行动力度。二是解决发展中国家最为关心的资金问题，切实兑现发达国家已作出的出资承诺，包括确保发达国家在 2013—2015 年向发展中国家提供不少于快速启动资金规模（约 300 亿美元）的资金，同时落实 2020 年前每年为发展中国家动员 1000 亿美元资金的承诺。

① Christopher Caldwell, "Climate Change, the Great Leveler", *Financial Times*, December 12, 2009.

此次华沙大会重申了落实“巴厘路线图”成果对于提高2020年前行动力度的重要性，敦促发达国家进一步提高2020年前的减排力度，加强对发展中国家的资金和技术支持。同时围绕资金、损失和损害问题达成了一系列机制安排，为推动绿色气候基金注资和运转奠定基础；同时，此次大会也就进一步推动德班平台达成一致，既重申了德班平台谈判在《公约》下进行，以《公约》原则为指导的基本共识，为下一步德班平台谈判沿着加强公约实施的正确方向不断前行打下了政治基础，又要求各方抓紧在减缓、适应、资金、技术等方面进一步细化未来协议要素，邀请各方开展关于2020年后强化行动的国内准备工作，向国际社会发出了确保德班平台谈判于2015年达成协议的积极信号。

华沙气候变化大会在减少森林采伐排放及建立气候变化损失和损害补偿机制等方面达成有限成果。会议决定建立“REDD＋华沙框架”，以帮助发展中国家减少来自毁林和森林退化导致的温室气体排放，但在德班平台、资金和损失损害三个核心议题上未取得突破性进展。大会决定建立一个“华沙损失和损害国际机制”，旨在为最脆弱国家和地区应对气候变化带来的极端天气和诸如海平面上升等提供帮助。华沙全球气候变化大会是世界各国第19次聚会讨论气候治理问题，这次大会起到了承上启下的作用，一方面继续德班和多哈大会的成果，推动气候谈判向前艰难发展，另一方面为2014年联合国纽约气候政治峰会、2015年巴黎全球气候新协议峰会奠定基础。

华沙大会主席克罗莱茨表示，华沙气候变化大会为各国政府完成全球气候变化新协定的草案文本提供了途径，该草案文本将提交秘鲁气候变化大会讨论，这是2015年在巴黎达成最后协定的重要一步。在2015年会议的背景下，各国决定为2020年生效的气候变化新协定启动或加强原有的国家贡献，为在COP21前提交清晰透明的计划做好准备。各国还决定通过加强技术工作和频繁的部长会面等工作力争弥合2020年前的排放缺口。华沙气候变化大会落实了支持发展中国家应对气候变化行动的公共基金，这些资金来自挪威、英国、欧盟、美国、韩国、日本、瑞典、德国和芬兰等发达国家。与此同时，绿色气候基金（GCF）董事会正在着手尽快启动资金调动程序，要求发达国家在2015年之前及时提供赠款，以使其有效地运转。

华沙气候变化大会决定建立“华沙损失和损害国际机制”，以更好地保护最弱势群体免受极端天气事件和缓发事件引起的损失和损害，并设立损失损害补偿机制，让发达国家补偿因气候变暖而遭受自然灾害的国家。对这一“补偿”概念已经进行了3年谈判。在华沙气候变化大会上，发达国家终于同意对此开启新的谈判，但并未对何时以及如何建立补偿机制作出承诺。该机制于2014年开始具体实施。此外，各国政府将筹集资金支持发展中国家的减排行动并帮助它们在适应气候变化方面提高透明度，这包括要求发达国家每两年提交一次最新策略和方法以扩大2014—2020年间的融资。森林在稳定气候和保护生物多样性方面发挥着核心作用。会议在减少森林采伐及建立气候变化损失损害补偿机制等方面达成了有限成果。协议决定建立"REDD＋华沙框架"（在发展中国家通过减少砍伐森林和减缓森林退化而降低温室气体排放），以帮助发展中国家减毁林和森林退化导致的温室气体排放。美国、挪威和英国政府承诺将为该机制提供2.8亿美元支持。华沙气候变化大会主席克罗莱茨将这种机制命名为"REDD＋华沙框架"。因此，随着新的华沙损失和损害机制的达成，一个新的妥协得到实现，通过这个机制，气候灾难的受害者将得到援助，但是它并不与任何来自发达国家的责任挂钩。[①] 这次会议上的另一个成果是一个新的保护森林机制的实现，被成为REDD＋e。[②] 印度并不是联合国"REDD"项目的受益国，但其邻居孟加拉国却是该项目的成员国。COP（《公约》缔约方会议）的主席马辛·克罗莱克（Marcin Korolec）表示，"通过谈判，我们已经对防止森林滥伐和使那些依赖森林或生活在森林周边的人类受益的森林可持续利用作出了重要贡献"。[③]

欧盟委员会负责气候事务的委员康妮·赫泽高认为，"在华沙，政府已经表明了他们对减少来自滥砍滥伐和森林退化的排放的坚决承诺，政府也已经宣布一组决定，即要在减少来自滥砍滥伐和森林退化的排放方面深刻影响发展中国家，并促进各国在气候变化这一关键领域中的行动"。[④] 非政府组织和国际媒体对"REDD＋华沙框架"评价较高。忧思科学家联盟（UCS）对此表示欢迎，并表示"这是联合国气候谈判付诸实际的一个完美案例"，48个世界上最贫穷的国家通过制订一系列全面应对气候变化的计划促使大会达成一项里程碑意义的协定。通过这些计划，各国可以更好地评估气候变化带来的直接影响，以及以更灵活的方式支持他们的需要。奥地利、比利时、芬兰、法国、德国、挪威、瑞典和瑞士等发达国家对适应基金已支付或承诺支付的资金总计已超过1亿美元。

---

① Stanslous Ngosa, "UN Climate Change Indaba Approves New Global Treaty", *All Africa*, 2013年11月28日。

② 同上。

③ Nivedita Khandekar, "Warsaw delivers agreement on climate change talks", *Hindustan Times*, 2013年11月24日。

④ "UN meet agrees on measures to reduce greenhouse gas emissions", *The Guardian*, 2013年11月23日。

旨在促进发展中国家与气候变化相关的技术咨询和援助机构气候技术中心和网络（CTCN）已完成建设并开始工作，它鼓励发展中国家设立联络点，以加快技术转让。

联合国秘书长潘基文表示欢迎在华沙进行的气候谈判的结果，并称这一结果是向未来的全球气候协议发展的“一块重要跳板”。潘基文还祝贺波兰成功举行了这一联合国气候变化会议。他说：“华沙的决议是 2015 年达成普遍法律协议的一块重要的垫脚石。”[①] 联合国气候变化框架公约秘书处执行秘书长克里斯蒂娜·菲格雷斯认为，“当务之急是保证每一次气候谈判（一年一次）都是朝着正确方向迈进的非常坚定的一步，我们在过去几年已经这么做了。政府同意从现在开始两年内会出台一个新政策以反映控制排放的国家的贡献。这可能会模糊长期存在的富国和穷国的义务之间的区别。根据《京都议定书》，只有最发达国家被要求限制排放”。[②] 然而在华沙大会上，潘基文强调采取全面尝试的必要性，以打破对平稳可持续投资的阻碍。他还强调气候融资对于解决和减轻来自气候变化的威胁的重要性。潘基文认为，“融资是成功的关键，要认真思考如何动员 1000 亿美元。”[③] 他还呼吁，到 2020 年将用于穷国和发展中国家的气候融资增加到每年 1000 亿美元[④]。

克里斯蒂娜·菲格雷斯警告说，各国政府并没有采取足够的措施减少碳排放，使全球变暖限制在比工业化前的水平高 2 摄氏度，科学家已经建议如果要避免危险的气候变化，这一限制就不应该被超过。“我认为从一开始我们就很清楚有三个问题在华沙必须被提出：一是气候融资；二是迈向 2014 和 2015COPs 的更清晰的路径；第三当然是损失和损害。”“这个 COPs 的成功超出了很多人的期望，因为不可能通过一次会议、一次谈判就解决气候变化问题，重要的是每一个气候谈判是向正确方向迈出的坚定的一步。”“因此这是我们一直面临的两个现实问题：怎样平衡科学的紧迫性和科学强加给我们的与温室气体排放有关的边界；如何平衡国际政策的演变过程，这个过程必然是循序渐进的，而不是

① UN chief hails outcome of climate talks，PNA（Philippines News Agency），2013 年 11 月 24 日。

② Last-Minute Deal at UN Climate Talks，FARS News Agency，2013 年 11 月 24 日。

③ Nesru Jemal，“Disappointing Compromises At Cop19 in Warsaw”，*All Africa*，2013 年 11 月 26 日。

④ Stanslous Ngosa，“UN Climate Change Indaba Approves New Global Treaty”，*All Africa*，2013 年 11 月 28 日。

奇迹般地一夜就能完成的。”① 克里斯蒂娜·菲格雷斯认为，“我们可以看到已经取得的至关重要的进展，但让我们再次表明我们正在见证越来越频繁的极端天气事件，而且穷人和弱势群体已经为此付出代价。现在各国政府尤其是发达国家政府都必须回去做功课，这样他们才能在巴黎会议之前把他们的计划放到桌子上讨论”。②

联合国副秘书长和联合国环境规划署执行主任阿希姆·施泰纳（Achim Steiner）在一份新闻发言稿中说：“因为各国都将一个新的、广泛而普遍的气候协议作为基础，气候技术中心和网络将代表通向低碳未来的纵向发展。”他还说，“这一技术将对加速现有的和新技术的使用作出实质性的贡献，这些技术主要用以改善发展中国家数以百万计的人们的生活和生计，他们在日常生活中要面临和处理气候变化的影响”。③

然而联合国前任秘书长安南对联合国气候大会非常失望，认为只有依靠全球公民运动才可能解决问题，“我们需要一个全球的致力于解决气候变化和它的影响的草根运动。在至关重要的 2015 年巴黎会议之前，我们要再度出击，明年在秘鲁作出更实质性的进展，制定一个后续的协议。因为对资源争夺的升级失控，气候变化会威胁我们的安全，加剧导致暴力冲突的紧张局势”。④

不少媒体认为，华沙大会并未产生很多成果，但却制造了新的问题，联合国谈判体制存在很多问题，⑤ 如国际气候变化科学联盟组织（The International Climate Science Coalition）认为联合国把气候变化谈判变成了空谈。⑥ 联合国气候变化框架公约秘书处执行秘书长克里斯蒂娜·菲格雷斯努力维护联合国在多哈大会后的形象，她撰文指出，联合国的决议是从全球性的视角出发的，而不是站在各国国内政策的立场上。在气候问题上，确保资源可持续、稳定的供应，

---

① “UN Warsaw climate talks a ‘step forward’: UN climate chief”, *Platts Commodity News*, 2013 年 11 月 25 日。

② Harvey, Fiona, “Warsaw climate talks end with partial emissions deal”, *The Guardian*, London, UK, 25 Nov 2013: 11.

③ Bhrikuti Rai, “Progress on Loss-and-Damage and Tech Transfer at COP19”, *All Africa*, 2013 年 11 月 27 日。

④ Annan, Kofi, “Climate crisis: Who Will Act?”, *International New York Times*, Paris, 25 Nov 2013.

⑤ “Grahamlloyd, Doha’s Politics of Envy Environment”, *The Australian* , December 14, 2012.

⑥ Tom Harris, “UN Pushing Climate Nonsense”, *The Ottawa Sun*, December 15, 2012.

是制定国内政策的根本。国际会议进程中最核心的是联合国，但联合国进程并不是围绕着气候变化开展的。2015 年的全球性协议必须确保所有国家都能平等地参与进来，并且能够反映对气候变化最科学的理解。最重要的是，这个协议必须能够开始实施。[①] 菲格雷斯还提出与日益威胁人类的气候灾难相比，联合国气候谈判进程仍然缓慢，但是各国国内自主减排行动在加强。她还认为多哈大会缺少政治决心，她提出最需要改变的是政治意愿。多哈大会缺乏的是对减排的真实承诺。[②]

世界银行认为应对气候变化的成本在降低，技术在扩散，世界各国特别是发达国家可以从容应对气候变化。自 2006 年以来，大约 1.3 万亿美元已被投资于可再生能源，其规模高出 13 年前预测的 10—20 倍。如果到 2030 年将欧盟的温室气体排放削减到 1990 年排放水平的一半，同时改善卫生和促进能源安全，其经济增长率只会减少 0.04%。[③]

三、2014 年中期波恩气候谈判进展

2014 年 4 月和 6 月的波恩谈判一直围绕建立一个普遍的、具有约束力的气候变化协议而进行，共有来自 182 个国家和地区的近 1900 名代表参加。谈判主要涉及 2015 年气候变化新协议、各方 2020 年之后为应对气候变化所做贡献以及 2020 年之前的行动力度等议题。在波恩谈判中，各方都详细阐释了对新协议的主张，虽有分歧但交流充分。经过两周讨论，各方就气候变化新协议要素继续凝聚共识。总体来看，各方都认为此次波恩会议氛围具有“建设性”，联合国气候变化框架公约秘书处执行秘书菲格雷斯表示，波恩谈判意味着在 2015 年末之前达成一个全球性气候协议的道路越来越明朗。[④] 然而，很多国家批评此次会议

---

① Christiana Figueres, “A Universal Climate Change Agreement is Ncessary and Possible”, *Inter Press Service*, December 17, 2012.

② Leahy, Stephen, “Climate Change: Critics Brand Climate Talks another Lost Opportunity”, *Global Information Network*, New York, 11 Dec 2012.

③ Lean, Geoffrey, “China: now an example to the world?”, *The Daily Telegraph*, London, UK, 23 Nov 2013: 30.

④ McDonald, Frank, “Steps needed for global climate deal emerging as Bonn talks continue”, *Irish Times*, Dublin, June 9, 2014.

进程缓慢，特别是波恩会议谈判之后，① 解决德班平台谈判和国家自主贡献方案的内容尚未落实，② 在发达国家提高减排指标、向发展中国家提供资金技术支持等方面也仍有待落实。菲格雷斯认为，随着美欧减排新举措的出台，2014 年利马大会的和 2015 年巴黎大会的相关谈判将进入更加错综复杂的阶段。德班增强行动平台特设工作小组的联合主席这样形容挑战："在 2014 年年末我们可能看到切实的成果：新的、更有力的国家和国际协议；尤其是发达国家实行新政策并开展长期行动；更广泛的参与；行动需要的资源得到更广泛的动员。"③

2014 年 6 月波恩会议进行双重任务：设计德班平台协议"体系结构"，④ 并从现在到 2020 年间找到方法提振全球应对气候变化的决心。波恩会议开始为弥补这种执行上的差距提供机会。当前最重要的顶层设计方法是提升波恩会议的层级。很多媒体认为，为期两周的波恩会议之所以意义重大是因为成员国同意派出能源和环境部长参会。⑤ 2014 年波恩会议升格成为部长级会议，希望借助高级别会谈提升各国的政治意愿。

波恩气候谈判为 2014 年底利马大会继续准备关于 2015 年巴黎协议中国家自主贡献方案的讨论。波恩会议提出，所有国家都需要在 2015 年第一季度之前提交出关于本国如何为 2015 年协议贡献力量的实质性建议。然而在新协议的要素构成以及各国为应对气候变化所做贡献的内容方面，各方存有不少分歧。国家自主贡献方案的内涵成为争论焦点，针对新协议要涵盖哪些要素，发达国家重点推减缓议题，而发展中国家则希望同时注重适应、资金、技术等，要全面和平衡。国家自主贡献方案的提交时间和评估流程是争论的又一焦点。美国、小岛国、墨西哥等认为，根据华沙决议，国家自主贡献方案应于 2015 年 3 月提出；而欧盟、小岛国等认为，国家目标是否足够雄心、公平，能否达到 2 度目标，需要一个评估流程，即使在《公约》下实现不了，非政府

---

① McDonald，Frank，"Climate negotiations yet to begin in earnest：Despite eight days of talks in Bonn no hard bargaining yet on shape of treaty"，*Irish Times*，Dublin，June 13，2014.

② Ibid.

③ "Climate's right for global deal on emissions"，*South China Morning Post*，Hong Kong，June 8，2014.

④ McDonald，"Frank，Steps needed for global climate deal emerging as Bonn talks continue"，*Irish Times*，Dublin，June 9，2014.

⑤ Ministers join next round of UN climate talks kicking off in Bonn June 4，*Targeted News Service*，Washington，D.C.，June 2，2014.

组织和各国智库也都在准备各自的评估。[①]

发达国家的减排承诺和资金援助也是 2014 年波恩会议的焦点。在关于 2020 年之前行动力度的谈判中，发展中国家继续敦促发达国家提高其《京都议定书》第二承诺期减排指标，并加强对发展中国家的资金、技术转让和能力建设支持，但这些问题没有得到发达国家的积极回应和落实。一些发达国家仍然坚持将自己的减排目标与其他国家甚至发展中国家的行动力度挂钩。目前只有两个在第二承诺期中有强制减排义务的发达国家完成了《京都议定书》第二承诺期的批准程序。发达国家能够履行承诺的一个方面是为目前运转中的绿色气候基金捐款，它的任务是分配发达国家于 2009 年就同意注入的 1000 亿美元气候金融基金。穆罕默德·阿杜（Mohamed Adow）说："我们现在有一个公开的银行账户，但里面却没有钱。国家需要开始履行它们每年为缓解和适应气候变化项目注资 1000 亿美元的承诺。"据说，虽然向贫穷国家分配资金以缓解并适应气候变化的绿色气候基金得以建立，但是它的"账户里没有一分钱"。刚果代表托西·姆帕努·姆帕努（Tosi Mpanu-Mpanu）说，没有确定的资金，发展中国家"无法得知这一基金的所有权"。在 BBC 问及可能发生什么时，他回答说："没钱，没基金，就没有巴黎协议。"[②]

四、对 2014 年联合国气候峰会的评价

2014 年 9 月 23 日在纽约联合国举行气候变化首脑会议是自 2009 年以来世界各国领导人首次就气候议题齐聚联合国，会议的主题是"催化行动"（Catalyzing Action）。联合国秘书长潘基文不仅邀请了 120 多个国家的元首和政府首脑参会，还邀请了相关公民团体、商业和金融机构参会，真正实现了全球问题、共同行动的理念。峰会承诺在 2015 年法国巴黎第 21 届缔约方大会上，在《公约》（UNFCCC）下达成一项有意义的新协议，并在 2014 年 12 月秘鲁利马第 20 届缔约方大会上就该协议的第一稿达成一致意见。本次峰会实际上是气候谈判的一个拐点。以往的全球气候谈判以大国政治主线，以发达国家和发展中国家

---

① 杨富强、李莉娜："波恩六月谈判——在哪里、去哪里和怎么去"，2014 年 6 月 15 日发自波恩。

② The Least Developed Countries Group calls for the foundations of the Paris agreement to be agreed in Lima, *M2 Presswire*, Coventry, June 17, 2014.

为核心，相关气候谈判阵营，如欧盟、伞形集团、“77 国集团＋中国”、小岛国联盟、石油输出国组织等展开激烈博弈。然而随着气候风险加剧以及社会团体和企业的积极参与，国际气候谈判出现了新的趋势，各国纷纷开始强调务实的气候行动，从这次峰会进程来看，已经进行 20 多年的国际气候谈判逐渐从“政治博弈”回归到“气候行动”。

潘基文秘书长高度重视气候变化，并强调联合国将会把重点放在 2014 年全球气候首脑峰会。他认为：“多哈成功地使得之前的几轮气候谈判有了结果，为在 2015 年达成全面的、有法律约束力的协议铺平了道路。”潘基文宣布，联合国气候峰会可以确保 2015 年最后期限内能够完成既定目标，[①] 确保国际社会在 2015 年达成综合、具有法律约束力的协议问题上作出更多的努力。[②] 他认为还有很多工作需要做，并呼吁政府、企业、公民社会以及公民在此基础之上加快行动，将气温升高控制在 2 摄氏度以内。[③]

与政府领域推动气候治理乏力的局面相对应的是私营部门对气候治理的兴趣越来越大。其实私营部门对于国际气候治理的兴趣由来已久，只是在此之前，国际气候治理是由政府、私营部门等不同行为体承担，缺乏行动协调和联系网络，2013 年华沙大会确定“国家自主确定贡献”后，各国政治承诺和企业社会的气候行动更需要有效衔接。因此联合国强调搭建联合国、各国政府和私营部门协同进行气候行动的有效平台；强调气候和后千年发展议程紧密相关，峰会强调的能源、空气污染、城市和交通、可持续农业和林业、适应气候和减少灾害风险、融资和可持续经济等议题与后千年发展议程交相呼应，气候峰会成果也会融入到发展议程的后续谈判中。

在这次联合国气候峰会上还同步召开了企业论坛。企业论坛是气候峰会的一部分，并为政府和商业团体证明其领导力量提供了平台。来自各国的企业家讨论如何通过长期的战略、投资和政策实现公正和公平的气候行动，这些行动涉及：农业、能源、森林、城市、金融、污染物、恢复措施、运输等。相较于由主权国家主导的气候峰会无休止的吵吵嚷嚷，企业气候论坛却取得了一系列重要的成果。如 24 家全球主要棕榈油生产商及大宗商品交易商承诺，到 2020 年

---

① Brendan Bateman，“Doha：from a platform to a gateway：the achievements of COP18”，*Mondaq Business Briefing*，December 12，2012.

② “Ban reviews UN’s challenges，successes in ‘tumultuous’ 2012 PNA”，*Philippines News Agency*，December 20，2012.

③ “Ban welcomes outcome of UN climate change talks in Doha”，*M2 Presswire*，Coventry，10 Dec 2012.

对零净砍伐森林的目标作出贡献，并与各国政府、私营部门及土著人合作，确保建立一个可持续的供应链。一些世界上最大的肉类和农产品零售商承诺，调整供应链，减少排放，加强气候变化适应，并将协助 5 亿农民参与这一过程。民间金融界领袖呼吁建立一个有利于低碳发展的投资环境，其中主要商业银行宣布，到 2015 年计划发行价值 300 亿美元的绿色债券，并在 2020 年将气候智能型发展的资金投入量增至现在投入量的 10 倍。机构投资者联盟承诺，到 2015 年 12 月将实现 1000 亿美元投资的脱碳工作，并测量和披露至少 5000 亿美元投资的碳足迹。保险业则承诺，到 2015 年底将其绿色投资增加一倍，达到 840 亿美元。

除了私营部门以外，其他一些非主权国家行为体也在为气候治理提供自己的力量：来自北美和欧洲的三大养老基金宣布，他们将加快对各类资产的低碳投资，到 2020 年该投资额将超过 310 亿美元。代表 2000 多个城市的“全球市长同盟”（Global Mayors Compact）再次承诺利用公共和私有资金支持应对气候变化的行动，228 个城市将设定温室气体的自愿减排目标和策略。如果目标实现，每年将可减少 2.1 亿吨的温室气体排放。因此潘基文指出：“包括商业和金融部门在内的私营部门不断公布气候行动方案，这让我们看到了生活方式及商业行为上解决气候变化危机的可持续性。”

当前，一个新的主推气候变化治理的因素是技术的不断进步，技术是气候行动的基础。科技是第一生产力，这句话放在气候变化领域就是：科技是第一要素。在本届峰会上，欧洲强调“2030 年气候和能源政策框架”、可再生能源和能源效率的提高，以及从气候智能型农业到整合水资源管理，并提出从可持续性的交通运输到更清洁的城市转型。美国则突出页岩气革命对电力减排的贡献，即新电厂排放标准和机动车燃油经济性标准。其他国家也展示了加快减少排放进展和加强有关领域的复原力而采取大力行动和提出有利办法。在国际谈判中，当各方面临巨大的利益冲突时，谈判的进展往往会被限制，而解决利益冲突的一个有效方法是：保持存量，培养增量。这些新技术的进步如果进展顺利的话，可以有效缓解此前各国在气候治理领域的担心：各方都担心本国在气候变化领域承担的责任过大而影响本国发展。在这方面技术进步很好地诠释了“保持存量、培养增量”的意义。

五、2013年以来联合国气候谈判的特点

(一) 全球气候变化"群龙无首"情况加剧

在各方利益逐渐"水落石出"的情况下，发达国家对气候变化治理的热情在下降。2013年，内部分裂和债务危机取代气候变化和低碳问题成为欧洲最突出的问题，欧盟在20%中期减排目标上止步不前，欧洲民众和舆论对气候变化问题的关注大幅度下降，因此欧洲的政治层面气候变化推动力相对弱化。而且美国气候变化立法已经停止，美国国会依然处于分裂状态并限制美国政府的气候变化政策。众议院由共和党掌控，参议院由民主党掌控但共和党仍有较大影响力，而且来自化石燃料生产大州的民主党议员们依然会毫不犹豫地反对政府相关提案，多数共和党人仍坚持应对气候变化的相关行动将会损害美国经济的竞争力。加拿大政府也借口无力支付违反《京都议定书》减排目标的罚款而退出，日本因核电站事故而放弃了25%的减排目标。因此，华沙大会文件里发达国家不能在资金和减排上满足小岛国和最不发达国家的诉求。①

在这种情况下，欧盟的领导力趋于下降。欧盟中，波兰阻碍了欧盟雄心勃勃的减排目标。事实上，在联合国气候变化谈判期间，一个煤炭峰会正在波兰举行，而主持会议的波兰环境部长被解职则说明了其对会议和一些重大利益问题上的不尊重。在会上，欧盟无法赞成更加严格的减排目标。长期被认为是该领域领袖的德国目前正在通过转移财政刺激方法来推动其新能源革命。日本、加拿大、澳大利亚，都在后退。撇开国内的一些进步，最大的排放国中国和美国也不能作出任何大量的承诺。②

国际组织和权威机构的气候警报没有起到相应的效果。如联合国IPCC第五次评估报告提出，"在2050年之前，我们必须减少至少80%的气体排放，保证全球气温升高2摄氏度的极限"。国际能源局表示，"这就意味着我们地面上仍有80%的化石燃料"。但是这些都没有在媒体和与会代表中起到重要作用。很多媒体认为联合国气候会议已经表明，它不能保护地球远离快速经济

---

① Sectoral Policies Brussels，22/11/2013（Agence Europe）.

② "Opinion：Expectations low-and still disappointed"，*Deutsche Welle*，2013年11月24日。

发展下的气候变化问题带来的伤害。[①] 也有一些评论认为全球气候变化谈判缺乏领导，“气候政治是：目光所及之处无领导”。科学家关怀联盟的奥登·迈耶认为，“在评估各国行动的恰当性和公平性上，华沙会议没有就采用何种标准达成一致”。世界自然基金会认为，“华沙的谈判专家本应利用此次会议在应对气候变化的行动上迈出重要的一大步，但这些并没有发生”。[②]

(二) 联合国治理中，发达国家和发展中国家矛盾交锋扩大化

2013 年华沙大会上的冲突主要来自发达国家与新兴大国。2008 年金融危机以来，以巴西、南非、俄罗斯、印度及中国等新兴经济大国为代表的新兴市场国家经济高速发展；反之，美、日、欧等发达经济体遭受严重的经济创伤并在全球经济格局中地位下降。经过 20 多年发展变化，谈判各方内部减排能力、潜力、经济实力等发生了巨大变化，发达国家把气候变化外交的焦点逐渐转移到发展中大国上来。特别是发达国家经济结构变化，能源消费量下降，二氧化碳排放量也明显下降。发达国家特别强调发展中国家 2020 年之前的减排问题，不少发达国家认为，虽然 2015 年的协议至关重要，但任何协议只有到了 2020 年才会得到执行。如果 2020 年协议实施前一直无所作为，最易受气候变化影响的人群将得不到任何帮助，其实现在就应该为他们采取行动。[③]

到 2012 年，欧盟的二氧化碳排放与 1990 年比较已下降近 18%，也就是说欧盟在哥本哈根大会上承诺到 2020 年要比 1990 下降 20%的目标基本上可以达到。美国因出现页岩气革命，其减排量达到 15%左右，2020 年减排 17%的目标也可以做到。因此在华沙大会上，美国和欧盟联手要求新兴大国减排目标的动作大大强于以往。很多媒体认为华沙气候大会谈判是以不和为特征，特别是发达国家（如美国）与新兴经济体（如中国和印度）之间的不和。富裕国家希望一个新的不同于《京都议定书》的全球排放协议，而后者包括“志同道合的发展中国家”（如沙特阿拉伯、玻利维亚、委内瑞拉）则坚决反对它。地球母亲健康基金会（Health of Mother Earth Foundation）主任尼莫·巴塞（Nnimmo

---

① “Opinion：Expectations low-and still disappointed”，*Deutsche Welle*，2013 年 11 月 24 日。

② Karl Ritter，“Modest deal on climate targets break deadlock at UN talks”，*Associated Press*，2013 年 11 月 24 日。

③ “Climate’s right for global deal on emissions”，*South China Morning Post*，Hong Kong，June 8，2014.

Bassey）先生说："在这轮谈判中，像其他谈判中一样，日本、加拿大、美国和澳大利亚仍坚持气候不作为，认为全球变暖是不可避免的。""中国的首席谈判代表注意到一个发达国家代表给出的多种迹象表明它们将完全不愿意认真对待联合国气候进程，谈判的完整性受到进一步的损害，因此他指出这次谈判将进一步衰退。"[①]

发达国家和发展中国家争论的一个关键点是新兴经济体如中国和印度反对任何对穷国、富国不加区分且没有考虑温室气体排放历史的承诺。[②] 在2014年以来的各次谈判中，发达国家和发展中国家继续激烈交锋。代表发展中国家立场的相似发展中国家集团认为发达国家和发展中国家之间的防火墙体现在气候变化公约的原则中，即必须坚持"共同但有区别的责任"。欧盟认为虽然区别很重要，但是它必须反映当前的现实而不是20世纪90年代的现实。[③] 欧盟和美国代表的发达国家特别希望打破"共同但有区别的责任"原则这面防火墙，让中国和印度等新兴发展中国家承担责任。就在谈判大会结束前几分钟，会议还在为中国和印度应该承担减排"贡献"还是"承诺"而激辩不止。正因为发展中国家部分接受了共同在2020年后作出减排贡献等，美国气候大使斯特恩对华沙大会喜不自禁，认为达到了美国气候外交的部分企图。而实际上作为大会成果，未来气候谈判框架反映"共同但有区别的责任"原则，因此中国等发展中国家仍然坚守了防火墙。斯特恩认为，根据1992年的《公约》，世界是分裂的，在之后的任何气候变化协议中，发达国家和发展中国家之间的防火墙应该取消，人们应该将注意力从关注要求发达国家作出更大承诺转移到全球共同减排上。欧盟委员会负责气候事务的委员康妮·赫泽高说："在以前的体系中，所作出的承诺和付出的行动之间有一面防火墙，现在不是这样了"，"通向巴黎会有很多沿途风景更美而且更快的道路"。美国气候大使斯特恩认为目前对中国和印度没有一个强迫机制。印度环境部长纳塔拉姜认为发达国家和发展中国家的防火墙依旧存在。乐施会认为新体系也不过是"嘴皮子上的瑜伽"而已。[④]

---

① Ben Ezeamalu，"Climate Talks in Warsaw 'A Waste of Energy'"，*All Africa*，2013年11月27日。

② "UN talks approve climate pact principles"，*Agence France Presse*，2013年11月24日。

③ Urmi. A. Goswami，"UN climate talks：European Union and Like Minded Developing Countries trade accusations"，*The Economic Times*，2013年11月23日。

④ "Climate：Warsaw moves towards disordered collective failure"，*Agence Europe*，2013年11月23日。

（三）对于提交国家自主减排贡献的争议成为谈判焦点

国家自主贡献方案有两方面的含义：第一，“防火墙”有可能被虚化；第二，“2015 年协定”向全球“自下而上”的松散模式更进了一步，形成了某种事实上的倒退。对国家自主贡献方案的明晰，直接关系到新的气候协议的核心，以及各个国家可能承担的任务和责任，[①] 因此这也是各国交锋的重点。发展中国家希望同时纳入适应、资金、技术等，应平衡反映减缓、适应、资金、技术转让、能力建设以及行动和支持透明度等要素，各方贡献也应该包括这些内容；部分发达国家却把“贡献”片面理解为减排，极力淡化其向发展中国家提供资金支持、技术转让等责任。随着谈判的深入，同意“贡献”应全面包括适应、资金、技术转让等要素的国家逐渐增多。[②] 按照计划，各方应在 2014 年年底利马气候变化大会前审议新协议要素，在 2015 年 5 月之前提出谈判案文，以使新协议在 2015 年巴黎气候变化大会上通过，就 2020 年后应对气候变化的国际合作作出安排。

对于国家自主贡献的概念问题，在中印两国与美国及其他发达国家的谈判中拒绝“承诺”一词后，这个术语被接受了。发展快速的经济体表示他们仍然是发展中国家，不应该向那些工业发达国家一样作出同样的减排承诺。世界资源研究所（一个有关环保的智库）的詹妮弗·摩根（Jennifer Morgan）称，“在关键时刻，在华沙的与会国家保证让会议继续”。谈判进行了数个小时，直至中印放弃一项附议中的要求，这项附议是 1992 年联合国气候变化大会上的一篇文章，即只有发达国家需要作出减排承诺。这次会议取得的进展包括：减少森林砍伐；确立“损失—灾难”弥补机制来帮助那些岛国；帮助那些正在遭受海平面上升、极端天气和受其他气候问题威胁的脆弱国家。美国和其他富裕国家同样也抵制那些需要它们作出坚定承诺的要求（在 2020 年之前将 1000 亿给欠发达国家的资金按比例来提高）。历史上，大部分的二氧化碳都是来自于工业国家，但快速经济发展驱动的发展中国家（如印度、巴西、中国）追赶很快。尽管中国在新能源领域发展迅速，但它 70％的能源来自煤炭，而煤炭是所有燃料中制

---

① McDonald, Frank, “Climate negotiations yet to begin in earnest: Despite eight days of talks in Bonn no hard bargaining yet on shape of treaty”, *Irish Times*, Dublin, June 13, 2014.

② Fiji, “Fiji chairs UNFCCC subsidiary body meetings”, *MENA Report*, June 10, 2014.

造二氧化碳最多的能源。[①]

对于发达国家的自愿排放目标，2015 年第一季度之前将被宣布。整个谈判过程中，中国、印度与其他发展中国家一起在一些草案决议问题上与发达国家反复较量，尤其是与美国较量。印度希望发达国家到 2020 年将其排放量在 1990 年的水平上降低 40%。印度气候谈判代表拉维·尚卡尔·普拉萨德说，鉴于发达国家对气候变化不可推卸的责任，只有发达国家会有强制性减排"任务"。[②]印度环境部长认为发达国家应该率先履行它们的"承诺"。[③] 美国建议截止时间可以设在 2015 年 3 月，但是中国不太同意这个日期，使得这一协议不太可能在 2015 年年底得到签署。[④] 一个主要的非政府组织说，发达国家成功把减排的责任转移到诸如印度和中国等新兴经济体，发展中国家在华沙已经输掉了联合国气候变化谈判所有的关键领域，在减缓、损失和损害原则以及气候融资等方面都失败了。华沙大会进一步削减了"共同但有区别的责任"。尤其在绿色气候基金方面，发达国家远远没有做到。[⑤]

（四）对谈判进程缓慢的争论

发展中国家对谈判进程的缓慢表示不满。[⑥] 最不发达国家集团主席普拉卡什·迈色马（Prakash Mathema）着重指出：为保证在 2015 年巴黎会议上达成具有法律约束力的协议，本次会议需要取得巨大的进展。他警告时间正在流失，[⑦] 并强调需要为 2014 年 10 月份开始的谈判进行准备工作。"我们希望在随后的秘鲁利马气候变化会议上能在谈判文本草案内容上达成一致，这意味着接下来几个月的气候变化谈判非常关键。我们必须集思广益开始起草新协议，而

---

① Karl Ritter，"Impasse ends at U. N. climate talks as China，India drop demands"，*The Washington Post*.

② Sectoral Policies Brussels，22/11/2013（Agence Europe）.

③ Ibid.

④ Ben Webster，"Climate deal in doubt after US and China fail to set date"，*The Times*，2013 年 11 月 23 日。

⑤ Not Available for Re-Dissemination，except as permitted by your subscriber agreement.（c）Agence Europe，Brussels 2013. All rights reserved. Sectoral Policies Brussels，22/11/2013（Agence Europe）.

⑥ The Least Developed Countries Group calls for the foundations of the Paris agreement to be agreed in Lima，*M2 Presswire*，Coventry，June 17，2014.

⑦ Ibid.

不能在程序性讨论上拖延时间。”

发达国家缺少气候治理诚意，不断推卸减排责任。原本要求发达国家承担责任的《京都议定书》在华沙大会上几乎没有被提及，国际社会原本要求发达国家从2013年到2017年执行第二承诺期并提高减排指标，但是加拿大、日本和澳大利亚接连退出，特别是日本在华沙大幅度降低减排责任，澳大利亚则废除了碳税并退出《京都议定书》，加上美国借口等到2015年才落实承诺，原本发达国家承诺的每年100亿美元资金援助目前也只有1亿美元到位，整个发达国家阵营成了气候减排毫无作为的代名词。

从历史的角度来说，大多数的排放产生于工业化国家，但是发展中国家有后来居上之势，这种趋势主要由印度、巴西和中国等主要增长大国造成，它们是世界上位居前列的温室污染制造国。西方国家想要在新的气候协议中推倒这面“防火墙”，它们支持所有的国家在适用协议上一律平等。

欧盟委员会负责气候事务的委员康妮·赫泽高对未达成减排时间表表示失望，她认为少数发展中国家影响了谈判进程。[①] 委内瑞拉气候大使克劳迪娅·萨拉诺代表立场相似的国家集团（包括中国、印度、沙特阿拉伯和马来西亚）指责欧盟对发展中国家的批评，认为欧盟“严重破坏了这个过程中的信心和信任的氛围”。康妮·赫泽高认为部分发展中国家（立场相似国家集团）希望重新安装防火墙以避免减排责任。向后退和重装已经被打破的墙壁都不是时候，相反我们应该找出新系统应该是什么样子。令人鼓舞的是，一些新的国家正在加入，包括像美国这样的排放大国。欧盟试图通过媒体的指责游戏和把矛头对准我们，并通过攻击谈判伙伴来进行谈判。欧盟的领袖应为严重破坏信心和信任的氛围负责。

发达国家已经与新兴经济体在控制温室气体的排放量上形成了对决之势。菲律宾和印度东海岸的台风、海啸等自然灾害进一步推动了人类保护气候的意识。国际煤炭利益团体不断游说会议主办方。目前，发展中国家温室气体排放占全球温室气体排放的将近一半，中国已经接替美国成为最大的二氧化碳排放国。即便所有国家完成承诺，距离维持气候温度升高2度仍然存在120亿吨的缺口，而每年随着发达和发展中国家的不作为，这种缺口越来越大。

---

① Fiona Harvey，“Climate talks in trouble as EU and developing countries clash”，*The Guardian*，2013年11月23日。

（五）资金问题

南北国家就环境污染的责任和通过气候融资承担的气候变化的责任分担问题争论不休。发展中国家还敦促发达国家作出明确的扩大公私融资的政治承诺。[①] 华沙大会要求完成一个共同行动，这需要公私的融资和对绿色气候基金的支持。美国气候大使斯特恩警告说政府主导的政策风险将成为私人投资的最大障碍，强调要加强捐助国之间的合作，以加强公共融资和私人投资的利用。[②] 在华沙举行的联合国气候谈判已经看到了在较富裕国家和较贫穷国家之间就气候援助的争论在不断扩大。尽管工业国家已经承诺到2020年将援助增加到1000亿美元，但是大部分发达国家并没有实现他们的承诺。这些国家也缺乏明确的适当发布气候融资的计划。总部位于伦敦的海外开发协会（ODI）和海因里希·鲍尔基金会称，2012年发达国家承诺提供12.1亿美元。2013年为3.56亿美元，下降了71%。2010—2012年的“快速启动”期间，富裕国家提供了约350亿美元的资金。牛津饥荒救济委员会报告说，除了英国外其他发达国家还没有发布任何气候基金的数据。在这一点上，联合国秘书长潘基文在华沙会议上重申，发达国家必须提供他们的公共融资承诺。[③]

气候资金把重点从以往的侧重技术和能力支撑转移到“损失和损害”机制上。华沙气候大会上，经过缔约国激烈的争论后，一个新的针对由气候变化引起的各种灾害（如台风、洪水、干旱等）的灾民救助机制得以制定。救助和补偿机制意在填补《公约》中制度和财政上的差距，该公约是应对气候变化最初的机制。各国将如何履行减缓和适应性行动，并确保解决各种行动的金融和技术措施上的斗争将是2015年会议最主要的议题。[④] 被人们认为是一种妥协协议的“华沙损失与损害国际机制”（IMLD）其实是一种经济路线图，其是与会各方长期以来坚持各自立场的产物，同时也是最后一分钟紧急措施下的妥协版本。

---

① Stanslous Ngosa，“UN Climate Change Indaba Approves New Global Treaty”，*All Africa*，2013年11月28日。

② 同上。

③ Nesru Jemal，“Disappointing Compromises At Cop19 in Warsaw”，*All Africa*，2013年11月26日。

④ Not Available for Re-Dissemination，except as permitted by your subscriber agreement.（c）Agence Europe，Brussels 2013. All rights reserved. Sectoral Policies Brussels，22/11/2013（Agence Europe）.

谈判方最后同意，IMLD将成为适应基金的一部分（适应基金是发达国家帮助脆弱的发展中国家应对由于极端气候变化引起的破坏与灾难的援助基金）。

欧盟和美国等反对“华沙损失和损害机制”，他们担心这会产生一个新气候资金机制，为脆弱国家募集和派发资金。发展中国家希望成立一个类似于银行的金融机构，美国则认为应该利用已有的国际机构。发达国家也担心“损失和损害”原则可能会引发大量国际气候或环境赔偿诉讼，让富国不断为自己工业化造成的环境灾害买单。欧盟委员会负责气候事务的委员康妮·赫泽高对这个机制表示质疑：“我们不应该再为穷国的气候灾害而自动买单。”英国、澳大利亚等都反对给“华沙损失和损害机制”出钱。英国能源与气候部长埃德·戴维（Ed Davey）在于伦敦举行的一次会议上表示，欧盟应当提高企业排放二氧化碳的成本，从而有助于降低温室气。他认为，欧盟只是希望“损失和损害”原则用来提升发展中国家适应气候变化的能力，而不是成为向发达国家要钱的工具。美国极力反对“损失和损害”原则，其希望这一问题成为适应气候变化影响的努力的一部分，但这并不是以最脆弱的国家和最不发达的发展中国家为主的发展中国家所希望的。[①] 美国代表明确反对使用“补偿”或者其他有着法律责任的词语，以免使得大量诉讼产生。“损失和损害”原则可能会引发大量国际气候或环境赔偿诉讼，但如果仍继续采取之前的环境援助形式，则会削弱或者减少类似的大量国际诉讼现象。美国认为关于“损失和损害”资金的分派和来源仍然有许多重要问题没有解决，包括用于“损失和损害”的资金是否来源于现存的人道主义援助和救灾预算。美国希望“损失和损害”机制不要变成一个独立的机构，而是被放在现存的适应机构下，这将确保关于发达国家作为累积温室气体最大排放国的补偿、赔偿和罪行的想法得到消除。[②]

此外，美国和欧盟希望把“华沙损失和损害机制”放在《公约》的“适应框架”之下，即现有的倡导通过国际合作加强关于在发展中国家适应气候变化的行动的框架。其主张应将新的华沙机制放在适应框架之下的部分理由是，认为所有三个领域——缓解、适应、损失和损害必须一起解决。但是发展中国家则想弄清这个问题不仅仅只是“适应”气候变化，因为其要求就一些任何国家

① Nancy J. Powell, “For global cooperation on climate change”, *The Hindu*, 2013 年 11 月 25 日。

② “UN Climate Change Conference approves new procedure to compensate for damage”, *PNA* (*Philippines News Agency*), 2013 年 11 月 24 日。

都不可能适应的问题得到赔偿，如地势低洼的沿海地区的海平面上升。①

发展中国家认为华沙大会的唯一突破是通过建立一个机制来解决气候变化的损失和损害。把这个机制置于各方会议之下是美国和 G77＋中国小组妥协的结果。各方会议指的是联合国公约规定的最高的和有最高授权的机构，每个国家都有代表参加。② 华沙大会“损失和损害”机制遗漏了补偿原则的参考条款——中国和 77 国集团等发展中国家的首要需求，而是致力于建立一个未做详细规定的机制。③ 尼泊尔气候谈判代表认为，损失和损害原则机制不能被理解为普通的适应，二者是不同的东西。玻利维亚和南非的代表认为，“许多损失是不可避免的，而且我们不能适应一些东西”。“所有的国家都应该保护地球，但是那些为气候变化的有害后果负责的国家应该承当更多的资金责任。”④ 玻利维亚代表团认为，“最终建立损失与损害机制是非常重要的。它（这种机制）如今还处于婴儿期，我们要给与它成长的时间。这种协议最终将成长为能解决包含科技转让、经济建设与发展、移民问题等多种因素的机制”。⑤

在所谓的“华沙损失和损害国际机制”方面这次会议差强人意，但是关于这一项目的更细致的工作需要尽快进行，以在巴黎会议之前得到一个具体的解决办法。气候技术中心和网络（CTCN）表明“华沙损失和损害国际机制”是“多元公开”的，发展中国家要寻求绿色的、环境友好的并有助于减少温室气体排放的技术和计划的快速扩散。⑥ 德国的气候科学和政策研究组织气候分析（Climate Analytics）中的损失和损害专家迈克尔·谢弗（Michiel Schaeffer）说，“损失和损害是一个真正的问题领域，到目前为止一直被忽视且需要被解

---

① Joel Stonington, “Warsaw’s Meaningful Compromise”, *Spiegel Online International*, 2013 年 11 月 27 日。

② Nitin Sethi, “A weak Warsaw mechanism on Loss and damage almost final”, *The Hindu*, 2013 年 11 月 23 日。

③ PDATE 4-UN talks limp towards global 2015 climate deal, *Reuters News*, 2013 年 11 月 23 日。

④ UN Climate Change Conference approves new procedure to compensate for damage, *PNA* (*Philippines News Agency*), 2013 年 11 月 24 日。

⑤ Nivedita Khandekar, “Warsaw delivers agreement on climate change talks”, *Hindustan Times*, 2013 年 11 月 24 日。

⑥ Stanslous Ngosa, “UN Climate Change Indaba Approves New Global Treaty”, *All Africa*, 2013 年 11 月 28 日。

决，因为它不会自行解决而只能变得更糟”。①

瑙鲁代表小岛国联盟发言指出：成员国间仍存在根本性分歧，其中首要的便是金融议题。其表示，来自超强台风的威胁在过去就已经得到悲剧性的验证，然而人们仍有理由乐观，因为人类的团结将战胜灾难，20 年后，也就是在气候变化框架公约正式形成后，国际损失与损害机制将成为现实。② 其还指出：其对所有缔约方在建立损失与损害机制中所付出的辛勤努力以及所展现出的灵活性表示赞赏，该国际机制对最不发达国家集团是至关重要的，希望看到该机制能尽快付诸实践，以此来应对气候变化对那些国家造成的越来越严重的损害。③

六、全球气候治理转变的重要趋向

全球气候治理从以往全球治理的各国共同利益，逐渐让位于地缘政治经济的推手；从以往以谈判谋求成果为核心，转变为来自中、美、欧三方的核心角力和多元博弈。全球气候治理所伴随的碳排放空间争夺、新能源技术和市场竞争、碳关税和低碳贸易壁垒、低碳经济发展等因素会显著地影响传统地缘政治经济面貌，诱发新一轮分化和重组。气候变化进一步推动关系人类基本生存要素之间的相互联系和相互依存。水、能源和粮食三者之间形成了一种彼此影响、彼此制约并极具敏感性和脆弱性的地缘政治经济纽带，这种政治经济纽带成为新的全球地缘竞争高地，其中尤其以能源为主。从全球地缘经济历史演变来看，当前能源创新是气候博弈的核心，国际体系重大结构性变化的前提和条件是能源权力结构的变化，即出现了下一代能源的主导国。④ 气候变化危机为权力竞争带来了新的机会和特征，奥巴马政府发布《总统气候变化行动计划》，⑤ 以能源

① Bhrikuti Rai，“Progress on Loss-and-Damage and Tech Transfer at COP19”，*All Africa*，2013 年 11 月 27 日。

② TWN Warsaw News Update No. 29，29 November 2013，Published by Third World Network，http：//www. twn. my.

③ Ibid.

④ 转引自于宏源：“权力转移中的能源链及其挑战”，《世界经济研究》2008 年第 2 期，第 29—34 页。

⑤ Amy Edwards，“President Obama Unveils Climate Action Plan To Reduce Greenhouse Gas Emissions And Adapt To The Impacts Of Climate Change”，*Mondaq Business Briefing*，July 15，2013.

利用方式的调整为中心，强调制定与中国、欧洲等新能源竞争基础上的气候政策。欧盟在金融危机期间依旧着力推动清洁能源发展计划。[①] 其将金融竞争力和气候政策挂钩，通过欧元定价的碳交易，带动欧盟相关的金融服务发展，并向全球渗透，挑战美国在全球金融市场的优势地位，进而谋求地缘经济优势。[②]

全球气候变化谈判联盟也继续向松散化方向发展。以《公约》为核心的气候变化治理机制受到质疑，以大国协调为特征的合作机制（如 20 国集团、主要经济体论坛等）、自下而上的市场资源等不同模式在发达国家和发展中大国之间不断发展。美国自 2007 年发起主要经济体在能源安全和气候变化问题上的进程。这项进程包括世界上最大的 17 个经济体，目的是减少温室气体排放，它与联合国气候机制的关系是模棱两可的，部分而言是冲突的。环境领域中新兴联盟日益增多，而且以发达国家和发展中国家相互结盟为主，欧盟已经组成卡塔赫纳论坛（Cartagena Dialogue for Progressive Actions），[③] 并对谈判进程起到推波助澜的作用，其主要成员国包括的发展中国家有安提瓜和巴布达、孟加拉国、哥伦比亚、哥斯达黎加、埃塞俄比亚、印度尼西亚、秘鲁、萨摩亚、马拉维、马尔代夫、马绍尔群岛、墨西哥、坦桑尼亚、泰国、东帝汶、乌干达等；包括的发达国家有比利时、法国、德国、加纳、新西兰、挪威、西班牙、荷兰、英国等。2012 年，美国、加拿大、墨西哥、瑞典、加纳、孟加拉国和联合国环境规划署联合发起气候和清洁空气联盟，旨在减少黑碳、甲烷及氢氟碳化合物 3 种污染物的排放，现已有 30 多个成员。

既有的气候变化"共同但有区别的责任"将进一步虚化。历史责任和南北区分是华沙会议的重要焦点。[④] 20 世纪 90 年代确定的"共同但有区别的责任"原则以《京都议定书》等为基础，确立了全球气候治理的"南北格局"：发展中国家二氧化碳排放只占全球的 32%，其中中国占 11%；发达国家在减排潜力、排放量等方面占据绝对优势，因此发达国家率先承担减排义务，并为发展中国家提供资金和技术支持是全球共识。经过 20 多年的发展变化，谈判方内部减排能力、潜力、经济实力等发生了巨大变化。2007 年，政府间气候变化专门委员

---

① 张敏："高科技产业的'欧洲梦'"，《瞭望》2010 年第 9 期。

② 薄燕、陈志敏："全球气候变化治理中欧盟领导能力的弱化"，《国际问题研究》2011 年第 1 期，第 37—46 页。

③ Duncan Clark, "How Fossil Fuel Reserves Match UN Climate Negotiating Positions", *The Guardian*, February 13, 2012.

④ "UN talks approve climate pact principles", *Agence France Presse*, November 24, 2013.

会（IPCC）评估报告认为，发展中大国的减排潜力日益增加，2000—2030 年，基于能源使用碳排放量 2/3 或者 3/4 的增长量来自发展中国家。世界银行的报告认为，到 2030 年，大部分新增的全球能源消费将会来自新兴发展中大国，其中中国占 55%，印度占 18%。[①] 为了反对“共同但有区别的责任”原则，美国气候谈判代表斯特恩认为，195 个国家达成的协议中将“贡献”而不是“承诺”引入新政策中，这是一个很好的结果和一个相当艰难的谈判。[②] 美国只对没有“共同但有区别的责任”原则的谈判结果满意，要求每个国家都可以在 2014 年气候谈判会议拿出减排承诺。斯特恩认为，“应该有更强的语言清晰地表明什么时候停止‘共同但有区别的责任’原则的防火墙，并且让中国和印度提出减排国家自主承诺”。[③] 第三世界网络（TWN）认为，[④] 西方国家想要在新的气候协议中推倒这面“防火墙”，它们支持所有的国家在适用协议上一律平等。欧盟则认为防火墙必须反映当前的现实而不是 20 世纪 90 年代的历史限制。[⑤] 欧盟委员会负责气候事务的委员康妮·赫泽高认为，在旧体制中的承诺和行动之间还有这面防火墙，但华沙会议让其只剩下一个词了，这可以更快捷地在巴黎实现谈判目标。[⑥] 她对未达成减排时间表表示失望，认为少数发展中国家坚持防火墙影响了谈判进程，并认为相似发展中国家集团希望重装“防火墙”。[⑦]

传统联合国气候谈判的核心角力和博弈主要来自中国、美国、欧盟三方，各种其他势力依附此三者形成不同的集团影响着总体的平衡和声势，然而随着联合国平台谈判能力下降，地区性集团开始兴起并且逐渐成为谈判中的重要力量，表达着不同的利益诉求，尤其是发展中国家内部不同地区的集团利益逐渐

---

① “Environment（A Special Report）Who Wants What in Copenhagen”，*The Wall Street Journal*，December 7，2009，pp. 6—7.

② “Warsaw Climate Deal CriticizedInside”，EPA. com，*Daily Briefing*，November 26，2013.

③ “Climate conference’s results expected to be modest”，*The Washington Post*，November 23，2013.

④ “TWN Warsaw” News Update No. 29，29 November 2013，Published by Third World Network，http：//www. twn. my.

⑤ Urmi. A. Goswami，“UN climate talks：European Union and Like Minded Developing Countries trade accusations”，*The Economic Times*，November 23，2013.

⑥ Climate talks limp towards Paris pact，PACNEWS，the Pacific News Agency Service，November 25，2013.

⑦ Fiona Harvey，“Climate talks in trouble as EU and developing countries clash”，*The Guardian*，November 23，2013.

分化。小岛国虽然在地理上分布分散，但是其共同的地理环境使其成为气候谈判中的一支重要力量。非洲集团作为经济相对落后的地区，与最不发达国家集团的共同语言日渐增多，除了对发达国家减排、提供支持等方面的一贯要求外，也出现了要求新兴发展中大国承担减排责任和提供支持的苗头。阿拉伯联盟中由于有许多成员国经济高度依赖于化石能源出口，因此对于严格的全球减排安排始终持消极态度。哥伦比亚等部分拉美国家由于在政治经济上与美国联系密切，在气候谈判中也积极呼应美国的主张。巴西、阿根廷等另外一些拉美新兴经济体国家则跨地区与中国、印度、东南亚等新兴经济体国家形成“基础四国”、“立场相近发展中国家”等联盟，避免为本国未来一段时间的快速发展设定过于严格的量化减排任务。委内瑞拉等一部分拉美国家在国际政治经济大环境中与以美国为首的发达国家展开斗争，这一形势也传导到气候谈判中。发展中国家大集团中的这些利益分歧，使其在与发达国家的谈判中逐渐处于下风。欧盟＋小岛国、伞形集团＋AILAC（拉美和加勒比国家独立联盟）的格局，逐渐打破了发展中国家以“77 国集团＋中国”为主体的团结。

联合国在应对全球气候变化中所发挥的作用主要是作为国际气候变化谈判的主要发起者和推动者。联合国秘书长潘基文认为，“联合国应对气候变化谈判的成败将在很大程度上定义联合国在 21 世纪上半叶的影响”。然而在华沙气候变化大会上，以《公约》为核心的气候变化治理合法性受到质疑和挑战，其主要表现在以下几个方面：一是气候变化的核心减排问题进展缓慢。气候变化谈判围绕减排目标为核心，在联合国平台下的博弈焦点是针对能否促使发达国家或全球各国承担大幅度量化减排指标。德班平台联合主席（分别来自欧盟和小岛国）主导下的谈判进程非常缓慢，虽然最终通过的决议要求各国为 2015 年通过、2020 年生效的气候变化新协定启动确定自主“贡献”的工作，但是关于“2015 年协议”的决定在充满争议的背景下勉强产生，如何体现“公平”和“区别”等重要问题悬而未决，而且决定似乎已经将全球减排谈判拉向了完全松散的格局。二是资金机制的谈判黯然收场。发达国家没有体现出任何落实长期资金的意愿，到 2020 年达到 1000 亿美元支持的空头支票依然处于“继续动员”阶段；绿色气候基金没有摆脱“空壳化”的趋势。关于发展中国家最关注的长期资金，最终通过的决定中没有任何有意义的成果，只泛泛要求发达国家每两年提交一次最新策略和方法以继续动员和扩大 2014—2020 年间的融资。在绿色气候基金方面通过了引导性决议，要求发达国家在 COP20（2014 年）到来之前提供及时、有雄心的赠款，以促进绿色气候基金正常运转。勉强的亮点是 7 个欧盟国家和澳大利亚一起，承诺为陷入困境的适应基金注资 1 亿美元。小岛国联盟提出，华沙大会首要分歧还是气候融资议题。[①] 伦敦海外开发协会（ODI）称，2012 年发达国家承诺提供 12.1 亿美元，2013 年下降了 71%。乐施会报告说，除了英国，发达国家均未发布气候融资数据。联合国秘书长潘基文则敦促发达国家必须履行融资承诺。[②] 三是全球气候变化谈判效率下降。政治意愿和互信的严重缺失使《公约》谈判陷入旷日持久的清谈和“咬文嚼字”，虽然“吵而不崩”但效率低下甚至出现退化。从短期和狭隘立场看，这种僵持局面有利于维持对自身相对有利的制度安排；但从长期和全球视角看，《公约》效率的持续低下将进一步损害《公约》的主渠道地位，为各种《公约》外机制的“大行其道”创造了机会。联合国气候变化框架公约秘书处执行秘书克里斯蒂娜·菲格雷斯认为与日益威胁人类的气候灾难相比，联合国气候谈判进程仍然缓慢，这主要是因为华沙大会缺少政治决心和政治意愿，以及参与各方对减排的真实承诺。[③] 气候变化科学联盟组织认为联合国谈判体制存在很多问题，谈判变成了空谈，[④] 华沙大会没有在评估各国行动和公平性上达成一致的标准。[⑤] 世界自然基金会认为，华沙大会没有在应对气候变化的行动上迈出重要一步。[⑥] 四是联合国峰会响应程度不高。联合国需要通过政治峰会来重新提升各国的政治意愿和气候变化治理热情，提高联合国的权威。因此，联合国将会把重点放在 2014 年全球气候首脑峰会上。联合国秘书长潘基文宣布，2014 年，他将召集世界各国领导人举办一个会议来确保 2015 年最后期限内能够完成既定目标，确保国际社会在 2015 年达成综合、具有法律约束力的协议问题上作出更多的努力。潘基文认为还有很多工作需要做，他呼吁政府、企业、公民社会以及公民在此基础之上加快行动，以便能够将气温升高控制在 2 摄氏度以内。潘基文任命加纳总统库福尔和前挪威首相延斯·斯托尔滕贝格作为气候变化特使，并推动阿联酋举办

---

① TWN Warsaw News Update No. 29，29 November 2013，Published by Third World Network.

② Nesru Jemal，“Disappointing Compromises At Cop19 in Warsaw”，*All Africa*，November 26，2013.

③ Leahy，Stephen，“Climate Change：Critics Brand Cliamte Talks another Lost Opportunity”，*Global Information Network*，New York，11 December 2012.

④ Tom Harris，“UN Pushing Climate Nonsense”，*The Ottawa Sun*，December 15，2012.

⑤ “Graham Lloyd，Doha's Politics of Envy Environment”，*The Australian*，December 14，2012.

⑥ Karl Ritter，“Modest deal on climate targets break deadlock at UN talks”，*Associated Press*，November 24，2013.

2014 年气候变化峰会之前的高级别准备会议。然而到目前为止，各国政要响应程度不高。

七、华沙大会后气候谈判的未来走向与发展趋势

气候变化谈判一直存在联合国制度建设和大国权力竞争与制度建设这样两条主线，其中最重要的两个特征是：一是现有联合国框架内的气候谈判虽是核心和基础（联合国秘书长潘基文表示，华沙大会是通向 2015 年达成普遍法律协议的一个重要的垫脚石），但是效率滞后和权威性下降无法推动各国为向全面减排转变提供动力；二是美国、欧盟、发展中大国等国家和地区的倡议和领导能力都有所下降，围绕气候变化引发的新地缘经济竞争激烈。展望未来，华沙大会既带来机遇，也充满挑战。

（一）全球气候变化谈判格局向大国政治主线回归

全球气候变化谈判过程中，由于受到气候变化影响，国家利益各不相同，由此产生了许多气候谈判阵营，如欧盟、伞形集团、[①] 77 国集团＋中国、小岛国联盟、[②] 石油输出国组织等。其中，有两条主线贯穿于气候变化谈判过程中：其一是关于欧盟和以美国为代表的伞形联盟的矛盾；其二是发展中国家和发达国家的矛盾。多哈会议之后，这两种矛盾都有所上升；华沙会议以来，两大阵营的界限有所模糊。随着“巴厘路线图”谈判进入尾声，发达国家“令人难以置信的低水平减排指标”既成事实，加之在资金、技术转让方面的不作为，引发发展中国家普遍不满，在多哈会议上要求发达国家履行义务的呼声强烈，平台谈判处于次要位置。在此背景下，南北矛盾是主调，发展中国家内部声音相对一致，欧美合流，“立场相近发展中国家”（＋基础四国）发挥重要作用，气候变化谈判逐步回归“大国政治”格局。气候变化谈判传统的“两大阵营”格

---

① 伞形集团以美国为主，集结其他非欧盟的工业国家所组成，由日本、加拿大、澳洲、新西兰等组成。

② 小岛国联盟是由一些低洼与岛屿的国家成立的特设联盟，这些国家特别容易受到海平面上升的影响，直接威胁其国家的生存，所以希望全球气候变化谈判对世界各国碳排放采取严格的限制。

局仍然存在，但欧盟、美国、发展中国家“三股势力”鼎足而立的形势发生了某些变化。为将美国拉入“2015 年协定”中并共同拆除“防火墙”，欧盟暂时放弃了对具有“法律强制约束力”的全球协议的要求，全力支持美国。“基础四国”在政治上保持团结，与其他“立场相近发展中国家”一起起到了抗衡欧美的作用。尽管“小岛国集团”和“最不发达国家”以及“独立美洲和加勒比海国家联盟”（AILAC）的诉求依然强烈，但在逐渐回归“大国政治”的谈判格局中显得力不从心。从不同角度看，“小岛国集团”和“最不发达国家”的利益受到轻视和损害，将更多地损害已经分化的发展中国家的整体团结。

（二）新兴发展中大国继续成为矛盾焦点

近年来，随着国际权力分配逐渐趋向平衡，国际政治格局多极化和世界经济全球化的加快，国际体系处于深刻的变化和转型过程中，已经进行 20 年的国际气候谈判也进入了转折阶段。在世界政治经济格局和气候谈判格局双重调整和转变时期，气候变化谈判过程与全球政治经济格局“东升西降”的走势同步，2008 年金融危机以来，以巴西、南非、俄罗斯、印度及中国等新兴经济大国为代表的新兴市场国家经济高速发展，反之，美、日、欧等发达经济体遭受严重经济创伤，在全球经济格局中的地位也相对下降。经过 20 多年的发展变化，谈判方内部减排能力、潜力、经济实力等发生了巨大变化，全球排放格局的焦点逐渐转移到发展中大国上来。[①] 首先，不少西方媒体对立场相似发展中国家集团（LMDC）进行攻击。第三世界网络（TWN）认为，发达国家已经与新兴经济体在减排问题上形成了对决之势。发达国家媒体认为，制约华沙谈判中的负面因素是立场相似发展中国家集团。美国气候变化谈判代表斯特恩认为立场相似发展中国家集团是气候谈判大会的主要断层线。媒体认为由于秘鲁和委内瑞拉、中国、印度等政治关系良好，因此 2014 年立场相似发展中国家集团会影响谈判

---

① 2007 年政府间气候变化专门委员会（IPCC）第四次评估报告认为，发展中大国的减排潜力日益增加，2000—2030 年，基于能源使用的碳排放量 2/3 或者 3/4 增长量来自发展中国家。国际能源署（IEA）预测，到 2020 年，发达国家总体排放量相对 1990 年将减少 4%，其中美国减少 3%、欧盟 23%、日本 10%、俄罗斯 27%；而发展中国家的排放量相对于 1990 年则会有大幅度的上升，预计发展中国家整体排放量将增加 107%，其中中国将增加 275%、印度 224%。

进程。[①] 其次，美国和欧盟等把焦点转向中国和印度，要求中国和印度把所有气候变化谈判的底牌都亮出来，[②] 强调快速增长的经济体如中国应该参加减排。[③] 斯特恩认为，"中国说承诺应只适用于发达国家，这让人很吃惊。我感觉像是进入了一个时间隧道，这是很荒唐的。美国反对区别责任并推动建立一个适合所有国家的全球体制"。[④] 斯特恩还提出，发达国家承诺到 2020 年年度资金将达到 1000 亿美元，中国等发展中国家也应该在气候融资方面作出贡献。[⑤] 第三，欧盟催促中国和美国发挥积极作用。欧盟代表赫泽高称：要想使气候谈判成功，中美两国必须接受严格的减排目标，并提供资金来帮助穷国减排和适应气候变化。赫泽高认为，中国的人均排放已经超过欧洲的人均排放，美国和中国贡献了全球 2/5 的碳排放，[⑥] 且一直是达成协议的主要障碍。[⑦]

在此过程中，发展中大国在气候变化谈判中的责任和地位不断发展变化，发达国家与发展中国家之间的矛盾正逐渐转变为排放大国和排放小国之间的矛盾。排放大国与小国的划分最早是由美国提出的，并得到了欧盟及其他一些国家的支持。这种划分的依据是现实排放量和减排潜力。2011 年全球二氧化碳排放量创新高，达 340 亿吨，其中中国和印度的排放占总量的 1/3，与 OECD 国家相当；中国的人均排放为 7.2 吨，仅比欧盟水平低 0.3 吨。[⑧]

20 世纪 90 年代，《公约》和《京都议定书》以发展中国家和发达国家两大阵营之间的对抗替代了冷战时期的意识形态对抗，气候变化由单纯的科学问题演变为政治问题和发展问题，谈判日渐艰难。目前，发达国家既希望通

---

① Fiona Harvey, "As the Warsaw climate talks end, the hard work is just beginning", November 26, 2013.

② McDonald, Frank, "Climate deal reached in Warsaw but critics say it is too weak in face of crisis", *Irish Times*, Dublin, November 25, 2013: 10.

③ "Last-Minute Deal at UN Climate Talks", *FARS News Agency*, November 24, 2013.

④ Goswami, Urmi A, " Warsaw climate change talks come to a close with deal; key issues unresolved", *The Economic Times*, New Delhi, 25 Nov 2013.

⑤ Nitin Sethi, "U. S. 'backtracking throws climate finance into disarray", *The Hindu*, November 23, 2013.

⑥ Lean, Geoffrey, "China: now an example to the world?", *The Daily Telegraph*, *London*, *UK*, *November* 23, 2013: 30.

⑦ Josie Le Blond, "US and China must act on climate change rhetoric, says German minister", *The Guardian*, November 26, 2013.

⑧ 数据来源：PNL and JRC, Trend in Global CO_2 emission-2012 report。

过德班平台增强行动平台的竞争，淡化历史责任，转嫁自身减排责任，更希望德班平台可以延缓中国的崛起和发展，继续维持西方国家主导的国际政治经济秩序。

(三) 围绕德班平台规则的谈判影响深远

首先，华沙大会后气候谈判将更加艰难，谈判的规则也将发生全新的变化。围绕 2015 年德班平台这些模糊性主要体现在：一是德班平台谈判结果法律地位的不确定性；二是各国气候变化责任分摊的模糊性；三是公平内涵的模糊性，主要涉及发达国家与发展中国家之间责任的公平性的协调问题。德班平台谈判最终的纠缠出现在决议文本中自主“承诺”（national-determined commitments）还是自主“贡献”（national-determined contribution）的选择上。发展中国家希望在“承诺”一词之后加上相关定语以明确体现“共同但有区别的责任”原则，遭到美国的坚决反对，最终以自主“贡献”一词模糊定稿。这其中可能有两方面的含义：其一，“防火墙”有可能被虚化；其二，“2015 年协定”向全球“自下而上”的松散模式更进了一步，形成了某种事实上的倒退。在未来的谈判中，如何体现“防火墙”的问题必然成为首要方面。此外，根据决定，各国还需为自主提交的“贡献”提供各类支撑信息，并可能按照统一格式填报“贡献”，以保证其透明性以及未来的核算，这都将是下一步谈判的重点。其次，气候谈判联盟重新分化组合，地区性气候集团将在未来的德班平台谈判中发挥更大作用。德班平台谈判启动以来，国际气候格局形势和联盟变化更加明显。第三，如何确定谈判授权和安排谈判议题将是接下来德班平台谈判的最大挑战。2005 年以来的国际气候谈判日趋复杂，不仅涉及的谈判议题日渐增多，而且谈判渠道也不再单一。虽然后京都气候谈判实行了双轨制（在 AWG-KP 和 AWG-LCA 下），但加上已经存在《公约》及其《议定书》会议以及相关的附属机构会议，每次联合国气候大会的议程都相当拥挤和紧张。第四，缺乏政治意愿和低期望将成为德班平台谈判的常态与基本特征。

展望未来，多元推进的气候谈判必然对 2014 年底利马大会和 2015 年底巴黎大会产生深刻影响。在 2014 年底利马峰会上，联合国也希望推动气候谈判的多元参与。联合国气候变化框架公约秘书处执行秘书菲格雷斯表示，许多国家、城市、企业、投资者和消费者已经采取了积极的行动，同时政府也在国家层次作出贡献。她还说：“重点是提高目前的声势，实现全球向低碳、非气候变化的转变，这是我们对气候变化挑战唯一有效的回应，也是我们建立一个更安全、更繁荣的世界的契机。”[①] 联合国秘书长潘基文认为，2014 年联合国利马气候变化会议可达成 2015 年巴黎会议的谈判草案。菲格雷斯表示，她相信各方的分歧将会得到解决。发达国家在增加对发展中国家资金和技术上的支持，但所做的“当然还是不够”，“还有 18 个月的时间就要召开极具重要性的巴黎气候变化峰会，但 185 个国家的代表仍在就达成协议的程序进行争论，作为谈判基础的文本草案仍未出台”。菲格雷斯认为联合国谈判是复杂曲折的过程，“各国仍处于一条可能使全球平均气温螺旋上升的路上，但政府又把气温增长 2 摄氏度作为一个极限。巴黎协议必须尽早落实温室气体排放峰值的路线并树立信心，在本世纪后半叶把它降到我们能建立全球碳中性经济的那个水平”。

综上所述，全球气候变化治理面临的一个基本事实是，如何协调中国、欧盟和美国的关系，如何继续维护联合国框架下的德班平台制度建设。首先，必须承认气候变化已经带来了新的地缘经济和政治变化，传统的联合国自上而下治理已经很难把各国碳排放控制在地球承载能力范围之内。其次，承认竞争也是推动气候谈判的动力。中、美、欧等大国竞争不仅仅存在于威斯特伐利亚权力体系的“你之所得即是我之所失的零和关系”中，低碳和新能源竞争可以有效推动全球作为新能源发展的整体性和相互依存性，也可以提升新能源大国的实质话语和倡议权等，当前中、美、欧等可再生能源大国继续引领气候治理，而可再生能源资源富集国家（如巴西、北欧国家）的地位不断上升。展望未来，上述问题在华沙大会之后都会成为新的全球气候治理的中心议题。

当前国际气候治理领域出现了一些新趋势和新变化，这无疑给中国带来了新的压力：中国参与全球气候治理进行减排压力日益增大。奥巴马强调，国际社会需要就气候问题达成一项雄心勃勃、具有包容性和灵活性的协议。中美两国作为世界两个最大的经济体和排放国，有着特殊的责任，应率先在气候变化方面采取行动。欧盟催促中国和美国发挥积极作用，欧盟气候谈判代表赫泽高称：要想气候谈判成功，中美两国必须接受严格的减排目标，并提供资金来帮助穷国减排和适应气候变化。赫泽高认为，中国的人均排放已经超过欧洲的人均排放，且一直是达成协议的主要障碍。这一压力无疑是将原来中国与其他发展中国家的联盟打破，使中国陷入孤立。现在面对全球治理方面存在的压力，中国应该采取积极的应对之策，而不能消极被动地等待和观望，因为气候变化

① McDonald, Frank, “Bonn climate talks hear messages of hope as global cities and regions commit to tight targets”, *Irish Times*, Dublin, June 11, 2014.

不同于其他议题，它具有高度的敏感性并与中国当前的中心工作——经济发展有密切的联系。

首先，在国内制定适合本国国情的减排策略，并将之纳入中国国民经济发展的总体规划，以便在国家战略层面适应气候治理变化新形势的需要。应该看到，在这方面中国领导层已经意识到这一问题的紧迫性。中国国家主席习近平特使、国务院副总理张高丽在发言中指出，应对气候变化是中国可持续发展的内在要求，也是应尽的国际责任，中国已制定实施应对气候变化的国家方案和规划，确保实现 2020 年碳排放的强度比 2005 年下降 40%—45%。中国应对气候变化和节能减排已经取得了一系列成果。张高丽表示，中国要主动地承担以自身的国情和实际能力相符的国际义务，尽快提出 2020 年后应对气候变化的行动目标。碳排放的强度要显著下降，非化石能源的比重要显著提高，森林的蓄积量要显著增加，努力争取二氧化碳的排放总量尽早达到峰值。

其次，必须承认气候变化已经带来了新的地缘经济和政治变化，传统的联合国自上而下治理已经很难把各国碳排放控制在地球承载能力范围之内。因此，在继续有效地发挥联合国治理机制、关注联合国平台基础之上，应该探索新的治理机制，并且在新的治理机制中发挥应有的作用。中国在峰会中承诺：将把气候变化援助资金增加一倍，并建立“应对气候变化南南合作基金”，还将提供 600 万美元支持联合国秘书长推动应对气候变化南南合作。

第三，亮出中国在气候治理问题上的观点，以理服人。在本次会议上张高丽表示，中国支持巴黎会议如期达成协议，为此他提出三点倡议：(1) 坚持公约框架，遵循公约原则；(2) 兑现各自承诺，巩固互信基础；(3) 强化未来行动，提高应对能力。中国重点展示了应对气候灾害、社会企业的自主减排行动以及在国内加强气候复原力等成就。中国在电动汽车、风电、电网等方面的技术和制造能力均已国际领先，比亚迪和万科的介绍，已经用中国绿色产业海外贡献的事实回击了一些西方媒体和 NGO 的歪曲负面报道。这些原则性意见的提出摆明了中国的态度。

第四，积极参与，争取话语权。实事求是地讲，中国在气候治理问题上可能还有不足，但是相较于西方国家的反复无常和自己国家利益至上的表现，中国的表现还是比较好的。但是由于西方国家掌握了国际话语权对中国进行歪曲和攻击，因此中国一定要积极向全世界宣传其在节能减排领域取得的巨大成果，让世界各国政府及人民认识到中国在气候治理中的贡献。

第五，鼓励国内的企业在节能减排、新能源技术等方面发挥作用。在提高国内市场减排效果和技术能力的同时，积极走出去参与世界节能减排市场的竞争。随着全球气候治理的深入，这方面存在着一个巨大的商机，对于中国的企业来说要积极抓住这个商机，促进自身的发展。

专题报告三 联合国可持续发展问题高级别政治论坛的角色和挑战

李金祥*

可持续发展问题涉及多个方面，从环境到资源，从气候变化到生态平衡，从可持续消费模式到贫困和饥饿等问题都囊括其中。自 1972 年斯德哥尔摩人类环境会议以来，它一直是联合国最重要的工作之一。1992 年里约热内卢地球高峰会和 2012 年 6 月 20—22 日的“里约＋20”峰会是联合国及各级行为体处理可持续发展问题的里程碑式会议。1992 年地球高峰会把“可持续发展”确立为各国共同努力的目标。而且，为落实会议的后续行动，联合国专门成立了下属于经社理事会的可持续发展委员会（CSD，简称持发委）。“里约＋20”峰会更是一次空前的盛事。荷兰阿姆斯特丹自由大学政治科学和环境政策科学教授法兰克·贝尔曼（Frank Biermann）指出，从纯数字来看，约 4.4 万人参与了会议的筹备、非正式磋商、外围会议和正式大会。外围会议有 500 场次左右，而非官方活动竟达到 3000 个。[①] 会议最终通过了《我们希望的未来》成果文件。其中一项重要内容是，设立一个具有普遍性的政府间高级别政治论坛——“可持续发展问题高级别政治论坛”（下文简称论坛），最终取代持发委。[②] 2013 年上半年，联合国还召开了一系列会议，谈判和商讨该论坛的组织形式，并作出了相关决议。2013 年 9 月 24 日，论坛举行了成立大会。2014 年 7 月 8—11 日，论坛的首次部长级会议在经济及社会理事会的主持下完成。那么，为何联合国要用

* 李金祥，上海金融学院讲师，主要从事联合国与制裁、国际经济和金融组织、非政府组织等问题的研究。

① Frank Biermann, “Curtain down and nothing settled: global sustainability governance after the ‘Rio＋20’ Earth Summit”, Environment and Planning C: Government and Policy, 2013, volume 31, p. 1100.

② 联合国大会决议，A/RES/66/288，2012，第 84 段。

可持续发展高级别论坛代替可持续发展委员？该论坛的职能和机制有哪些？在未来治理全球可持续发展问题的过程中，它的机制能否胜任？中国如何规划在该论坛中的外交？这些都要结合论坛的现况和联合国内各国的外交谈判来进行分析。

一、可持续发展问题高级别政治论坛的成立背景

论坛的成立具有特殊的国际背景，它是新形势下联合国为克服现有治理机制功能不足而努力的结果。在联合国系统内，有诸多此类治理机制，如可持续发展委员会、联合国森林论坛、联合国环境规划署理事会、联合国人类住区规划署理事会、联合国开发计划署、联合国人口基金会执行委员会等，但是它们都无法胜任新形势下的全球治理需求。其中，人们尤其对持发委功能的衰减持不满的态度。因为它是联合国治理可持续发展问题的第一个机构，也是中心机构，而且它一度为治理可持续发展问题作出过重要贡献。

联合国秘书长潘基文指出，在森林、国际贸易中的危险化学品、持久性有机污染物、能源和小岛屿国家因气候变化的脆弱性问题等相关的可持续发展问题上，持发委发挥了重要作用。这种作用主要体现在设立议题和标准上。例如，根据持发委第二届会议的建议启动了制定《关于在国际贸易中对某些危险化学品和农药采用事先知情同意程序的鹿特丹公约》和《关于持久性有机污染物的斯德哥尔摩公约》的进程。

持发委也是审查全球小岛屿发展中国家会议各项成果执行情况的唯一论坛。在 1998 年第六届会议上，持发委呼吁经济和社会事务部、环境署及联合国贸易和发展会议（贸发会议）帮助制订一个脆弱性指数，用于对小岛屿发展中国家的脆弱性进行量化分析。在第十二届会议上，持发委还专门花一天时间（被称为“小岛屿发展中国家日”）从这些国家的角度讨论各个主题。

持发委还推动了森林和海洋领域里的可持续发展问题治理。2000 年持发委的工作促使经社理事会设立了促进森林管理、养护和可持续发展的联合国森林论坛，2007 年该论坛通过了关于所有类型森林的无法律约束力的文书。由于持发委第七届会议的建议，联合国大会设立了审查海洋事务事态发展的联合国海洋和海洋法问题不限成员名额非正式协商进程。在能源领域，持发委第九届会议系统地讨论了重大能源问题，包括可供量、能源效率、可再生能源、核能和有关挑战。持发委第十五届会议就能源问题所进行的讨论成果被 2010 年大会关

于千年发展目标的高级别全体会议采用。①

然而，上述成就无法掩盖21世纪初持发委的失败。在和平与发展成为各国诉求的背景下，经济全球化、全球信息化和世界多极化的发展对持发委的治理功能提出了更高需求。②

首先，经济全球化不仅指生产要素的全球化，还指这种全球化所带来的产物——部门间界线的模糊以及全球性问题的出现。经济全球化衍生出的可持续发展问题已经成为一个全球问题。全球化使得可持续发展问题的内涵更加丰满，涉及众多领域。在20世纪90年代之前，可持续发展问题主要是环境问题，但在全球化的推动下，由于部门间界线的模糊，可持续发展会涉及多个不同的部门或领域。比如，碳排放既是一个环境问题，也是一个经济问题。也就是说，可持续发展问题现在具有跨部门和跨领域的特征，这就增加了成员国治理的难度。那些跨国界的全球性问题，需要各主要国家和诸多部门共同努力才能解决。

21世纪的可持续发展问题治理需要有整体的思路，要从环境、社会和经济三个层面一起着力。联合国前秘书长安南指出，可持续发展的概念反映出环境与发展之间有着不可分割的联系，可持续发展必须同时为经济、社会和环境的目标服务。③ 正是出于这种考虑，早在1997年他就成立了联合国发展集团(UNDG)，该集团包括32个联合国系统内的基金、规划署和机构以及5个观察员，如国际货币基金组织和世界银行等都在列。2002年，约翰内斯堡可持续发展问题世界首脑会议的成果文件进一步要求：持发委要在经社理事会指导下发挥监督全系统协调和均衡整合可持续发展三个层面的作用，安排定期审议可持续发展议题，包括实施手段，充分利用实质性会议的各个部分考虑联合国在可持续发展领域所做工作的所有相关方面；促进各职司委员会和主要群体与职司委员会及其他附属机构增强各项活动的协调、互补、效力和效率，并推动更多地参与高级别部分。④ 换句话说，可持续发展问题需要一种整体性的治理。

整体性治理需要持发委能整合联合国系统内的诸多治理机制，并能推动经济、环境和社会领域里的官员同时发挥作用，但事实上，它远没有成功实现其目标。一方面，在联合国系统内，关于可持续发展问题的联合分析与政策协调

① 秘书长报告，A/67/757，2013年2月26日，第35到40段。

② 这“三化”的概念由联合国前秘书长陈健大使提出。2013年9月，陈健大使在上海金融学院的“国际形势和大国关系”报告中提出这三个概念。在此笔者的解释略有不同。

③ 秘书长报告，E/CN.17/2002/PC.2/7，导言，第4段。

④ 联合国大会决议，A/RES/56/226，2002，第13段；“可持续发展委员会的经验教训”，秘书长报告，A/67/757，2013年2月26日，第14段。

措施并未能导致计划、执行与监控的真正融合，联合国相关机构的活动仍然由独立机构——特别决定程序负责进行组织。……专门机构的活动仍依赖于各自部门的授权。[①] 另一方面，在吸引可持续发展所有三个层面的代表参与方面，持发委也不成功。它没有处理经济领域里可持续发展问题的权限。它的工作不包括对经济体系或经济动力的检查，如跨国的贸易与可持续发展之间的关系问题，[②] 它也不能使社会领域的部门和高级别官员积极参与。它所吸引的主要是环境界成员（以部长级官员为主），因此在很大程度上被视为“环境委员会”。[③] 可以说，可持续发展委员不能满足整体性治理的需求。

而且，全球治理需要全球范围内的有效评估和监督机构。在这方面，持发委也未能发挥应有的作用。正如联合国秘书长潘基文所说，持发委于 1996 年促成编写了一套可持续发展的初始指标。2001 年和 2006 年它又对这套指标做了修订，反映了在工作方法、数据提供以和使用方面的进展。此后，许多国家已开始汇编此类指标数据以供决策时使用。不少国家还根据联合国决议制订了可持续发展战略并编写了执行情况报告。很多国家通过与多个利益攸关方协商，在构思和改写可持续发展战略方面取得的进展已经被列入国别报告。尽管如此，由于缺乏系统的监测以及国家与国际这两个层级的互动，持发委却从未专门花时间对这些报告进行系统审查。[④] 总的来看，全球问题治理所需要的整体性和有效的评估与监督机制，持发委都缺乏。

其次，全球信息化扩大了非国家行为体的参与机会，其中的一些社会力量被联合国大会称为主要群体或利益攸关方。[⑤] 在这些行为体的参与问题上，持发委有贡献，但也面临着挑战。1997 年联合国大会第十九届特别会议授权持发委

---

① 托马斯·菲斯：“欧洲与中国对于发展和《千年发展目标》议程的观点：对于联合国当前改革努力可以有何期许?”，余华川、冯绍雷：《2006 年联合国改革与发展欧亚视角国际会议论文集》，华东师范大学出版 2009 年版，第 57—58 页。

② Stakeholder Forum. 2012. *Review of implementation of Agenda 21 and the Rio Principles*: *Synthesis.* United Nations Department of Economic and Social Affairs. Leadership Council of the Sustainable Development Research Network. 2013. An Action Agenda for Sustainable Development: Report for the UN Secretary-General. 6 June. p. 8.

③ 秘书长报告，A/67/757，2013 年 2 月 26 日，第 19 段。

④ 秘书长报告，A/67/757，2013 年 2 月 26 日，第 29 段。

⑤ 在联合国系统内，联合国大会明确了主要群体和利益攸关方的内涵。主要群体为妇女、儿童和青年、土著人民、非政府组织、地方当局、工人和工会、工商企业、科技界、农民等；其他利益攸关方包括地方社区、志愿团体和基金会、移民、家庭以及老年人和残疾人。A/RES/66/288，2012 年，第 43 段。

与这些主要群体开展互动。持发委第六届会议正式推出了多个利益攸关方对话。主要群体有机会参与编写正式文件和讨论过程，还可以就谈判商定的案文发表意见。持发委每届会议都有一名主席团成员负责保持与主要群体的联络并向它们通报政府间进程的情况。许多利益攸关方借此还增进了与会员国的对话。[①] 在此过程中，持发委也摸索出利益攸关方和主要群体内部及它们与国家之间的互动模式。[②] 尤其，1998 年到 2002 年被各主要群体和利益攸关方认为是它们在持发委活动的黄金时期。

利益攸关方原有两天参会时间，不过 2002 年之后，持发委把会期改成 90 分钟，并让这些社会力量由其他通道参与全体大会的直接谈判。最初，对这种参与全体大会的方法，利益攸关方抱支持态度，毕竟这样它们可以直接参与政府间谈判。但 2003 年后，它们发现，由于持发委缩短了时间，在很大程度上整个互动的原有价值失去了。[③] 事实上，这些社会力量主要来自于西方国家，发展中国家的社会力量缺少足够的相关人才和资金。在互动价值降低之后，这些社会力量也减少了与可持续发展委员互动的兴趣。在这种情况下，委员会的影响力急剧下降，据 2008 年的数据，持发委网站的访问量只有 200 万，而联合国气候变化大会的网页却有 700 万的访问量。[④]

全球问题的治理不仅需要主要国家的努力，还依赖于各层各级的非国家行为体的参与。“里约＋20”会议的成果指出，要实现可持续发展，只能通过人民、政府、民间社会、私营部门的广泛联盟，由各方携手努力，为今世后代创造我们所希望的未来。[⑤] 这些社会力量也急需更有力和完善的机制来参与可持续发展问题的治理。

第三，冷战结束以来，世界多极化有了进一步发展。这表现为新兴大国的

---

① 第十九届特别联大决议，A/S-19/33，第 133 段 e 条。

② 关于具体模式的讨论，请参见 Adams，Barbara and Lou Pingeot，“Strengthening Public Participation at the United Nations for Sustainable Development：Dialogue，Debate，Dissent，Deliberation”，Study for UN DESA / DSD Major Groups Programme，2013，http：//sustainabledevelopment. un. org/content/documents/1926desareport. pdf.

③ Adams，Barbara and Lou Pingeot，“Strengthening Public Participation at the United Nations for Sustainable Development：Dialogue，Debate，Dissent，Deliberation”，Study for UN DESA / DSD Major Groups Programme，2013，p. 8.

④ Oscar Widerberg，Frank van Laerhoven，“Measuring the autonomous influence of an international bureaucracy：the Division for Sustainable Development”，*International Environmental Agreements：Politics，Law and Economics*，April 3，2014，p. 9.

⑤ 联合国大会文件，A/RES/66/288，第 13 段。

群体性崛起。这些新兴大国一般提倡和平共处、公平合理、尊重国际法和多边主义等原则，它们正在从力量对比、组织规范、国际共识与共同议题等方面推动国际体系朝多元多体的方向发展。①

随着新兴国家的群体性崛起，它们要求改变可持续发展问题的治理现状。事实上，在持发委作用式微的同时，西方国家在可持续发展问题上的影响力进一步增强，它们通过国际货币基金组织、世界银行和经济合作与发展组织（OECD）以及一些最新的全球基金组织（例如防艾滋病、肺结核与疟疾的基金组织）等来影响全球可持续发展问题的治理。这些组织都是以捐赠者为导向的，捐赠者决定着可持续发展治理的目标和方向，尤其是世界银行与 OECD 的发展援助委员会（DAC）长期处于支配地位。② 然而，一位发展中国家的代表指出，发达国家的所谓可持续发展并非是发展中国家的追求。对于发展中国家而言，可持续发展是拓展道路以根除贫困，而不是发达国家所谓的从绿色科技或绿色工业中营利，也不会更多地关注私有部门。③ 发展中国家急需改变当前不合理的治理现状，希望联合国能在可持续发展问题上发挥更大的作用。

综上可见，持发委最初的确推动了可持续发展问题的治理，但是随着时间的推移，已经无法满足全球化、多极化和信息化下的治理新需求。会员国、联合国系统各组织和主要群体认识到委员会已逐渐失去光彩和效力，而且存在多处缺陷，例如对可持续发展政策的执行缺乏监督，也未能有效将可持续发展的经济、社会和环境层面纳入到联合国系统的工作中等。④

各主要国家，尤其是发展中国家和主要群体因此推动联合国可持续发展治理机制的革新，它们的主要设想是终止持发委的职权并建立新的机制。最初，一些国家想要参照联合国人权理事会的模式，建立起一个可持续发展理事会（SDC），但这超出了大部分国家的预期。后来，墨西哥关于“可持续发展问题高级别政治论坛”的提议被 77 国集团接受，并最终成了各方能接受的方案。

2012 年“里约＋20”峰会确定：该论坛将取代持发委。2013 年 2 月 26 日的

① 杨洁勉：“新兴大国群体在国际体系转型中的战略选择”，《世界经济与政治》2008 年第 6 期。

② 托马斯·菲斯：“欧洲与中国对于发展和《千年发展目标》议程的观点：对于联合国当前改革努力可以有何期许?”，第 54 页。

③ Oscar Widerberg，Frank van Laerhoven，“Measuring the autonomous influence of an international bureaucracy：the Division for Sustainable Development”，*International Environmental Agreements*：*Politics*，*Law and Economics*，April 03，2014，p. 11.

④ 秘书长报告，A/67/757，2013 年 2 月 26 日，第 2 页。

秘书长报告探讨了持发委的经验和教训，并对论坛的成立提出了相关建议。2013 年 7 月 9 日，联大第 67 届会议的 290 号决议确定了“可持续发展问题高级别政治论坛”的形式和组织方面的问题。同年 9 月 24 日，“可持续发展问题高级别政治论坛”成立大会正式在联合国纽约总部举行。从此，该论坛正式诞生。

二、可持续发展问题高级别政治论坛的角色和机制

最初，对于高级别政治论坛的角色，联合国官员和各主要国家并没有清晰的认识。在“里约＋20”峰会的成果文件中，高级别政治论坛的首字母都体现为小写格式，这就暗示了它的非正式性。而且，该文件没有明确论坛的工作程序和机制。

尽管有这些缺陷，成果文件仍大致确定了论坛的两大角色。一方面，论坛应当是一个行为体：在政治上领导和指导可持续发展工作，并为此提出建议；在各级以综合跨部门方式加强对可持续发展三个层面的整合；制订一份重点突出、具有能动性、面向行动的议程，确保适当审议可持续发展的新挑战和正在出现的挑战；跟进并审查履行有关文件所载各项可持续发展承诺的进展；鼓励联合国各机构、基金和方案以高级别参与全系统的活动；进一步加强主要群体和其他利益攸关方在国际一级的协商作用，让其更多地参与，以便更好地利用其专门知识，同时维持讨论的政府间性质；改善联合国系统内有关可持续发展方案和政策的合作与协调；加强各级循证决策，推动加强发展中国家当前数据收集和分析方面的能力建设工作；进行执行情况的审查。①

另一方面，论坛是一个平台。作为一个活跃的平台，其为促进可持续发展开展定期对话；促进共享实行可持续发展的最佳做法和经验，并在自愿基础上为交流提供便利；通过文件审查加强科学与政策的衔接，汇总分散的信息和评估资料，包括以全球可持续发展报告形式提供的信息和评估资料。②

由于这个成果文件没有明确规定论坛的运作机制，为弥补此缺陷，自 2013

① 这些进展包括：《21 世纪议程》、《约翰内斯堡执行计划》、《巴巴多斯行动纲领》、《毛里求斯执行战略》和本次可持续发展大会成果文件，视情况还有包括第四次联合国最不发达国家问题会议成果在内的其他联合国首脑会议和主要会议的有关成果及其各自的执行办法。A/RES/66/288，可持续发展里约大会成果文件。

② 联合国大会决议，A/RES/66/288，第 85 段。

年年初，成员国、其他利益攸关方进行了近半年的谈判。[①] 谈判涉及论坛的组织形式、成果形式、设置议程、审查机制和相关行为体的参与机制等，其结果是联合国大会于 2013 年 7 月 9 日通过了 A/RES/67/290 号决议。由于谈判的过程和结论有利于更好地理解论坛的角色，下文将就此议题的谈判展开论述。

首先，论坛的组织形式涉及三个问题：论坛的地位、秘书处和筹备机构。论坛的地位即论坛与联合国主要机构（大会和经济及社会理事会）的关系。对此，尽管成员国和利益攸关方提出了诸多建议，但最终围绕在两个选项上。[②] 以美国为首的国家和亲西方的利益攸关方主张，应把可持续发展问题高级别论坛置于经济及社会理事会之下；而更多的利益攸关方和一些发展中国家则主张该论坛应该置于联合国大会之下，直接对大会负责。[③] 美国如此设想的原因在于，要想控制该论坛在可持续发展问题上的未来轨迹，就要能有力控制其挂靠机构。与以一国一票平等参与原则的联合国大会相比，只有 54 个理事国的经社理事会更利于美国控制。而更多发展中国家则通过强调在论坛里的平等参与权来增强在联合国中的治理权力。最终，谈判各方达成了妥协，决定论坛采取一种混合形式，它同时在联合国大会和经社理事会召开会议。

对于论坛的秘书处，大国与一些弱小国家之间存在着分歧。联合国中的大国自然不希望论坛的力量足够强大，以至于可能侵入一国的主权。而一些中小国家，尤其是小岛屿国家，它们想要一个独立、强有力的论坛秘书处。除了这些国家，支持这类国家的南方非政府组织（比如第三世界网络和南方中心）也强调论坛应有一个强有力的秘书处。[④] 最终，在这场博弈中，弱小国的努力未能成功。各国磋商的结果是，论坛秘书处仍由持发委的秘书处（即联合国秘书处下属可持续发展司）担任，[⑤] 其职责是同联合国系统所有相关实体在各自任务范

---

① 有关谈判的非正式磋商会议分为 2013 年 1 月 30 日、3 月 1 日、3 月 21 日、4 月 11 日四次会议。

② "States Hold Second Meeting on Format, Organizational Aspects of HLPF", 1 March 2013, http://sd.iisd.org/news/states-hold-second-meeting-on-format-organizational-aspects-of-hlpf/.

③ "Major Groups Position Paper on the High Level Political Forum (HLPF)", January 2013, p.4, http://www.undp.org/content/dam/undp/documents/partners/civil_society/miscellaneous/CSAC_Miscellaneous/2013_Major-Groups_Draft-Position-Paper-on-the-High-Level-Political-Forum_January2013.pdf.

④ Experts Provide Input on HLPF, April 3, 2013, http://uncsd.iisd.org/news/informal-informal-consultations-on-hlpf-text-continue/.

⑤ 大会文件，A/67/591，2012 年 11 月 27 日，第 43 段。

围内紧密合作，为论坛提供支持。该司将利用经济和社会事务部的现有协调机制——主要是经济和社会事务执行委员会扩大会议机制来完成这项工作。①

在论坛筹备问题上，成员国也意见不一。关于筹备期的建议有 1 到 15 天不等。一些成员国强调应分配足够时间，而另一些国家则担心旷日持久的谈判会导致谈判结果的影响力被削弱。② 最终，筹备工作的谈判结果基本沿袭了持发委的做法。

对于论坛的成果形式，在谈判后的会议公报和会议主席的公告两者之间，成员国各有偏好。对于大国而言，会议主席的公告约束力小，而且易于控制；而谈判成果需要顾及其他诸多国家的意见，还要自己作出承诺。它们倾向于前一选择。③ 而在一些中小国家看来，谈判的成果公报能确保它们参与论坛的谈判，进而能确保这些国家在可持续发展问题的治理上实现程序和结果的公正，而且这样的公告更具有合法性。结果，多数国家支持把谈判后的会议公报作为会议成果。各国商定，在大会和经社理事会主持下的会议都采取谈判后的联合公报形式。

其次，关于利益攸关方参与机制的谈判。由于“里约＋20”峰会的成果文件确定了论坛的政府间性质，各成员国的首脑及其经济、发展、环境和社会部门的部长自然依程序参加论坛。谈判各方的分歧在于利益攸关者的参与机制。依联合国秘书长潘基文的报告，如何调动非国家行为体以更有意义的方式参与论坛工作，同时还保留论坛的政府间性质，这是论坛的一大挑战。一方面，利益攸关者的确对可持续发展问题的治理具有建设性；另一方面，它们的加入有可能会冲淡主权国家的作用。潘基文还指出，论坛的筹备进程可以具有多个利益攸关方性质，供决策者审议的各项建议可以因此而受益于主要群体的投入，这正是持发委所举办的部长级多个利益攸关方对话的做法。④

谈判过程中，在现存治理体系中居优势地位的欧美国家担心诸多利益攸关者的参与会削弱它们的影响力。为保住既得优势，一方面，它们把利益攸关者的范围限定于联合国系统，包括国际金融机构，如布雷顿森林机构。这些机构应在各级参与论坛筹备会议，并由专门机构提供重要专才。另一方面，它们建

---

① 大会文件，A/67/927，2013 年 7 月 8 日，第 6 段。

② Experts Provide Input on HLPF，April 3，2013，http：//uncsd. iisd. org/news/informal-informal-consultations-on-hlpf-text-continue/.

③ 秘书长报告，A/67/757，2013 年 2 月 26 日，第 86 段。

④ 同上，第 88、89 段。

议审查主要群体的结构，以减少可参与利益攸关者的数量。[①] 对于这种做法，来自南北方国家的利益攸关者都表示了不满。英国"利益攸关者论坛"（Stakeholder Forum）资深顾问让—古斯塔夫·施福来（Jan－Gustav Strandenaes）指出，他担心利益攸关方会因此无法轻易参与论坛在联大和经社理事会所召开的会议。他强调，在论坛会议的规划过程、议程设定、决策、执行和评估中，利益攸关者应拥有类似于持发委会议时的获得信息和参与决策的权利。而且，经社理事会对非政府组织参与治理的规则太过严格，无法采用持发委中利益攸关者所运行的参与模式。[②]

来自"南南合作伙伴关系"（Partners in South－South Cooperation）的玛丽安娜拉·费奥利（Marianella Feoli）则强调对利益攸关方不能有分别心。她指出，成功的伙伴关系应该建立在互惠与平等参与、伙伴间拥有更大的自主性和责任心诸原则下，还要学会在不同文化、宗教和地理位置的伙伴间平等相处和相互理解。[③] 这些主张得到了南方国家政府的支持。这些国家希望利益攸关者能更多地参与论坛，尤其是希望国际社会能资助南方国家的利益攸关者参与论坛。[④] 在这个问题上，发展中国家的立场趋于一致，它们极大地影响了谈判的结果。最终，联大 A/68/290 号决议规定：在保持论坛的政府间性质的同时，应允许主要群体与其他利益攸关方的代表出席论坛的所有正式会议；查阅所有正式资料和文件；在正式会议上发言，提交文件，并提出书面与口头意见和建议；同会员国和秘书处合作组织会外活动和圆桌会议。同时，为顾及南方和北方的此类行为体参与论坛的平衡，决议也邀请布雷顿森林机构及其他相关政府间组织，其中包括世界贸易组织，在各自任务范围内为论坛的讨论作出贡献。再则，决议还明确联合国要酌情帮助发展中国家、最不发达国家以及主要群体与其他利益攸关方的代表参与论坛的工作和支持论坛的筹备进程……决定每个最不发达国家一名代表的差旅费应从联合国经常预算中支付，供其参加论坛的所有正式会议。[⑤]

第三，关于论坛的审查机制。对于可持续发展治理的审查，是对各国的治

① 秘书长报告，A/67/757，2013 年 2 月 26 日，第 74 段。

② Jan-Gustav Strandenaes, "How to increase the role of major groups and other non-state actors in HLPF", p. 15, http: //sustainabledevelopment. un. org/content/documents/3506strand2. pdf.

③ Experts Provide Input on HLPF, http: //uncsd. iisd. org/news/informal-informal-consultations-on-hlpf-text-continue/.

④ 秘书长报告，A/67/757，2013 年 2 月 26 日，第 92 段。

⑤ 联合国大会决议，A/RES/67/290，2013 年 7 月 9 日，第 15、17 和 25 段。

理承诺和履行情况的对比分析，这也是论坛发挥治理功效的关键环境。谈判各方出于捍卫本国主权、平等参与或有效治理等目标的考虑，提出了不同种版本的审查机制。美国等大国倾向于限制论坛的审查权限，它们强调审查任务应交给经济及社会理事会。[①] 德国和俄国的代表则主张审查机制可借鉴经社理事会的年度部长级审查方法。[②] 而一些小岛屿国家则关注治理的效果，它们希望论坛具有较强的审查机制。如瑙鲁代表这些国家发言时指出，希望能在高级别政治论坛的形式和组织方面清楚地确立一个更有力机制，以便后续跟进和落实对小岛屿发展中国家作出的承诺。[③] 一些利益攸关方为了能公平参与和有效监督，希望能从地方、国家、区域和全球层面来实施自下而上的审查。来自经济合作与发展组织（OECD）环境绩效和信息司的布莱丹·吉莱斯皮（Brendan Gillespie）则建议采取经合组织的伙伴审查机制。[④]

由于各方分歧严重，谈判各方最终仅就审查的原则和未来方向做了规定。审查的原则包括自愿原则、国家主导原则、伙伴关系原则（即主要群体和其他利益攸关方平等参与）。审查的未来方向是从 2016 年起它将取代经社理事会下的年度部长级审查。[⑤]

第四，关于论坛议程的谈判。如果说上述谈判仅围绕着论坛的程序性问题，那关于论坛议程的谈判则具有实质性。小岛屿国家强调要优先考虑自己国家的脆弱性相关问题。西方国家则强调论坛的议程应该放在本国发展的计划体系（包括金融体系）发展的框架之下。利益攸关方重视科技在可持续发展论坛中的地位。另一些国家则关注议题的来源，即到底谁有资格设定议题。克罗地亚代表塔尼娅·拉古日（Tania Raguz）建议，议题最好以自下而上的方式，根据各地的独特性，由国家和非国家行为体一起设置。[⑥] 由于各方观点差异较大，迫于时间的限制，各成员国只以笼统的措辞商定：为促进可持续发展开展定期对话，制定议程，并强调高级别政治论坛所有会议的议程要重点突出，同时允许有灵

---

① 秘书长报告，A/67/757，2013 年 2 月 26 日，第 65 段。

② 俄国代表的观点来源于数月后的联合国文件。Experts Provide Input on HLPF，April 3，2013，http：//uncsd.iisd.org/news/informal-informal-consultations-on-hlpf-text-continue/。

③ 联合国大会会议记录，A/67/PV.91，2013 年 7 月 9 日，第 9 页。

④ Experts Provide Input on HLPF，April 3，2013，http：//uncsd.iisd.org/news/informal-informal-consultations-on-hlpf-text-continue/。

⑤ 联合国大会决议，A/RES/67/290，2013 年 7 月 9 日，第 8 和 7（a）段。

⑥ Experts Provide Input on HLPF，April 3，2013，http：//uncsd.iisd.org/news/informal-informal-consultations-on-hlpf-text-continue/.

活性，以处理新问题和正在出现的问题；论坛的会议应用足够时间专门讨论发展中国家，其中包括最脆弱的国家，特别是最不发达国家、小岛屿发展中国家、内陆发展中国家和非洲国家面临的挑战，目的是加强互动协作和履行承诺，并将认识到中等收入国家在实现可持续发展方面面临的特别挑战，以及重申国际社会应以各种形式充分支持这些国家的努力，同时考虑到它们的需求和调集国内资源的能力。①

总的来看，这是成员国、主要国际组织和利益攸关方共同参与的一次谈判。这次谈判的成果确认了论坛作为平台和行为体的双重作用。作为一个平台，论坛的会议将在大会和经济及社会理事会的主持下召开。大会主持下的会议级别是国家元首和政府首脑一级，会议主席由大会主席担任。由大会主席每四年召开一次，为期两天，或在例外情况下视大会决定择机召开。由经社理事会主持下的论坛会议主席由经社理事会主席担任。由经社理事会主席每年召开一次，为期八天，其中包括在理事会实质性会议框架内举行的为期三天的部长级部分。作为一个行为体，论坛被授予了设立议题和审查的权限。而且，论坛应加强科学与政策的衔接，在现有评估基础上再接再厉，同时加强各级循证决策，推动发展中国家不断加强数据收集和分析方面的能力建设工作，编写全球可持续发展报告。最后，谈判成果还规定：在大会和经社理事会主持下召开的所有会议将酌情根据各自下属委员会的议事规则运作。②

这些安排有利于联合国更好地应对新形势下全球可持续问题的挑战。首先，国家首脑和部长级的会议，用于维持可持续发展问题治理的高级别层次。其次，部长级会议的参与者是各国的环境、社会和经济领域的部长，这有利于推动可持续发展问题治理三个层面的整合。对非国家行为体参与机制的规定，有利于这些社会力量公平地参与可持续发展问题治理的议程设置和审查。可以说，该论坛具有比可持续发展委员会更高的级别、地位与合法性。但这次谈判也揭示了成员国在论坛角色上的偏好。尽管利益攸关方和一些成员国想使论坛成为一个强行为体，但更多国家尤其是大国则宁愿论坛是一个平台，而不是一个强有力的行为体。

---

① 联合国大会决议，A/RES/67/290，2013年7月9日，第11和18段。

② 同上，第3、7、9和20段。

三、可持续发展问题高级别政治论坛的前景和挑战

论坛的发展前景将受诸多因素的影响。从机制的角度来看，论坛的成果只是谈判后的宣言，而不是正式的公约或与此类似的国际文书。从经费来看，除了自愿信托基金之外，论坛主要依靠联合国的常规预算。这两方面显示了论坛本身存在的资源欠缺和成果约束力不足的问题，但这些不是认定论坛未来不重要的理由，论坛仍有极大权威。

美国亚利桑那州立大学可持续发展问题资深研究专家肯尼斯·阿培特（Kenneth W. Abbott）等人认为，合法性、重量级政治人物的参与和焦点效应将是确保论坛发挥重要作用的前提。论坛为所有国家和利益攸关方提供了平等参与治理可持续发展问题的机会，其合法性是其他任何机构无法比拟的。论坛同时与经社理事会和大会发生联系，不需要向经社理事会负责，经社理事会也无权审查自己主持下的论坛会议成果。而且，通过与多种类别的国家、利益攸关方和国际组织接触，论坛能借助于经社理事会的协调和监管机制提升其焦点效应和合法性。它还能凭着合法性与联合国行政首长协委会（The Chief Executives Board for Coordination，CEB）发生联系，为联合国系统内的专门机构和相关组织提供引导、协调和战略指导。

再则，论坛所获得的职能授权也有利于它发挥重要作用。这些职能包括可持续发展问题的政治领导、设立议程（包括应对新挑战）、提升对各治理主体的协调和整合、跟踪和审查各方所做治理承诺的进展等。它的政治领导能扩大可持续发展问题治理方面的物质和理念支持。尽管论坛本身的资源比较短缺，但它能动员联合国系统内有实力的机构和一些其他组织来提供这类支持。在理念支持方面，信息、认知和规范指南这些主观性的资源能让各治理主体更有效地实现其目标，并能使它们在与竞争性的机构互动时彰显自身价值。最后，跟踪和审查治理承诺能增强各方的参与度，还能为治理方提供一些治理模板。①

尽管我们不能低估该论坛未来的角色和作用，但就目前来看，它仍面临着重重挑战。在论坛筹建的谈判过程和 2013 年 9 月 24 日的成立大会及 2014 年 7

① Kenneth W. Abbott and Steven Bernstein，“The High-Level Political Forum on Sustainable Development：Orchestration by Default and Design ”，17—18，May 30，2014.

月8—11日的首次部长级会议中，这些挑战就已经浮现。它们包括论坛的政治领导能力、议程设置和机制建设诸方面。

首先，论坛的政治领导能力方面的挑战。领导力一词最早出现在论坛的首次部长级会议宣言中。[①] 领导力问题遍及论坛的所有职能领域，其中迫切需要解决的领导力问题出在两个方面：领导利益攸关者和统筹兼顾可持续发展三个领域。一方面，在论坛筹建期间，南方国家希望论坛能领导布雷顿森林机构，使论坛的首脑会议宣言能约束这些机构，而世界银行和国际货币基金组织的代表拒绝了这个提议。他们指出，只有联合国承认这两个机构的独立性，才能有更高层次的合作，而且布雷顿森林机构都不是经社理事会机制的一部分。[②] 很明显，论坛要想改变现存的以捐赠者为导向的治理模式，就要能领导这两个机构，否则论坛的治理效力将会苍白无力。

另一方面，尽管论坛的两次会议都强调了统筹兼顾可持续发展三个层面的重要性，[③] 但南北方国家对此难以达成共识。南方国家强调这需要考虑到不同国情，并尊重国家政策和优先事项。[④] 每个国家都可以根据本国国情和优先事项，以不同的办法、愿景、模式和工具，从三个层面实现可持续发展。而北方国家则倾向于建构出一个统一的模式。而且，它们特别强调绿色经济是可持续发展治理的目标，也即结合可持续发展和消除贫穷政策推动绿色经济不仅是可能的，而且在经济上也是负担得起的。[⑤] 如果说在统筹可持续发展三个层面时，大部分南方国家偏重于经济与环境领域，北方国家则偏重于环境和社会领域。毕竟世界经济两大支持——世界银行和国际货币基金组织由北方国家主导，而这两个机构又不愿接受论坛领导。所以，北方国家不会让出它们在既有治理体系中的优势地位，它们在可持续经济治理的问题上也难有巨大贡献。此外，正如有学

① 《可持续发展问题高级别政治论坛第一次会议摘要》，A/68/588，2013年11月13日，第23段。

② Werner Puschra and Sara Burke (eds.), "Interlinkages between ECOSOC Reform and the High Level Political Forum", 8 May 2013, http://www.fes-globalization.org/new_york/wp-content/uploads/2013/05/FES-HLPF-ECOSOC-Interlinkages-Meeting-Summary-pdf.

③ 《可持续发展问题高级别政治论坛第一次会议摘要》，A/68/588，2013年11月13日，第20段；《高级别政治论坛部长级宣言》，E/2014/L.22 - E/HLPF/2014/L.3，9 July 2014，第16段。

④ 同上，第21段。

⑤ 同上，A/68/588，2013年11月13日，第20段。

者指出的，这三个层面的统筹会涉及科学和价值判断，[①] 它有可能成为西方国家进行意识形态斗争和干涉他国内政的理由。

其次，在论坛议程设置问题上的挑战。这类挑战也有两个方面。一方面，论坛如何处理联合国千年发展目标和 2015 后议程的关系。正如有学者指出的，千年发展目标主要是面向发展中国家，而 2015 后议程则是面向所有国家。[②] 对此，论坛的两次会议指出了方向。2013 年 9 月 23 日的首脑会议摘要指出，必须把可持续发展置于消除贫穷斗争的核心，在落实千年发展目标方面加快进展，并在千年发展目标奠定的基础上就强有力的 2015 年后发展议程达成协定。[③] 2014 年 7 月的部长级会议则承诺：在千年发展目标进程中奠定的基础和取得的经验上再接再厉，完成未竟事业，应对新的挑战，并建立一个有力和大胆的、包容的、以人为本的 2015 年后发展议程。[④]

然而，北方工业化国家尤其是美国，并不愿论坛的工作涉及到本国的发展。美国曾一度试图阻止这类提议。[⑤] 虽然美国此次的努力失败，但未来难免会出现同样的不赞成或不合作的政策。发达大国可能的不合作是论坛不可避免的挑战。未来，有可能出现的情况是，这类资本主义国家会以促进社会发展为幌子干预他国政治事务，但却不允许其他国家干预这些资本主义国家的经济政策，那就有可能出现双重标准的现象。对此，论坛需要提前做好对策，以克服这类障碍。

再则，对于 2015 年议程，大部分发展中国家仍关注于千年发展目标的未完成任务，尤其是它们把经济和环境发展列为优先事项。[⑥] 在环境和气候领域，这

---

① Steven Bernstein，"The Role and Place of the High-Level Political Forum in Strengthening the Global Institutional Framework for Sustainable Development"，September 2013，p. 28，http：//sustainabledevelopment. un. org/content/documents/2331Bernstein% 20study% 20on% 20HLPF. pdf.

② Frank Biermann，"Curtain down and nothing settled：global sustainabilitygovernance after the 'Rio+20' Earth Summit"，*Environment and Planning C*：*Government and Policy*，2013，volume 31，p. 1105.

③ 《可持续发展问题高级别政治论坛第一次会议摘要》，大会主席的说明，A/68/588，2013 年 11 月 13 日，第 5 段。

④ 《高级别政治论坛部长级宣言》，E/2014/L. 22 - E/HLPF/2014/L. 3，9 July 2014，第 13 段。

⑤ Frank Biermann，"Curtain down and nothing settled：global sustainabilitygovernance after the 'Rio+20' Earth Summit"，*Environment and Planning C*：*Government and Policy*，2013，volume 31，p. 1105.

⑥ 如加蓬领导人的观点。A/68/PV. 6，24/09/2013，第 16 页。

类国家希望《京都议定书》第二承诺期的目标能够实现。论坛能否在这方面设置议程和达成有效成果，将是关于论坛效力的最近考验。

另一方面，长期以来，一些新兴国家和中小国家试图推进联合国的改革。改革的关注点是安全理会事的改革。当前，这种改革陷入了僵局。在这种情况下，有的国家已经试图把国际和平与发展问题也打包进 2015 后发展议程。[①] 这类国家试图通过两个渠道推行该目标：一是论坛的首脑会议；二是论坛职权下的《全球可持续发展报告》。联合国经济与社会事务部下属的可持续发展司负责报告的编撰。从最近关于全球可持发展报告的模板来看，安全（包括西方国家强调的西方式民主）问题已经被列入其中。可以理解的是，当前印度人担任着可持续发展司司长，会力图通过报告来实现其参与全球安全治理的意图。如果这类行动得到推进，那必然会损害安理会的权威。所以，论坛可能还会面临如何处理好以下平衡的挑战：让成员国公平参与发展问题的治理，但又不能损害安理会的权威。

第三，机制方面的挑战。设置议程是论坛成立后的首要任务，而要达到议程的目标则依赖于各方的执行和论坛自身的机制。这里的机制不仅指约束论坛的机构和与会行为体的准则和规范，还包括论坛的审查和监督机制。成员国应在论坛议题范围确定之后，订立规则以防止论坛被卷入那些涉及一国内政或主权的问题或本属联合国安理会职权范围内的问题。这可能会受到非常任理事国的新兴国家或西方国家的抵制，但为确保论坛今后顺利运行，这也是必须面对的挑战。

再则，挑战还存在于论坛的审查和问责机制中。各国建立论坛以代替持发委的一个重要原因是后者的审查机制功效较弱，持发委依赖于成员国的自愿陈述。经济及社会理事会下也有类似的审查机制（年度部长级审查），但同样被视为功能弱小。联合国大会 A/RES/67/290 号决议规定从 2016 年起论坛的机制将取代经社理事会下的年度部长级审查，这就需要建立一套新机制。对此，论坛所面对的挑战是，如何建立一个成员国普遍接受的机制，它既要能激励成员国自愿陈述，又能对成员国的承诺问责。而且，这种问责的依据还要因各国具体的国情和发展程度而有所差异。经济合作与发展组织的同行评议方式太严，经社理事会的年度部长级审查方式又太松，到底如何建设新机制？德国学者提出

① 比如，拉脱维亚总统提出了“建设和平”的问题。A/68/PV.6，24/09/2013，第 8 页。

了一个对策，即新机制应该包括能力建设、经验分享和非国家行为体的监督。[①]

结　论

论坛是联合国治理可持续发展问题的新机制，它符合全球化、信息化和多极化新形势下诸多治理主体的新需求。在此后数年时间里，它当前的制度设置能确保自己处于可持续发展治理的核心地位。由于南北方国家的矛盾和论坛自身的资源等因素限制，在没有更有力的行为体或国际组织支持的背景下，它作为行为体的角色可能会淡化，更主要是作为一个平台。由于北方大国和主导性的国际经济组织（世界银行和国际货币基金组织）倾向于有限的合作，在短期内，它难以实现整体性的治理，也难以改变现有西方占主导优势的治理体系。尽管如此，南方国家仍应该加强合作，力求用好论坛的合法性和权威性。而治理体系的变革也是论坛迟早要触及的问题，它不能仅依赖于外交谈判或斗争，还要依赖于具体的治理实践。在结合经济发展实践和可持续发展问题治理经验的基础上，发展中国家要为这种变革做好制度、理念及话语体系的准备。一方面，发展中国家应该在南南合作基础上形成自己特色的治理话语和体系。另一方面，发展中国家要利用、发展好自己的多边机制，并推动这些机制与包括高级别政治论坛在内的联合国系统建立起联系。历史表明，西方国家在可持续发展中的治理优势并不是天生的，它们靠的就是世界银行和国际货币基金组织这样的多边机制。当前，发展中国家正在建设金砖五国发展银行和亚洲基础设施投资银行，这两个银行也应该从可持续发展治理的角度探索发展中国家的治理模式。这两个银行还应该结合论坛的当前挑战，比如审查机制和设置议程方面，借机发挥影响力。

---

① Marianne Beisheim，“ The Future HLPF Review：Criteria and ideas for its institutional design”，Working Paper FG 8，March 2014，p. 8，http：//www. swp-berlin. org/fileadmin/contents/products/arbeitspapiere/Beisheim _ FG08Working _ Paper _ Review _ 140306. pdf.

专题报告四
联合国与国际争端的法律解决

薛　磊*

二战之后确立的现代国际法摒弃了将使用武力作为国家政策工具的陋习，从而推动和平解决国际争端成为国际社会的主流价值。这也进一步带动了各种争端解决机制和途径的快速发展，特别是以法律方式解决争端的案例日渐增多，在一些功能性领域则逐步出现了通过强制性仲裁或司法途径解决争端的法律制度及实践。近些年来，随着国际司法及仲裁实践的日益增多以及新国际司法机构的创立，和平解决国际争端也呈现出一些新的特征，包括争端事项涉及范围不断扩展、国际司法机构管辖权重叠以及非国家行为体越来越多地成为国际司法程序的参与方等等。由此，和平解决国际争端的内涵也随之产生变化，就其狭义而言仅仅包括主权国家之间围绕解决争端所采取的措施与诉诸的途径；从广义上来看，在国际实践中已经有越来越多的争端涉及非国家实体与国家之间或者其相互之间的关系。从当前国际司法实践来看，对于和平解决争端这一广义上的解读似乎更为符合国际法发展的潮流。因此，本报告不仅探讨了专注于解决国家间争端的国际法院的司法实践，同时也适当顾及其他一些国际司法机构的活动与裁决。

一、以法律方式解决国际争端的性质与特点

（一）解决国际争端法律体系的发展

1. 和平解决国际争端的演进

从历史上来看，1928 年国际联盟大会基于仲裁裁判和司法裁判的功能区分，

* 薛磊，上海国际问题研究院助理研究员，主要研究领域为国际法与国际秩序、多边国际组织、涉台法律问题等。

通过了《和平解决国际争端一般议定书》，规定缔约国有义务适用这两种裁判方式。依据该条约，争端当事国应将彼此间的权利争端（也即法律争端）交由常设国际法院解决（第 17 条），此外的争端（非法律争端）应交由仲裁裁判处理（第 21 条）。[①] 二战结束之后，《联合国宪章》的宗旨和原则促成国际法的新发展，禁止使用武力与和平解决国际争端原则成为现代国际法律体系的基石。禁止使用武力和对非法使用武力的反制措施构成了《宪章》有关使用武力的完整的法律制度。通过违反宪章所禁止的使用武力或武力威胁而达成的领土占领以及国家地位变更等后果，在国际法上都是无效的。与之相呼应，《宪章》又确立了和平解决国际争端的基本原则，其宗旨之一就是“以和平方法且依正义及国际法之原则，调整或解决足以破坏和平之国际争端或情势”。1970 年 12 月 24 日，联合国大会通过的《国际法原则宣言》再次重申和平解决国际争端的原则并规定：（1）各国应以谈判、调查、调停、和解、公断、司法解决、区域机关或办法的利用或其选择的他种和平方法寻求国际争端的早日及公平的解决；（2）在寻求此项解决时，各当事方应商定与争端情况适合的和平方法；（3）争端各当事方遇有未能以上述任一和平方法达成解决的情形时，有义务继续以其所商定的其他和平方法寻求争端的解决；（4）国际争端应根据国家主权平等的基础并依照自由选择方法的原则解决。

依据《联合国宪章》的规定，联合国的主要机构基本上都在国际争端的和平解决方面承担一定的职能和权力，特别是安理会、大会、秘书处以及国际法院。同时，《宪章》的规定也试图在联合国体系中促成国际争端的政治解决与法律解决方式的相互联系与相互协调。首先，基于《宪章》第六章有关和平解决国际争端的规定。安理会具有调查权，即其依据第 33 条可以自动调查任何争端或情势，以断定它的继续存在是否足以危及国际和平与安全的维持。安理会在依据《宪章》第六章而采取行动时，主要是执行调停、斡旋与和解的职能。在执行这一职能时，安理会通过的建议没有拘束力。《宪章》第 96 条第 1 款还规定，“大会或安全理事会对于任何法律问题得请国际法院发表咨询意见”。如果安理会不做上述建议或者提出了上述建议而不为争端当事国所接受，安理会可以请求国际法院对有关争端的法律问题发表咨询意见。此外，在国际刑事法院成立后，根据《国际刑事法院规约》的规定，安理会具有将特定情势提交该法院调查或审理的职权，同时也可通过决议对该法院正在审理的案件实施为期一

① ［日］杉原高嶺著，王志安、易平译：《国际司法裁判制度》，中国政法大学出版社 2006 年版，第 19 页。

年的中止期。其次，根据《宪章》规定，联合国大会除了可以讨论经济、政治、社会、文化各方面事项外，在解决国际争端方面也具有广泛的权限。依据第 35 条，大会对于会员国或非会员国向大会提出的争端或可能导致国际摩擦或引起争端的情势，具有与安理会同等程度的管辖权。对大会这一管辖权的唯一限制是《宪章》第 12 条的规定，即在安理会已经就某项争端或情势进行讨论或审议时，大会除经安理会请求外，对于该项争端或情势不应提出任何建议。虽然安理会在涉及国际和平及安全领域的首要地位不同，大会却拥有对于更广泛领域内事项的管辖权，而且它也不需要受到《宪章》第六章中关于争端对国际和平所造成威胁之严重程度的限制。根据《联合国和国际刑事法院间关系协定》第 6 条和联合国大会第 65/12 号决议第 17 段，国际刑事法院应向联合国大会提交年度报告。第三，联合国秘书处作为联合国行政管理机构的领导，其和平解决争端的职能主要体现在三个方面：执行联合国其他主要机构关于预防或解决争端方面的决议，秘书长可向这些机构提供协助和便利，行使技术性职能或其他委托他行使的职能；秘书长的外交职能，即其作为联合国的最高行政首长，可以以这一身份在各国开展斡旋、调解等活动；《宪章》赋予的职能，特别是宪章第 99 条赋予的秘书长在维持国际和平及安全方面，将有关事件提请安理会注意的权限。①

2. 国际仲裁及司法机构的蓬勃发展

早期的国际法主要通过主权国家自行从事的遵从或履约行为而得以实施，国际争端的法律解决基本上是以特别国际仲裁方式进行，并不存在常设性国际争端解决机制。第一次世界大战后，从仲裁裁判向司法裁判的发展趋势成为当时国际裁判制度发展的主要特征之一，② 常设国际法院的设立就是这一发展趋势的直接体现。二战结束后，作为常设国际法院的继承和发展，联合国国际法院得以设立并成为联合国体系的主要司法机构，由此国际法院也成为《联合国宪章》所倡导的和平解决国际争端原则的主要实现途径之一。随着国际法在各个领域的内容不断深化，国际司法机构也逐步在数量和效力两个方面获得重大发展。依据 1982 年《联合国海洋法公约》，联合国海洋法法庭成立，其职权主要为受理有关开发海洋资源的争议。在该法庭中还专门设立了一个海底争端分庭，专门处理涉及该《公约》第 11 部分国家管辖范围之外的海底资源开发过程中所

---

① 饶戈平主编：《国际组织法》，北京大学出版社 1996 年版，第 170 页。

② ［日］杉原高嶺著，王志安、易平译：《国际司法裁判制度》，中国政法大学出版社 2006 年版，第 23 页。

产生的争端。在国际刑法领域，也相继出现了众多的司法机构，最早可以追溯到1945年盟军审判法西斯轴心国战争罪犯所设立的纽伦堡与东京国际军事法庭。在20世纪90年代初，为了惩治在卢旺达种族屠杀和前南斯拉夫境内发生的反人类罪行，经联合国安理会授权，先后设立了前南国际刑事法庭和卢旺达国际刑事法庭，审判实施罪行的嫌疑人。1998年7月17日，联合国外交会议在罗马通过了《国际刑事法院规约》（又称《罗马规约》），决定建立一个常设的国际刑事法院。2002年7月1日，在达到条约中所要求的60个缔约国批准条约后，《国际刑事法院规约》正式生效。与前述的国际刑事法庭相比，国际刑事法院首先具有永久性，即它是一个常设的国际司法机构，而前南法庭和卢旺达法庭都是就特定事项而设立，具有临时性，前南法庭目前就已进入所谓遗留问题处理阶段。此外，《国际刑事法院规约》的规定也更加体系化，可以说是国际刑法法典化进程中重要的阶段性成果，其中阐述了国际刑法的基本原则以及法院所管辖国际犯罪的法定构成要件。在经贸领域，1994年世界贸易组织根据《争端解决谅解议定书》在其下设立争端解决机构，包括常设的上诉机构与针对具体案件组建的专家小组，该争端解决机构对于WTO成员之间涉及WTO相关协议所产生的货物贸易、服务贸易、投资、知识产权等争端具有强制性管辖权，其最终裁决对争端各方具有法律约束力，如某成员方未能依法履行裁决，则争端另一方可以诉诸单方面贸易报复措施。在全球性国际司法机构之外，各大洲也产生了许多重要的司法机构，在欧洲就同时存在欧盟法院和欧洲人权法院，而美洲和非洲也有各自的人权法院。由此可见，各类国际司法机构不断涌现已成为当代国际法的一个重要特征，这也为国际法的编纂和逐步发展提供了具有权威性的阐述途径。各种具有特殊职能的法院不仅具有特定的管辖事项，而且在制度和职能上也有明显的特色。现代国际裁判呈现出以国际法院的裁判为基轴、传统的仲裁裁判与之并行、在特定领域中辅之以职能型法院的整体态势。① 国际仲裁也更多地被争议各方选择为解决争端的途径。根据2013年所做的统计，历史悠久的常设仲裁法院目前受理了104件正在进行的案件、其中包括8件国家之间的仲裁案件、62件基于双边或多边投资条约的仲裁案件，以及30件有关私营实体与国家或其他公共机构之间的争端解决案件。② 这与该组织创立之初的第一个百年间仅有区区34件案件形成鲜明对比。

---

① ［日］杉原高嶺著，王志安、易平译：《国际司法裁判制度》，中国政法大学出版社2006年版，第23页。

② Permanent Court of Arbitration，113*th Annual Report*（2013），p. 10.

3. 促进国际法的逐步发展

根据《宪章》的规定，联合国的职能之一是促进国际法的编纂和逐步发展，在联合国体系中，这项工作主要由国际法院和国际法委员会承担。国际法委员会已经在不同专题的国际法系统化和法律编纂方面做了大量工作，但是其所达成的有关特定法律专题的草案多数并不具有法律约束力，仅有一部分经由国际条约缔结程序成为具备法律效力的国际法律文件。相较而言，国际法院在促进国际法的逐步发展方面具有更多优势。尽管根据《国际法院规约》的规定，该法院就任一诉讼案件所作出的裁决只对诉讼当事方具有法律效力，也就是说国际司法机构并不接受“依循先例”原则。然而，在司法实践中，国际法院以及其他司法机构的法官在就类似争端事项作出裁决时，其逻辑论证都会参考或比照国际司法机构之前的裁决，从而逐渐形成具有逻辑一贯性的国际法制度和规则发展的理论论述。同时，国际法院还拥有就特定问题发表咨询意见的职权，正如史久镛法官所言，就国际法的发展而言，咨询意见使法院有机会进一步决定国际法特定原则和规则的现有地位，并因此促进建立一个更有凝聚力的守法的国际社会。[①] 在全球层面，当前国际社会还不存在具有权威性的超国家立法机构，这种情况下国际司法机构事实上承担了重要的查明国际习惯法规则以及解释多边国际条约规定的职能，其裁决中所阐述和明确的具体国际法原则、制度和规则的涵义成为国际社会明晰国际法上的权利、义务及行为准则的重要法律依据。国际司法机构行使职能的实践往往力求在维持国际法体系的稳定性与国际法因应时宜的变革及发展二者之间达成微妙的平衡，这实际上有利于国际社会与国际法体系的平稳发展。以外交豁免为例，随着国际刑法原则和规则的迅速发展，传统的外交豁免与国际刑法中“有罪必罚”原则之间的冲突日益显现。国际法院在有关外交豁免的刚果（金）诉比利时一案中就指出，如同外交和领事人员一样，一个国家中具有高级职位的人员（例如国家元首、政府首脑及外交部长）享有对于其他国家民事和刑事管辖的豁免权利，这已经成为国际法中明确确立的规则。在国际法中，赋予外交部长的豁免并非出于其个人利益，而是为了确保他们代表其相应国家职权的有效行使。在关于“西撒哈拉”的咨询意见中，法院重申了《联合国宪章》和联大第1514、1541和2625号决议体现的人民自决原则的重要性，法院认为人民自决原则与非自治领土有直接和特殊的关联，这是一种国际社会全体应当尊重的权利。国际法院最近一次作出的咨询

① 史久镛：“国际法院的咨询职能——在联合国大会第六委员会的演讲”，《中国国际法年刊2004》，法律出版社2005年版，第9页。

意见是关于科索沃单方面宣布独立是否符合国际法的问题。2008 年 10 月 8 日，联合国大会通过一项决议，该决议援引《国际法院规约》第 65 条，请求国际法院“就以下问题提供咨询意见：科索沃临时自治机构单方面宣告独立是否符合国际法?”[①] 由于这一问题本身涉及安理会在维持国际和平及安全方面的职权，所以法院刻意回避了有可能与安理会职权相冲突的问题部分，而将主要关注点集中在考察单方面宣布独立的科索沃临时自治机构是否符合科索沃过渡期临时宪法框架权限的机构。法院认为，宣布独立者不是在科索沃临时自治当局的正常框架内行事，而是目的在于将科索沃变成“一个独立的主权国家”。因此，其不是以过渡期法律秩序所建立的机构的身份在该法律秩序授权范围内行事，而是意图在该法律秩序之外采取一项将产生重要意义和后果的措施。[②]

(二) 国际争端解决的法律维度

1. 国际仲裁及司法机构的管辖权

(1) 国际法院管辖权的类型与范围

一般而言，国际司法机构的管辖权主要涉及属人管辖权和属物管辖权两方面。属人管辖权的范围一般局限于具有国际法主体资格的国家或其他行为体，属物管辖权则涵盖所有国际法制度和规则适用的领域。基于尊重国家主权原则，国际仲裁或司法机构的管辖权应以争端双方共同同意为基础，这种共同同意可以体现为各种形式，这些争端事项包括：条约之解释；国际法之任何问题；任何事实之存在，如经确定即属违反国际义务者；因违反国际义务而应予赔偿之性质及其范围。就国际法院而言，其行使管辖权的依据主要源于两个方面。一是诉讼当事方通过提交特别协议的方式或者援引现有条约中相关争端解决条款以启动法院的管辖权，这种方式充分保证了各国在每一特定争议事项上的裁量权，也体现出国际司法机构管辖权的主要基础仍旧是当事国同意。另一方面，根据《国际法院规约》第 36 条第 2 款规定：“本规约当事国得随时声明关于具有下列性质之一切法律争端，对于接受同样义务之任何其他国家，承认法院之管辖为当然而具有强制性，不须另订特别协定。”根据国际法院的统计，目前有 70 个国家通过书面声明接受这一所谓选择性强制管辖权。一般而言，接受强制管辖权的国家不必再就每一案件签订提交协议或声明接受法院的管辖权。然而，

---

① United Nations General Assembly，A/RES/63/3，October 8，2008.

② 余民才：《国际法的当代实践》，中国人民大学出版社 2011 年版，第 34 页。

在实践中存在诸多对这一强制管辖权的限制和例外，其中最重要的是对等原则。该原则也即前述条款规定的“接受同样义务之任何其他国家”，意味着这一强制管辖权仅适用于诉讼请求方也同样接受该管辖权的情况。由于许多国家的声明中还具体将一些事项排除在强制管辖范围之外，因此对等原则的适用往往还涉及到对相关事项的同等接受。例如，美国的声明中就排除了“实质上属于国内管辖的事项”；澳大利亚也将涉及领土争端的事项排除在外，认为当事方的双边谈判和协商是解决此类争端的最佳方式；而日本则还限定对其提出诉讼请求的国家必须已经提交接受强制管辖声明超过一年以上。当然，主权国家可以随时撤回所提交的声明，从而不接受强制管辖。美国就是一个例子，在国际法院就1984年尼加拉瓜就“针对尼加拉瓜的军事和准军事行动”起诉美国的案件作出不利于美国的裁决之后，美国就撤回了其对强制管辖的接受。可以看到，这里起决定性作用的还是主权国家的自主意愿。

就特定法律事项或问题而言，国际法院可以行使两种不同方式的管辖权，即咨询管辖权与诉讼管辖权。根据《国际法院规约》第65条第1款规定，“法院对于任何法律问题如经任何团体由联合国宪章授权而请求或依照联合国宪章而请求时，得发表咨询意见”。《联合国宪章》第96条授权联合国大会和安理会提出此种请求，并授权联合国大会决定是否将该权力授予其他机构和联合国专门机构。上述机构可以就某一法律问题请求国际法院发表意见。在收到关于提供咨询意见的请求之后，法院将自行发布一份可能提供相关信息的国家和国际组织的清单，其后则依据《国际法院规约》第66条和《国际法院规约》第105条启动书面或口头聆讯程序。法院的咨询意见与法院就国家之间诉讼案件所作出的裁决若不同，它们就不具有法律约束力。然而，作为联合国主要司法机构，法院的咨询意见也具有一定的权威性，这会有助于法律性争端的解决。[①] 1946年以来，国际法院共发布25件咨询意见，其中涉及国家获得联合国成员资格应具备的条件、为联合国服务时遭受损害的赔偿问题、西南非洲（纳米比亚）的国际地位、联合国的某些费用、联合国行政法庭作出的某些裁决、西撒哈拉问题、《联合国总部协定》第21节所规定之仲裁义务的适用性、与人权问题特别报告人的特权与豁免相关的问题、使用或威胁使用核武器的合法性、在巴勒斯坦被占领土上修建隔离墙的法律后果等。

（2）国际刑事法院的管辖权

根据《国际刑事法院规约》第25条的规定，其管辖权适用于个人的刑事责

① 周鲠生：《国际法》，武汉大学出版社2007年版，第698页。

任。根据有关法院职能的第 1 条的规定，国际刑事法院有权就规约所规定的最严重的国际犯罪对个人行使管辖权，并对主权国家刑事管辖权起补充作用。这说明国际刑事法院相对于国内法院刑事管辖处于一种补充性地位，这与前南国际刑事法庭和卢旺达国际刑事法庭具有针对国内法院的优越地位的情况是明显不同的。凡是已被国际刑事法院就《规约》规定的罪行宣判为有罪或无罪的人，不应在另一法院就相同的指控接受审判；同样地，凡是被另一法院就《规约》规定的罪行审判的人，不应就相同的罪行在国际刑事法院接受审判，除非在该另一法院的诉讼程序的目的是庇护应对属于国际刑事法院管辖之罪行承担责任的有关人员，或其方式不是按照国际法确认的法定诉讼程序独立或公正地进行，从而违背将当事人绳之以法的宗旨。[①] 根据第 12 条的规定，成为该《规约》的缔约国，就等于接受了法院对第 5 条所述 4 种犯罪的管辖权。其第 2 款则规定，对于第 13 条第 1 项或第 3 项的情况，如果下列一个或多个国家是本《规约》缔约国或依照第 3 款接受了本法院管辖权，本法院即可以行使管辖权：(1) 有关行为在其境内发生的国家；如果犯罪发生在船舶或飞行器上，该船舶或飞行器的注册国；(2) 犯罪被告人的国籍国。可以看到，《规约》规定的法院行使管辖权的连接点是相对比较简单的，只规定了行为发生地国和被告国籍国这两个因素，但是因为只要有一个缔约国满足这种条件，法院就可以行使管辖权，因此应该说它在这方面的权力是被极大地扩张了。1998 年罗马《国际刑事法院规约》制定过程中，参与国家对于其所管辖的罪名范围产生了一定分歧。有的国家主张扩大的诉讼事项管辖权，而大多数国家认为在法院工作的初期应将注意力集中在一些非常严重的违反国际人道主义法的罪行上，因而就有了核心罪行（core crimes）和条约罪行（treaty crimes）之分。核心罪行包括灭绝种族罪、战争罪、反人类罪、侵略罪。这些罪行因为其严重性及对人类生存的极大危害性而成为国际犯罪中的首要内容，从而也成为国际刑事法院有权受理并审理的罪名。

(3)《联合国海洋法公约》确立的争端解决管辖权

作为海洋法领域最具权威性和系统性的法律文件，《联合国海洋法公约》在涉及海洋权益争端解决方面制定了全面而复杂的规则。1994 年《联合国海洋法公约》正式生效，成为当代国际海洋法律制度的基础性法律文件。较之于以前的国际法，《公约》在推动国际海洋法的发展方面具有重要作用，其中包含的一系列新规定使得海洋法出现突破式的进展，初步实现了海洋法律制度的体系化发展目标。该公约系统性地规定了国家管辖之下的领海、毗连区、专属经济区

① 《国际刑事法院规约》第 20 条。

及大陆架，同时也对国家管辖之外的公海及深海海底的法律制度带来创造性变革。该公约为缔约国之间关于条约的解释和适用以及海域划界争议等提供了具备多重选项的争端解决方案。主权国家的同意依然是海洋法公约争端解决框架的基础和前提，各国可以通过自主选择的争端解决方式来处理领土和海域划界争端，当事国之间直接进行的谈判和协商是启动其他第三方介入式争端解决方式的必要条件之一。该公约有别于其他多边国际条约之处在于其所设立的所谓强制仲裁制度，在涉及关于公约条款的解释和适用而产生的争议时，如果当事方未能就争端解决方式和机构达成协议，那么任何一方可以请求设立特别仲裁庭以解决相关争端，另一缔约方有义务参与仲裁。同时，该公约第 298 条 1 款规定了相应的例外情形，其中主要包括涉及领土争端和沿海国在专属经济区进行的执法行动，缔约国可以随时就这些情形提交保留或声明，从而排除公约规定的强制仲裁制度对上述争端情势的适用性。一般而言，国际仲裁得以成立的前提是必要的仲裁协议或仲裁条款，因此在援引相关公约中仲裁条款时，所设立的仲裁庭应严格考察仲裁条款的适用性以及例外规定。2006 年 8 月 25 日，中国针对该公约所规定的争端解决程序提交声明，在公约条款许可作出的保留范围内，中国政府“不接受由公约第十五部分第二节有关公约第 298 条第 1 款（a）、（b）和（c）项所有争端类别所规定的任何程序”。这一保留意味着在涉及领土争端以及专属经济区执法行动等问题时，中国将不受关于公约缔约国以仲裁方式解决争端规定的约束。就目前而言，根据公约设立的国际海洋法法庭在处理涉及岛屿主权或海域划界争端方面还未能产生重大的影响，其作用更多地体现在处理涉及海上航行安全的争议。孟加拉国与缅甸关于孟加拉湾海域划界案是该法庭受理的第一件也是迄今为止唯一的有关海域划界的案件，法庭于 2012 年 3 月 14 日就此案作出裁决。法庭裁决主要包括以下事项：孟加拉国关于 1974 年双方已经就领海划界达成协议的主张；领海基线起算 200 海里以内的专属经济区和大陆架的划界问题；以及孟加拉国关于划定超过 200 海里大陆架边界的主张。值得注意的是，双边谈判协商进程在解决涉及领土和海洋争端中始终具有至关重要的作用。世界上绝大多数类似争端是通过双边谈判协商途径得以解决；即使进入仲裁或司法解决程序，双边谈判协商进程仍旧持续存在，这一进程的顺利与否经常成为仲裁或司法裁决得以产生以及嗣后执行的决定性因素。

2. 国际司法机构适用的法律规则

根据 1945 年《国际法院规约》第 38 条第 1 款的规定，法院在审理案件以解决争端时，应适用以下不同渊源的法律：“（1）不论普通或特别国际条约，确立诉讼当事国明白承认之规条者；（2）国际习惯，作为通例之证明而经接受为法律者；（3）一般法律原则为文明国家所承认者；（4）在第 59 条规定之下，司法判例及各国权威最高之公法家学说，作为确定法律原则之补助资料者。”从法理和司法实践来看，以上所列举的四项内容的地位、效力及实用性有着很大差别。就前两项所提及的国际条约和国际习惯而言，基本上构成了国际法规则体系的主要内容，一般情况下谈及国际法往往也首先指条约或国际习惯法的规定。对于第三项一般法律原则，很多国际法学者认为其所指的实际上是各国国内法的一般法律原则，其中一些原则得到大多数国家国内法规则和司法实践的认可，成为国际法上可以援引的一般法律原则，例如“善意”、“禁止反言”等原则。由此可见，关于一般法律原则的援用，首先需要探究世界各国法律体系中所共同具备的一些基本原则，它可以作为国际条约和国际习惯法规定缺失时的适用法律。英国著名国际法学家劳特派特认为，引入一般法律原则是对国际法治体系完整性的确保。[①] 在国际仲裁实践中，仲裁庭可以根据相关仲裁协议或仲裁条款的授权，依据“公允及善意”的原则作出裁决。也就是说，该仲裁庭在就相关案件进行审理和决定时，可以不考虑具体国际法规则或国际协议的规定，而仅依据一般法律原则对案件涉及的法律和事实问题作出判断。在国际法院以往的司法实践中，也有一些案件的裁决援引一般法律原则作为裁决的法律依据，例如善意原则、禁止反言原则等。当然，这些原则的适用不能仅凭法官的个人心证，它们也必须建立在对于所涉及各方面具体和特殊事实及法律因素的考虑基础之上。相较而言，第四项所提及的司法判例及公法家学说则只能作为查明具体法律规定的辅助资料，其自身不具有独立的法律规则效力。总体来看，国际法庭的法官在适用国际法规则方面具有较国内法庭法官更大程度的自由裁量权，这也是由国际法规则制定和解释的特点而决定的。

3. 国际争端法律解决的发展趋势

（1）争议事项领域的扩展

二战后国际法规则涵盖的领域不断扩展，随着科学技术的进步和人类利益的扩大，战后在海洋划界、外层空间、环境以及一些涉及全球共同利益的领域，主权国家的管辖及执法地域与国际社会共管领域都在某种程度上得以扩展。以海洋法在二战后的发展为例，原先传统的海洋法只划分了领海和公海，沿海国主权管辖的范围只限于领海之内；而现代海洋法则首先区分了领海、毗连区、专属经济区、大陆架以及公海的范围，除公海海面仍保持完全自由地位之外，

---

① H. Lauterpacht, *The Function of Law in the International Community*, Oxford University Press, 1933, p. 64.

其他领域都或多或少地划入了主权管辖的范围之内。新出现的法律上的大陆架的概念则将国家主权管辖之下的陆地领土范围延伸至海底与陆地有着自然联系的地方。在专属经济区内，沿海国也享有了某种程度的主权权利。而对于国家管辖范围之外的深海海底资源，也有了相应的管理体制，《联合国海洋法》第十一部分对于这部分资源的开采、利用以及分配作出规定，并宣称其属于"人类共同继承财产"，任何单个国家无权独占，对于大多数国家来说，这事实上也代表着主权的延伸。"人类共同继承财产"原则的适用范围还在逐渐向南北极地区和外层空间中的人类活动扩展。因此，国际法所调整的客体可以说有了实质性的扩展。与之相呼应，国际司法机构也根据国际法适用对象和范围的变化作出了相应的调整和变革，国际法院处理国际环境争端方式的变化就是一个例证。总体来看，国际法院在处理涉及环境问题的国际争端时，经历了三个不同时期的应对方式：第一阶段主要是关于一般国际法的案件涉及某些环境保护因素，例如科孚海峡案、巴塞罗那动力公司案及第一个核试验案等；第二阶段法院的主要工作是巩固对以前相关案件的裁决，并努力将国际环境法与国际法的其他部门相联系；目前第三阶段的工作则是致力于明确国际环境法的具体规范。[①] 在审理澳大利亚就日本在南大洋进行的捕鲸活动提起的案件时，国际法院所要裁决的主要争议之一是日本的捕鲸活动及其制订的鲸类研究项目规划是否符合科学研究的基本目的和要求，在法院开庭审理进程中，当事方特别聘请了一些专家证人从当前鲸类研究技术和手段发展角度论证捕杀鲸鱼的行为是否符合科学研究的必要性标准。由此可见，国际争端解决涉及的领域正在从所谓"高政治"（传统的领土争端等）领域向"低政治"（环境保护、人权保护、生物资源养护等）领域扩展，而国际仲裁或司法机构将越来越多地涉足更为专业性和技术性的领域，这势必会对国际争端解决的法律程序、组织形式以及参与主体等产生实质性影响。

（2）争端解决参与主体多元化

在传统国际法中，国家基本上是仅有的国际法主体，享有国际法上的权利，并承担相应的义务。法律的主体是指法律关系上享受权利、承担义务的个体，即在法律术语中称为人或人格者。[②] 而国际法主体就是指国际法权利和/或义务

---

① Malgosia Fitzmaurice, "The International Court of Justice and Environmental Disputes", in *International Law and Dispute Settlement: New Problems and Techniques*, edited by Duncan French, Matthew Saul, and Nigel D. White, Hart Publishing Ltd., 2010, pp. 55-56.

② 周鲠生：《国际法》，商务印书馆 1976 年版，第 59 页。

的承担者，其行为直接受国际法调整。[①] 早期的国际法学者认为，国家是唯一的国际法主体，这是比较符合当时国际社会的状况的，即大多数国际社会的成员是国家。但随着国际组织的不断增多，这种情况有了巨大改变，而联合国的成立更是在这方面产生了重大影响。在国际法院关于为联合国服务中所受损害案中，国际法院就确认了联合国的国际法主体资格。随着众多政府间国际组织的成立和开展活动，越来越多国家的不同方面的主权被让渡给这些国际组织，要通过在国际组织中集体议事、决策来决定相关事务的处理，这在国际经济、金融组织中表现得最为突出，例如世界贸易组织、国际货币基金组织、世界银行等。国际法发展更具有革命性的趋势还在于个人在特定情况下具备参与国际司法程序的资格，例如在欧洲人权法院中，个人已经具有提起并参加诉讼的资格和能力，这一出庭资格的获得是一个重要的标志。此外，在二战后相继设立的国际刑事法庭中，个人作为被告人直接在这些法庭上以违反国际法规定和实施国际罪行的名义受到控诉，而在法庭对其处以刑罚后，可以基于法庭与相关国家达成的协议将罪犯送至特定处所服刑，这也体现出在执行国际法方面，直接执行方式开始在一定程度上取代由国内法庭实施的间接执行方式，从而强化了个人在某些时候所具有的国际法主体的身份。个人出现在国际法领域最早主要是以承担国际责任为主，由于战争法的发展在早期已较为完备，因而违反战争法则的个人往往要承担单独的责任，与其所属国家的责任相区别。另一个领域是海盗行为，国际法早就对这一行为规定了各国的普遍管辖权。[②] 个人承担国际责任在二战后进行的针对轴心国战争罪犯的纽伦堡和东京审判中彰显无疑。这两次审判也再次引发了个人是否是国际法主体的争论，在这两个国际刑事法庭中，受审的战犯都是以个人身份成为法庭的被告，对这一点较早的理论仍坚持这种情况下个人只是作为国际法的客体而被牵涉到国际审判中。然而，从国际刑事法庭所代表的公正、正义等基本价值来看，这样的说法是不能成立的，它忽视了被告在国际刑事法庭中所享有的法律面前一律平等的诉讼权利，只有赋予被告以充分的辩护权，他才能受到公正的审判。而这种对被告地位的处置方法必然是将其视为法庭上的诉讼主体。

这一新动向和趋势在欧洲近些年的实践中体现得最为明显。以《欧洲人权公约》的规定为例，最初欧洲理事会（Council of Europe）体系中并存着三个可以处理侵犯人权申诉的机构，即欧洲理事会部长委员会、欧洲人权委员会和欧

---

① ［奥］阿·菲德罗斯等著：《国际法》，商务印书馆 1981 年版，第 230 页。

② 主要原因是在公海上实施犯罪行为的海盗很难被具体划归到某一个国家的管辖范围。

洲人权法院。根据该公约第 44 条规定，只有缔约国及欧洲人权委员会才有权将案件提交欧洲人权法院，个人则被拒之门外。这说明个人在欧洲人权机构中仍未能充分享受与受指控国同样的当事人地位和权利。随着《欧洲人权公约》第 11 号议定书于 1998 年 11 月 1 日生效，欧洲人权保护制度发生了重大的变革，一个常设的直接受理个人和国家申诉的欧洲人权法院取代了根据 1950 年《欧洲人权公约》所建立的由欧洲人权委员会、欧洲人权法院和欧洲理事会部长委员会组成的三机构保护体系，象征着在 41 个缔约国中在一定程度上具有宪法法院地位的欧洲人权法院的发展进入了一个新的历史阶段。① 在欧洲人权法院中，个人享有与成员国平等的诉权，包括起诉权、答辩权、出庭权、和解权、上诉权、要求对判决加以解释或修改的请求权。② 现行的《欧洲人权公约》第 32 条规定，欧洲人权法院的管辖权应及于依照第 33、34 和 47 条提交给法院的关于公约及其议定书的解释和适用方面的一切事项。这意味着，欧洲人权法院对国家间诉讼与个人申诉都拥有管辖权，并且还具有咨询管辖权。这一管辖权具有强制性特征，即欧洲理事会的成员国一旦批准新的《欧洲人权公约》，就必须接受欧洲人权法院的管辖权，而不再以缔约国的接受声明为前提。根据公约第 34 条的规定，“法院可受理因缔约国侵犯本公约及其议定书所载的权利而受害的任何个人、非政府组织或个人团体提出的申诉。缔约国承诺不以任何方式妨碍此项权利的有效行使”。它在两个重要方面对以前的制度加以改变，其一是个人可直接向欧洲人权法院提起诉讼，具有完整的申诉权；其二则是个人申诉变为强制性程序，从而使得个人申诉权与《欧洲人权公约》第 6 条规定的进入法院获取法律意见的权利紧密联系起来。③ 对于个人申诉权的全面性的规定意味着欧洲人权制度一个新的飞跃，这也在一定程度上预示着今后争端解决国际法律进程中各种非国家行为体将更多地参与其中。

（三）国际仲裁及司法机构面临的挑战及局限性

1. 补充管辖权、并行管辖权与强制管辖权

目前国际刑事法院已审理涉及乌干达、刚果民主共和国、中非共和国、苏

① 赵海峰：“新欧洲人权法院介评”，《中国国际法年刊（1998）》，法律出版社 2002 年版，第 193 页。

② 杨成铭：《人权保护区域化的尝试——欧洲人权机构的视角》，中国法制出版社 2000 年版，第 282 页。

③ 朱晓青：《欧洲人权法律保护机制研究》，法律出版社 2003 年版，第 121—122 页。

丹达尔富尔和肯尼亚等地局势的相关案件。2011 年 3 月，检察官展开第六项调查，即调查安理会第 1970 号决议中一致决定提交法院的阿拉伯利比亚合众国局势。可以说，国际刑事法院在创设初期基本处于平稳发展状态。然而，2013 年肯尼亚总统和副总统涉嫌反人道罪的案件引发国际社会特别是非洲国家的争议，国际刑事法院的权威性和公平性也遭到质疑。2013 年 10 月 12 日，非洲联盟大会召开特别会议并通过决议，要求“任何国际法院或法庭不得对非盟成员国国家元首或政府首脑或者任何行使上述职权的人员在其在职期间提起指控或继续法律程序”。[①] 尽管非洲国家寻求安理会将该案中止一年的要求未获通过，但是对于维护国家主权与国家元首的特权和豁免这一问题却赢得更多支持，国际刑事法院的超国家管辖权与相关国家社会稳定的冲突也再次凸显。事实上，这也是包括中国在内的许多国家要求该法院严格遵循补充管辖原则的依据。一般而言，国际司法机构的权限源于其创始条约或者具有约束力的决议，而其管辖权的构成与特质是其中重要的一环，国际司法机构所对应的创设性国际法律文件的不同规定也就形成不同机构行使管辖权的不同特征。就前南国际刑事法庭而言，安理会决议实际上赋予了高于国内法院的管辖权，根据设立该法庭的《规约》第 9 条规定，国际法庭和国内法院对所辖事项拥有并行管辖权，但第 2 款又明确规定：“国际法庭应优于国内法院。在诉讼程序的任何阶段，国际法庭可根据本《规约》及《国际法庭诉讼程序和证据规则》正式要求国内法院服从国际法庭的管辖。”前南国际刑事法庭审理的第一个案件（塔迪奇案）就涉及到了这一国际法庭的优先管辖权问题。塔迪奇在德国被捕并被起诉，但在前南国际法庭提出将该案移交国际法庭的正式请求后，德国随即制定了“与国际法庭合作法”，以该法律规定为依据将塔迪奇移交国际法庭，而德国法庭则撤销对该案的审理。[②] 相较而言，《国际刑事法院规约》则明确规定该法院仅具有补充管辖权。然而，《规约》中为国际刑事法院设定的补充管辖权只是相对性的，在一定情况下，即使存在国内法院行使管辖权的情形，该法院仍可以启动其自身的诉讼程序，这是对“补充管辖”概念的突破。首先，从第 17 条规定的国内法院排除国际刑事法院管辖的限制条件来看，当存在某缔约国不愿意或不能够进行调查或指控时，即使正在进行或者曾经有过针对被告的诉讼程序，国际刑事法院仍然

---

① Extraordinary Session of the Assembly of the African Union，Ext/Assembly/AU/Dec. 1（Oct. 2013），Oct. 12，2013.

② 凌岩：《跨世纪的海牙审判——记联合国前南斯拉夫国际法庭》，法律出版社 2002 年版，第 223 页。

可以启动其管辖权。第 17 条第 2 款对判断国内审判中是否存在"不愿意"（unwilling）问题进行了详细规定，它授权国际刑事法院根据国际法承认的正当程序原则，酌情考虑是否存在下列一种或多种情况：（1）已经或正在进行的诉讼程序，或一国所作出的决定，是为了包庇有关的人，使其免负第 5 条所述的犯罪的刑事责任；（2）诉讼程序发生不当延误，而根据实际情况，这种延误不符合将有关的人绳之以法的目的；（3）已经或正在进行的诉讼程序，没有以独立或公正的方式进行，而根据实际情况，采用的方式不符合将有关的人绳之以法的目的。而针对是否存在"不能够"（unable）的问题，第 17 条第 3 款又规定，应考虑一国是否由于本国司法系统完全瓦解，或实际上瓦解或者并不存在，因而无法拘捕被告人或取得必要的证据和证言，或在其他方面不能进行本国的诉讼程序。总体而言，尽管在国家实践中已出现越来越多的基于条约或国家同意的强制性管辖权的情形，但是目前国际仲裁及司法机构的管辖权还是主要以合意类的管辖权构成的。补充管辖权仍应被视为国际仲裁及司法机构行使其权限的基本法律原则，在特定领域或特定情况下存在的强制性管辖权并未能改变这一基本状况。

2. 国际司法管辖权的"碎片化"

如上所述，随着国际法的普遍性得到国际社会越来越多的支持，国际司法机构也相应地不断增加，这种多重国际司法管辖权并存的情形有可能导致国际司法判例的相互冲突。同时，基于冷战之后国际法不同部门法的非同步发展趋势，国际争端解决也相应地出现机构、制度及规则等因不同国际法专业领域而分化的情况，特别是在一些专业领域如国际贸易投资等领域的系统化和规范化发展。一般来说，在理想的垂直型体系中，国际法院应占据国际司法体系的最高位置。国际法院对于国际法律秩序中的其他司法管辖享有权威性，至少在普遍适用的国际法一般规则的解释方面应当如此。根据一些学者提出的建议，国际法院应当成为国际法律秩序中的最高法院，享有先行裁决权限和更为广泛的咨询职权，或者赋予该法院以国际法律冲突法庭的强制管辖权限。由此，在就某一国际争端出现竞合性国际管辖权时，它可以确定国际法律秩序的子体系中具有裁判权限的司法机构。① 然而，现实状况是这些国际法庭相互之间并不存在

---

① Pierre-Marie Dupuy, "Competition among International Tribunals and the Authority of the International Court of Justice", in *From Bilateralism to Community Interest: Essays in Honour of Judge Bruno Simma*, edited by Ulrich Fastenrath, et al., Oxford University Press, 2011, pp. 862—876.

机制化的联系和协调，各法庭的法官基本上还是依据自身的法律考虑对相关案件作出裁决，从而在一定程度上造成国际司法判例乃至国际法发展的“碎片化”特征。在国际司法实践中，这也导致所谓“选择法院”的情况，即主权国家或其他当事方在不同争端解决的国际司法机制之间进行选择，各法庭之间形成某种竞争关系。目前看来，尽管有关国际法院具有核心地位的观点过于理想化，但是由国际法院主导而创立协调机制还是具备一定可行性的。很多国际司法机构往往较为集中关注某一特定领域，而作为所谓“世界法院”，国际法院拥有广泛的管辖权，可以受理涉及各领域国际法问题的案件，这一特点有利于不同法庭之间形成相互补充和协作的关系。各法庭的法官在审理案件并适用国际法相关规则时，也应在逻辑论证阶段更多参考已有的其他国际司法机构的裁决，以此确保国际法法理原则的一致性。同时，联合国国际法委员会在从事相关国际法主题的编纂工作时，应及时引入和吸收国际司法机构新裁决中体现的归纳和发展，由此形成具备更多统一性、可预见性及适用性的法律规则的系统性总结和梳理。

二、近期国际法院的主要案例

作为联合国体系的主要国际司法机构，国际法院拥有广泛的诉讼标的管辖权，涉及国际事务及国家间关系中各种类型的争端，这一点从以下所选取的一些近期主要案例中就可以看到。案件所涉及的范围既包含了国际政治中有关政治安全及领土主权等所谓“高政治”领域的争端，也包括了涉及环境侵权损害、司法互助协作、国家管辖豁免及本国国民的外交保护等有关国家间交往过程中各种较为技术性的议题领域。

（一）政治安全领域：“在刚果境内军事活动案”（刚果民主共和国诉乌干达）

1999 年 6 月 23 日，刚果民主共和国对乌干达提起关于“严重违犯联合国宪章和非洲统一组织宪章的军事侵略行动”的诉讼程序。在其起诉书中，刚果民主共和国请求法院裁决并宣告乌干达曾从事违犯《联合国宪章》第 2 条第 4 款的侵略行动，并不断违犯 1949 年《日内瓦公约》和 1977 年《补充议定书》的规定。刚果民主共和国进而请求法院裁决所有乌干达武装力量及乌干达国民或法人实体撤离其领土，同时拥有获得赔偿的权利。2005 年 12 月 19 日，国际法院就该案作出裁决。该裁决认定乌干达的相关行为违反国际法相关义务。首先，乌干达参与在刚果（金）领土上进行的军事行动，占领伊图里地区（Ituri），并积极支持在刚果（金）境内活动的非正式武装力量，上述行为违反了禁止使用武力原则和不干涉内政原则；其次，在乌干达与卢旺达两国之间于基桑加尼（Kisangani）进行的军事敌对行动中，乌干达违反了其在国际人权法和国际人道法项下的义务；第三，基于其军事武装对刚果（金）平民所从事的行动，特别是考虑到其作为伊图里地区占领军的地位，乌干达还违反了国际人权法和国际人道法项下的其他义务；第四，基于其军队成员的抢掠行为和对刚果（金）自然资源的劫夺以及其作为伊图里地区占领军而未能避免此类行为的事实，乌干达也违反了其承担的国际法义务。同时，在审查乌干达提出的反诉请求后，法院认定，由于刚果（金）对于乌干达相关人员和财产从事的不当行为未能依法提供相应保护，它也违反了基于 1961 年《维也纳外交关系公约》而对乌干达所承担的义务。最后，法院认定诉讼双方都有义务向对方支付损害赔偿，考虑到双方之间没有相关赔偿协议，法院决定将继续就赔偿事宜保留相关程序。此后诉讼双方都曾向法院提交过有关损害赔偿谈判的信息，因此该案依旧被列在国际法院审理中案件目录中，案件尚未正式结束。[①]

（二）领土主权与陆地及海洋边界划分：“领土及海域划界争端”（尼加拉瓜诉哥伦比亚）

2001 年 12 月 6 日，尼加拉瓜在国际法院对哥伦比亚提起诉讼，请求法院就西加勒比海领土归属与海域划界中存在的相关问题作出裁决。在其起诉书中，尼加拉瓜要求法院作出以下裁决及宣示：“第一，尼加拉瓜拥有 Providencia，San Andrés 及 Santa Catalina 等岛礁及其所有附属岛礁和低潮高地的主权，同时还拥有 Roncador，Serrana，Serranilla 及 Quitasueéo 等岛屿的主权（只要它们可以被占有）；第二，根据以上所请求的裁决，法院还应确定尼加拉瓜和哥伦比亚大陆架及专属经济区之间的单一海域界线，这一决定应符合公平原则与一般国际法规定应适用于单一海域划界线划定的相关条件。”2012 年 11 月 19 日，国际法院就该案相关的岛屿领土归属及海域划界问题作出裁决，其中主要包含如下内容：第一，关于 Providencia，San Andrés 及 Santa Catalina 等岛屿及其所有

① ICJ Report 2011—2012，p. 28.

附属岛礁和低潮高地的主权归属问题。2007 年 12 月 13 日，国际法院在其先行裁决中裁定其对于有关上述岛屿及附属岛礁和低潮高地的主权归属问题不具备管辖权，该问题已经由哥伦比亚与尼加拉瓜于 1928 年 3 月 24 日所签署的有关两国之间领土问题的条约予以规定，而在该条约中尼加拉瓜已经承认哥伦比亚拥有上述岛屿的主权。第二，关于从加勒比海西南部直至东北部的一系列岛屿的主权归属问题。法院认定，存在主权争议的岛礁包括 Alburquerque Cays，East-Southeast Cays，Roncador，Serrana，Serranilla，Quitasueéo 及 Bajo Nuevo 等。法院首先考查了这些岛礁是否能够被占有的问题。就其特征而言，法院认为岛屿无疑都是可以被占有的，而双方都同意 Alburquerque Cays，East-Southeast Cays，Roncador，Serrana，Serranilla 及 Bajo Nuevo 等岛礁在海水处于高潮时仍旧处于水面以上，属于海洋法意义上可以被占有的岛礁。但诉讼双方对于 Quitasueéo 所包括的一系列岩礁是否可以被占有或者具备领土地位存在争议。法院经审议双方提交的相关证明资料后认定，在 Quitasueéo 所包括的一系列岩礁中，只有代号为 QS32 的礁石在海水处于高潮时仍露出水面，因而可以被占有为领土；其他岩礁则是低潮高地，不具备领土地位。在明确上述岛礁是否可以作为领土而加以占有问题之后，法院进一步就其主权归属问题作出决定。法院先后援引了上述 1928 年条约规定、法律上占有原则（*uti possidetis juris*）以及哥伦比亚提出的有效统治原则来确定主权归属。就 1928 年条约而言，相关问题主要是所争议岛礁是否属于条约中所称的 San Andrés 群岛的一部分。法院认为不能仅仅依据地理位置的远近而确定该群岛所包含的部分，而 1928 年条约中并未明确其组成部分，因而法院必须考虑其他判定途径所可能得出的结论。法院进而考查了法律上之占有原则在本案岛礁主权归属中的作用。这一原则的适用源于两国自西班牙统治独立之时西班牙相关殖民法令的规定。正如法院在之前判例中所指出的，法律上之占有原则中的法律并不是指国际法，而是指独立前主权者的宪法或行政法规。根据这一逻辑，法院认定双方都无法依据该原则明确对相关岛礁拥有主权。由于难以通过前面两种途径明确主权归属问题，所以法院需要进一步考查有效统治原则的效力。在这方面，法院首先要确定有关这些岛礁主权争议的关键日期（critical date），其重要性在于明确区分关键日期前后的国家行为，而关键日期之前的行使主权行为将被作为确定主权归属的考虑因素。法院由此认为 1969 年 6 月 12 日是本案的关键日期，也即尼加拉瓜政府对哥伦比亚政府于同年 6 月 4 日发出的外交换文的回应日期，因为在此之前双方并未就相关问题产生争议。其后法院则就这些岛礁的有效统治问题进行考查。法院主要考虑了以下一些可以被视为有效统治的行为，包括政府管理及立法、对经济活动的规制、公共设施、执法措施、海军访问及搜救行动、领事代表权等。法院认定，哥伦比亚对所争议岛礁长达数十年持续和不间断地行使主权，这一主权行使行为是公开的，而在关键日期之前并未收到尼加拉瓜政府的任何抗议，因此哥伦比亚拥有对相关岛礁的主权。第三，海域划界问题。主要是关于法院之前已决定主权归属于哥伦比亚的上述岛礁附属海域与尼加拉瓜大陆及沿海岛屿附属海域之间划界的问题。首先要确定的问题是依据上述争议岛礁所划出的海域范围的界限，其中值得注意的是低潮高地在确定领海基线中的作用。以前面提到的 Quitasueéo 为例，法院之前的决定指出其包括的众多岛礁中只有代号为 QS32 的为海水达到高潮时露出水面的岩礁，而其他 53 个岩礁都只能被视为低潮高地。在确定 QS32 的领海范围时，法院认为，其中两个代号分别为 QS53 和 QS54 的低潮高地位于 QS32 的 12 海里范围之内。根据《联合国海洋法公约》第 13 条的规定，在确定 QS32 的领海基线时以上两个低潮高地将被考虑在内，也即可以将其海水低潮线作为领海基线的一部分。其后法院则就双方争议海域划界问题进行考查。法院首先根据双方相关陆地和岛礁的基点划出一条临时中间线，在此基础上，法院进一步考虑需要作出调整的因素以达到“公平的结果”。法院主要考虑了以下相关影响因素：双方相关海岸线长度的差距、整体地理状况、双方的行为、安全及执法因素、公平获取自然资源以及该海域已有的界限等。在考虑各种因素之后，法院就双方争议海域确定了一条单一海域划界线。[①] 由该案审议过程可以看到，在决定相关岛屿主权归属及岛礁特征问题时，法院基本上严格遵循了诉讼双方之间相关条约、国际习惯法以及《联合国海洋法公约》的相关规定；而在确定争议海域界限时，法院则行使了较大程度的裁量权，综合考虑各种影响因素，并基于达成“公平结果”的原则而最终作出裁决。

（三）国际司法互助：“有关或引渡或起诉问题案”（比利时诉塞内加尔）

2009 年 2 月 19 日，比利时王国向国际法院提起针对塞内加尔共和国的诉讼，诉讼事项是关于“塞内加尔对于起诉 Hissène Habré 先生（乍得共和国前总统）或将其引渡至比利时受审的义务的履行”。比利时声称其诉讼请求是基于

① *Territorial and Maritime Dispute*（*Nicaragua /Colombia*），*Merits*，*Judgment*，I. C. J.，November 19，2012.

1984 年《联合国禁止酷刑和其他残忍、不人道或有辱人格的待遇或处罚公约》（简称《联合国反酷刑公约》）以及国际习惯法的规定。在其起诉书中，比利时请求法院支持其以下几项主张：（1）法院对于该案件相关争议事项拥有管辖权；（2）比利时的诉讼请求可以受理；（3）塞内加尔共和国有义务对 Hissène Habré 启动刑事审判程序，以审理有关其作为酷刑罪和反人类罪的主犯、共犯或从犯的指控；（4）如塞内加尔未能起诉 Hissène Habré，则其有义务将他引渡至比利时王国，从而比利时法庭可以审理有关这些罪行的指控。2012 年 7 月 20 日，法院就该案作出如下裁定：（1）法院对于 1984 年《联合国反酷刑公约》缔约方之间有关公约第 6 条第 2 段和第 7 条第 1 段的解释和适用问题所产生之争议拥有管辖权；（2）法院对于比利时王国关于塞内加尔违反国际习惯法义务的主张不具有管辖权；（3）比利时王国依据 1984 年《联合国反酷刑公约》第 6 条第 2 段和第 7 条第 1 段而提起的诉讼可以被法院受理；（4）由于塞内加尔未能就 Hissène Habré 被指控之罪行及时展开预先事实调查，所以其违反了 1984 年《联合国反酷刑公约》第 6 条第 2 段项下之义务；（5）由于塞内加尔未能将 Hissène Habré 所涉案件提交相关检控机关，所以其违反了 1984 年《联合国反酷刑公约》第 7 条第 1 段项下之义务；（6）如塞内加尔不将 Hissène Habré 引渡，则其应即刻将该案件提交相关检控机关。① 总体来看，围绕该案争论的主要分歧集中于以下几点：诉讼双方之间是否实际存在争议、法院行使管辖权的依据以及塞内加尔是否已经履行其条约义务。薛捍勤法官对法院就该案的裁决提出异议意见，认为法院在一些关键性争议问题上适用法律有误。特别是关于法院是否可以受理该案的问题，她认为受害者的国籍对可受理性问题有直接影响，依据被指控罪行实施时受害者的国籍，比利时的诉讼请求应不被受理。而且，比利时国内立法和实践也进一步支持了这一论点。2003 年，比利时对其刑法进行修订，新条款规定在涉及比利时境外实施的违反国际人道法的罪行时，只有当罪行发生时受害者为比利时国民时，才可以提起刑事检控。比利时司法决定也特别说明该刑法修订案的立法意图在于避免刑法中涉及普遍管辖权的条款遭到出于政治目的的滥用。而法院未能给予比利时国内法律和实践以足够关注，仅仅依据“对所有缔约方之义务”（obligations *erga omnes partes*）的概念就作出决定，这是令人遗憾的。并且法院关于“对所有缔约方之义务”的解释也有悖于有关国家责任的国际法规则，每一缔约方对其他缔约方的履约行为具有法律上的利益并不

---

① Questions Relating to the Obligation to Prosecute or Extradite（Belgium/Senegal），Judgment，I. C. J.，20 July 2012.

意味着该缔约方因而就具备提起诉讼的出庭资格。[①]

(四) 主权豁免:“国家管辖豁免案”(德国诉意大利)

2008年12月23日，德意志联邦共和国对意大利共和国提起诉讼，声称意大利在其司法实践中“未能尊重德国依据国际法享有的管辖豁免”。德国在起诉书中请求法院就以下事项作出裁决：(1) 意大利允许就德国在二战期间（1943年9月至1945年5月）违反国际人道法行为而对德意志联邦共和国提起民事诉讼的行为，未能尊重德国依据国际法享有的管辖豁免，因而违反了意大利依据国际法承担的义务；(2) 意大利对用于政府非商业性目的的德国国家财产“Villa Vigoni”所采取的限制措施，也违反了其尊重德国的管辖豁免的义务；(3) 意大利宣称希腊经由上述第 (1) 项请求中类似之程序而作出的裁决，可以在意大利得以执行，这进一步违反了德国的管辖豁免；(4) 意大利共和国需承担国际责任；(5) 意大利应采取一切可能措施，以确保其法庭或其他司法机构有关侵害德国管辖豁免的裁决不得被执行；(6) 意大利应采取一切可能措施，以确保未来意大利法庭不会针对德国再提起第 (1) 项请求中类似的法律程序。需要指出的是，本案所涉及的法律争端仅限于意大利政府上述行为是否违反其尊重德国管辖豁免的义务这一问题，诉讼双方对于二战期间德国在意大利所实施的违反国际人道法的罪行没有任何异议。2008年11月18日，在德国和意大利发表的共同声明中，德国完全承认其在二战期间所从事行为的非法性，并向法院说明其“完全清楚在这方面所承担的责任”。因此本案只是一件有关国家主权豁免的案件，法院的裁决也仅限于国家管辖豁免是否得到尊重的问题。2012年2月3日，法院就该案作出裁决，主要包括以下内容：(1) 意大利共和国允许就德国在二战期间违反国际人道法行为而对德意志联邦共和国提起民事诉讼的行为，未能尊重德国依据国际法享有的管辖豁免，因而违反了意大利依据国际法承担的义务；(2) 意大利对用于政府非商业性目的的德国国家财产“Villa Vigoni”所采取的限制措施，也违反了其尊重德国的管辖豁免的义务；(3) 意大利宣称希腊法庭针对德意志帝国违反国际人道法行为而作出的裁决，可以在意大利得以执行，违反了其尊重德国管辖豁免的义务；(4) 意大利共和国须制定相应立法或者选择其他方式，以确保其法庭及其他司法机构所作出的损害德国管辖豁

① Questions Relating to the Obligation to Prosecute or Extradite (Belgium/Senegal), Summary of the Judgment of 20 July 2012, I. C. J., pp. 13－14.

免的决定不再具有法律效力；（5）驳回德意志联邦共和国提出的其他请求。①

（五）外交保护：Ahmadou Sadio Diallo 案（几内亚共和国诉刚果民主共和国）

1998 年 12 月 28 日，几内亚对刚果民主共和国提起诉讼，声称刚果民主共和国政府对一位几内亚国民 Ahmadou Sadio Diallo 所从事的行为严重违反国际法。2007 年 5 月 24 日，法院就几内亚诉讼请求事项作出先行裁决，认定其申诉可以被法院受理，但前提是几内亚的诉讼请求仅仅出于保护 Diallo 先生作为个人的权利以及其作为 Africom-Zaire 公司和 Africontainers-Zaire 公司合伙人的直接权利之目的，而非针对有关侵害上述两家公司权利的问题。2010 年 11 月 30 日，法院就该案实体问题作出裁决，主要包括以下决定：（1）不受理几内亚关于 1988—1989 年期间 Diallo 先生遭到逮捕和拘押的申诉；（2）关于 Diallo 先生于 1996 年 1 月 31 日被逐出刚果（金）境内的相关情况，刚果民主共和国违反了《公民权利与政治权利国际公约》第 13 条和《非洲个人和人民权利宪章》第 12 条第 4 段的规定；（3）关于 1995—1996 年期间 Diallo 先生遭到逮捕和拘押以决定是否驱逐出境的相关情况，刚果民主共和国违反了《公民权利与政治权利国际公约》第 9 条第 1 和第 2 段以及《非洲个人和人民权利宪章》第 6 条的规定；（4）由于未能在 Diallo 先生于 1995—1996 年期间被拘押时及时告知其基于《维也纳领事关系公约》第 36 条第 1 段第 2 项而享有的权利，刚果民主共和国违反了就此条款所承担的义务；（5）驳回几内亚就 1995—1996 年期间 Diallo 先生遭到逮捕和拘押以决定是否驱逐出境的其他所有申诉；（6）刚果民主共和国并未对 Diallo 先生作为 Africom-Zaire 公司和 Africontainers-Zaire 公司合伙人的直接权利构成侵害；（7）刚果民主共和国有义务对其前述（2）、（3）两项中违反国际义务所造成的损害后果向几内亚以补偿金形式作出损害赔偿；（8）如诉讼双方未能就赔偿具体金额达成协议，法院将继续就赔偿事宜保留相关程序。② 2012 年 6 月 19 日，法院就赔偿问题作出裁决，其中裁定刚果民主共和国须向 Diallo 先生支付两方面的现金赔偿：（1）对其所遭受之精神损害支付 8.5 万美元；

---

① *Jurisdictional Immunities of the State*（*Germany/Italy*），*Judgment*，I. C. J.，3 February 2012.

② *Ahmadou Sadio Diallo*（*Republic of Guinea v. Democratic Republic of the Congo*），Report of the International Court of Justice（1 August 2011—31 July 2012），p. 25，para. 123.

（2）对其个人财产所遭受实际损失支付 1 万美元。而对于几内亚所主张的由非法拘押和非法驱逐而导致的工作报酬及潜在收益方面的损失，法院并没有加以支持，裁定刚果民主共和国不承担这两项请求的赔偿义务。①

（六）环境侵权损害："空中播洒除草剂案"（厄瓜多尔诉哥伦比亚）

2008 年 3 月 31 日，厄瓜多尔对哥伦比亚提起诉讼，所争议事项是关于"哥伦比亚在两国边界附近或跨越边界空中播洒有毒除草剂"。厄瓜多尔声称，"播洒活动已经对两国边界厄瓜多尔一方的人民、庄稼、动物以及自然环境造成严重损害，并存在未来进一步损害的重大风险"。厄瓜多尔还指出，该国已就此事件与哥伦比亚政府进行多次谈判，但都未能取得成果。本案的起因是哥伦比亚所进行的打击边境附近鸦片和罂粟种植的行动，其通过使用飞机在空中播洒除草剂以根除边境附近的鸦片和罂粟植物。因而厄瓜多尔在其起诉书中也特别声明反对"非法麻醉品的出口和消费"，并强调提交法院的争议事项"仅仅与哥伦比亚消灭非法罂粟和鸦片种植行动的方式及地域相关"。厄瓜多尔请求法院就以下事项作出裁决：（1）哥伦比亚所从事的行为导致厄瓜多尔领土内存在有毒除草剂，并已对人身健康、财产以及环境造成损害，因而其违反了国际法义务；（2）对于由于其非法行为而造成的损失或损害，哥伦比亚应向厄瓜多尔进行补偿；（3）哥伦比亚须尊重厄瓜多尔的主权和领土完整，因而其应采取一切必要措施以避免其领土内所使用的有毒除草剂传播至厄瓜多尔领土，并禁止通过空中播洒方式在厄瓜多尔境内或两国边境附近使用此种除草剂。目前该案还在法院审理进程中。②

（七）生物物种保护："捕鲸案"（澳大利亚诉日本）

2010 年 5 月 31 日，澳大利亚政府对日本提起诉讼，所争议事项是关于"日

---

① *Ahmadou Sadio Diallo*（*Republic of Guinea v. Democratic Republic of the Congo*）（*Compensation owed by the Democratic Republic of the Congo to the Republic of Guinea*），*Judgment*，I. C. J.，19 June 2012，p. 21，para. 61.

② *Aerial Herbicide Spraying*（*Ecuador/Colombia*），Report of the International Court of Justice（1 August 2011－31 July 2012），pp. 34－35.

本依据日本鲸类研究项目第二阶段规划（JARPA II）持续通过发放特别许可证方式在南极洲从事大规模捕鲸活动，这些活动违反日本根据《国际捕鲸管制公约》所承担的义务……以及其在保护海洋哺乳动物及海洋环境方面所承担的其他国际义务”。由于澳大利亚和日本分别于 2002 年 3 月 22 日与 2007 年 7 月 9 日向国际法院提交关于遵从其强制性管辖权的声明，所以澳大利亚以此为基础主张国际法院对此案拥有管辖权。法院此后将 2011 年 5 月 9 日与 2012 年 3 月 9 日分别设定为澳大利亚提交诉状以及日本提交辩护状的截止期限，两国政府都按时提交了上述法律文件。新西兰政府于 2012 年 9 月向法院提出作为第三方参加诉讼进程的请求，以获取相关诉讼法律文件，在征求诉讼双方意见之后，这一请求获得准许。澳大利亚在其诉状中请求法院裁定并宣告日本在南大洋开展的 JARPA 第二阶段活动违反其承担的国际义务。具体而言，澳大利亚请求法院裁决命令日本：（1）停止实施 JARPA II；（2）撤销所有允许从事相关活动的授权或许可证；（3）确保其不会采取任何基于 JARPA II 的进一步行动或者启动类似的项目，除非其符合日本依据国际法所承担的国际义务。澳大利亚还特别要求法院在以下几方面考察日本违反其国际义务的情形：为商业目的而猎杀鲸鱼的零捕获限制；对于在南大洋保护区内捕杀长须鲸的限制；对于商业捕鲸船或与其相关的捕鲸从事捕捉、猎杀或处理除小须鲸之外的其他鲸类活动的截止期限；JARPA II 不符合《国际捕鲸管制公约》第八条所规定之科学研究的宗旨。由于本案争议事项与科学研究活动密切关联，因而专家证据成为案件审理进程中必不可少的一环。有鉴于此，法院特别就双方提供专家证人以及相关专家证据的期限也作出了规定。[①]

---

① *Whaling in the Antarctic*（*Australia v. Japan*：*New Zealand Intervening*），Judgment of the International Court of Justice，March 31，2014.

专题报告五 联合国与伊朗核问题

刘建伟*

伊朗核问题是当今国际关系中的一个重要议题。为了维护国际核不扩散机制，同时避免以非和平方式解决伊朗核问题，联合国安理会先后通过了一系列制裁伊朗的决议。然而，在相当长的时期内，伊朗核问题并没有因国际制裁而得以解决或有所缓解。但自2013年6月伊朗大选之后，六国（安理会五常+德国）与伊朗的谈判开始取得进展，双方在11月24日达成的日内瓦协议被视为国际社会在全面解决伊朗核问题上迈出的关键一步。联合国制裁是否以及在多大程度上推动了伊朗核问题的解决？对这一问题的回答不仅有助于我们理解当前错综复杂的伊朗核谈判，而且对重新评估制裁的有效性具有重要的理论意义。本专题报告分别从联合国对伊制裁机制及2013—2014年新进展、联合国对伊制裁的作用评估和当前面临的挑战三部分来尝试探讨这一问题。

一、联合国对伊制裁机制及2013—2014年新进展

（一）联合国对伊制裁机制

自2006年以来，伊朗核问题升级，成为当今国际关系中的一大焦点议题。为确保伊朗核活动的和平性质，联合国安理会先后通过多项制裁决议来迫使伊朗遵守其国际义务。联合国安理会对伊制裁机制（下文简称联合国对伊制裁机制）由安理会系列决议及相关附属机构组成。

---

* 刘建伟，中央财经大学国防经济与管理研究院助理研究员。

1. 相关决议及制裁内容

在2006—2014年之间，联合国安理会就伊朗核问题一共通过了11项决议。[①] 其中，第1737（2006）号、第1747（2007）号、第1803（2008）号和第1929（2010）号决议4项涉及制裁内容。第1737（2006）号决议确定了联合国对伊制裁机制的基本框架，并决定成立一个制裁委员会负责该决议的执行问题，后续的第1747（2007）号决议新增武器禁运规定，第1929（2010）号决议新增一项旅行禁令，对伊朗的制裁范围和力度不断提高。

（1）关于扩散敏感核活动与核武器运载系统的禁运

第1737（2006）号决议第3—7及9段，第1803（2008）号决议第8段以及第1929（2010）号决议第7、9、13段作出了关于扩散敏感（proliferation-sensitive）核活动与核武器运载系统的禁运规定，这包括：①“转出禁运”：所有国家都应采取必要措施，防止从本国领土，或由本国国民，或使用悬挂本国国旗的船只或飞机，或为在伊朗境内使用或使伊朗受益，直接或间接向伊朗提供、销售或转让扩散敏感的及有助于伊朗发展核武器运载系统的物项、材料、设备、货物和技术，以及相关的任何技术援助或训练、财政援助、投资、中介服务、金融资源或服务，或其他服务。②“转入禁运”：所有会员国都应禁止本国国民，或使用悬挂本国国旗的船只或飞机，从伊朗采购此类物项，不论其是否源于伊朗领土。[②]

（2）武器禁运

第1747（2007）号决议第5段和第1929（2010）号决议第8段作出了对伊朗实施武器禁运的决定，包括：①“武器转出禁运”：所有国家应防止从或经由本国领土，或由本国国民或受其管辖的个人或使用悬挂其国旗的船只或飞机，向伊朗直接或间接供应、出售或转让《联合国常规武器登记册》所界定的所有作战坦克、作战飞机、军舰等，包括零部件及相关技术培训、金融资源或服务等。②“武器转入禁运”：所有国家都应禁止本国国民，或使用悬挂本国国旗的船只或飞机，从伊朗购置这些物项，不论它们是否源于伊朗领土。[③]

---

① 这11项决议包括：第1696（2006）号、第1737（2006）号、第1747（2007）号、第1803（2008）号、第1835（2008）号、第1887（2009）号、第1929（2010）号、第1984（2011）号、第2049（2012）号、第2105（2013）号和第2159（2014）号决议。

② 参见联合国文件：S/RES/1737（2006）、S/RES/1803（2008）、S/RES/1929（2010）。

③ 参见联合国文件：S/RES/1747（2007）、S/RES/1929（2010）。

（3）旅行禁令

根据第 1929（2010）号决议第 10 段，所有国家应该采取必要措施，防止第 1737（2006）号决议所设制裁委员会所指定的人员入境或过境。其具体人员名单附在第 1737（2006）号、第 1747（2007）号、第 1803（2008）号和第 1929（2010）号决议之后，该名单由制裁委员会负责定期调整更新。①

（4）资产冻结

根据第 1737（2006）号决议第 12—15 段，第 1747（2007）号决议第 4 段，第 1803（2008）号决议第 7 段和第 1929（2010）号决议第 11、12 和 19 段，所有国家都应冻结自各决议通过之日及此后任何时间在本国境内，为附件指认的人或实体，以及安全理事会或附属制裁委员会指认的其他从事、直接参加或支持伊朗扩散敏感核活动或发展核武器运载系统的人或实体，或代表他们或根据其指示行事的人，或由他们拥有或控制的实体，所拥有或控制的资金、其他金融资产和经济资源，包括通过非法手段拥有或控制的资金、其他金融资产和经济资源；还决定，所有国家都应确保本国国民或本国领土内的任何人或实体都不向这些人或实体提供资金、金融资产或经济资源，或使其受益。②

（5）加油服务禁令

根据第 1929（2010）号决议第 18 段，所有国家在有情报提供合理理由认为伊朗拥有或承租的船只载有相关决议所禁物项时，应禁止本国国民或从本国领土为这些船只提供加油服务，例如提供燃料或补给，或提供其他船只服务，除非此种服务是出于人道主义目的所必需的，或是相关货物已接受检查并已视需要接受扣押和处理。③

2. 主要负责机构

在联合国组织内，强制制裁的负责机构包括安理会和秘书处。每当通过一项新的制裁决议时（不包括同一议题后续决议），安理会都会成立一个以该决议为名的附属制裁委员会来负责决议的执行，并且一般会设置专家小组来予以协助。秘书处则为制裁委员会和专家小组提供行政服务。④

---

① 参见联合国文件：S/RES/1929（2010）。

② 参见联合国文件：S/RES/1737（2006）、S/RES/1747（2007）、S/RES/1803（2008）、S/RES/1929（2010）。

③ 参见联合国文件：S/RES/1929（2010）。

④ 关于联合国制裁机构设置详见刘建伟："联合国安理会制裁制度——兼论安理会对朝制裁的进展及对中国的挑战"，张贵洪主编：《联合国发展报告 2012》，时事出版社 2013 年版，第 295—314 页。

（1）安理会第 1737（2006）号决议所设委员会

安理会第 1737（2006）号决议所设委员会（简称 1737 委员会）成立于 2006 年 12 月 23 日。1737 委员会由安理会全体成员国组成，由委员会主席主持工作，现任主席为来自西班牙的罗曼·奥亚尔顺·马切西。委员会的主要任务包括：（1）监测第 1737（2006）号、第 1747（2007）号、第 1803（2008）号和第 1929（2010）号决议针对伊朗所采取措施的执行情况；（2）检查有关所指称的违反制裁决议的情况与资料，并采取适当行动；（3）制裁名单的列入和除名，以及豁免安排；（4）审议专家小组报告并向安理会提出建议以加强制裁措施的效力。[①] 根据第 1737（2006）号决议要求，1737 委员会自成立以后须向安理会做季度报告，这种系列报告对增强制裁的效力具有重要意义。

（2）专家小组

安全理事会根据第 1929（2010）号决议设立了一个专家小组，以协助 1737 委员会执行其任务。专家组由秘书处提供行政支持，并在 1737 委员会的指导下行动。专家组的办公室设在纽约，由 8 名具有不扩散、出口控制、核与导弹技术、常规武器等相关领域专业技术背景的成员组成。专家小组的任务包括：（1）收集、审查和分析各国、联合国相关机构和其他有关各方提供的关于第 1737（2006）号、第 1747（2007）号、第 1803（2008）号以及第 1929（2010）号决议所规定措施的执行情况，特别是违反决议事件的资料；（2）支持委员会的其他工作，包括就制裁执行问题与会员国进行联络、监测制裁执行情况、分析与制裁执行有关的趋势和提供"最佳做法"；（3）根据第 1929（2010）号决议，在委员会成立后 90 天内向安全理事会提交一份临时工作报告，并最迟在其任务终止前 30 天向安全理事会提交一份最后报告，其中应包括专家组的分析结果和建议。[②] 自成立以来，专家小组在就所报指称违反制裁的情况进行调查之后向委员会提交了 7 份报告，并先后于 2012、2013、2014 年提交了中期或最后报告。

（二）联合国对伊朗制裁在 2013—2014 年的新进展

安理会在 2013 年 6 月 5 日就伊朗核问题通过了一项决议［即第 2105

---

① 1737 Committee Fact Sheet，http：//www. un. org/chinese/sc/committees/1737/pdf/factsheet-19Apr13%20（C）. pdf；Guidelines of the 1737 Committee，http：//www. un. org/chinese/sc/committees/1737/comguide. pdf.

② 1737 Committee Fact Sheet，http：//www. un. org/chinese/sc/committees/1737/pdf/factsheet-19Apr13%20（C）. pdf.

(2013) 号决议]。该决议决定把第 1929 (2010) 号决议第 29 段所设置的专家小组任务期限延至 2014 年 7 月 9 日，并要求其最迟于 2013 年 12 月 9 日向安理会提交其中期报告，在 2014 年 6 月 9 日向安理会提交最后报告。[①] 专家小组在 2014 年 6 月 5 日向安理会提交了最后报告，并提出应对伊制裁新挑战的政策建议。安理会随后在 6 月 9 日通过第 2159 (2014) 号决议，把专家小组的任务期限延长至 2015 年 7 月 9 日，并要求其在 2015 年 7 月 9 日之前经与 1737 委员会讨论后向安理会提交最后报告。

1737 委员会根据第 1737 (2006) 号决议要求，分别于 2013 年 3 月 6 日、7 月 15 日、9 月 5 日和 12 月 12 日以及 2014 年 3 月 20 日就其活动向安理会做了季度报告，并在 2013 年 12 月 31 日向安理会提交了 2013 年年度报告。1737 委员会对伊朗遵守安理会决议的情况、各项指称违反决议的报告、违禁物品与制裁名单等问题进行了大量讨论。专家小组也根据相关制裁决议要求先后在 2013 年 6 月 3 日、12 月 4 日和 2014 年 6 月 5 日就制裁的执行状况向安理会提交了工作报告。

伊朗核问题在 2013 年伊朗大选前后出现转折。在大选之前，伊朗继续拒绝接受联合国安理会决议要求，进一步开展包括安装新型离心机、推进铀浓缩活动等在内的核活动。在哈桑·鲁哈尼当选伊朗总统之后，伊朗态度出现重大转变，其与伊核六国的谈判初步取得进展。11 月 24 日，各方在日内瓦就解决伊朗核问题第一阶段措施达成协议。根据协议，伊朗同意暂停生产丰度为 5%以上的浓缩铀，同时稀释或转化库存中丰度为 20%的浓缩铀；在接下来 6 个月时间里，伊朗不再增加丰度为 3.5%的浓缩铀库存，不再额外兴建铀浓缩设施，不再新增离心机，不再建设被怀疑可能生产武器级钚的阿拉克重水反应堆；伊朗核设施接受以往从未有过的国际监督。同时，美国与欧盟部分暂停对伊朗的出口限制，六方不再寻求对伊朗实施新的联合国安理会制裁。[②] 截至 2014 年 10 月 8 日，伊朗与六国先后进行了 7 轮谈判，双方就最终协议的原则达成了一致，但各方在具体细节方面尚存在很多分歧。[③]

---

① 伊朗制裁问题专家小组根据第 1929 (2010) 号决议设立，其任期根据第 2049 (2012) 号决议首次延长。

② “各方就解决伊核问题第一阶段措施达成协议”，新华网，http://news.xinhuanet.com/2013-11/24/c_118270339.htm；协议文本见：http://www.reuters.com/article/2013/11/24/us-iran-nuclear-agreement-text-idUSBRE9AN0BQ20131124。

③ “伊朗称与六国就核协议原则达一致，细节仍存分歧”，新华网，http://news.xinhuanet.com/world/2014-10/08/c_127073404.htm。

二、对联合国制裁作用的评估

伊朗核问题的和平解决对于维护国际核不扩散机制、促进中东地区的稳定具有重要意义。联合国对伊朗实施的一系列制裁正是和平解决该问题的诸多国际努力的一部分，制裁效果在一定程度上决定着国际社会谋求解决伊朗核问题的方式选择。换言之，如果对伊制裁产生“疗效”，它将有助于鼓舞和平解决伊朗核问题的国际信心，否则支持非和平手段的声音难免增强，武力解决恐怕成为最终选择。因此，客观评估联合国对伊朗制裁的效果十分重要。在评估之前，有两点需要作出说明：第一，除联合国安理会之外，美国、欧盟还单独采取了许多对伊制裁措施，而且其范围更广、力度更大。[①] 将联合国与其他各方制裁的效果区别开来非常困难甚至是不可能的。相对于“谁实施的制裁更为有效”，人们当前更关心“制裁本身是否有效”。所以，本文的评估不寻求对各方的制裁效果作出区分。第二，伊朗在制裁相关问题上的政策和行为变化是外部制裁、国际斡旋、伊朗国内政治经济压力等多重因素综合作用的结果。如第 1737（2006）号决议所设专家小组的报告指出，“对伊朗经济制裁所产生的影响与其国内经济政策的影响，特别是 2010 年开始削减长期消费补贴的影响，有时很难进行区分”。[②]

根据安理会系列决议，对伊朗制裁的目标可分为直接目标和间接目标。直接目标是制止伊朗发展核武器，或者说制止其出于非和平目的的核能生产研发活动，它包括：（1）促使伊朗暂停所有扩散敏感核活动和能够运载核武器的弹道导弹活动，并不进行新的此类活动；（2）促使伊朗接受国际原子能机构的监督、核查，并对其工作给予配合。间接目标包括：（1）宣示国际社会制裁核扩散行为的决心和共识，慑止其他国家发展核武器的企图；（2）更为根本的是，维护国际核不扩散机制，防止全球核扩散。总体而言，多年的联合国对伊制裁产生了效果。第一，由于制裁限制，伊朗的核项目和弹道导弹计划所需关键材料和器件得不到外部供应，其发展进程受阻，原始计划未能实现。第二，制裁（加上伊朗自身经济政策失误）对其国内经济造成重创，国内经济危机促使伊朗领导层重新评估其核谈判立场。六国与伊朗日内瓦核协议的达成及最终协议谈

---

① 参见文后附表。

② 参见联合国文件：S/2012/395，第 7 页。

判的进展是这种重估的最近表现。第三，严重的经济困难和国际孤立对伊朗国内政治产生影响，并为在核问题上持温和立场的领导人上台提供了机会。当然，对制裁的作用不应过度乐观。伊朗核谈判历程的曲折反复表明，发展核武器的诉求在伊朗（包括领导层和普通民众）具有很强的政治基础。近期核谈判的进展只代表着一个好的开始，后续更为具体的谈判及协议的履行将是判断伊朗是否决心放弃其核计划的关键标准。而且，联合国制裁的实施也伴随着诸多负面后果，评估制裁的作用也不应该把这种社会人道成本排除在外。下文将从核与弹道导弹活动、政治、经济、社会生活四个方面来对联合国对伊制裁进行初步评估。

（一）核与弹道导弹活动

首先，关于联合国制裁是否改变了伊朗进行核活动的战略意志，目前尚难作出判断，特别是考虑到虽然伊朗核问题在近期取得进展，但后续谈判将因触及更加实质的问题而会困难重重。仅就内贾德时期伊朗政府的言行来看，联合国制裁对伊朗进行核活动的战略意志的影响甚微。伊朗不但从言词上抨击联合国制裁，而且在实践中从技术和规模上继续推进核计划，“伊朗伊斯兰共和国违反相关国际义务，继续扩大核浓缩活动，违反其《保障监督协定》，继续建设重水反应堆，继续不执行经修订的准则规定，没有执行《附加议定书》，而且在解决其核计划可能涉及军事层面的未决问题方面没有取得任何进展”。[①] 其次，从伊朗进行核活动的能力和进展来看，联合国及相关方的制裁产生了显著效果。在过去的 30 年，尽管伊朗的核技术能力取得重大进步，但是它依然在关键材料和重要部件上严重依赖外部供应，[②] 而联合国制裁则大大限制了伊朗获得这些外部供应的可能。伊朗早在 1996 年就获得了生产第二代离心机（IR-2m）的设计图，并宣称在 2002 年开始进行生产，但直到 2013 年这种离心机才达到可以安装到纳坦兹（Natanz）铀浓缩设施上的水平。而且，直到 2013 年 8 月，所有安装在纳坦兹的离心机都没有获得氟化铀供应。相反，伊朗继续依赖上一代离心机（IR-1），并自 5 月份以来额外增加了 1861 套这种离心设备。伊朗发展 IR-2m 离

① 参见联合国文件：S/2013/331，第 14 页。

② Ali Vaez, “Spider Web: The Making and Unmaking of Iran Sanctions”, *International Crisis Group Middle East Report*, No. 138, Feb. 25 2013, p. 19, http://www.crisisgroup.org/~/media/Files/Middle%20East%20North%20Africa/Iran%20Gulf/Iran/138-spider-web-the-making-and-unmaking-of-iran-sanctions.pdf.

心设备的进程之所以如此漫长，部分原因在于获取或生产此种必需部件受到联合国制裁的严重限制。①

伊朗的弹道导弹活动也因联合国对伊武器禁运而受到影响。固态燃料系统尤其需要铝、钨粉和氧化盐等需要进口的材料，这些材料的缺乏迫使伊朗退而求其次，使用低于标准的相关替代品。伊朗自 2011 年 2 月以来长时间推迟试射射程超过 2000 公里的两节固态燃料导弹（Sajjil-2），这被认为是联合国武器禁运奏效的一个重要证据。缺乏关键材料的现实似乎严重影响了伊朗远程导弹计划，并有很大可能迫使伊朗暂停发展洲际导弹的努力。②

（二）伊朗国内政治

“以压促变”是制裁的基本逻辑之一。通过施加经济压力激起伊朗内部反对声音，促使其国内政治发生变化，从而让伊朗领导层重新计算其发展核计划的利益得失，是美国多次公开宣布的制裁立场之一。然而，这种逻辑并没有得到多大成功。自 2012 年来，伊朗基层出现过多起由粮价上升、货币贬值引起的骚乱，但这些都很快被平息。而且，尽管许多普通伊朗民众将其对生活陷入困境的不满归咎于本国政府，但是他们越来越多地将其困境归咎于国际制裁。“人们未必认为国内食品价格的上升是由外部制裁造成的，因此其批评对象是伊朗政府；但是，医疗用品的短缺却改变了伊朗人的这种思考方式，他们认为是西方国家制造了这种困难。”③

尽管如此，联合国制裁确实对伊朗领导层评估其核计划的利弊起了作用。伊朗最高领导人哈梅内伊在 2012 年 2 月称制裁是“痛苦的和沉重的”。④ 在核计划上持温和立场的鲁哈尼在 2013 年大选中获胜也是一个证明，鲁哈尼主张在核谈判中让步以换取减轻国际制裁压力，这一立场同样得到了哈梅内伊的认可。加上伊朗核问题的新近突破，可以说联合国制裁是有效的，尽管这种效用是否可以达到使伊朗立场产生根本改变的地步仍尚待观察。

---

① Dina Esfandiary，“Assessing the European Union’s Sanctions Policy：Iran as a Case Study”，*Non-Proliferation Papers*，No. 34，December 2013，p. 9，http：//www. nonproliferation. eu/documents/nonproliferationpapers/dinaesfandiary52b41ff5cbaf6. pdf.

② Ali Vaez，“Spider Web：The Making and Unmaking of Iran Sanctions”，p. 20.

③ Ibid.，p. 31.

④ 联合国文件：S/2012/393，第 7 页。

(三) 伊朗经济

近几年来，伊朗国内陷入严重的经济和货币危机。尽管很难判断伊朗当前的国内经济困境主要是由外部制裁造成的，还是源于其国内经济政策失误或经济结构的内在缺陷，但是许多专家都认为制裁对伊朗经济造成了重大影响，并且是促使伊朗接受日内瓦核协议的主要原因。[①] 第一，石油出口锐减。伊朗创汇收入的80%、政府收入的50%来自于石油贸易。自2011年以来，伊朗石油贸易额由于制裁而下降了60%，原油收入从2011年的1000亿美元下降到2013年的350亿美元。第二，GDP下滑。制裁使伊朗陷入近20年来的首次经济萎缩，其GDP在2013年下降了5%。国内商业活动减少，不良贷款增加，私营部门中工资拖欠现象大量存在，失业率上升到13%—20%。第三，货币贬值。在非官方市场，伊朗里亚尔对美元的汇率在2011年9月为13000∶1，2012年9月为28000∶1，到2013年5月则下降到37000∶1。货币贬值加剧了伊朗国内经济困境。第四，与货币贬值相对应，伊朗国内通货膨胀加剧。根据伊朗央行公布的数据显示，伊朗的国内通胀率在2013年7月高达45%。许多经济学家认为这一数据存在着不小保留，他们估计实际通胀率应该在50%—70%之间。[②]

(四) 社会生活层面

首先，在面临外部制裁的情况下，被制裁国会出现国家权力增强、社会权力下降的趋势。[③] 就伊朗而言，精英阶层以及与政府存在密切联系的部门能够较好地应对制裁带来的环境变化，甚至可能因制裁而增加获益。相反，普通民众和与政府持有异议的团体则难以适应制裁带来的变化，其制约政府的权力大大降低。“与政府关系疏远、也更为脆弱的民众最难免受制裁影响，难以从其他途径获得受到制裁的物品，或利用制裁引起的物资稀缺来谋利。”[④] 其次，尽管联

---

① 需要指出的是，美国及其盟友在经济方面的制裁远甚于联合国制裁，详见文后附表《美国、联合国和欧盟等对伊朗制裁措施比较一览表》。

② Kenneth Katzman, “Iran Sanctions”, *Congressional Research Service Reports* RS20871, 31 Jan., 2014, pp. 52—53, http://www.parstimes.com/history/crs_jan_14.pdf.

③ 关于制裁对被制裁国国内结构的影响详见刘建伟：《国际制裁与国内结构变迁》，复旦大学2012年博士论文，第90—96页。

④ Ali Vaez, “Spider Web: The Making and Unmaking of Iran Sanctions”, p. 33.

合国与西方制裁作出了详细的豁免规定，但对伊制裁仍然带来许多人道主义问题和非故意后果。在银行交易受限、货币贬值的环境下，学费负担对于普通学生来说变得更加沉重，许多学生由于无法拿到政府货币补贴或因家庭难以支付学费而辍学；女性之于男性的弱势地位因制裁而更为明显，受经济不景气影响，女性在教育和就业方面的机会变得更加稀少。医疗和民航领域受到的影响则更为明显。医疗用品虽然不在制裁物品之列，但是其进口因国际对伊金融限制而变得非常困难，许多国外银行由于担心违反制裁而不愿给伊朗人新开账户，即便提供服务也常常拖延时间。[①] 加上货币贬值和黑市交易等因素，伊朗的医疗卫生系统面临重重问题。同样，对军民两用品的禁运也对伊朗民用航空安全增添隐患。自美国 1995 年对伊贸易制裁以来，共有 1700 名乘客和机组人员在空难中丧生，尽管很难确定这在多大程度上是难以获得美国航空器件造成的。[②]

简言之，在内贾德总统任期内，联合国对伊制裁的战略目的（即迫使伊朗以可核实的方式将核活动限制在和平利用核能的范围之内）没有实现。伊朗没有遵守安理会系列决议的要求，六国与伊朗的谈判也没有取得重大进展。但在 2013 年 6 月 14 日伊朗大选之后，伊朗核问题出现显著变化。伊朗新当选总统鲁哈尼寻求通过谈判来减轻伊朗所受制裁和国际孤立。六国与伊朗在 2013 年 11 月 24 日达成日内瓦核协议，这表明连续 7 年的联合国对伊制裁开始取得进展，尽管这只是一个开始。

三、联合国对伊制裁机制面临的挑战

首先，联合国、美国和欧盟等都对伊朗实施了制裁，这些制裁的范围、力度和内容不尽相同，并且与成员国的国内法律程序存在一定冲突。[③] 这种情况对联合国制裁的执行带来了挑战。如第 1737（2006）号决议所设专家小组在 2013 年 6 月的报告中指出了欧盟在执行联合国制裁方面遇到的两个具体挑战：（1）尽管安理会对伊制裁决议已经被纳入欧盟的制裁条例并已为欧盟成员国国内法律所确定，但是国家执行当局（如海关、警察等）即使意识到应某一违禁涉及安理会制裁决议，但却可能未意识到应通过有关当局报告给安理会制裁委员会；

① Ali Vaez，“Spider Web：The Making and Unmaking of Iran Sanctions”，pp. 34－36.

② Kenneth Katzman，“Iran Sanctions”，p. 61.

③ 联合国文件：S/2012/395，第 11 页。

(2) 欧盟法院于 2013 年 1 月 29 日和 2 月 5 日分别废除了欧盟对伊朗国民银行 (Bank Mellat) 和出口银行 (Bank Saderat) 的资产冻结措施。法院的上述判决已被上诉，但可能出现的情况是，这些尝试如果成功，会导致对欧盟制裁的其他挑战。一些国家表示，这可能使执行欧盟制裁措施与执行联合国制裁措施发生冲突。① 而且，各方对伊制裁的错综重合还制约了使用制裁手段的灵活性。例如，欧盟除了需要执行联合国与其本身规定的制裁之外，还受到美国域外经济制裁的影响。其结果是，如果欧盟想通过放松制裁来换取伊朗让步的话，由于美国域外经济制裁的存在，这种放松的效果可能并不会让伊朗感到足够明显。②

其次，在自本世纪初开启的联合国制裁制度变革进程的推动下，联合国对伊制裁机制从技术方面取得了显著的进步，这包括实施定向制裁、由专门机构负责制裁名单的列入和除名，以及规定了解除制裁的条件等。上述措施意味着联合国制裁的灵活性在逐步提高，有助于发挥制裁的最大作用。然而，其仍有有待提高之处。例如，第 1929 (2010) 号决议第 37 段申明了解除制裁的条件：(1) 如果而且只要国际原子能机构已核实，伊朗已停止所有浓缩相关活动和后处理活动，包括研究和开发活动，安理会就应停止执行有关措施，以便能够本着诚意进行谈判，早日达成彼此均可接受的结果；(2) 一俟安理会在收到上一段所述报告后认定，并经原子能机构理事会确认，伊朗已全面履行安全理事会有关决议为其规定的义务并已满足原子能机构理事会的要求，即应终止第 1737 (2006) 号决议第 3—7 和 12 段、第 1747 (2007) 号决议第 2—7 段、第 1803 (2008) 号决议第 3 段和第 5—11 段以及第 1929 (2010) 号决议第 7—24 段所规定的措施。③ 但是，这种"要么全部停止，要么接受制裁"的规定仍然没有充分利用制裁工具的灵活性，即把制裁当作一种外交谈判而非单纯的惩罚工具。如果针对伊朗中止现有核活动、停建新的核设施、稀释铀浓缩丰度等部分性让步，在制裁方面作出相应的妥协，这应该更加有助于核谈判取得进展。

第三，商业便利化和互联网技术的发展为躲避制裁活动提供了条件，并增加了监督制裁执行的难度。(1) 为促进商业和刺激经济增长，许多国家出台了简化建立和注册贸易公司、设立离岛管辖区等政策措施，这为通过幌子公司等开展违禁物品贸易提供了便利。(2) 一些国家与伊朗实行互免签证制度以促进

---

① 联合国文件：S/2013/331，第 29 页。

② Dina Esfandiary, "Assessing the European Union's Sanctions Policy: Iran as a Case Study", p. 10.

③ 联合国文件：S/RES/1929 (2010)。

贸易和经济合作。但最近一国向制裁委员会报告了一些企图利用该国领土向伊朗转运可能受管制设备的案例，这增加了各国对伊朗违禁采购活动的担忧。（3）互联网贸易日益增大，互联网金融也在近两年迅速扩展，但与此对应的监管措施却相对滞后。根据专家小组的报告，已经有几个国家对互联网平台在碳纤维盈余采购中的作用提出了警示。（4）伊朗利用这些条件采购违禁物品的方式方法也趋于复杂，这包括利用幌子公司或交易代理人来掩盖最终用户身份、使用货运代理掩盖目的地、使用伪造的最终用户证书、利用欧盟内部市场、利用散居国外的伊朗人以及借助国际教育和技术培训等途径。[①]

第四，也可能是最为根本的是对联合国制裁机制的宣传和教育工作在世界范围内十分欠缺，这不仅仅对联合国制裁伊朗决议的执行产生了制约。通常将联合国制裁决议通过转化为成员国国内法律法规而得以落实。但现实是，大量的从业实体或个人知晓国内规定，但对联合国制裁的原因、目的和决议内容却知之甚少，加上各国对决议的转化参差不齐，遇到问题不知如何处理或者向谁咨询以及无意识地违反联合国制裁决议的现象十分普遍，这一现实对联合国对伊制裁构成了长期和严峻的挑战。

附　美国、联合国和欧盟等对伊制裁措施比较一览表

	美国	联合国	欧盟等
总况	制裁力度最大、范围最广	制裁趋于严厉，但仍主要针对核与其他大规模杀伤性武器项目；没有规定针对伊朗能源部门的强制制裁	欧盟紧随美国不断加重制裁，但作出了根据核谈判进程解除制裁的规定 日本与韩国对伊制裁也趋于严厉
贸易禁令	第 12959 号行政命令禁止美国公司与伊朗的进出口贸易和投资，但食品与医疗用品除外	不禁止成员国与伊朗之间的民用品贸易和对伊朗非军事部门投资；不禁止相关贸易融资，以及国家出口信贷担保机构对此提供金融担保	欧盟不禁止与伊朗开展民用品贸易，但正在讨论关于特殊商品贸易的禁令 日本与韩国禁止中长期贸易融资和金融担保，但允许短期信贷

① 联合国文件：S/2013/331，第 22—30 页。

续表

	美国	联合国	欧盟等
对与伊朗能源部门合作的外国公司采取的制裁	《伊朗制裁法》（P.L.104—172）及后续法律与行政命令禁止与伊朗能源部门的交易，以及参与其内部交易，但对于那些每180天内大幅降低购买伊朗石油的国家的企业进行豁免	无类似规定。但是，第1929（2010）号决议序言指出，“伊朗从能源部门获取的收入可能与它为扩散敏感核活动提供的资金有关联”。许多观察者将这种言词解读为，联合国支持那些希望禁止其所属企业对伊朗能源部门进行投资的国家	除为履行核协议而作出的少数例外，欧盟禁止所有与伊朗能源部门之间的业务往来 日本与韩国禁止在伊朗境内开展新的能源项目，并呼吁限制进行中的项目；韩国在2011年要求其公司不要向伊朗出售能源或石化设备；两国都已经大幅减少了伊朗石油进口
外援禁令	对外援助法（§620A）禁止向美国认定的支持恐怖主义国家提供援助，据此，除人道主义援助之外的所有美国对伊朗援助都受到禁止。对伊援助还受到年度对外行动分配法（最近为P.L.Ⅲ—8，H，§7007）的约束	无类似规定	根据欧盟2010年7月27日的制裁规定，禁止向伊朗提供补贴、援助和优惠贷款；禁止参与伊朗能源部门的企业的融资活动 日本和韩国没有关于对伊朗援助和借款的特别规定，因为当前不存在类似借款行为
对伊朗武器出口禁令	伊朗不符合多项美国武器出口法律要求	第1929（2010）号决议禁止所有成员国向伊朗出售或提供主要武器系统，包括坦克、装甲车、战斗机、军舰和导弹系统，及其零部件与咨询服务	欧盟制裁包括一项综合规定，禁止向伊朗出口所有类型的军事设备，不仅是主要作战系统 日本和韩国没有相似规定，也没有向伊朗提供武器
对伊朗两用品出口限制	根据《出口行政法令》[§6（j）]和《武器出口控制法》（P.L.96—72），向伊朗出口可能用于军事目的的物品得不到许可	联合国系列制裁决议逐步禁止了所有对伊朗两用品出口	与联合国决议一致，欧盟禁止对伊朗两用品出口 日本与韩国宣布，对伊朗出口严格遵守出口控制机制

续表

	美国	联合国	欧盟等
禁止向伊朗提供国际借款	根据《国际金融机构法》(P. L. 95－118，§1621)，美国驻国际金融机构如世界银行的代表必须在上述机构中对伊朗借款表决投否决票	第 1747（2007）号决议非强制性地要求各国和国际金融机构限制向伊朗提供补贴或借款，但用于发展和人道主义目的除外	欧盟 2010 年 7 月 27 日制裁规定，其成员国不得，包括通过国际金融机构，向伊朗提供补贴、援助和优惠贷款 日本和韩国无类似措施
对向伊朗出售大规模杀伤性武器的外国公司的制裁	根据上面提及的许多法律法规，被认定的参与伊朗 WMD 或向其提供帮助的实体将受到制裁（如资产冻结、禁止交易）	第 1737（2006）号决议第 12 段要求冻结那些在该决议附属名单上的伊朗实体的资产 后续决议不断扩大了这一制裁名单	根据在 2010 年 7 月 27 日采取的措施，欧盟承诺冻结联合国制裁决议名单上的以及其他许多伊朗实体的资产 日本与韩国依据联合国制裁进行资产冻结
禁止与支持恐怖主义的实体进行交易	第 13224 号行政命令规定禁止与政府认定的支持恐怖主义的实体进行交易；包括的源自伊朗在内的实体都已经被认定	没有类似规定。但是，第 1747（2007）号决议第 5 段禁止伊朗所有的武器出口，这一条款被广泛地认为是联合国在力图控制伊朗向黎巴嫩真主党、哈马斯、伊拉克什叶派和阿富汗反叛分子提供支持	没有类似规定。但是欧盟、日本与韩国所禁止与其进行交易的实体名单彼此相互重叠，或与美国认定的支恐名单相互补充
对伊朗人员的旅行禁令	《一揽子伊朗制裁法》（CISADA）和众议院（H. R. 1905）法案规定了禁止入境美国的内容，并要求阻截美国所控相关财产，禁止与被认定自 2009 年 6 月 12 日伊朗大选以来参与严重侵犯人权行为的伊朗人员或向伊朗出售有助于实施上述行为的设备的人员进行交易	第 1803（2008）号决议规定了针对伊朗人员的国际旅行禁令，具体名单附在决议后面。第 1929（2010）号决议扩大了禁令范围，现在共有 40 名伊朗人受到旅行限制。但是，这些伊朗人因卷入伊朗 WMD 项目，而非因侵犯人权而受到旅行限制	欧盟在 2010 年 7 月 27 日通过的制裁包括一份禁止相关伊朗人员入境的名单。而且，自此之后还颁布了一份卷入侵犯人权行为的 60 名伊朗人名单 日本与韩国也颁布了禁令名单

续表

	美国	联合国	欧盟等
伊朗船运限制	根据第 13382 号行政命令，美国财政部已经将伊朗伊斯兰共和国船运公司（伊船运）及其许多附属实体加入资产冻结名单	第 1803（2008）号、第 1929（2010）号决议授权各国对伊朗航空（伊航）和伊船运以及在本国及国际水域内的任何船只进行检查，前提是有理由认为这些船只载有违禁物品	欧盟 2010 年 7 月 27 日通过的制裁禁止伊朗航运货物通过欧盟机场；措施还包括冻结欧盟控制的伊船运及其附属实体的资产；禁止向伊朗公司提供保险和再保险 日本与韩国也针对伊航、伊船运采取了措施
银行业制裁	在 2006—2011 年间，根据第 13382、13224 号行政命令，许多伊朗银行已被认定为参与扩散或支恐 CISADA 禁止任何与伊朗革命卫队或受联合国制裁的伊朗实体开展交易的外国银行，和美国银行进行银行业务往来 2012 年国防授权（P. L. 112－81）禁止美国人和那些与伊朗央行有交易往来的外国银行开展交易 无相关规定。但是，美国关于不扩散问题的法律将对向伊朗核与弹道导弹计划提供帮助的外国实体进行制裁	无直接相关规定。但是，两家伊朗银行依据相关决议受到制裁 第 1929（2010）号决议第 7 段规定禁止伊朗获得任何一国涉及铀开采、核材料生产使用、与有载核武器能力的弹道导弹有关的技术的股权；第 9 段规定禁止伊朗进行任何涉及能够运载核武器的弹道导弹的活动	欧盟在 2012 年 1 月 23 日冻结了伊朗央行资产，并禁止与所有伊朗银行的交易往来，除非在 2012 年 10 月 15 日得到授权。设在布鲁塞尔的环球银行金融电信协会禁止受制裁的伊朗银行使用其电子转账支付系统 日本与韩国采取了与欧盟 2010 年制裁类似的措施，其中韩国也支持其 4 万欧元授权规定。日本与韩国冻结了 15 家伊朗银行；韩国制裁对象还包括伊朗国民银行。这些国家采取的措施将可能随着核协议的实施逐步解除 欧盟在 2010 年 6 月 27 日要求其措施符合第 1929（2010）号决议

资料来源：Kenneth Katzman，“Iran Sanctions”，*Congressional Research Service Reports* RS20871，31 Jan.，2014，pp. 43－46，http：//www. parstimes. com/history/crs _ jan _ 14. pdf.

附录

一、联合国 2013—2014 年大事记

2013 年

1 月 1 日，澳大利亚、阿根廷、韩国、卢森堡和卢旺达开始担任安理会非常任理事国，接替于 12 月 31 日结束任期的德国、哥伦比亚、南非、葡萄牙和印度。

1 月 2 日，非盟—联合国达尔富尔混合行动宣布，两名约旦籍联合国维和人员在遭绑架 136 天后，于当天安全获释。

1 月 3 日，联合国人道协调厅发布《2013 年共同人道主义行动计划》报告，报告中指出阿富汗的人道主义局势可能将在 2013 年进一步恶化。

1 月 5 日，联合国难民署宣布，从 2004 年开始的利比里亚难民遣返计划正式结束，其间有 15.5 万人在难民署的帮助下顺利归国。

1 月 7 日，联合国妇女权能署执行主任巴切莱特开始对塞内加尔、马里和尼日利亚西非三国进行为期一周的访问，着重就促进妇女在政治、经济和建设和平方面发挥更大作用开展工作。

1 月 10 日，世界卫生组织在日内瓦总部举行《消除烟草制品非法贸易议定书》开放供签署特别纪念仪式。中国、法国等 11 个国家成为这份全新国际法律文书的首批批准国。

1 月 10 日，为了推动全球抗击气候变化的努力，挪威、德国和芬兰决定向世界银行管理下的森林碳伙伴基金提供总额约为 1.8 亿美元的赠款。

1 月 10 日，联合国环境规划署发布《2013 年全球汞评估报告》，报告指出，发展中国家的各个社区正面临着与接触汞有关的日益严重的健康和环境风险。

1月11日，联合国—阿盟叙利亚危机联合特别代表卜拉希米在日内瓦总部与美国和俄罗斯就叙利亚问题举行三方会议，重申须寻找政治方案解决叙利亚危机。

1月11日，潘基文秘书长宣布，任命来自美国的凯文·肯尼迪担任联合国安全和安保部代理负责人，接替基于个人和家庭原因提出离任、同样来自美国的格雷戈里·斯塔尔。

1月14日，潘基文秘书长及联合国微博在北京举行的“新浪微博之夜2012网络盛典”上被授予“微博年度贡献奖”和“微博年度特别大奖”。

1月15日，安理会就全面反恐问题举行专题公开辩论会。潘基文秘书长在会上强调应消除恐怖主义滋生环境。

1月15日，世界银行发布2013年度《全球经济展望》，报告中指出，全球金融危机爆发四年之后，世界经济依旧脆弱，敦促发展中国家保障经济增长。

1月16日，联合国环境署发布《热带国家的农作物扩大种植和保护优先事项》报告，报告中指出热带国家不断扩大耕地可加快生物多样性流失。

1月17日，世界粮食计划署执行主任库桑在日内瓦举行的记者上表示，叙利亚政府同意粮食署与该国非政府组织合作提供粮食援助。

1月17日，潘基文秘书长宣布任命来自约旦的艾哈迈德·欣达维为青年问题特使。

1月18日，潘基文秘书长在蒙特雷国际研究院发表题为《促进核裁军和不扩散议程：在一个过度军备的世界寻求和平》的演讲，并指出《不扩散核武器条约》仍然是全球核裁军及核不扩散机制的基石。

1月21日，联合国负责人道主义事务的副秘书长、紧急救援协调员阿莫斯宣布，联合国中央紧急应对基金将调拨约1亿美元资金，用于在2013年为包括朝鲜、阿富汗、吉布提等在内的12个“被忽视的危机”的人道救援行动提供迫切所需的经费支持。

1月21日，安理会就维和议题举行公开辩论，潘基文秘书长表示，联合国的维和行动比以往任何时候都更加多样和复杂。

1月22日，安理会就核不扩散及朝鲜问题举行公开会议，并现场一致表决通过了由美国提交的有关加强对朝制裁措施的决议草案。新决议谴责朝鲜2012年12月发射卫星之举，称其严重违反了安理会相关决议。

1月22日，联合国裁军谈判会议2013年第一次全体会议在日内瓦举行，潘基文秘书长呼吁裁军会议打破僵局、恢复谈判。

1月23日，联合国贸易和发展会议组织在日内瓦总部发布最新一期《全球投资趋势监测》，报告指出由于宏观经济的脆弱性和投资者政策的不确定性，2012 年的全球外国直接投资流入量下降了 18 个百分点。

1 月 23 日，联合国副秘书长出席达沃斯论坛并发表演讲，呼吁国际社会关注叙利亚人道危机。

1 月 24 日，联合国安理会举行公开会议，审议中非共和国及塞浦路斯局势问题，并一致表决通过新的决议，决定延长联合国驻中非共和国建设和平综合办事处（中非建和办）及联合国驻塞浦路斯维持和平部队（联塞部队）的授权任期。

1 月 25 日，联合国纽约总部举行一系列特别活动，纪念“缅怀大屠杀受难者国际纪念日”。第 67 届联大副主席巴莱当天发表讲话，提醒世人牢记大屠杀的悲惨教训。

1 月 25 日，国际移民组织表示，中国政府向该组织在约旦的叙利亚难民援助工作捐赠了 20 万美元，这笔款项将被用于对难民的医疗检查以及维持往返于边境和难民营之间的巴士车队的运转。

1 月 27 日，潘基文秘书长出席非盟首脑会议并发表演讲，鼓励马里政府启动全面政治进程，其中包括就早些时候通过的一个旨在实现全面恢复宪政秩序的路线图达成一致。

1 月 29 日，安理会就利比亚局势举行会议，并听取了秘书长利比亚事务特别代表、联合国利比亚支助团负责人米特里的工作汇报。他表示利比亚安全局势持续动荡且受到马里问题影响。

1 月 29 日，安理会就叙利亚问题举行闭门磋商。联合国—阿盟叙利亚危机联合特别代表卜拉希米在会后向媒体表示，安理会必须尽快打破僵局，为消除危机找到政治解决方案。

1 月 30 日，联合国负责政治事务的副秘书长费尔特曼访问索马里，并会见了该国总理阿卜迪·赛义德及司法、国防、内政部长和议会议长。双方讨论了索马里的政治、安全和人权状况。

1 月 31 日，由联合国人权理事会任命国际调查委员会发布的一份最新报告指出，以色列建造定居点的行为使巴勒斯坦人的权利遭到了各种形式破坏。

2 月 1 日，韩国出任安理会二月轮值主席国，强调就朝鲜核试验采取迅速行动。

2 月 4 日，粮食计划署宣布将与美国著名服装品牌“迈克高仕”（Michael Kors）开展一个合作项目，旨在在整个时尚界以及更广阔的范围内提高人们抗击饥饿的意识。

2月4日，联合国环境规划署以及泰国和日本政府在曼谷共同主办旨在减少亚太地区炭黑、甲烷等“短期气候污染物质”影响的会议。

2月5日，主管政治事务的副秘书长费尔特曼出席在比利时布鲁塞尔举行的有关马里局势的支持和后续小组部长级会议，指出马里实现稳定是一个长期而艰苦的过程，需要军事、政治双管齐下。

2月5日，粮农组织发表“农林业新编法规”指南，这份由粮农组织与世界农林中心等机构合作编写的指南提供了有关实施政策行动的多个主要途径。

2月5日，劳工组织和开发计划署发布题为《反思经济增长：建立具有生产力和包容性阿拉伯社会》的报告。报告认为，阿拉伯世界今后10年的经济增长取决于能否实现良好治理，这是保证能够吸引更多投资并进行结构和机构改革的前提条件。

2月6日，联合国社会发展委员会在纽约召开第51次会议，会议的主题是“在消除贫穷、实现社会融合及充分就业和人人有体面工作方面促进增强人的权能”。

2月6—7日，伊斯兰合作组织峰会在埃及首都开罗召开。潘基文秘书长在向会议发去的致词中指出，推动阿拉伯世界的民主、良政、法治与人权是联合国与伊斯兰合作组织的共同责任。

2月7日，联合国各机构、人道主义合作伙伴和刚果（金）政府共同发出8.926亿美元募捐呼吁。这些资金将用于向刚果（金）全国390万人提供援助，包括270万境内流离失所者。

2月7日，在中国的调停安排之下，缅甸政府与该国北部克钦地方独立组织早些时候在中国云南省瑞丽举行会谈。联合国秘书长潘基文和秘书长缅甸问题特别顾问南威哲分别就此发表声明，欢迎此次和平会谈取得切实成果。

2月8日，潘基文秘书长在纽约联合国总部新闻部的演播室录制了恭贺新春的祝辞。他在祝辞中使用中文介绍自己并用中文向大家“拜年”。

2月11日，“联合国国际水合作年”在教科文组织总部巴黎正式启动，目的是帮助人们了解各国在水资源领域合作的巨大潜力，以及这种合作对经济、社会和环境的益处。

2月11日，乍得成为《全面禁止核试验条约》第159个缔约国。目前，非洲还有埃及、安哥拉等10个国家尚未批准《全面禁试条约》。

2月11日，联合国环境署在肯尼亚内罗毕召开为期一周的国际青年环境大会，大会的主题是人类健康与环境退化之间的联系。

2月12日，安理会经过磋商之后发表了一项媒体声明，强烈谴责朝鲜进行地下核试验。声明表示，这一试验严重地违反了安理会第 1718、1874 和 2087 决议，从而存在对国际和平与安全的明显威胁。

2 月 12 日，粮农组织在罗马举行“2015 年后发展议程中的饥饿、粮食安全和营养问题”磋商会，呼吁国际社会将粮食和营养安全作为 2015 年后发展议程的首要目标。

2 月 13 日，潘基文秘书长为“世界无线电日”发表录像致辞，称赞无线电对人类发展的贡献，并号召人们同心协力，为建成人人享有和平、发展和人权的世界而共同努力。

2 月 13 日，潘基文秘书长出席美洲国家组织常设理事会会议，指出联合国将与该组织合作应对有组织犯罪和贩毒活动。

2 月 13 日，国际农业发展基金第 36 届理事会会议在罗马开幕。现任基金总裁恩万泽获得连任，任期 4 年。

2 月 13 日，安理会审议了秘书长有关布隆迪局势的最新报告并通过决议，将联合国布隆迪办事处的任期延长至 2014 年 2 月 15 日。

2 月 14 日，安理会召开会议讨论苏丹局势并通过决议，将负责监督有关苏丹达尔富尔冲突的军火禁运、旅行禁令和资产冻结执行情况的专家组任期延长至 2014 年 2 月 17 日。

2 月 14 日，联大主席办公室、教科文组织和由许多宗教非政府组织共同组建的联合国宗教非政府组织委员会联合举行纪念“世界不同信仰间和谐周”特别活动，倡导通过不同信仰间的和谐相处，为建设全球和平文化奠定基础。

2 月 15 日，潘基文秘书长同副秘书长级别以上的 31 位联合国各部门和机构负责人签署了 2013 年“问责”契约。

2 月 15 日，联合国工业发展组织发布的一份最新《国际工业统计年鉴》显示，2012 年全球制造业增长明显低于 2011 年。

2 月 19 日，联合国常务副秘书长埃利亚松访问中国，其后还将访问韩国和日本，就朝鲜核问题进行会谈。

2 月 19 日，环境规划署和世界卫生组织发表的一份报告显示，许多人工合成化学品可能会对人类健康以及野生动物的内分泌系统产生不良影响。

2 月 20 日，潘基文秘书长在“世界社会公正日”发表书面致辞，倡导更具包容性、更公平和更可持续的发展道路。

2 月 21 日，教科文组织“和平奖”评审委员会宣布，将 2012 年度的奖项颁给法国总统奥朗德，以表彰他为非洲和平与稳定作出的宝贵贡献。

2 月 21 日，第 67 届联合国大会举行全体会议，审议经济及社会理事会的报告，并一致通过新的决议，批准将赤道几内亚和瓦努阿图从“最不发达国家名单”中移除。

2月21日，联合国教科文组织庆祝第14个“国际母语日”，今年的主题为“书籍，母语教育的媒介”。

2月22日，联合国环境规划署宣布，2013年6月5日“世界环境日”的庆祝仪式将由在促进绿色经济方面作出了突出努力的蒙古国主办，以强调发展绿色经济，创立可持续未来的重要性。

2月22日，安理会举行公开会议，审议潘基文秘书长提交的有关西非国家几内亚比绍的事态发展情况的报告，并随后一致通过新的决议，决定延长联合国驻几内亚比绍建设和平支助办事处的授权任期。

2月25日，联合国人权理事会举行高级别小组讨论会，纪念《维也纳宣言和行动纲领》通过20周年。

2月25日，联合国粮农组织发布题为《畜牧业中儿童从事的工作：放牧和其他方面》的报告，报告指出童工现象在畜牧业十分普遍，而且在很大程度上被忽视。

2月26日，世界卫生组织和中国卫生部共同发布2013—2015年《中国—世卫组织国家合作战略》，提出了中国政府和世卫组织为改善中国人民健康而展开合作的中期框架。

2月26日，东帝汶政府和亚太经社会共同主办“人人享有发展：结束冲突、构建国家和消除贫困”会议，就如何将冲突和脆弱国家的关切列为2015年后发展议程的优先事项进行磋商。

2月27日，潘基文秘书长出席第五届联合国“不同文明联盟”全球论坛，表示“不同文明联盟”在搭建沟通桥梁、斥责极端主义、促进和谐与人性尊严等方面发挥着积极的作用。

3月1日，人权理事会在日内瓦举行以“人权与2015年之后的发展议程”为主题的高级别小组讨论会。潘基文秘书长在会上发表讲话指出，人权应当是指引未来发展议程的核心原则之一。

3月1日，潘基文秘书长宣布任命来自美国的雷·钱伯斯（Ray Chambers）为疟疾问题以及与健康相关的千年发展目标问题筹资特使。

3月4日，第57届联合国妇女地位委员会会议开幕，会议的主题是“消除和防止针对妇女和女童的一切形式的暴力”。

3月5日，联合国安理会就核不扩散与朝鲜问题举行非正式闭门磋商。美国正式向安理会成员散发有关扩大制裁朝鲜的决议草案。

3 月 7 日，安理会以一致赞同的结果通过了制裁朝鲜的新决议。决议决定，为防止有助于朝鲜的核或弹道导弹计划的活动，将根据安理会相关决议规定，在金融服务、现金携带或移交、过境货物、船只、飞机以及外交人员往来方面加强检查。

3 月 7 日，粮农组织发布《作物前景与粮食形势》报告，预计 2013 年小麦产量将增至 6.9 亿吨，比 2012 年提高 4.3%，仅次于历史最好水平。

3 月 8 日，潘基文秘书长出席在纽约联合国总部举行的“国际妇女节”特别纪念活动。此次妇女节的主题是“信守承诺：立即采取行动，消除对妇女的暴力行为”。

3 月 11 日，国际刑事法院检察官本索达宣布撤回对肯尼亚前内阁部长、当选总统肯塔雅的竞选伙伴穆萨乌拉的指控。

3 月 14 日，潘基文秘书长在联大可持续发展目标开放工作组会议上发表讲话，呼吁国际社会在制定 2015 年后的发展目标的过程中，应以可持续发展为核心，竭尽全力地推动并加快千年发展目标开启的发展进程。

3 月 14 日，安理会一致通过决议，将联合国利比亚支助团的任期延长 12 个月，同时决定一些非致命军事装备用品进入利比亚不再需要获得安理会相关委员会的批准。

3 月 15 日，潘基文秘书长宣布，任命来自意大利的潘谢里担任联合国副人权高专。潘谢里曾经为开发计划署驻中国办事处工作，拥有汉语言文学博士学位，能够流利地使用汉语及其他四门外语。

3 月 18 日，联大举行有关制定《联合国武器贸易条约》的最后一次会议，来自全球 193 个国家的谈判代表出席了会议。潘基文秘书长发表致辞敦促各国尽快结束有关制定《武器贸易条约》的谈判。

3 月 18 日，潘基文秘书长宣布任命爱尔兰前总统玛丽·罗宾逊担任非洲大湖区事务特使，负责协调刚果民主共和国与非洲大湖区相关国家签署的《和平、安全与合作框架》协议的落实。潘基文同时宣布，联合国副人权高专康京和将转任负责人道主义事务的助理秘书长兼联合国副紧急救济协调员。

3 月 19 日，联合国安理会就阿富汗问题举行公开辩论，并一致通过新的决议，将联合国阿富汗援助团（联阿援助团）的授权任期再延长一年，直至 2014 年 3 月 19 日。

3 月 20 日，当天是联大于 2012 年确立的“国际幸福日”（International Day of Happiness)。联合国秘书长潘基文当天特别发表致辞，强调追求幸福是一切人类活动的核心。

3月20日，叙利亚政府向潘基文秘书长正式提出请求，希望联合国向叙利亚派遣一个独立、中立的专家小组，以确认反对派武装日前在该国阿勒颇地区针对平民使用了化学武器。

3月21日，联合国秘书长潘基文与中国国家主席习近平电话交谈，讨论加强联合国与中国合作及缓解朝鲜半岛局势。

3月21日，潘基文秘书长宣布，联合国将对叙利亚境内可能已使用化学武器的问题进行调查。

3月21日，当天是“消除种族歧视国际日”。今年这一国际日的重点是借助并发挥体育运动的积极作用，消除种族主义的祸患。

3月22日，联合国教科文组织总干事博科娃任命中国著名作曲家和指挥家谭盾为教科文组织亲善大使，任命仪式在教科文组织巴黎总部举行。

3月22日，联合国人权理事会21日一致通过决议，决定成立一个三人委员会对朝鲜的人权状况进行调查。

3月22日，联大在纽约总部举行高级别互动对话，以纪念“国际水合作年”和“世界水日”。潘基文秘书长在会上发言指出，人类的健康、粮食安全和经济发展都需要水，这一对于可持续发展至关重要的资源正面临着越来越多的压力。

3月22日，人权理事会以41票赞成、5票弃权和1票反对的结果通过决议，决定将叙利亚侵犯人权问题独立国际调查委员会的任期延长一年。

3月25日，联合国贸易和发展会议发布的数据显示，“金砖国家”（即中国、俄罗斯、印度、巴西和南非）引进外资的数量过去10年间显著增长。

3月25日，中非共和国反政府武装联盟“塞雷卡”攻占首都班吉后，当地安全局势持续恶化，联合国多家机构的办事处遭到洗劫。人道主义事务协调厅表示，联合国所有非必要工作人员将暂时撤离。

3月26日，潘基文秘书长宣布，任命曾经为负责核查伊拉克生化武器的联合国特别委员会工作的瑞典科学家塞尔斯特罗姆担任联合国真相调查组负责人，调查有关叙利亚境内使用化学武器的指称。

3月26日，联合国安理会举行公开会议，审议潘基文秘书长提交的关于联合国塞拉利昂建设和平综合办事处的第十次报告，并一致通过新的决议，将联塞建和办的授权任期再延长一年，直至2014年3月31日。

3月27日，联大召开会议讨论建设和平委员会的工作。潘基文秘书长在向大会提交的报告中指出，由于建设和平基金的业绩不断加强，捐助方在2012年提供的捐款也比2011年大幅增加，总共获得捐款8050万美元。

3月27日，由联合国经济及社会理事会主办的“2013青年论坛”在纽约联合国总部开幕。本次论坛的焦点是：如何利用科学、科技、创新与文化教育来改善年轻一代的生活。

3月27日，香港体坛名将、自行车运动员李慧诗获任联合国儿童基金会香港委员会大使，成为继“香港车神”黄金宝之后第二位联合国儿基会香港委员会大使。

3月28日，联合国《武器贸易条约》最后一次谈判会议在纽约联合国总部落下帷幕。由于伊朗、叙利亚和朝鲜三国的反对，武器贸易条约草案未获通过。

3月28日，联合国教科文组织总干事博科娃在巴黎总部举行颁奖仪式，向来自世界五大洲的5名杰出女性科学家颁发第15届“欧莱雅—教科文组织妇女与科学奖”。

4月1日，查巴斯担任非盟—联合国达尔富尔问题联合特别代表、首席调解人和达尔富尔混合行动负责人，接替离任的甘巴里。

4月2日，联合国大会以154票赞成、23票弃权、3票反对的结果通过了《武器贸易条约》，为监管8个类别的常规武器国际贸易制定了共同国际标准。

4月3日，日本向联合国开发计划署捐助2.15亿美元资金。这笔资金将为开发署确保全世界最脆弱人口的安全和福祉的工作提供支持。

4月3日，潘基文秘书长访问世界第二小同时也是联合国会员国中最小的国家摩纳哥。他是历史上首位访问该国的联合国秘书长。

4月3日，国际货币基金组织总裁拉加德表示，国际货币基金组织已与塞浦路斯政府达成初步救助协议，在3年中为该国提供8.91亿特别提款权、约合10亿欧元的资金。

4月5日，标志着距离到实现千年发展目标的最后期限2015年底还剩下整整1000天的时间。联合国于当天发出呼吁，要求国际社会加快落实包括将极端贫困人口减半、遏止艾滋病蔓延、普及小学教育在内的国际商定的8项发展目标的步伐。

4月6日，潘基文秘书长致电中国外交部部长王毅，双方就朝鲜半岛最新事态发展进行了讨论，并对半岛紧张局势不断升级深表关切。

4月8日，联合国森林论坛第十届会议在土耳其伊斯坦布尔开幕。联合国主管经济和社会事务的副秘书长吴红波在会上指出，为进一步增强森林在经济发展方面发挥的作用，需要在地方、国家和国际各级执行若干行动和政策。

4月8日，国际货币基金组织总裁拉加德及第67届联大主席耶雷米奇出席博鳌亚洲论坛，并会见中国国家主席习近平。

4月9日，世界卫生组织发布的最新H7N9禽流感病毒更新显示，截至目前，共有来自中国境内 4 个省份的 24 例确诊病例，其中 7 人死亡。

4 月 9 日，联合国南苏丹特派团的 5 名印度维和人员在护送联合国车队的途中，因遭武装分子的袭击而遇害身亡，秘书长南苏丹问题特别代表约翰逊对此予以严词谴责。

4 月 10 日，联大上午举行全会，就国际刑事司法在冲突后和解中的作用开展主题辩论。秘书长潘基文出席会议并发言。

4 月 11 日，世界卫生组织和联合国儿童基金会提出了应对肺炎和腹泻新的行动计划，并明确了到 2025 年要实现的全球目标：将因严重肺炎和腹泻造成的 5 岁以下儿童死亡率在 2010 年的水平基础上减少 75%，基本上消除这两种疾病造成的 5 岁以下儿童的死亡，并将全球 5 岁以下儿童发育迟缓的数量减少 40%。

4 月 11 日，安理会就苏丹与南苏丹存在争议的阿卜耶伊地区局势举行闭门磋商。潘基文秘书长建议安理会提高阿卜耶伊维和部队人数以支持边界核查和监测机制。

4 月 12 日，联合国中央应急基金决定为马里拨款 1600 万美元，以应对马里北部地区严峻的人道主义形势。

4 月 12 日，联合国粮农组织总干事达席尔瓦指出，包括合理利用海洋和渔业资源在内的可持续发展进程，可对太平洋岛国消除贫困以及抗击气候变化努力的成功与否起到决定性作用。

4 月 15 日，联合国儿童基金会发布《改善儿童营养：全球进步的必要条件》报告，报告指出全球在消除儿童发育障碍方面取得了显著进展。

4 月 15 日，安理会就预防非洲冲突问题举行公开会议，潘基文秘书长出席会议并发表讲话。

4 月 16 日，国际法院就西非国家布基纳法索和尼日尔之间的边境争端作出裁决。在当事国的共同要求下，国际法院历时两年多，就双方争议地区的边境走向作出最终裁决。

4 月 16 日，联合国教科文组织宣布埃塞俄比亚记者利约特·阿莱穆 (Reeyot Alemu) 为 2013 年度教科文组织吉列尔莫·卡诺世界新闻自由奖获得者。

4 月 17 日，安理会就“妇女、和平与安全”议题举行公开辩论，潘基文秘书长出席并发表讲话。

4 月 18 日，潘基文秘书长出席由世界银行行长金墉和联合国全球教育特使、前英国首相布朗共同主持的“全民学习”部长级圆桌会议。

4 月 18 日，联合国亚太经社会发表 2013 年社会经济概览，报告指出同全球金融危机前相比，亚太经济的增长继续处于疲弱状态。

4 月 19 日，潘基文秘书长在华盛顿出席有关可持续发展与气候变化融资问题的部长级对话活动，表示新的发展框架中必须含有应对气候变化的内容。

4 月 19 日，安理会就叙利亚问题举行闭门磋商，并听取了联合国—阿盟叙利亚危机联合特别代表卜拉希米的汇报。

4 月 19 日，非盟—联合国达尔富尔混合行动在苏丹东达尔富尔州穆哈吉里耶的一个驻地遭到武装人员袭击，一名维和人员遇害，两人受伤。

4 月 19 日，第四届联合国中文日庆祝活动在纽约总部举行，副秘书长吴红波参加活动并发言。

4 月 22 日，联合国人口与发展委员会第 46 次会议在纽约总部开幕，本次会议关注的主题是“移民新趋势：人口方面”。

4 月 22 日，联合国经济及社会理事会与世界银行等“布雷顿森林机构”共同举行有关可持续发展和 2015 年后发展议程的高级别会议。

4 月 23 日，联合国非洲经济委员会和非盟委员会共同发表《2013 非洲经济报告》，报告指出非洲国家有机会通过一项基于初级商品工业化的战略以使经济发生转变。

4 月 23 日，法国外交部发表声明称，决定明年推出联合国工业与发展组织。

4 月 24 日，联合国经社理事会就如何为促进可持续发展而开创新型伙伴关系问题举行特别讨论会，潘基文秘书长出席会议并致辞。

4 月 25 日，安理会举行公开会议，分别审议讨论科特迪瓦局势和西撒哈拉问题，并于当天一致通过新的决议，决定把针对科特迪瓦的制裁措施期限以及相关专家组的工作期限再延长一年，至 2014 年 4 月 30 日。

4 月 25 日，安理会一致通过决议，在西非国家马里部署联合国多层面综合稳定团，以协助马里政府稳定北部地区局势、在全国建立国家权力、执行过渡路线图等。

4 月 29 日，“德班加强行动平台问题特设工作组”第二次会议在波恩举行，就如何在 2015 年制定一个新的全球气候协议以及如何加快和推动现有的气候行动等问题展开磋商。

5 月 2 日，联合国安理会一致通过决议，授权成立联合国索马里援助团，其初步的任务期限为一年。

5 月 2 日，秘书长非洲大湖区事务特使玛丽·罗宾逊与布隆迪总统恩库伦齐扎举行会晤，恩库伦齐扎宣布联合国今后可使用布隆迪机场为在刚果（金）东部地区开展的活动运送人员和物资。

5 月 3 日，国际电信联盟宣布，将 2013 年世界电信和信息社会奖授予瑞士联邦主席毛雷尔、博世集团董事会主席邓纳尔以及国际汽车联合会主席托德，以表彰他们在通过信息和通信技术促进改善道路安全方面所作出的杰出贡献。

5 月 6 日，安理会发表媒体声明，以最强烈的言辞谴责米塞里亚族人员 5 月 4 日针对联合国阿卜耶伊临时安全部队车队和恩哥克—丁卡族代表团的袭击。

5 月 7 日，世界旅游组织宣布，阿联酋自 1987 年离开旅游组织 26 年之后重返该组织。

5 月 7 日，联合国常务副秘书长埃利亚松出席在伦敦举行的索马里问题国际会议并发表讲话，指出索马里已经顺利结束过渡阶段，正在致力于和平、统一和国家建设事业。

5 月 7 日，联合国人权理事会在日内瓦宣布成立一个由 3 名独立国际专家组成的委员会，对朝鲜境内可能发生的危害人类罪行展开为期一年的调查。

5 月 7 日，联合国驻刚果（金）维和部队的一支军用车队在该国东部南基伍省遭到身份不明的武装分子的袭击，一名维和人员遇害身亡。

5 月 8 日，负责世界贸易组织总干事遴选工作的该组织总理事会主席巴希尔宣布，巴西常驻世贸组织代表罗伯托·阿泽维多所获的支持超过墨西哥提名的候选人，最终被确定为下任总干事推荐人选。

5 月 8 日，国际劳工组织发布《2013 全球青年就业趋势》报告，报告警告说，今后 5 年，全球青年失业率将呈持续增长之势，对一代青年的就业前景、谋生能力造成长时间的负面影响。

5 月 10 日，安理会听取了有关防止大规模杀伤性武器扩散的 1540 委员会、制裁基地组织和塔利班委员会及反恐委员会的报告。

5 月 13 日，中国联合国协会、美国社会科学理事会、北京外国语大学和美国公谊服务委员会共同举办的“协调应对冲突：对联合国缔造和平、维持和平、建设和平的回顾与展望”研讨会在北京举行，为期两天。

5 月 13 日，世界卫生组织与联合国儿童基金会共同在纽约和日内瓦总部发布《2013 年全球卫生设施及饮用水状况进展报告》。报告显示，到 2015 年，全球将仍有 24 亿人缺乏良好的基础卫生设施，约占全球总人口的 1/3。

5 月 14 日，联合国负责维和事务的副秘书长拉德苏访问黎巴嫩，并表示联合国和国际社会非常重视维护黎巴嫩的和平与稳定，联合国驻黎南部临时部队（联黎部队）将继续在当地履行维和任务。

5 月 14 日，世界贸易组织总理事会批准来自巴西的罗伯托·阿泽维多为该组织下任总干事。

5 月 15 日，联合国经济与社会事务部发布媒体通报，宣布 2013 年“联合国公共服务奖”的最终评审结果，韩国首尔市荣膺联合国四项公共行政服务大奖。

5 月 15 日，联大当天以 107 票赞成、12 票反对和 59 票弃权的最终表决结果通过了由法、德、英、美等 37 个国家共同起草的有关叙利亚局势的新决议草案。

5 月 16 日，联大举行有关“可持续发展与气候变化”的主题辩论会，联大主席耶雷米奇呼吁摒弃旧有发展模式走可持续发展之路。

5 月 17 日，潘基文秘书长宣布，任命来自荷兰的阿尔伯特·杰拉德·科恩德斯为秘书长马里问题特别代表，并兼任联合国马里多层面综合稳定团负责人。

5 月 17 日，潘基文秘书长在索契会见俄罗斯总统普京，双方讨论了叙利亚等热点问题。

5 月 20 日，潘基文秘书长访问莫桑比克，并参加有关联合国千年发展目标及 2015 年后全球可持续发展议程相关主题活动。

5 月 20 日，联合国儿童基金会日前任命中国著名女演员马伊琍为“母乳喂养和早期儿童发展倡导者”。

5 月 20 日，联合国土著人问题常设论坛第 12 次会议在纽约总部开幕，来自各国政府、联合国各组织和机构、政府间组织和非政府组织以及土著人社区的代表将在今后两星期的时间里，就与土著人民相关的发展、文化、环境、教育、保健和人权等问题进行讨论。

5 月 21 日，联合国减灾战略负责人瓦尔斯特伦在日内瓦宣布，将 2013 年度“联合国笹川减灾奖”授予孟加拉国和巴西的减灾项目。

5 月 21 日，“减轻灾害风险全球平台第四次会议”在日内瓦开幕，来自政府、学术机构、非政府组织、私营部门等机构的 4800 多名代表参加了会议。

5 月 22 日，世界卫生大会一致通过了《2014—2019 年预防可避免的盲症和视力损害行动计划草案》，即“普遍的眼健康：2014—2019 年全球行动计划”。

5 月 22 日，安理会一致通过决议，将联合国几内亚比绍建设和平综合办事处的任期延长一年，至 2014 年 5 月 31 日，同时对办事处的任务规定作出调整，以更好地支持该国的政治进程。

5 月 22 日，“国际生物多样性日”的宣传主题是“水和生物多样性”。联合国秘书长潘基文就此发表致辞，呼吁国际社会关注生物多样性和用水保障之间相辅相成的关系。

5 月 23 日，联合国主管经济和社会事务的副秘书长吴红波在哈萨克斯坦首都阿斯塔纳出席“抗击经济危机大会”并做主旨发言。

5 月 24 日，潘基文秘书长和世界银行行长金墉结束了对非洲大湖区三国（即刚果民主共和国、卢旺达和乌干达）为期 3 天的历史性访问，双方承诺将密切合作，更好地支持早些时候 11 个非洲国家共同签署的《刚果民主共和国和大湖区和平、安全与合作框架》的落实。

5 月 27 日，教科文组织人与生物圈计划国际协调理事会在巴黎举行会议，会议决定在世界生物圈保护区网络中添加 12 个新保护区，其中包括中国大连旅顺蛇岛老铁山。

5 月 29 日，“联合国维持和平人员国际日”当天，潘基文秘书长在纽约联合国总部向过去一年里在执行维和任务时牺牲的 103 名联合国维和人员追授了“达格·哈马舍尔德勋章”。

5 月 29 日，安理会一致通过决议，将联合国阿卜耶伊临时安全部队的任期延长至 2013 年 11 月 30 日，同时将联阿安全部队的核定兵力由原来的 4200 人提高到 5326 人，以便安全部队能够全力支持苏丹与南苏丹商定建立的联合边界核查和监测机制。

5 月 30 日，“2015 年后联合国发展议程高级别名人小组”主席、印度尼西亚总统苏西洛代表其他两位共同主席——英国首相卡梅伦以及利比里亚总统瑟利夫，正式向潘基文秘书长递交了名人小组工作报告。

5 月 31 日，四家联合国机构落户韩国仁川松岛国际新城，联合国副秘书长兼亚太区域经济社会委员会执行秘书诺琳·海泽出席挂牌仪式。

6 月 1 日，为期 3 天的第五届非洲发展东京国际会议在日本横滨开幕。联合国秘书长潘基文出席开幕式并发表主旨演讲，呼吁与会各国代表重点关注解决非洲的经济、社会以及环境三大支柱性问题。

6 月 3 日，秘书长索马里事务新任特别代表、联合国索马里援助团负责人卡伊抵达索马里首都摩加迪沙就职。

6 月 3 日，《武器贸易条约》正式开放供各国签署，潘基文秘书长在当天举行的特别活动上呼吁各国政府尽早加入并全面落实条约。

6 月 3 日，劳工组织发布《2013 劳工世界报告》，报告指出过去两年中，发达国家不同群体间的收入差距有所增长，并将在今后两年中进一步持续。

6 月 4 日，联合国教科文组织宣布，将 2013 年度的费利克斯·乌弗埃—博瓦尼和平奖授予法国总统弗朗索瓦·奥朗德，以表彰他对非洲和平与稳定所作出的杰出贡献。

6 月 4 日，叙利亚问题独立调查委员会发布的一份报告称，有“适当理由”相信，叙利亚冲突中可能有限制地使用了化学武器。

6月5日，潘基文秘书长出席在纽约联合国总部举行的第三届“体育促进和平与发展国际论坛”并发表讲话。

6月6日，安理会通过一项主席声明，呼吁国际社会协调一致，继续向索马里提供持续的支持，帮助其向持久和平与经济发展过渡。

6月6日，联合国粮农组织总干事达席尔瓦正在中国访问，并在早些时候分别与中国国务院副总理汪洋以及农业部部长韩长赋举行了会晤。达席尔瓦对近年来中国农业的持续发展表示赞赏，并强调中国成功减贫的经验值得全世界借鉴。

6月7日，潘基文秘书长致辞“世界海洋日”。他在致辞中呼吁各国扭转海洋环境因污染、过度开发等而产生的退化趋势，从而使人类继续从海洋充分受益。今年的主题是：团结一致，我们就有能力保护海洋。

6月10日，第67届联合国大会举行全体会议，审议于两年前正式出台的一份《关于艾滋病毒/艾滋病问题的政治宣言》的落实进展情况。联合国秘书长潘基文出席大会并发言。

6月10日，国际能源署发布主题为“重塑能源—气候版图”的《世界能源展望》报告，报告中指出气候变化问题的政策优先地位目前有所下滑，但这一全球难题并未得到解决。

6月10日，英国和巴西政府以及儿童投资基金会共同主办的“营养促增长”高层会议早些时候在伦敦闭幕。会议为减少全球范围内遭受发育迟缓和其他形式营养不良问题困扰的儿童人数带来了新的契机。

6月11日，第67届联合国大会早些时候通过决议，正式任命来自肯尼亚的基图伊出任联合国贸易和发展会议新一任秘书长。基图伊将于2013年9月1日正式上任，任期4年。

6月11日，联合国教科文组织与丹麦王国政府在纽约联合国总部共同组织召开有关教育问题的高级别论坛，其主题为“2015年后对话在获得学习机会后前进：指标的重要性与如何使用指标”。

6月12日，第67届联大与教科文组织在纽约共同举办“文化与可持续发展”主题辩论，探讨文化在全球发展议程中所能发挥的积极作用。

6月12日，联合国粮食及农业组织在罗马总部发布媒体通报，证实目前全球已有38个国家将在2015年最后期限之前实现抗击饥饿的全球既定目标。

6月13日，联合国经济和社会事务部人口司在纽约总部举行记者会，正式发布《世界人口展望：2012年修订版》报告。该报告指出生育大国印度将在2028年左右超过中国，成为全世界人口最多的国家。

6月14日，第67届联大举行全体会议，正式选举安提瓜和巴布达常驻联合国代表阿什大使出任下一届联大主席。

6月17日，联合国教科文组织第37届世界遗产大会公布了包括32个候选遗址项目的名单，其中包括中国申报的新疆天山和云南红河哈尼梯田文化景观。

6月17日，安理会就儿童与武装冲突问题召开主题辩论会议，并通过一项主席声明。声明在欢迎防止和应对武装冲突中儿童权利受到侵犯的工作中取得进展的同时，对儿童在冲突形势下的艰难处境表示强烈关注。

6月17日，联合国秘书长潘基文早些时候抵达北京，并于6月18日正式开始对中国进行为期4天的访问。这是他自2007年上任以来第六次访华，也是中国政府今年3月换届后首次到访。

6月19日，潘基文秘书长在北京同中国国家主席习近平举行会晤，两人就国际事务和联合国与中国在共同应对全球挑战方面加强合作等议题深入地交换了意见。

6月20日，潘基文秘书长在北京分别与中国国务院总理李克强、国务委员杨洁篪举行了会晤，期望中国继续在可持续发展、气候变化等领域发挥积极作用。

6月21日，联合国人权理事会叙利亚问题独立国际调查委员会主席皮涅罗及委员会成员凯伦·阿卜扎伊德在纽约总部举行的一个闭门会议上向安理会15个成员国介绍了委员会的最新发现。

6月26日，澳大利亚控告日本以“科学研究”为名而进行商业捕鲸的诉讼案在国际法院正式开庭审理。

6月26日，联合国贸发会议组织在日内瓦总部发布了《2013年世界投资报告》，其主题为“全球价值链：投资和贸易促进发展”。报告称，发展中国家吸引直接外资有史以来首次超过发达国家。

6月27日，联合国安理会一致通过新决议，决定将部署在叙利亚和以色列边境地区的联合国脱离接触观察员部队的任期再延长6个月，直至2013年年底。

6月27日，为期两天的“维也纳＋20”会议在奥地利首都开幕，以纪念在国际人权领域具有里程碑意义的文件《维也纳宣言与行动纲领》通过暨联合国人权事务高级专员办事处成立20周年。

6月27日，在世界知识产权组织的倡导和主持下，具有历史意义的《马拉喀什条约》获得通过，该条约对解决全球数亿视障者所面临的“书荒”问题具有重大意义。

6月27日，原子能机构有关核安全问题的首个部长级国际会议在俄罗斯圣彼得堡举行。会议为期 3 天，原子能机构总干事天野之弥在会上发言呼吁重视核恐怖主义威胁。

6 月 28 日，联合国工业发展组织在维也纳召开特别大会，正式任命李勇为该组织第七任总干事。

6 月 28 日，联合国人口基金向 2013 年联合国人口奖的获得者乌干达医生穆辛古兹和埃及爱资哈尔大学国际伊斯兰人口研究中心颁发了奖章。

7 月 1 日，由非洲主导的驻马里国际支持特派团向“联合国马里多层面综合稳定特派团”交接任务的仪式在该国首都巴马科举行，标志着联合国在马里开展的维和行动正式启动。

7 月 1 日，联合国经济及社会理事会高级别会议在日内瓦拉开帷幕。潘基文秘书长在会上正式发布了《2013 年联合国千年发展目标报告》并致辞指出，目前各国已经实现或基本实现了包括到 2015 年将极端贫困人口减半，提供安全饮用水以及抗击疟疾、结核病等千年发展目标的关键目标，但仍然面临环境、生物多样性流失、婴幼儿死亡居高不下等严重挑战。

7 月 2 日，联合国经济和社会事务部在日内瓦正式发布 2013 年《世界经济和社会概览》报告，对实现可持续发展目标所面临的挑战及急需解决的问题进行了深入的研究和探讨。

7 月 2 日，潘基文秘书长访问冰岛，与冰岛总统格里姆松举行了会晤，并就埃及政局动荡、叙利亚危机、联合国在全球事务中所发挥的作用等双方共同关心的议题交换了意见。

7 月 3 日，世界气象组织发布《2001—2010 的全球气候：气候极端的 10 年》报告。报告中指出 2001 年至 2010 年是自 1850 年现代气象记录开始以来，地球陆地和海洋表面温度最高的 10 年。

7 月 4 日，联合国秘书长潘基文在丹麦首都哥本哈根参加了“联合国城”的落成典礼。这是世界第六大联合国城，将为 8 家联合国组织提供办公场所。

7 月 8 日，潘基文秘书长在联大有关不平等问题的会议上指出，平等已经成为 2015 年后全球发展议程讨论的核心问题，减少不平等现象需要在诸多领域进行变革。

7 月 9 日，联大举行仪式悼念因病去世的第 47 届联大主席加内夫。第 67 届联大主席耶雷米奇和潘基文秘书长在仪式上致辞，对加内夫的逝世表示哀悼。

7 月 9 日，联合国开发计划署与中国国际扶贫中心在中国杭州共同举办第四届中非减贫与发展会议，会议为期 3 天。来自中国和非洲 15 个国家的政府、大学、企业以及联合国开发计划署、世界银行等国际机构的 70 多名代表出席会议。

7月10日，安理会举行会议，听取了黎巴嫩问题特别协调员普拉姆布利和主管维持和平行动的副秘书长拉德苏就黎巴嫩局势所做的汇报。之后，安理会发表一项主席声明，对所有侵犯黎巴嫩主权的行为深表关注，呼吁所有各方根据安理会相关决议，充分尊重黎巴嫩在其国际公认疆界内的主权、领土完整、统一和政治独立。

7月10日，联合国秘书长潘基文在纽约总部发布任命，宣布来自南非共和国的普姆齐莱·姆兰博—恩格库卡女士出任联合国妇女署负责人一职，以接替于2013年3月中旬辞职的首任妇女署执行主任、智利前总统米歇尔·巴切莱特。

7月10日，难民高专古特雷斯到访肯尼亚，呼吁分阶段安置索马里难民，在自主自愿的基础上帮助难民重返家乡。

7月11日，潘基文秘书长与埃及外长举行电话会谈，对埃及穆斯林兄弟会领导人及其他成员持续遭到拘禁以及被签发逮捕令的情况深表关切。

7月11日，联合国前南斯拉夫问题国际刑事法庭的上诉法庭正式裁定，推翻审判分庭之前作出的有关波黑塞族前领导人卡拉季奇犯下种族灭绝罪的指控因缺乏证据而不成立的判决，并要求审判分庭依据相关判决采取进一步的行动。

7月11日，安理会以15票一致赞成的结果通过决议，决定将南苏丹特派团任期再延长一年，直至2014年7月15日。

7月11日，联合国黎巴嫩人道主义和驻地协调员沃特金斯、秘书长儿童与武装冲突问题特别代表泽鲁居伊以及联合国近东救济工程处驻黎巴嫩负责人迪斯摩尔对黎巴嫩南部城市西顿的一座难民营进行了访问。

7月13日，非盟—联合国达尔富尔混合行动的维和人员在苏丹西部达尔富尔地区遭到不明身份的武装分子的袭击，至少7名维和人员死亡，17人受伤。

7月15日，第67届联合国大会举行互动听证会，邀请来自非政府组织、公民社会及私营部门的代表就“国际人口移徙与发展”议题展开讨论。

7月15日，秘书长特别代表、联合国中亚地区预防性外交中心负责人米洛斯拉夫·延恰就过去6个月的工作向安理会进行了工作汇报。

7月16日，国际刑事法院第二预审分庭要求尼日利亚立即逮捕正在该国访问的苏丹总统巴希尔，并将其送交国际刑事法院。

7月17日，安理会举行公开辩论会议，讨论在武装冲突中保护新闻工作者的问题。常务副秘书长埃利亚松、广播公司主管战地记者的负责人和记者、安理会各成员国代表就此议题发表了各自意见。

7月18日，总部位于荷兰海牙的国际刑事法院发表媒体公报宣布，该法院上诉法庭已经拒绝了由利比亚当局提出的有关暂停引渡前领导人卡扎菲之子赛义夫·伊斯兰·卡扎菲前往海牙受审的请求。

7月19日，联合国教科文组织宣布，由于在推广图书和促进阅读方面所做的努力，韩国仁川市被评为“2015年世界图书之都”。

7月24日，第67届联大一致通过决议，将每年的11月19日设立为“世界厕所日”，以推动人人享有环境卫生，实现可持续发展的共同愿景。

7月24日，安理会通过决议，将联合国伊拉克援助团的任期延长一年，至2014年7月31日，并要求援助团根据安理会的授权以及伊拉克政府的请求，继续为该国提供包括选举援助在内的多方面支持。

7月24日，安理会一致通过决议，决定将索马里和厄立特里亚问题监察组任期延长16个月，并就进一步有效执行包括军火禁运、木炭出口禁令等针对索马里的定向制裁等问题作出了规定。

7月25日，潘基文秘书长会见了前来纽约总部参加安理会非洲大湖区安全问题高级别会议的美国国务卿克里。

7月30日，联合国安理会通过3项决议，分别授权延长联合国在科特迪瓦、塞浦路斯和苏丹达尔富尔维和行动的任期。

8月1日，潘基文秘书长宣布任命万迪拉—卡基布维接替来自坦桑尼亚的米基罗担任秘书长非洲艾滋病问题特使。

8月5日，潘基文秘书长出席“全球青年互动对话会”并发表致辞，并与新任命的青年问题特使欣达维共同启动了一个全新的网站，以作为联合国为全球青年提供更具针对性服务的在线平台。

8月5日，世界粮食计划署表示，德国政府已决定向粮食署捐赠1000万欧元，用于援助在伊拉克等周边国家避难的叙利亚难民。

8月6日，安理会于纽约当地时间上午举行公开辩论，探讨如何加强“联合国与区域和次区域组织在维护国际和平与安全方面合作”这一主题。

8月6日，潘基文秘书长与埃及外长法赫米通了电话，他在会谈中强调，和平、包容各方的政治进程是埃及唯一可行的出路。

8月7日，第12届国际青年大会在纽约联合国总部举行，今年的主题是：走在行动之路上——2015年后，超越千年发展目标。

8月8日，潘基文秘书长在纽约总部会见了到访的俄罗斯外长拉夫罗夫，双方讨论了叙利亚、中东和平进程及其他共同关心的问题。

8月12日，消除种族歧视委员会第83次会议在日内瓦开幕。联合国副人权高专潘谢里在开幕词中指出，在互联网飞速发展的当今时代，信息的传播变得更加方便和快捷，这种趋势可能会同时带来正面和负面的影响。

8月12日，潘基文秘书长任命来自荷兰的彼得·德克莱尔担任海地事务副特别代表兼联合国驻地代表、人道主义协调员，接替离任的费希尔。

8月13日，潘基文秘书长通过其发言人发布通告，正式宣布任命来自中国的徐浩良担任联合国助理秘书长、联合国开发计划署助理署长兼开发署亚太局局长。

8月14日，安理会发表主席声明，对2013年上半年接报的几内亚湾海盗和海上武装抢劫事件的次数和暴力程度深表关注，强调必须在该区域各国主导下采取综合办法，消除几内亚湾海盗及相关犯罪活动的威胁并消除其根本原因。

8月15日，安理会就埃及局势举行紧急闭门磋商，常务副秘书长埃利亚松在会上向安理会做了最新局势汇报。

8月15日，潘基文秘书长宣布任命来自西班牙的阿兰嘉·冈萨雷斯为国际贸易中心执行主任，接替离任的帕特丽夏·弗朗西斯。

8月15日，联合国秘书长潘基文对巴勒斯坦进行访问，在约旦河西岸城市拉姆安拉与巴勒斯坦总统阿巴斯举行了会谈，并出席了“联合国发展援助框架”在当地的启动仪式。

8月19日，当天是联合国驻巴格达办事处遭遇爆炸袭击事件10周年纪念日，潘基文秘书长在总部大楼内举行的纪念仪式上向在这一事件中死去的22名联合国工作人员敬献了花圈。

8月20日，由塔吉克斯坦政府和联合国共同举办的国际水合作高级别会议在杜尚别召开。

8月21日，安理会成员应本月轮值主席阿根廷常驻联合国代表的邀请，就叙利亚首都大马士革郊区发生使用化学武器的指称进行了紧急磋商。联合国常务副秘书长埃利亚松代表潘基文秘书长就这一事件向安理会进行了情况通报。

8月22日，联合国教科文组织宣布，任命哈萨克斯坦著名拳击运动员、奥运金牌得主谢里克·萨皮耶夫为2013—2015年教科文组织体育亲善大使。

8月23日，联合国大会一致通过决议，决定将4月6日设立为“体育促进发展与和平国际日”，并呼吁各国对这一国际日进行纪念和宣传。

8月23日，安理会发表主席声明，敦促苏丹与南苏丹全面执行双方在2012年9月就安全、共同边界和经济关系等事宜签署的合作协议，并早日通过谈判解决阿布耶伊问题。

8月23日，潘基文秘书长在首尔会晤了韩国总统朴槿惠。潘基文对朴槿惠总统致力于通过朝韩之间的信任建立朝鲜半岛和平与安全以及在东北亚地区推动和平与合作的努力表示赞赏。

8月26日，潘基文秘书长宣布，来自巴基斯坦的马克苏德·艾哈迈德中将将接替来自塞内加尔的盖伊，担任联合国维和行动部的军事顾问。

8月26日，秘书长发言人办公室发布媒体通报，表示联合国调查叙利亚化学武器问题真相小组的车队当天在前往调查的途中遭到枪击。

8月27日，潘基文秘书长宣布，来自印度尼西亚的伊马姆·埃迪·穆里约诺少将将接替来自孟加拉国的阿卜杜勒·哈菲兹少将，出任联合国西撒哈拉特派团部队指挥官。

8月27日，负责政治事务的副秘书长费尔特曼结束了对伊朗的访问。访问期间，他同伊朗外交部长扎里夫和其他伊朗官员就叙利亚等双方共同关心的问题举行了磋商。

8月28日，联合国开发计划署在中国北京正式发布《2013中国人类发展报告》，指出中国的城镇化进程正在加速大规模推进，并且即将进入一个关键阶段。

8月28日，刚果（金）反政府武装组织“M23运动”向正在该国东部地区执行任务的联合国刚果（金）稳定特派团军事干预旅开火，造成1名坦桑尼亚籍维和士兵死亡，另外10名维和士兵受伤。

8月29日，安理会一致通过决议，决定将联合国驻黎巴嫩临时部队的任期再延长一年，至2014年8月31日。

8月29日，安理会就科索沃问题举行公开辩论，并审议潘基文秘书长最新提交的《关于联合国科索沃临时行政当局特派团的报告》。

8月30日，潘基文秘书长同安理会5个常任理事国的代表举行会议，通报了由赛尔斯特罗姆领导的叙利亚使用化学武器问题调查组的工作进展情况。

9月3日，联合国难民署在日内瓦发布媒体通报称，为躲避战火而跨越边境、逃往邻国的叙利亚难民人数已经突破200万大关，成为本世纪最大的人道主义悲剧之一。

9月5日，国际劳工组织的《家政工人公约》正式生效。公约的生效对于赋予家政工人同等基本劳工权益将具有里程碑式的意义。

9月5日，二十国集团领导人第八次峰会在俄罗斯圣彼得堡举行，此次峰会的主题是“世界经济增长和创造高质量工作岗位”。潘基文秘书长出席会议并发言。

9月9日，“2013国际投资论坛”在中国厦门举行。联合国贸发会议秘书长穆希萨·基图伊在论坛上正式发布《2013世界投资报告》，称面对脆弱的全球经济的影响和政策的不确定性，全球投资预计将从2014年开始增速，但仍面临非常重大的挑战以及风险。

9月10日，潘基文秘书长与联合国开发计划署署长海伦·克拉克共同出席在纽约联合国总部举行的《一百万个声音：我们期望的世界》报告发布会。

9月10日，潘基文秘书长在联大举行的有关“保护责任”问题非正式互动对话会议上强调，“保护责任”首先要防止危机爆发，应该将预防工作防在核心地位。

9月11日，开发计划署在纽约联合国总部发布最新一份亚太地区报告，对2008年至2012年间该机构对于亚太地区发展项目的投入及其所取得的成果进行了总结。

9月12日，安理会举行正式会议，听取秘书长索马里事务特别代表、联合国索马里援助团负责人卡伊所做的最新情况汇报。卡伊在发言中指出，在对局势保持乐观的同时，经过22年战乱和冲突的索马里仍然在政治、安全、人道主义、人权、性别平等以及海盗等问题上面临诸多挑战。

9月12日，当天是联大确立的“联合国南南合作日”。潘基文秘书长向在纽约总部举行的纪念活动发去致辞，呼吁在实现联合国千年发展目标和制定2015年后的发展议程中，促进南南合作，加强发展中国家之间的相互交流与协作。

9月13日，潘基文秘书长出席“妇女国际论坛”会议并发言。

9月15日，由塞尔斯特罗姆领导的联合国叙利亚化学武器调查小组向潘基文秘书长正式呈交了有关8月21日发生在叙利亚首都大马士革郊区姑塔地区的被怀疑使用化学武器事件的调查报告。

9月16日，第67届联大落下帷幕。本届联大主席、前塞尔维亚外长耶雷米奇在总结过去一年联大的工作时表示，本届联大通过了90项笔头和口头的决定及300项决议草案。

9月16日，潘基文秘书长在安理会的闭门磋商中通报了联合国叙利亚化学武器调查组就8月21日发生在叙利亚大马士革郊区姑塔地区被指称使用化学武器事件的调查结果。他向媒体发表谈话时指出，调查结果毫无疑问地显示，在叙利亚首都大马士革的确使用了化学武器。

9月17日，朝鲜人权问题调查委员会主席柯比向人权理事会第24次会议汇报了有关朝鲜人权状况的调查结果。柯比指出，朝鲜存在广泛和系统的侵犯人权现象。

9月17日，第68届联大正式拉开帷幕。联大主席阿什在开幕式上讲话指出，他将在任期内在改革联大和安理会这两个联合国主要机构方面投入足够的时间和资源。

9月17日，联合国难民署将2014年“南森难民奖”授予来自刚果（金）的修女安吉利克·娜梅卡，以表彰她帮助在刚果（金）内战中人权遭到侵犯的脆弱人群所作出的不懈努力和杰出贡献。

9月18日，安理会经表决一致同意将联合国驻利比里亚特派团的任期延长一年，至2014年9月30日结束。安理会此后又就潘基文秘书长所提交的有关塞拉利昂最新形势进展报告进行了讨论。

9月19日，联合国秘书长潘基文举行专场记者会，正式发布千年发展目标差距工作队编撰完成的最新报告。报告显示，国际社会履行千年发展目标承诺的结果喜忧参半。

9月18日，联合国环境规划署“地球卫士奖”颁奖典礼在美国纽约自然历史博物馆隆重举行，包括谷歌地球副总裁布赖恩·麦克伦顿和地理信息系统开创者杰克·丹杰蒙德在内的7名为环境保护作出重大和积极贡献的个人荣获了这一奖项。

9月22日，潘基文秘书长在纽约联合国总部会晤前来参加68届联大峰会的中国外长王毅，双方在会谈中讨论了叙利亚、实现朝鲜半岛无核化和阿富汗形势等问题。

9月23日，第68届联合国大会就“2015年以后发展议程和兼顾残疾人问题的发展”问题举行圆桌会议，中国残疾人联合会主席张海迪出席会议。

9月23日，潘基文秘书长出席有关实现千年发展目标的成功经验的高级别论坛，并指出在世界各国落实联合国千年发展目标取得了巨大成功之际，国际社会必须从以往的事件中汲取经验和教训，在2015年底的最后期限到来之前，深化并加快落实千年发展目标的步伐。

9月24日，第68届联大主席阿什主持的可持续发展问题高级别政治论坛开幕会议在纽约联合国总部举行。

9月24日，第68届联大一般性辩论在纽约总部正式拉开序幕。联合国秘书长潘基文发表开幕致辞，就千年发展目标、国际和平与安全、气候变化、地区动荡、妇女、人权等一系列广泛议题阐述了联合国的立场。

9月24日，中国外交部长王毅在纽约联合国总部会见了联合国—阿盟叙利亚危机联合特别代表卜拉希米。王毅在会见中强调，销毁叙利亚化学武器工作应与政治进程并行推进。

9月26日，第68届联大主席阿什召集举行首次联大有关国际核裁军问题的高级别会议。联合国秘书长潘基文当天与会并发言，重申核裁军对维护和加强国际和平与安全的重要作用，并敦促各国加倍努力，积极应对核裁军挑战。

9月26日，来自英、法、德欧盟三国以及美国、俄罗斯和中国的外长于纽约当地时间晚间与伊朗外长扎里夫就伊朗核计划问题举行了闭门磋商，各方均对结果予以积极肯定。

9月27日，不结盟运动部长级会议在联大峰会期间于纽约总部举行，潘基文秘书长和第68届联大主席阿什到会表示祝贺并发表讲话。

9月27日，中国外长王毅在第68届联大一般性辩论中代表中国政府发言。他在讲话中谈及实现中国梦、和平发展、解决领土争端、中国经济发展现状、联合国作用和新型国际关系、中国国际责任、叙利亚、伊核、巴勒斯坦、朝鲜半岛、国际发展合作与气候变化等问题。

9月27日，安理会15个成员以一致赞成的结果通过了授权对叙利亚存在的化学武器进行核查和销毁的决议草案。这是自叙利亚冲突爆发以来，安理会所通过的第一份有关叙利亚问题的决议草案。

9月30日，在第68届联大一般性辩论举行的间隙，联合国秘书长潘基文亲自出席内陆发展中国家部长级会议并发表致辞，对此类国家的特殊需要和问题表示关切。

10月1日，第68届联大一般性辩论落下帷幕，联大主席阿什称制定2015后发展议程的主题广受肯定。

10月2日，安理会发表主席声明，对叙利亚境内暴力不断升级，人道主义局势迅速严重恶化深表忧虑。声明敦促叙利亚当局立即采取步骤，协助扩大人道主义救济行动的范围，加快批准更多人道机构参加救济活动。

10月3日，第68届联大就国际移徙与发展问题举行高级别对话会，讨论如何进一步扩大移民为全球经济和社会发展所带来的益处，以及如何应对这一问题带来的挑战。

10月3日，潘基文秘书长出席在纽约联合国总部举行的“国际移徙与发展高级别对话会议”，潘基文以及第68届联大主席阿什在发言中都强调，移民的人权应该得到保护，他们对于发展所作出的贡献应该得到积极肯定。

10月7日，当天是“世界人居日”，联合国人居署在纽约总部举行高级别会议。潘基文秘书长莅临会议并发表讲话。

10月8日，水高峰会议在匈牙利首都布达佩斯举行，潘基文秘书长出席开幕式并发言。

10月9日，控制汞使用的国际公约《水俣公约》正式开放供签署。

10月10日，安理会通过决议，将安理会对阿富汗国际安全援助部队的授权和联合国海地稳定特派团的任务期限分别延长。此外，在有关中非共和国的决议中，安理会期待迅速设立中非国际支助团，并责成联合国秘书长为在适当时候将其转变为联合国维和行动制订计划和工作方案。

10月10日，潘基文秘书长出席在文莱首都巴加湾市举行的东盟与联合国峰会开幕式并致辞，他表示东盟国家在实现许多千年发展目标方面取得了瞩目成就，联合国将与东盟共同努力，加强在地区连接、可持续发展、人权以及和平与安全方面的合作，并争取全面实现千年目标。

10月11日，挪威诺贝尔和平奖委员会宣布，禁止化学武器组织获得2013年度诺贝尔和平奖，以表彰其在全面销毁化学武器方面所作出的杰出贡献。

10月13日，3名来自塞内加尔的非洲联盟—联合国达尔富尔混合行动维和人员遭到不明身份的武装分子袭击身亡。潘基文秘书长通过其发言人发表声明，对当天发生的袭击事件予以强烈谴责。

10月14日，联合国—阿盟叙利亚危机联合特别代表卜拉希米与美国国务卿克里在英国伦敦就叙利亚问题举行会晤。

10月16日，联合国秘书长发言人宣布，由禁止化学武器组织与联合国共同组成的一个有关叙利亚化学武器问题的联合特派团已于当天正式成立。此外，潘基文秘书长还于当天任命来自荷兰的西格里德·卡格为联合特派团的特别协调员。

10月17日，“2013全球减贫与发展高层论坛”在北京国际会议中心举行。联合国开发计划署副署长格林斯潘在会上指出，中国对实现到2015年将极端贫困人口减半的全球减贫目标作出了积极贡献。

10月17日，联合国儿童基金会正式发布《2013暴力侵害儿童全球调查报告》，该报告基于全球100多个国家提供的数据，对暴力侵害儿童问题在全球、区域和国家各级的主要发展动态和采取的各项举措进行了全面回顾并提出了相应的建议。

10月17日，第68届联合国大会经过一轮不记名投票，选举乍得、智利、立陶宛、尼日利亚和沙特阿拉伯5国为2014—2015年度安理会非常任理事国。

10月21日，联合国教科文组织宣布，刚果共和国的布拉柴维尔、黎巴嫩的扎赫勒、波兰的克拉科夫和意大利的法布里阿诺4个城市被命名为教科文组织创意城市。

10月21日，“通过非洲同行审议机制成立10周年看非洲创新治理”高级别讨论会在在纽约联合国总部举行。潘基文秘书长出席并呼吁应该深化和扩大非洲同行审查机制，使更多国家改善国家治理。

10 月 22 日，中国外交部特使、中国第二轮普遍定期审议代表团团长吴海龙大使率领一个由 43 名成员组成的跨部门代表团参加了在日内瓦举行的针对中国人权状况的第二轮审议。

10 月 22 日，联合国安理会就包括巴勒斯坦问题在内的中东局势举行公开辩论。巴勒斯坦常驻联合国观察员曼苏尔、以色列常驻联合国代表普罗索尔，以及包括中国等在内的 46 个国家和国际组织的代表均与会并发言。

10 月 23 日，联合国马里多层面综合稳定团位于泰萨利特的一个检查站遭到不明身份者的自杀式袭击，来自乍得的几名维和人员在袭击中伤亡。

10 月 24 日，当天是“联合国日”，同时也是《联合国宪章》生效和联合国正式成立的纪念日。联合国秘书长潘基文与第 68 届联大主席阿什当天分别发表致辞，呼吁公众更好地认识联合国这一重要的国际组织为和平与共同进步所作出的巨大贡献。

10 月 25 日，第 68 届联大就非洲发展新伙伴关系、秘书长有关非洲的报告以及发展中国家特别是非洲减少疟疾十年等问题举行公开辩论会。

10 月 25 日，联合国人权理事会召开的国别人权审查会议通过了中国接受第二轮人权审查的最终报告。

10 月 28 日，中国著名青年钢琴家郎朗被任命为专注全球教育的联合国和平使者。潘基文秘书长亲自参加了在纽约联合国总部举行的任命仪式。

10 月 29 日，第 68 届联大举行全体会议，以压倒性多数再次通过决议，要求美国立即结束针对古巴所实施的长达半个世纪的经济、贸易和金融封锁。这是联大连续 22 年通过此类决议。

10 月 29 日，联合国环境规划署宣布任命科特迪瓦著名足球运动员、英超曼城队球星亚亚·图雷为亲善大使，以唤起人们对非洲大陆日益猖獗的非法偷猎大象及非法象牙贸易问题的关注。

10 月 30 日，联合国—阿盟叙利亚危机联合特别代表卜拉希米在大马士革与叙利亚总统阿萨德举行会晤。

10 月 30 日，第 68 届联大对联合国经济社会理事会进行改选，竞选有效票 187 张，中国以全票也是全场最高票成功当选，任期从 2014 年至 2016 年。

10 月 31 日，联合国环境规划署公布了 2013 年度种子奖（SEED Awards）的获奖名单，来自 13 个国家的 34 个环保项目榜上有名。

10 月 31 日，国际刑事法院预审分庭宣布将再次推迟肯尼亚总统肯雅塔案件的开庭审理日期。预审分庭表示，根据辩方与检方达成的协议，新的开庭日期定为 2014 年 2 月 5 日。

11 月 1 日，中国正式接任联合国安理会轮值主席国，任期至 11 月底。

11 月 1 日，联合国艾滋病规划署在日内瓦总部发布了《2013 全球艾滋病疫情报告》的增补报告，重点关注老龄人口感染艾滋病病例逐年增多的问题，并就此呼吁各国转变应对战略，加强相关诊疗服务。

11 月 3 日，包括开发计划署等联合国 22 个机构的地区负责人和代表在约旦首都安曼针对叙利亚危机启动了一项集体发展应对策略，以对目前向叙利亚境内和周边国家的叙利亚流离失所者所提供挽救生命的人道主义努力进行补充。

11 月 4—7 日，潘基文秘书长和世界银行行长金墉再次联合出访非洲，一同前往萨赫勒地区，访问马里、尼日尔、布基纳法索和乍得等国，以帮助改善当地的政治、安全局势，并应对粮食短缺、边界纠纷等棘手挑战。

11 月 6 日，粮食计划署宣布，中国向该署紧急食物援助捐献了 200 万美元，用于向叙利亚境内受到冲突影响的 400 万人提供援助。

11 月 6 日，世界气象组织在日内瓦发布《2012 年温室气体公报》，报告显示 2012 年大气中温室气体的浓度创下新纪录，并继续保持一种上升和加速的趋势。

11 月 6 日，当天是“防止战争和武装冲突糟蹋环境国际日”，潘基文表示，值此国际日之际，人们需要强调在武装冲突中保护环境以及在冲突后重建过程中恢复对自然资源的善治，具有极其重要的意义。

11 月 7 日，第 68 届联大就“安全理事会席位公平分配和成员数目增加问题及有关事项”等议题举行全体会议，安理会本月轮值主席、中国常驻联合国代表刘结一大使代表安理会提交了有关其工作的年度报告。

11 月 8 日，联合国已向菲律宾派出一个灾害评估和协调小组，帮助当地政府对超级台风“海燕”所造成的破坏进行初期评估。

11 月 11 日，为期两周的《联合国气候变化框架公约》第 19 次缔约方会议暨《京都议定书》第 9 次缔约方会议在波兰首都华沙拉开帷幕。

11 月 11 日，国际原子能机构宣布，机构与伊朗已于日前签署了有关合作框架的联合声明，就双方加强合作与对话解决悬而未决的问题，以确保伊朗核项目的和平性质达成了一致。

11 月 12 日，第 68 届联大举行全体会议，投票改选联合国人权理事会成员。中国、古巴、沙特等 14 个国家均以高票成功当选，任期自 2014 年至 2016 年。

11 月 12 日，安理会在本月轮值主席、中国常驻联合国代表刘结一大使主持下，就推迟国际刑事法院审判肯尼亚领导人决议草案进行了磋商。

11 月 14 日，联合国安理会就利比亚局势问题举行公开会议，并现场听取了国际刑事法院检察官本苏达的工作通报。

11月18日，安理会通过决议，再次将参与打击索马里沿岸海盗和海上武装抢劫行为的国家和区域组织的行动授权延长一年。

11月18日，潘基文秘书长参观奥斯威辛－比克瑙集中营，成为访问该地的首位联合国秘书长。

11月18日，秘书长南苏丹特别代表、联合国南苏丹特派团负责人希尔德·约翰逊向安理会通报南苏丹最新局势和联合国南苏丹特派团的工作，她表示南苏丹形势虽有积极进展，但仍面临严峻挑战。

11月19日，联合国安理会举行全体会议，审议包括巴勒斯坦问题在内的中东局势，并现场听取了负责政治事务的副秘书长费尔特曼所做的例行工作汇报。

11月20日，联合国贸易和发展会议组织在日内瓦总部发布《2013年最不发达国家报告》，报告指出创造就业对最不发达国家持久经济发展至关重要。

11月22日，联合国秘书长潘基文发表评论员文章，纪念美国总统肯尼迪遇刺50周年。

11月22日，联合国粮农组织在纽约联合国总部正式启动“2014国际家庭农业年”，强调家庭农场是农业的支柱，家庭农民在消除饥饿和保护自然资源方面拥有巨大潜力。

11月24日，瑞士日内瓦当地时间凌晨，经过密集谈判，伊朗核问题六国（即美国、英国、法国、俄罗斯、中国和德国）与伊朗终于达成了第一份阶段性协议。潘基文秘书长对伊核问题终于取得历史性突破表示欢迎。

11月26日，由联合国秘书长和黎巴嫩总统共同发起的“黎巴嫩国际支助小组”正式启动。安理会本月轮值主席、中国常驻联合国代表刘结一大使当天宣读了一份主席声明，对小组的正式启动表示欢迎。

11月27日，潘基文秘书长与世行行长金墉在纽约总部与“人人享有可持续能源倡议”顾问委员会成员举行会晤，并宣布成立新的“融资委员会”，以为推进可持续能源相关目标寻求新的投资及公私合作伙伴关系。

11月30日，安理会举行会议，讨论波斯尼亚和黑塞哥维那局势。波黑问题高级代表因兹科表示，波黑领导人仍旧未同意纠正选举制度中存在的歧视性规定，且在解决军事财产所有权上仍缺乏进展。

12月2日，潘基文秘书长出席在秘鲁首都利马举行的第15届联合国工业发展组织大会开幕式，并呼吁成员国实现包容和可持续的工业发展。

12月2日，潘基文秘书长致辞“废除奴隶制国际日”，指出国际社会必须进一步努力，创建一个没有奴隶制的世界，保护贫困和脆弱人群。

12 月 3 日，为了更好地保护当地平民，联合国在刚果民主共和国局势动荡不安的东部地区正式开始投入使用无人驾驶飞行器，这是联合国在实地维和行动中首次投入使用无人驾驶飞行器。

12 月 4 日，联合国绿色气候基金秘书处和世界银行集团驻韩国办事处分别在韩国仁川松岛国际城举行揭牌仪式，正式启动工作。

12 月 5 日，潘基文秘书长发表声明，对南非前总统曼德拉的去世表示沉痛哀悼。潘基文表示，曼德拉是一位象征正义的巨人，同时也是一位脚踏实地、给人以灵感的伟人。

12 月 5 日，由法国、卢森堡、摩洛哥、卢旺达和多哥提交的旨在授权成立“非洲主导的中非共和国国际支助团”的决议草案在安理会获得一致通过，以期协助恢复该国安全与公共秩序，实现国家稳定和恢复国家权力，并为提供人道主义援助创造有利条件。

12 月 6 日，第 68 届联合国大会第二委员会通过有关人类住区问题的决议，决定自 2014 年起将每年的 10 月 31 日设为“世界城市日”。这是中国首次在联合国推动设立的国际日，获得了联合国全体会员国的支持。

12 月 6 日，“非洲和平与安全峰会”在法国巴黎拉开帷幕。40 多个非洲国家的代表，其中包括 30 多个非洲国家的元首及政府首脑与会。

12 月 6 日，约旦成功当选 2014—2015 年安理会非常任理事国，将取代在 10 月当选后“退选”的沙特，代表阿拉伯国家在联合国这一最重要的机构中行使职责。

12 月 9 日，联合国新闻部及政治部就防止种族灭绝问题举行高级别讨论会，纪念《防止及惩治灭绝种族罪公约》通过 65 周年，副秘书长埃利亚松出席并发言。

12 月 9 日，可持续发展目标开放工作组举行第六届会议，会议为期 5 天，主题为“可持续发展生产与消费”。

12 月 12 日，瑞典科学家塞尔斯特罗姆领导的联合国叙利亚化学武器调查小组向潘基文秘书长呈交有关叙利亚化学武器的最终调查报告。

12 月 18 日，安理会分别就前南斯拉夫问题国际刑事法庭以及中东局势动态举行公开会议，并现场一致表决通过新的决议，决定将前南刑庭 17 位法官的任期延长至 2014 年底，同时将部署在叙利亚和以色列边境地区的联合国脱离接触观察员部队的任期再延长 6 个月。

12 月 19 日，联大举行特别纪念活动，悼念已故南非前总统曼德拉。潘基文秘书长发言称，曼德拉是我们这个时代代表人类尊严最伟大的使者。

12 月 19 日，联合国苏丹特派团在当地的一处驻地遭到袭击，部分人员伤亡。潘基文秘书长及常务副秘书长埃利亚松当天都对这一事件予以严厉谴责。

12 月 20 日，联合国秘书长潘基文正式宣布，决定任命来自韩国的政治家和外交官韩升洙出任“联合国秘书长减灾和水事务特使”。

12 月 20 日，亚太经社会组织的部长级论坛召开，论坛通过了有关“亚洲和太平洋区域经济合作与一体化”的《曼谷宣言》。

12 月 22 日，联合国亚太经社会发表的《2013 年亚太经济和社会概览：年终更新报告》显示，亚太地区发展中经济体的增长在 2014 年将继续处于欠佳状态。

12 月 23 日，第 68 届联大日前通过决议，决定将每年的 3 月 3 日设立为“世界野生物日”，以突出野生动植物的固有价值及其各种贡献。

12 月 23 日，潘基文秘书长任命加纳前总统库福尔和挪威前首相斯托尔滕贝格为气候变化问题特使，目的是在 2014 年气候峰会召开前，协助秘书长与各国领导人进行协商。

12 月 24 日，安理会一致通过一项决议，决定向联合国南苏丹特派团增派 5500 人兵力，以支持其保护平民和提供人道主义援助。

12 月 25 日，潘基文秘书长向南苏丹人民发表圣诞录像致辞，再次呼吁南苏丹领导人和平解决分歧。

12 月 27 日，根据联大负责财政与预算事务的第五委员会的建议，193 个会员国的代表一致通过了未来两年的联合国运作经费预算，总额达到 55 亿美元。

12 月 29 日，潘基文秘书长和非洲联盟—联合国达尔富尔混合行动均发表声明，对非洲联盟—联合国达尔富尔混合行动车辆在达尔富尔再次遭到不明身份袭击者攻击导致两名维和人员死亡表示强烈谴责。

12 月 31 日，于 2002 年开始运作的塞拉利昂问题特别法庭宣告关闭，潘基文秘书长祝贺法庭取得重要成就。

（王召杰整理）

2014 年

1 月 2 日，潘基文秘书长和联合国黎巴嫩问题特别协调员普拉姆布利分别发表声明，对当天下午在黎巴嫩首都贝鲁特以南郊区发生的汽车爆炸袭击事件予以强烈谴责。

1月3日，联合国难民署发表立场文件，敦促加入《都柏林法规》的国家暂停将庇护寻求者送回保加利亚进行审理。

1月5日，潘基文秘书长任命美国国土安全部前任副部长霍尔·卢特担任伊拉克胡里亚营地居住者迁往他国事务特别顾问，以协助生活在胡里亚营地的数千名伊朗流亡人员前往第三国得到永久安置。

1月6日，粮食计划署恢复向在中非共和国首都班吉机场寻求避难的10万境内流离失所者提供紧急食物供应。

1月7日，联合国与禁化组织联合协调员卡格表示，首批关键化学物质已从叙利亚境内两地点被运到该国北部港口拉塔基亚，来自中国、丹麦、挪威和俄罗斯的海军提供了护航。

1月8日，77国集团加中国在纽约总部举行仪式，新任主席国玻利维亚的土著人总统莫拉莱斯接任主席。

1月9日，有关中非共和国问题的高峰会议在乍得首都恩贾梅纳举行。潘基文秘书长在向会议发去的致辞中表示，中非共和国内不同群体间的令人恐怖的暴力与报复循环必须立即停止。

1月10日，为了应对南苏丹和中非共和国日益恶化的人道主义局势，难民署发出了一项总额为9900万美元的募捐呼吁，其中的5900万美元将用于解决今后3个月南苏丹的人道主义需求。

1月13日，联合国国际水问题会议在西班牙萨拉戈萨举行。

1月14日，联合国秘书长潘基文在从伊拉克动身前往科威特、准备出席叙利亚人道主义高级别认捐会议之前，特别来到位于该国北部库尔德地区的考尔高斯克难民营，慰问在当地临时安置的叙利亚难民。

1月15日，联合国秘书长潘基文在科威特举行的第二次叙利亚人道主义行动国际认捐大会结束时宣布，当天共获得超过24亿美元捐助承诺。

1月16日，世界卫生组织指出，在时隔近20年后，南太平洋地区最近再次出现了登革热病毒血清型3。

1月17日，潘基文秘书长在向联合国全体会员国发表的新年首次长篇工作咨文中呼吁采取行动，解决世界热点地区的潜在威胁，促进发展，更好地保护人类赖以生存的地球。

1月20日，2014年是“国际晶体学年”，联合国教科文组织在巴黎举行了隆重的启动仪式。

1月21日，联合国黎巴嫩问题特别协调员普拉姆布利对黎巴嫩贝鲁特南郊当天发生的汽车炸弹袭击事件予以严厉谴责，并呼吁各方支持加强黎巴嫩安全和稳定的努力。

1月22日，由俄、美倡议举行的叙利亚问题第二次国际会议在瑞士蒙特勒开幕，包括叙利亚政府和反对派在内的多方代表出席会议。

1月23日，安理会就马里局势发表主席声明指出，马里政府应该推进包容各方的全国对话与和解，促进社会和谐，并消除马里屡次发生危机的根源，以实现该国的持久和平。

1月24日，联合国环境规划署在瑞士达沃斯举行的世界经济论坛期间发表的一份报告中呼吁，各国务必在消费和可持续的供给之间取得平衡，减少土地需求量，以防止土地退化。

1月27日，禁止化学武器公约组织和联合国联合调查团发表媒体通告指出，第二批叙利亚化学武器当天已装入丹麦和挪威的船只从叙利亚的拉塔基亚港运出，联合调查团对这批武器进行了核实。

1月28日，联合国安理会就中非共和国冲突局势动态举行公开会议，并一致通过新的决议，决定将联合国中非共和国建设和平综合办事处的任期再延长一年至2015年1月31日。

1月29日，叙利亚内战危机爆发3年来当局和反对派首次展开的直接和谈继续在日内瓦举行。

1月30日，由联合国秘书长潘基文组建的一个“科学咨询委员会”在德国柏林正式成立。该委员会将负责在如何应对气候变化、环境退化、解决饥饿问题等全球挑战方面为秘书长提供决策建议。

2月3日，安理会成员国代表开始对马里进行为期两天的视察，实地了解马里和平进程以及联合国驻马里维和部队的工作情况。这是安理会首次对马里进行视察访问。

2月4日，当天是“世界癌症日”，今年的宣传主题是：消除癌症误区。

2月5日，联合国人权理事会下设的儿童权利委员会在刚刚结束的第65届会议期间，根据《儿童权利公约》分别对梵蒂冈、刚果共和国、也门、葡萄牙、俄罗斯和德国的儿童工作报告进行了审议，随后就相关问题出台了结论性意见和建议。

2月6日，第二十二届冬季奥林匹克运动会即将在俄罗斯南部城市索契开幕。亲赴现场出席冬奥会开幕式的联合国秘书长潘基文参加了奥运圣火的火炬传递接力活动，并随后在国际奥委会第126次全会上发表讲话。

2月7日，正在俄罗斯参加第二十二届冬季奥林匹克运动会的联合国秘书长潘基文会见中国国家主席习近平时指出，联合国对中国在应对各种全球性挑战方面发挥的领导作用表示高度赞赏。

2 月 10 日，国际原子能机构发表媒体通报称，该机构早些时候在德黑兰与伊朗政府代表举行了为期两天的会谈，并发表共同声明，同意采取更多具体措施深化合作。

2 月 11 日，联合国秘书长潘基文通过其发言人发表声明，对叙利亚反政府武装组织“胜利阵线”（Jabhat al-Nusra）日前在中部地区残忍杀害包括妇女、儿童和老人在内的 40 多名平民的事件予以强烈谴责。

2 月 12 日，联合国安理会就加强在冲突中保护平民问题通过主席声明，重申武装冲突各方有责任对平民加以保护，履行国际法规定下的责任，并强调必须将违法侵权者绳之以法。

2 月 13 日，联合国安理会就苏丹问题举行会议并一致通过新的决议，决定将达尔富尔问题专家小组的任务期限再延长 13 个月，以进一步监督相关制裁措施的执行进展情况。

2 月 14 日，联合国人道主义事务协调厅发布《2013 年世界人道主义数据和趋势报告》称，2012 年自然灾害并不算多，但经济损失较大，与此同时，当年由于武装冲突和迫害而流离失所的人数是近 20 年来最多的。

2 月 17 日，联合国朝鲜人权状况调查委员会公布了最终调查报告：由于朝鲜从最高领导层确立的政策，该国一直以来存在而且仍在继续实施广泛的危害人类罪行。

2 月 18 日，第 68 届联合国大会围绕“2015 年后发展议程中的水、卫生和可持续能源”的主题举行公开辩论会。

2 月 19 日，联合国安理会举行公开辩论，主题是：在维护国际和平与安全中促进和加强法治。

2 月 20 日，联合国安理会就中非共和国政治危机举行公开辩论。潘基文秘书长与会并发表讲话，称该地危急局势已经达到令人不安的程度，迫切需要国际社会加强干预行动，并为此特别提出了六点建议。

2 月 21 日，安理会就促进和加强法治以维护国际和平与安全问题举行会议并通过一项主席声明，强调司法和法治在和平共处、防止冲突方面所发挥的重要作用，并强调联合国维和行动和政治特派团在获得授权的情况下，应协调加强所在国的法治机构。

2 月 24 日，联合国塞浦路斯斡旋特派团发言人指出，塞浦路斯希腊族代表马弗罗延尼斯和土耳其族代表奥泽塞于当天在位于尼科西亚的联合国保护区内举行会见，就谈判进程交换了意见，并就相关条款进行了“实质性会谈”。

2月25日，联合国西亚经济社会委员会发布最新报告称，阿拉伯地区正面临巨大的发展机遇，但要想有效应对现有挑战，必须作为一个团结的共同体制定协调一致的地区性战略。

2月26日，联合国安理会就也门局势举行公开会议，并一致表决通过新的决议，决定成立一个专门委员会，对破坏也门政治过渡进程，威胁国家和平、安全与稳定的个人及实体实施包括财产冻结、旅行禁令等在内的制裁措施。

2月27日，联合国艾滋病规划署在中国北京与中华红丝带基金和汉能控股集团共同举办了首个世界“艾滋病零歧视日”宣传活动，倡导公众行动起来，用宽容、理解、尊重和信任之心关注艾滋病人群，消除针对他们的歧视、偏见和恐惧，以此推动艾滋病防治行动取得新进展。

2月28日，全球国际发布的一份最新报告显示，全球已有66个国家通过了相关立法，以对减缓和适应气候变化的计划进行管理，这一数字与一年前相比增加了一倍。

3月1日，秘书长发言人内西尔基表示，潘基文秘书长正在对乌克兰严峻且迅速恶化的局势保持严密关注，并再次向国际社会发出呼吁，要求充分尊重和维护乌克兰的独立、主权和领土完整。

3月1日，潘基文秘书长对发生在中国昆明的袭击平民事件予以严厉谴责，称肇事者应当被绳之以法。

3月3日，正在日内瓦出席联合国人权理事会第25届会议的潘基文秘书长表示，他敦促俄罗斯通过与乌克兰当局展开直接的建设性对话解决问题，联合国已准备好为通过政治手段和平解决危机提供协助。

3月4日，随着俄罗斯向乌克兰克里米亚地区调遣和部署军队，乌克兰的紧张局势迅速升温。联合国对此表示高度关注，特别是该国南部克里米亚半岛的局势。罗伯特·塞里（Rober Serry）作为联合国特使已经前往克里米亚，他将对当地局势进行实地评估。

3月5日，联合国叙利亚问题国际独立调查委员会发布的最新报告显示，叙利亚境内大量平民受到政府部队或反对派武装团体的包围，他们忍饥挨饿，还不断遭到轰炸，处境令人极其担忧。

3月6日，联合国安理会就乌克兰局势举行闭门磋商，现场听取了正在乌克兰访问的联合国常务副秘书长埃利亚松通过电话连线进行的工作通报。

3月7日，安理会就儿童与武装冲突问题举行公开辩论，并且通过决议，对刚刚发起的“儿童不是士兵”运动予以支持，敦促国际社会到2016年年底前消除政府部队中使用儿童兵的现象。

3月10日，全面禁止核试验条约组织筹备委员会临时技术秘书处执行秘书泽博表示，自2014年起，设在中国境内的11个核试验监测台站开始向该机构传输数据，此举标志着中国朝着履行《全面禁止核试验条约》承诺方面迈出了积极的一步。

3月11日，秘书长索马里问题特别代表尼古拉斯·卡伊在安理会表示，索马里和非洲之角和平与稳定的最佳希望仍在于建立一个团结、安全和联邦制的索马里。

3月12日，潘基文秘书长通过其发言人发表声明指出，叙利亚冲突是全球目前面临的最大的人道主义以及和平与安全危机，暴力达到了不可想象的水平。他呼吁国际社会特别是俄罗斯和美国采取明确步骤，使日内瓦进程恢复活力。

3月13日，安理会就乌克兰问题举行公开辩论。费尔特曼指出，克里米亚紧张局势目前依然在持续升级，联合国方面一直在与相关各方密切接触，以探寻和平化解危机的政治出路，但实现这一目标的前提是必须依据《联合国宪章》，尊重乌克兰的领土和主权完整。

3月14日，潘基文秘书长呼吁国际社会敦促相关各方帮助叙利亚政府与反对派开展合作，采取切实行动结束冲突。

3月15日，就在乌克兰克里米亚自治共和国将于3月16日就“脱乌入俄”问题举行全民公投的前一天，联合国安理会举行紧急会议，审议有关由美国、法国和英国联合起草的一份旨在拥护乌克兰“领土完整”的决议草案。因遭到俄罗斯的一票否决，决议最终未获通过。中国当天投了弃权票。

3月17日，人权理事会第25届会议本周继续在日内瓦举行。伊朗人权状况特别报告员艾哈迈德·沙希德指出，伊朗新政权作出承诺要加强对人权的保护，但从目前的情况来看，承诺还仅停留在言辞之上。

3月18日，正在日内瓦继续进行的联合国人权理事会第25届会议与叙利亚问题独立国际调查委员会举行互动对话会，调查委员会主席皮涅罗在发言中指出，叙利亚政府军及反政府武装团体继续针对平民实施袭击和侵犯人权活动，犯下严重违反国际法的危害人类罪和战争罪罪行，委员会已经将部分肇事者列入“问责名单”。

3月19日，正在日内瓦举行的联合国人权理事会第25届会议就少数群体权利问题展开讨论，俄罗斯和乌克兰两国代表在会场上针锋相对，指责对方侵犯少数族群权利，制造族裔间紧张局势。

3月20日，联合国一个满载救援物资的车队从土耳其出发，将为叙利亚北部成千上万遭受战争影响的民众提供急需的人道主义援助。这是叙利亚内战爆发以来联合国首次能够通过这一途径运送援助物资。

3月21日，世界卫生组织驻华代表施贺德在于北京举行的“世界防治结核病日”主题宣传活动上高度赞扬中国在过去20年里在结核病控制方面取得的举世瞩目的成就：中国提前5年实现2015年将结核患病发病率和死亡率降低一半的全球目标。

3月24日，为期两天的第三届核安全峰会在荷兰海牙正式开幕，来自世界各国和国际组织的50多位领导人围绕“加强核安全、防范核恐怖主义”的主题，共同探讨如何在全球反恐形势日益复杂的大背景下有效应对核安全问题这一国际社会共同面对的挑战。

3月25日，世界卫生组织确认，几内亚东南部与塞拉利昂和利比里亚接壤的丛林地区暴发了埃博拉出血热，目前已经有89个病例，其中59人死亡。世卫组织已经向当地派遣了专家组。

3月26日，联合国人道协调厅与东非政府间发展组织在乌干达首都坎帕拉正式签署谅解备忘录，以全面加强双方在灾害准备、人道主义援助协调以及受冲突和自然灾害影响的平民保护工作的宣传等诸多领域的合作。

3月27日，联大举行全会，通过了有关乌克兰领土完整问题的决议。决议确认，乌克兰克里米亚自治共和国及其南部港口塞瓦斯托波尔市3月16日举行的“脱乌入俄”全民公投无效。

3月28日，负责人道主义事务的副秘书长阿莫斯向安理会汇报了叙利亚的人道主义局势。她在随后向新闻界发表的谈话中不无遗憾地指出，在过去1个月中，叙利亚被围困地区仅有极小一部分人得到了人道主义援助。

3月31日，国际法院对澳大利亚起诉日本在南极海域捕鲸一案作出终审裁决，认定日本提出的在南极捕鲸活动是出于科研目的的理由不成立。

4月1日，联合国可持续发展目标开放工作组第十次会议于3月31日至4月4日在纽约联合国总部举行。该工作组当天举行周边活动，正式宣布启动“可持续政府采购”方案，呼吁各国政府在进行公共采购时注重环保节能，保护劳动者权利并照顾落后地区的发展。

4月2日，国际电联世界电信发展大会本周在迪拜举行，会上专门举办了一个“衡量各国网络安全就绪性和相关能力建设论坛”，推出了全球网络安全指数（GCI）这一新概念，旨在促进全世界的网络安全。

4月3日，安理会就苏丹和南苏丹问题举行闭门会议，审议潘基文秘书长提交的有关审查非盟—联合国达尔富尔混合行动的特别报告。随后通过决议，强调必须有效检测和评估达尔富尔混合行动，以提高其工作效力，并要求对相关调整行动的战略进行修订。

4 月 4 日，当天是国际提高地雷意识和协助地雷行动日，2014 年地雷日的主题是“强调地雷行动中女性的参与”。

4 月 7 日，为期一周的第 47 届联合国人口与发展大会在纽约联合国总部拉开帷幕。来自联合国成员国及其机构以及民间组织的代表在大会期间将审议 1994 年在开罗通过的《关于国际人口与发展行动纲领》的实施情况以及全球所面临的挑战。

4 月 8 日，世界卫生组织在日内瓦举行的记者会上强调，目前在几内亚和利比里亚等国暴发的埃博拉出血热疫情预计将会持续 2—4 个月的时间，目前谈论疫情减弱还为时尚早。

4 月 9 日，联大通过了潘基文秘书长提出的有关联合国工作人员的流动计划，决定建立“经过管理的流动框架”，以增强联合国工作人员的流动性。这一计划将从 2016 年开始正式实施。

4 月 10 日，安理会授权向中非共和国派遣一支由 1.2 万多名军警人员组成的联合国维和部队。

4 月 11 日，联合国粮农组织首次发布的有关农业、林业和其他土地利用领域温室气体排放数据显示，农业、林业和渔业的排放量在过去 50 年里几乎翻了一番，如果不加大减排力度，到 2050 年或将再增加 30％。

4 月 13 日，美国白宫日前拒绝向候任伊朗常驻联合国代表哈米德·阿布塔勒比发放入境签证，伊朗政府正在通过法律和外交途径来寻求解决这一问题，或将向联合国提出正式的抗议和裁决请求。

4 月 14 日，禁止化学武器组织总干事尤祖姆居在莫斯科被授予莫斯科国际关系学院荣誉博士称号。

4 月 15 日，由联合国裁军事务厅负责编撰的新书《裁军行动：你能做的十件事》在纽约总部正式发布。

4 月 16 日，安理会就防止和打击灭绝种族罪举行公开讨论并通过决议，呼吁国际社会开展教育活动，以防止卢旺达大屠杀的悲剧重演。

4 月 17 日，第五届联合国中文日庆祝活动在纽约联合国总部举行。当天举办的讲座、书画展和茶艺表演等多项活动，旨在彰显中文的历史与价值，并为推动联合国六种工作语言的平等使用作出贡献。

4 月 21 日，秘书长发言人杜加里克在纽约总部举行的记者会上回答有关叙利亚政府决定举行选举的提问时指出，叙利亚在目前局势下举行总统大选有损政治解决问题的进程，有悖于《日内瓦公报》精神，将阻碍该国的政治进程。

4 月 22 日，为进一步推动艾滋病、肺结核和疟疾的预防和治疗工作，联合国儿童基金会与全球抗击艾滋病、结核病和疟疾基金签署了一项旨在全面改善孕产妇、新生儿和儿童健康的新协议。

4 月 23 日，联合国人道主义事务协调厅、儿基会、难民署、粮食计划署和世界卫生组织负责人发表联合声明，要求叙利亚冲突各方为人道主义援助提供无条件准入。声明同时要求叙利亚政府和反对派组织结束针对平民的炮击及其他违反国际人道主义法的行为。

4 月 24 日，负责销毁叙利亚化学武器的禁化武组织与联合国联合特派团特别协调员西格里德·卡格表示，过去 3 周来，销毁叙利亚化学武器的工作取得了进展，目前该国被移除和销毁的化武制剂已超过 90%。

4 月 25 日，潘基文秘书长在安理会就他提交的有关冲突中性暴力问题的报告展开的讨论会上指出，预防冲突中性暴力是国际社会的集体责任，只有通过协调努力和建立合作伙伴关系才能够成功保护最脆弱人群。

4 月 28 日，全面禁止核试验条约组织筹备委员会执行秘书拉希那·泽博在纽约联合国总部表示，位于维也纳的“全面禁止核试验条约组织筹备委员会临时技术秘书处”已做好准备，对海洋和地面进行监测，确保不会疏漏对可能即将实施的核试验进行记录。

4 月 29 日，安理会通过决议，决定取消针对科特迪瓦的钻石制裁。安理会在所通过的另一项决议中，决定将联合国驻西撒哈拉公民投票特派团的任期延长一年。

4 月 30 日，世界卫生组织一份新的报告首次审视了全球的抗菌素耐药情况，包括抗生素耐药性，表明这种严重威胁不再是未来的一种预测，目前正在世界上所有地区发生，有潜力影响每个人，无论其年龄或国籍。

5 月 1 日，第 68 届联大在纽约联合国总部举行互动对话会，讨论有关制订 2015 年后全球可持续发展议程的最新进展情况。联合国秘书长潘基文亲自与会并发言，强调必须为决定目标、评估进展以及实现进步设定全球统一的问责框架和平台。

5 月 2 日，巴勒斯坦于 4 月 2 日向潘基文秘书长缴存了加入 15 项国际条约与公约的文书，其中包括 9 项核心国际人权条约中的 7 项以及一个重要的任择议定书。从 5 月 2 日开始，这些国际人权条约和议定书将陆续对巴勒斯坦生效。

5 月 5 日，第 68 届联大就文化与可持续发展问题举行主题辩论，强调文化可在维护和平、促进发展、消除贫苦等领域发挥重要作用，呼吁加紧努力，将文化作为可持续发展的一个推进手段和驱动因素纳入 2015 年后发展议程。

5月6日，中国、美国、俄罗斯、英国、法国5个核武器国家与哈萨克斯坦、吉尔吉斯斯坦、塔吉克斯坦、土库曼斯坦和乌兹别克斯坦5个《中亚无核武器区条约》缔约国在纽约联合国总部举行《中亚无核武器区条约》议定书签署仪式。

5月7日，安理会一致通过一项主席声明，对恐怖主义的威胁和非国家行为者获取、开发、贩运或使用核武器、化学武器和生物武器及其运载工具的风险继续表达严重关切。

5月8日，世界卫生组织和联合国儿童基金会共同发表的2014年有关获得饮用水和卫生设施进展的更新报告指出，自1990年以来，全球近20亿人获得了经改良的卫生设施，有23亿人获得了改良的饮用水源，但在这些方面所取得的进展仍不均衡，弱势和边缘化群体仍然遥遥落后。

5月9日，联合国人权高专皮莱发表声明指出，联合国南苏丹特派团根据对900多位受害者和证人的访谈所撰写的报告显示，南苏丹在过去5个月里发生了大规模的严重侵犯人权行为，这些行为可能构成战争罪和危害人类罪。

5月12日，潘基文秘书长决定，任命来自挪威的女少将克里斯汀·隆德为联合国驻塞浦路斯维持和平部队司令，接替任期即将于2014年8月13日届满的中国少将刘超。

5月13日，安理会就利比亚局势问题再次举行公开会议，听取了国际刑事法院检察官本苏达的工作汇报。本苏达表示，利比亚政府应该按照国际刑事法院作出的决定，立即将前领导人卡扎菲之子赛义夫引渡至国际刑事法院所在地海牙，与此同时还应不加延迟地对前情报主管塞努西被指控犯下战争罪罪行一案进行公开和公正的审理。

5月14日，联合国难民署和挪威一家研究机构共同发布的一份最新报告显示，截至2013年底，全世界因暴力、冲突等因素沦为境内流离失所者的总人数达到了创纪录的3330万，其中六成以上来自叙利亚、哥伦比亚、尼日利亚、刚果民主共和国和苏丹5个国家。

5月15日，联合国安理会围绕波斯尼亚和黑塞哥维那局势动态举行了每半年一次的公开辩论。波黑问题高级代表兼欧盟特别代表因兹科表示，波黑国家主权和领土完整目前正面临严峻挑战，迫切需要采取切实行动，以加强民族团结，维护国家统一，促进地区和平与繁荣。

5月16日，联合国毒品和犯罪问题办公室在维也纳召开第23次预防犯罪与刑事司法委员会会议，其间发布的有关针对网上儿童遭受虐待和剥削的研究结果表明，为了更好地打击网上虐童犯罪行为，各国执法机关应该在关键领域对人员进行专业培训，并加强司法和边境部门的合作。

5月18日，正在中国访问的潘基文秘书长在上海会见了中国外长王毅。潘基文表示，希望联合国与中国能够继续增进在和平与安全、可持续发展、人权等领域的合作伙伴关系。

5月19日，第六十七届世界卫生大会在日内瓦万国宫拉开帷幕。3000余名与会代表将在未来6天时间里就2015年后全球卫生发展目标、世卫组织改革等议题进行讨论，并预期通过多项全球公共卫生决议。

5月20日，国际劳工组织发表一份题为《利润和贫穷：强迫劳动经济学》的报告指出，1500亿美元强迫劳动总利润中的990亿美元来自商业性剥削，另外510亿美元来自强迫经济剥削，包括家政劳动、农业和其他经济活动。

5月21日，潘基文秘书长在上海出席第四届亚洲相互协作与信任措施会议时指出，全球的未来正在亚洲铸造，亚洲正在上升，带来希望，是充满活力的经济、创新和潜力的源泉。但是21世纪的转型也伴随着挑战，其中包括不平等现象加剧、大规模杀伤性武器扩散以及恐怖主义、人口贩运和非法毒品贸易等跨国威胁。

5月22日，当天是联大设立的“国际生物多样性日”。由于2014年恰逢“小岛屿发展中国家国际年”，因此纪念活动在“岛屿多样性”的主题下进行。

5月23日，联合国安理会早些时候发表媒体通报，宣布将与“基地”组织关系极为密切的尼日利亚恐怖团体“伊斯兰博科圣地”增列入“基地组织制裁名单”，并将依据安理会相关决议对其实施有针对性的金融制裁和武器禁运。

5月27—29日，经社理事会在纽约联合国总部举办首次综合会议，关注“可持续的城市化”的主题。这次会议的目的在于展示如何使城市化成为促进经济、社会和环境全面可持续发展的有效工具。

5月28日，为促进全世界数十亿人口的福祉和健康，联合国发起了一个消除随地便溺的运动。

5月29日，联合国纽约总部以及联合国在世界各地的办事机构和维和特派团举行多种活动，纪念维持和平人员国际日。纽约总部的纪念活动由当天上午10点在北草坪的维和人员纪念碑前举行的敬献花圈仪式拉开帷幕。

5月30日，领导联合国南苏丹特派团（联合国16个维和行动中面临挑战最大的特派团之一）的挪威籍女高官希尔德·约翰逊在担任这一职务近3年后，宣布将在7月离任。

6月2日，潘基文秘书长在由经济及社会理事会举办的青年论坛上发表致辞，敦促年轻人作为全球公民应发挥自己的领导作用。他肯定地将年轻人称为

“今日的领导人”。

6月3日，联合国人口基金、世界卫生组织和国际助产士联合会发表的一项联合报告指出，世界上有73个国家严重缺乏助产士，直接危及妇女和新生儿的生命健康。报告呼吁有关国家政府为母婴健康服务划拨足够的资源。

6月4日，首届“人人享有可持续能源”论坛年会在纽约联合国总部开幕。与会代表将对各国在实现人人享有可持续能源各项目标方面所作出的承诺和采取的行动进行审议和评估，展现成功范例和创新举措，以动员各界采取进一步行动，并制定今后几十年的全球能源政策走向。

6月5日，联合国教科文组织总干事博科娃在中国苏州举行的“加强语言能力和二十一世纪教育”国际大会上指出，语言是一种重要工具，包括多语言和母语教学在内的语言教育可为消除贫困、推动可持续发展和实现持久和平打下基础。

6月6日，潘基文秘书长通过其发言人发表声明指出，其对被以色列当局逮捕的巴勒斯坦行政拘留者的身体状况不断恶化深表关切，并强调其一贯立场，即应该毫不拖延地对行政拘留者进行指控判罪或予以释放。

6月9日，联大开始举行为期两天的题为“人权与法治在2015年后发展议程中的贡献”的高级别会议。潘基文秘书长和联大主席在会议开幕式的致辞中均强调：人权、法治与发展相互关联并相互促进，处理好这一关系将会对2015年后的发展议程发挥重要作用。

6月10日，世界卫生组织和儿基会表示，如果不及时采取紧急疫苗接种行动，索马里几个地区的麻疹疫情暴发有可能将使成千上万的儿童变成残疾或是死亡。

6月11日，在日内瓦举行的第103届国际劳工大会代表以437票赞成、27票弃权和8票反对的表决结果通过了一项具有法律约束力的《强迫劳动公约》补充议定书，以消除各种形式的强迫劳动。

6月12日，第68届联大就联合国全球反恐战略问题举行全体会议，并就潘基文秘书长提交的最新报告进行讨论。

6月13日，在“伊拉克和黎凡特伊斯兰国”结盟部队本周早些时候占领伊拉克摩苏尔等主要城镇以来，据报道发生了即决处决和法外处决事件，冲突使约50万人流离失所。

6月16日，秘书长科特迪瓦问题特别代表、联合国科特迪瓦行动负责人明达乌杜在向安理会汇报科特迪瓦最新形势时表示，减少科特迪瓦维和人员将会继续，但提高剩余部队的快速反应能力势在必行，以确保2015年大选期间的安全能够得到保障。

6 月 17 日，潘基文秘书长宣布，在获得联大的批准之后，他任命来自约旦的扎伊德·侯赛因亲王为第六任联合国人权高专，接替将于 8 月底离任的皮莱。

6 月 18 日，联合国人权高专办就乌克兰局势发表第三份报告指出，乌克兰东部由武装团体控制的地区法律秩序崩溃。顿涅茨克和卢甘斯克地区的武装团体数量不断增加，使普通民众的日常生活越来越受到严峻挑战。

6 月 19 日，秘书长萨赫勒问题特使塞拉西在安理会汇报联合国萨赫勒区域综合战略执行进展情况时强调，良好的治理对在萨赫勒地区创造有力条件，以消除冲突、极端宗教和恐怖主义等因素带来的危险至关重要。

6 月 20 日，据联合国难民署指出，伊拉克最近安全局势不断恶化造成大批民众被迫逃离他乡，联合国各援助机构正加紧向冲突地区的逃难民众提供粮食、帐篷和卫生用品等挽救生命的援助物资。

6 月 23 日，首届联合国环境大会在环境署总部内罗毕开幕。联合国环境规划署执行主任施泰在大会上指出，以往不可持续的发展方式给世界带来了环境和发展方面的诸多挑战，因此国际社会应当共同努力，通过解决可持续发展在环境层面的问题，为子孙后代创建一个可持续的未来。

6 月 24 日，联合国环境规划署和国际刑警组织在内罗毕举行的首届联合国环境大会上联合发布报告指出，全球环境犯罪的金额每年超过 2000 亿美元，这些犯罪行为所得的收入不仅资助了犯罪分子、武装团体和恐怖主义团体，并且对许多国家的安全与可持续发展构成了威胁。

6 月 25 日，为期 10 天的世界遗产委员会大会在卡塔尔首都多哈闭幕，大会决定将 26 处地点列入世界遗产名录。此次被列入世界文化遗产的包括中国的大运河和由中国、哈萨克斯坦、吉尔吉斯斯坦联合申报的“丝绸之路：长安—天山廊道路网”。

6 月 26 日，来自肯尼亚、乌干达和坦桑尼亚三国的政府高级官员在联合国环境规划署宣布发起一项合作倡议，在这一跨国倡议的框架下，他们将与包括联合国开发计划署、环境署在内的联合国机构以及国际刑警组织一道，共同打击年贸易额高达数百亿美元的非法木材贸易，保护非洲大陆最宝贵的自然资源。

6 月 27 日，人权理事会通过决议，呼吁有关各方在人权领域围绕合作以及向乌克兰提供帮助方面予以全面合作，提供通道，允许派遣独立的人权观察员。决议强烈谴责“非法武装组织”所实施的暴力和侵权行为。

6 月 30 日，联合国可持续发展高级别论坛第二次会议在纽约总部拉开帷幕，这次为期 10 天的会议将着重探讨 2015 年后的世界发展议程。

7月1日，秘书长有关儿童与武装冲突问题年度报告发表。报告显示，2013年在世界23个冲突情势中，儿童在继续受到招募和使用，遭到杀害和导致肢体致残，或成为性暴力以及其他严重侵权行为的受害者。

7月2日，为了协调西非及周边国家共同应对埃博拉严重疫情，世界卫生组织在加纳首都阿克拉召开了一次高级别会议。本次会议的目的在于分析局势，找出缺陷，制订出应对计划，并确保应对疫情的强有力的政治意愿以及加强边界合作。

7月3日，粮农组织在罗马总部发表的《作物前景与粮食形势》最新季度报告指出，6月份全球食品价格指数连续第三个月大幅下降。但报告同时指出，尽管粮价下跌，许多国家的粮食安全仍受到冲突和恶劣天气的威胁，需要继续得到国际社会的大力援助。

7月8日，联合国妇女署宣布任命因出演《哈利波特》系列片而崭露头角的青年女明星艾玛·沃特森为亲善大使，她将致力于倡导提高青年女性的地位。

7月9日，阿拉伯国家集团、伊斯兰合作组织以及不结盟运动国家集团的轮值主席连同阿拉伯联盟代表、巴勒斯坦常驻联合国观察员、安理会非常任理事国约旦代表以及巴勒斯坦问题特别委员会轮值主席与安理会本月轮值主席、卢旺达常驻联合国代表加萨纳举行了会谈，强烈要求安理会成员就当前以色列在加沙地带开展的军事打击行动作出反应。

7月11日，俄罗斯常驻联合国代表丘尔金表示，俄罗斯已就如何解决乌克兰危机向安理会15个成员国的代表散发了一份包括四点要素的文件，呼吁安理会支持国际社会有关乌克兰问题的决定，要求各方停火止暴。

7月14日，安理会以一致赞成的结果通过一项决议，要求通过最直接的路线，将人道物资送抵叙利亚各地。决议同时决定针对援助物品的装运和海关检验，建立一个联合国监测机制。

7月15日，联合国秘书长潘基文目前正在加勒比海岛国海地访问，并在国际奥委会主席巴赫的陪同下视察了“希望体育中心”。

7月16日，联合国艾滋病规划署发布了一份全新的《艾滋病差距》报告，对当前各国在艾滋病预防、诊疗、关爱和支持方面所存在的差距持续扩大问题进行了全面分析，同时为控制艾滋病蔓延的未来前景描绘了一幅令人谨慎乐观的蓝图。

7月17日，第68届联大在纽约总部举行高级别主题辩论会，关注“非洲投资”相关问题。联合国秘书长潘基文与会并发言，在肯定非洲大陆近年来呈现出的发展活力与潜力的同时，对这片广袤大陆仍然持续存在的贫困、失业增加、基础设施落后等问题深表关切，并呼吁国际社会积极兑现官方发展援助承诺，利用一切投资和融资渠道，帮助非洲实现向低碳经济和可持续发展的转变。

7 月 18 日，安理会就马来西亚航空公司客机在乌克兰东部上空遭击落一事举行会议。会议召开前，安理会成员就坠机事件发表了一份媒体声明，要求对事件进行全面、彻底和独立的调查。

7 月 21 日，安理会就马来西亚航空公司 MH17 客机 17 日坠机事件一致通过决议，对飞机在乌克兰顿涅茨克坠落导致 298 人丧生的悲惨事件予以“最强烈的谴责”，对国际民航组织派出小组协同乌克兰国家民航飞机事件和事故调查局进行调查表示欢迎。

7 月 22 日，潘基文秘书长从巴勒斯坦城市拉马拉通过视频向安理会汇报加沙局势时指出，加沙冲突各方达成停火协议至关重要，目前由埃及根据 2012 年 11 月达成的停火备忘录所提出的停火倡议的前景最有希望，但哈马斯还未对此予以积极回应。

7 月 23 日，联合国负责人道主义救援事务的副秘书长阿莫斯从中央应急基金当中划拨了 7500 万美元，用于增强两个被世界遗忘的地区——西非的萨赫勒和东非的非洲之角的人道主义援助工作。

7 月 24 日，联合国开发计划署署长海伦·克拉克、《人类发展报告》办公室主任马和励与日本首相安倍晋三在东京共同主持发布《2014 年人类发展报告》。报告指出，持续脆弱性仍威胁着人类的发展，如果不能通过调整政策和社会准则的系统方法加以解决，便无法确保人类发展进步的公平性和可持续性。

7 月 25 日，世界卫生组织表示，自西非地区 2014 年初暴发埃博拉出血热以来，各国通报的确诊病例已达 1093 例，其中死亡病例 660 起。为遏制埃博拉出血热疫情，世卫组织正在加紧为西非国家医院和诊所提供额外支助。

7 月 28 日，安理会召开紧急会议并通过主席声明，要求在加沙立即实现无条件停火。安理会 15 个成员通过主席声明，对潘基文秘书长以及其他国际合作伙伴发出的停火呼吁表示强烈支持。

7 月 30 日，联合国安理会举行公开会议，分别审议塞浦路斯及伊拉克局势，并随后一致通过新的决议，决定将联合国伊拉克援助团任期延长一年，至 2015 年 7 月 31 日，同时将联合国驻塞浦路斯维和部队（联塞部队）的任期也予以延长，直至 2015 年 1 月底。

7 月 31 日，联合国安理会就加沙地带人道主义局势持续恶化的问题举行紧急会议，负责人道主义事务的副秘书长阿莫斯以及联合国近东巴勒斯坦难民救济和工程处专员克雷恩布尔表示，在保护平民安全的同时，必须尊重联合国人员、场舍及设施的神圣不可侵犯性。

8月1日，世界卫生组织总干事陈冯富珍在几内亚首都科纳克里与几个西非国家的总统共同发起了一个总额1亿美元的埃博拉强化应对计划，以便加强国际、区域和西非各国对当前严重的埃博拉疫情的应对行动。

8月4日，随着抗议加沙暴力的示威活动不断升级，世界各地的反犹太主义袭击事件呈急剧增长之势，尤其是在欧洲地区国家。潘基文秘书长发表声明对此予以谴责。

8月5日，世界卫生组织宣布，将于本月6日开始就目前正在西非国家几内亚、利比里亚、尼日利亚和塞拉利昂传播的埃博拉疫情问题召开为期两天的紧急委员会会议，以采取措施控制疫情在全球传播。这是世卫组织紧急委员会首次针对埃博拉疫情召开会议。

8月6日，第60届禁止原子弹和氢弹世界大会在广岛开幕。联合国裁军事务高级代表凯恩出席了两场活动，并代表联合国秘书长潘基文致辞，在缅怀死难者的同时，呼吁全球彻底消除核武器，以避免悲剧在未来重演。

8月7日，由联合国支持的柬埔寨法院特别法庭作出裁决，宣布判处两名前红色高棉领导人农谢及乔森潘终身监禁。

8月8日，安理会本月轮值主席、英国常驻联合国代表格兰特在安理会前向媒体宣读主席声明指出，安理会对系统性地针对少数族裔和那些拒绝接受“伊拉克和黎凡特伊斯兰国”及其附属组织极端思想的民众进行迫害的行为予以措辞最强烈的谴责。

8月10日，潘基文秘书长发表声明，对埃及宣布以色列和巴勒斯坦同意接受新一轮72小时无条件人道主义停火表示欢迎。停火将于当地时间10日午夜生效。

8月11日，2014年以来，小儿麻痹症在伊拉克出现爆发，为使该国400万5岁以下儿童免遭小儿麻痹症的侵害，伊拉克当局在世界卫生组织和联合国儿童基金会的协助下，启动了一项针对这一疾病的大规模的免疫活动。

8月12日，联合国秘书长潘基文在纽约总部出席“国际青年日”纪念活动。

8月13日，禁止化学武器组织宣布，中和处理581吨从叙利亚运出的沙林毒气的工作已在美国货轮“光芒角”号上完成。目前，“光芒角”号已经开始着手开展下一步的工作，对最后剩余的近20吨硫芥子气进行处理。

8月14日，联合国驻伊拉克人道机构当地时间宣布，伊拉克的人道主义危机已经达到“三级紧急状态”，并就此呼吁国际捐助方进一步加强支持力度，确保因“伊斯兰国”极端组织军事行动而被迫流离失所的民众能够获得关键的救援物资。

8月15日，来自奥地利和世界各地的2000多名游客在导游的带领下，免费参观了维也纳国际中心，以纪念联合国这一位于维也纳的总部启用35周年。

8月16日，正在中国访问的潘基文秘书长在南京会见了中国国家主席习近平，双方对当前的国际热点问题，包括乌克兰、伊拉克、叙利亚、加沙及东北亚局势交换了意见。潘基文随后在南京大学发表演讲，鼓励年轻人致力于推动全球行动。

8月18日，当天标志着距离实现改善全人类生活的“千年发展目标”的最后期限只剩最后500天，联合国为此举行特别活动，以推动世界各地的人们加快行动的步伐。

8月19日，为纪念世界人道主义日，安理会就“在武装冲突中保护平民和人道主义工作者”的主题召开会议。红十字国际委员会主席彼得·莫尔向安理会指出，近10年来，援助人员的工作环境危险不断增加，加强对其保护的政治意愿却十分缺乏。

8月20日，潘基文秘书长通过其发言人发表声明，对伊拉克极端组织“伊斯兰国”残忍杀害记者福莱以“措辞最强烈的”谴责，称这起事件以及其他令人发指罪行的肇事者必须被绳之以法。

8月21日，联合国安理会围绕“维持国际和平与安全”的主题举行公开辩论，重点关注如何预防冲突的发生。联合国秘书长潘基文亲自与会并发言，呼吁国际社会汲取历史经验教训，加强针对暴力冲突的早期预警、干预和行动，团结合作，共同构建统一战线。

8月22日，应立陶宛的请求，安理会就乌克兰东部问题举行闭门会议，并听取了联合国主管政治事务的助理秘书长费尔南德斯－塔兰科所做的情况汇报。塔兰科对乌克兰东部不断恶化的人道主义局势表示关切，称联合国正在就这一问题与乌克兰当局展开合作。

8月23日，当天是“贩卖奴隶及其废除奴隶制国际纪念日”。联合国教科文组织总干事博科娃指出，贩卖黑奴的历史也是一段争取自由和人权并最终取得胜利的历史，并呼吁世界各国以及教科文组织合作伙伴加倍努力，确保奴隶在促进普世人权方面所发挥的重要作用能够被世人所更好地了解和传扬。

8月24日，正在乌克兰东部顿涅茨克州访问的联合国副秘书长阿莫斯指出，尽管当地局势有所好转，但联合国仍然对冲突给这一地区造成的影响表示关切，并计划进一步扩大对当地民众的人道主义援助规模。

8月25日，联合国人权高专办发表媒体通报，对伊拉克境内目前由“伊斯兰国”极端组织及相关武装力量所实施的“骇人听闻、广泛且系统性”剥夺人权的活动予以严词谴责。

8月26日，世界卫生组织公布了其对近年来发展速度很快的电子烟等电子尼古丁传送系统所做的研究报告。世卫组织指出，尽管通常电子烟的毒性比普通烟草制品要小一些，但它同样对公众健康构成危害，而且是一个发展速度很快的全球市场，急需得到全球管制。

8月27日，联合国安理会就苏丹和南苏丹局势举行会议，并一致通过新的决议，决定将联合国和非洲联盟驻苏丹达尔富尔混合维和部队的任期再延长10个月，直至2015年6月30日。

8月28日，潘基文秘书长在出席第六届联合国不同文明联盟全球论坛青年活动时指出，没有青年人的参与，世界就无法实现构建一个和平、可持续未来的宏伟愿望。潘基文就此鼓励与会青年积极进取、开阔眼界，让自己成长为塑造未来的全球公民。

8月29日，潘基文秘书长在第六届联合国不同文明联盟全球论坛的开幕式上致辞指出，世界各地的人们不应当被种族、信仰、文化等方面的不同分隔开来，人们之间的不同之处应当成为全人类共同繁荣和强盛的基础。

9月2日，联合国第九届年度互联网治理论坛在土耳其伊斯坦布尔召开。本届论坛将汇集来自各国政府、政府间组织、私营部门、科技界和民间社会的2500多名代表，探讨当前互联网治理方面的前沿问题。

9月3日，由联合国妇女署和联合国建设和平委员会共同举办的题为“妇女——每天的和平建设者”研讨会在纽约联合国总部举行。联合国建设和平委员会主席、巴西常驻联合国代表安东尼奥·帕特里奥塔在研讨会上发言表示，妇女应该介入冲突后和解和恢复过程的每一个步骤。

9月4日，在太平洋岛国萨摩亚举行的第三届小岛屿发展中国家国际会议落下帷幕。各国政府以及非政府组织和私营企业在此次会议上达成了近300项合作伙伴关系，承诺为小岛国实现可持续发展提供的资金总额高达190多亿美元。

9月5日，国际电信联盟、联合国儿童基金会和“保护上网儿童举措合作伙伴”联合发布了加强保护上网儿童的新版准则，旨在保护和提高上网儿童的能力。

9月8日，联大就国际社会的“保护责任”问题举行非正式互动对话会议。潘基文秘书长在发言中指出，2005年世界首脑会议通过的有关“保护责任”的原则代表着国际社会打击残暴罪行的集体决心，而今这一承诺正在受到严峻考验。

9月9日，第68届联大举行“和平文化高级别论坛”。潘基文秘书长出席会议并发言指出，在面临诸多挑战的当今世界，人们应当承诺尊重他人有别于自身的权利，并共同致力于普及和深化共同拥有的普世价值。

9月10日，国际原子能机构和经济合作与发展组织所属的“核能机构”共同发表的一项联合报告显示，尽管2011年3月日本福岛第一核电站发生泄露事故后出现了市场价格下降和全球经济危机导致电力需求下降，对核电站需要的原材料铀的需求在可预见的未来将仍然会继续增长。

9月11日，联合国难民署宣布，将2014年的“南森难民奖”授予哥伦比亚女权保护组织“新翼蝴蝶构建未来”，以表彰其成员冒着生命危险为强迫流离失所以及性虐待罪行的受害女性提供关键救助的不懈努力。

9月12日，世界卫生组织总干事陈冯富珍与古巴公共卫生部长罗伯托·莫拉莱斯·奥赫达在日内瓦举行联合记者会，宣布古巴将向受埃博拉疫情影响严重的塞拉利昂派遣165名医务工作者，帮助该国应对疫情。

9月14日，联合国安理会发表媒体声明，强烈谴责“伊斯兰国”极端组织早些时候将英国人质、人道主义救援工作者海恩斯斩首杀害的残暴之举，重申必须严厉打击威胁国际和平与安全的一切形式的恐怖主义活动，要求将肇事者绳之以法，并立即无条件安全释放所有被绑架人员。

9月15日，联合国中非稳定团维和行动正式启动。在中非共和国首都班吉举行的一个仪式上，由非盟主导的中非共和国国际支助团正式向安理会最新部署的联合国驻中非共和国多层面综合稳定团移交了权力。

9月16日，联合国粮食及农业组织、国际农业发展基金会和世界粮食计划署联合发布了最新一份《世界粮食不安全状况》年度报告，肯定全球饥饿人口数量不断减少的积极趋势，但同时强调，世界饥饿人口仍超过8亿，相当于1/9的世界人口。

9月17日，为强调宗教旅游的重要性并对就此产生的宗教和精神遗址保护等问题进行探讨，首届国际旅游和宗教旅行大会在西班牙著名宗教圣地圣地亚哥一德孔波斯特拉开幕。

9月18日，安理会就在西非地区蔓延的埃博拉疫情举行公开辩论会议。安理会成员在所通过的一项决议中呼吁联合国会员国继续作出努力，向受到疫情影响的国家提供一切必要的支援。

9月19日，安理会召开部长级会议，商讨“伊斯兰国”等极端组织对国际和平与安全所构成的挑战。会议通过一项主席声明，呼吁国际社会共同努力，战胜恐怖主义威胁。

9 月 20 日，旨在动员男性挺身而出，维护自己的母亲、妻子和女儿权利的运动——“男性促进女性权利”在纽约联合国总部正式启动，潘基文秘书长、联合国妇女署执行主任努卡、妇女署亲善大使、英国青年影星艾玛·沃特森等人出席了启动仪式。

9 月 21 日，为敦促国际社会加紧应对气候变化，数十万民众在纽约市举行了声势浩大的游行。潘基文秘书长、纽约市长白思豪、法国外长法比尤斯、美国前副总统戈尔等众多国际知名人士也都参与其中。

9 月 22 日，首届土著人民世界大会在纽约联合国总部隆重开幕。此次为期两天的联大高级别会议将审议 2007 年通过的《土著人民权利宣言》的落实情况。潘基文秘书长在会上重申，土著人民是建设地球可持续未来的重要推动力，联合国将尽一切努力支持土著人民。

9 月 23 日，来自 120 多个国家的元首和政府首脑以及全球商业界和公民社会的代表齐聚纽约联合国总部参加潘基文秘书长倡议召开的气候变化峰会。

9 月 24 日，从当天开始到 10 月 1 日，来自联合国 193 个会员国的国家元首、政府首脑和高级别代表云集纽约联合国总部，参加一年一度的联大一般性辩论。在将近一周的时间里，他们将利用这一难得的机会，利用联合国这一独特的多边国际舞台，阐述自己国家的外交政策和对世界诸多热点问题的看法。

9 月 25 日，阿根廷、巴哈马、波斯尼亚和黑塞哥维那、捷克共和国、圣卢西亚、塞内加尔和乌拉圭在纽约联合国总部举行的仪式上向联合国秘书处交存了批准《武器贸易条约》的文书，使该条约规定的必须得到 50 个国家批准方能生效的条件得到了满足。根据规定，这项条约将在 90 天后正式生效。

9 月 26 日，潘基文秘书长在 77 国集团部长级会议上指出，不解决气候变化问题，国际社会就无法实现 2015 年后发展议程中雄心勃勃的目标。潘基文呼吁 77 国集团成员协助为 2014、2015 两年举行的气候问题谈判会议营造积极势头。

9 月 27 日，中国外长王毅在第 69 届联大一般性辩论会上的讲话中，就乌克兰危机、伊拉克局势、叙利亚冲突、巴勒斯坦和以色列冲突以及伊朗核武器等问题阐明了中方的立场。王毅指出，各国应该坚持政治解决冲突，平等相待，开放包容，合作共赢和讲求公道。

9 月 29 日，“第 16 届区域海洋公约和行动计划全球会议”在希腊首都雅典召开。来自全球各区域的海洋环境政策制定者和科学家们将在 3 天会期内，商讨如何应对海洋塑料垃圾、海洋酸化、破坏红树林、鱼类资源减少等迫在眉睫的问题，力争为日益受到威胁的海洋生态保护和可持续发展制定一份新的路线图。

9月30日，负责人道主义事务的副秘书长阿莫斯向安理会汇报了叙利亚人道局势的近况。阿莫斯表示，叙利亚的暴力仍然有增无减，一些以前没有受到影响的地区也出现了暴力，普通民众继续流离失所，遭受着磨难。

10月1日，联合国和《禁止化学武器公约》组织叙利亚化学武器问题联合调查小组正式宣告完成任务。潘基文秘书长发表声明，向该调查小组特别协调员卡格以及所有其他调查小组成员深表感谢，称赞他们在艰难和危险的条件下完成了对叙利亚申报的化学武器项目的消除工作。

10月2日，在“世界教师日”到来前夕，由联合国教科文组织统计研究院和全民教育全球监测报告机构撰写的政策文件指出，全球至少93个国家教师队伍严重短缺，而许多国家以降低教师资格标准的方式招聘缺乏基本培训的人员，以匆忙添补教师空缺。教科文组织呼吁各国确保学校招聘的教师至少完成中学教育。

10月3日，乌克兰常驻联合国代表谢盖尔耶夫在纽约总部举行的记者会上表示，俄罗斯继续常态化地通过一些不受控制的过境点越过边境向乌克兰东部地区运送人力资源和坦克、装甲车、自行火炮等武器装备。他同时表示，恐怖分子一直在不断地、系统性地违反停火协议。

10月7日，联大举行全会，讨论潘基文秘书长提交的有关联合国组织的工作报告。这份报告涵盖了会员国关心的许多问题，包括2015年以后的发展议程、气候变化、和平与安全、非洲发展、裁军，以及毒品、有组织犯罪和恐怖主义等新威胁。

10月8日，潘基文秘书长宣布，他将任命负责经济和社会事务的副秘书长吴红波为“第三次发展筹资问题国际会议”秘书长。

10月9日，世界银行在有关改善海地水、卫生和健康问题的国际捐助会议即将召开之际宣布，该机构将向海地投入5000万美元资金，用于帮助海地郊区霍乱热点地区的200万民众优先获得水和卫生服务，预防霍乱等水传染疾病的发生。

10月10日，诺贝尔委员会宣布，将2014年诺贝尔和平奖授予维护女性受教育权利的巴基斯坦少女马拉拉·优素福扎伊和印度儿童人权活动家萨蒂亚尔希。潘基文秘书长以及儿童基金会、教科文组织等联合国机构纷纷发表声明对两名获奖者表示祝贺，称希望他们的获奖将有助于在全球范围内进一步推动儿童权利。

10月11日，潘基文秘书长抵达利比亚首都的黎波里。他此行的主要目的是敦促利比亚各方开展和平对话，恢复这个深陷危机之中的国家的稳定。

10月12日，作为此次北非之行的第二站，潘基文秘书长出席了在埃及首都开罗举行的加沙重建国际会议。潘基文在会上敦促加沙冲突所有各方解决根本性原因，预防这种“建设—破坏—再建设”的循环成为一种惯例。

10月13日，联合国国际减少灾害战略和国际助老会在“国际减灾日”指出，当灾害来临，老年人口所遭受的伤亡和折磨往往超出比例。因此，救灾计划必须考虑到老年人的特殊需要。

10月14日，联合国贸易和发展会议发布的一份最新报告指出，虽然跨国公司将资金投入到增加女性就业的领域可产生相当的正面影响，但另一方面，这种举措也可导致女性在工作场所的脆弱性增加，甚至使性别不平等进一步扩大。

10月15日，自上周以来，利比亚首都黎波里老城的清真寺等具有重要宗教和文化意义的历史性建筑连续遭到武装人员的恶意毁坏。联合国教科文组织总干事博科娃当天发表声明，对上述行为予以严厉谴责，并呼吁各方采取行动保护该国的文化遗产。

10月16日，第69届联大举行全体会议，对安理会10个非常任理事中的5个进行换届投票选举，安哥拉、马来西亚、委内瑞拉、新西兰和西班牙5国最终胜出。这5个国家将接替卢旺达、韩国、阿根廷、澳大利亚和卢森堡，于2015年1月1日起开始为期两年的任期。

10月17日，世界卫生组织正式宣布，在持续42天未出现新的埃博拉感染病例后，塞内加尔的埃博拉疫情已经结束。

10月19日，人权高专扎伊德发表声明，对刚果民主共和国政府作出的命令人权高专办驻该国负责人限期48小时内离境的决定和针对其他人权高专办驻该国工作人员的恫吓表示遗憾并予以谴责。

10月20日，中国政府宣布，向联合国世界粮食计划署捐赠600万美元，用于援助在几内亚、利比里亚和塞拉利昂的埃博拉应对行动。

10月21日，联大举行投票，选举新任人权理事会成员，以填补即将于2015年出现空缺的15个席位。经过直接秘密投票，印度、卡塔尔等15个国家荣幸当选。他们将从2015年1月1日起，开始履行为期3年的成员职责。

10月22日，粮农组织和欧盟联合发起一项总值为4100万欧元、时限为4年半的计划，将与非洲、加勒比和太平洋集团国家一道合作，推进这些地区的可持续土地管理，修复旱地和退化的土地。

10月23日，国际电联第19届全权代表大会选举来自中国的赵厚麟出任下届秘书长。赵厚麟将于2015年1月1日就职，任期4年，并有可能再次当选，续任一个4年任期。

10月24日，值此“联合国日”之际，潘基文秘书长发表致辞指出，世界现在比以往任何时候都更需要联合国，联合国将在已经取得的成就基础上继续努力，造福于全世界人民。联合国在世界各地的办事机构都举行了庆祝活动，一场以“郎朗和他的朋友们”为主题的联合国日音乐会也在纽约总部举行。

10月27日，潘基文秘书长，世界银行行长，伊斯兰开发银行行长，非盟委员会、欧盟、非洲开发银行和东非政府间发展组织（IGAD）的高级代表以及其他几个重要国际援助机构的负责人对非洲之角地区进行正式联合访问，共同承诺为该地区各国提供政治支持和大额资金援助，未来数年援助金额将超过80亿美元。

10月28日，第69届联大在纽约举行全体会议，再次以压倒性多数通过决议，要求美国立即结束针对古巴所实施的长达半个世纪的经济、贸易和金融封锁。这是联大连续23年通过相关决议。

10月29日，潘基文秘书长、世界银行行长金墉以及其他几个重要国际发展机构的负责人对索马里进行了事先未经宣布的访问。潘基文在首都摩加迪沙同索马里总统马哈茂德举行会晤后表示，该国正在缓慢地从一场漫长的噩梦中苏醒过来。

10月30日，为期3天的首届全球青年政策论坛在阿塞拜疆首都巴库落下帷幕。论坛在结束时通过一项成果文件，呼吁各国青年政策制定者继续落实《世界青年行动计划》，将有效的青年政策纳入社会发展的整体政策之中。

10月31日，潘基文秘书长宣布任命一个高级别独立小组，评估联合国目前的和平行动状况，并为联合国如何在不断变化、越来越充满挑战的环境中有效开展和平行动提出建议，来自中国的王学贤担任成员。

11月1日，联合国负责人道主义事务的副秘书长兼紧急救援协调员阿莫斯结束了对中国为期两天的访问。她在临行前表示，世界可以从中国在建设灾害管理及应对能力的经验方面学到很多。

11月2日，联合国政府间气候变化专门委员会在丹麦首都哥本哈根发布了其第五次报告。这份综合报告指出，人类对气候系统的影响是明确无疑和不断增长的，如果不加以遏止，气候变化对人类和生态系统造成严重、顽固和不可逆转后果的可能性将增加。

11月3日，第二届联合国内陆发展中国家问题会议在欧洲内陆国家奥地利的首都维也纳举行。潘基文秘书长亲自到会并发表讲话指出，气候变化、超大型自然灾害、经济和金融危机这些全球共同挑战也在对内陆发展中国家产生影响。他呼吁国际合作伙伴与内陆发展中国家一道努力，应对摆在这些国家面前的共同和特殊挑战。

11 月 4 日，联合国负责援助巴勒斯坦难民的专门机构——近东救济和工程处主任专员克雷恩布尔在向联大第四委员会——特别政治和非殖民化委员会提交年度工作报告时表示，巴勒斯坦难民的总数为 510 万人，接近世界难民总数的 1/3。

11 月 5 日，世界银行集团属下的国际金融公司宣布将向遭受埃博拉沉重打击的几内亚、利比里亚和塞拉利昂提供 4.5 亿美元商业融资，为这 3 个西非国家的贸易、投资和就业提供助力。

11 月 6 日，在奥地利首都维也纳刚刚结束的第二届联合国内陆发展中国家问题会议上通过了一项 10 年行动纲领，为 32 个内陆发展中国家制定了 6 项优先发展事项，其中包括对经济和基础设施进行机构性改变以及改善国家贸易、加强区域融合与合作。

11 月 7 日，联合国环境规划署公布了 2014 年度“地球卫士奖”的获奖者名单，帕劳总统雷门格绍、印度尼西亚第六任总统苏西洛等 6 位环保领域的领导者和行动者以及美国绿色建筑委员会荣膺这一殊荣。

11 月 8 日，潘基文秘书长发表声明，欢迎也门宣布组建新政府，称此举是也门朝着政治稳定与和平迈出的积极一步。

11 月 10 日，潘基文秘书长宣布将成立“联合国总部内部与独立调查委员会”，对 2014 年 7 月 8 日至 8 月 26 日期间在加沙冲突期间所发生的某些事件进行调查。

11 月 11 日，正在叙利亚进行访问的秘书长叙利亚问题特使德米斯图拉在该国首都大马士革表示，联合国在国家、区域和国际层面推进政治解决方案的同时，也在寻找一些可以推进政治进程的具体步骤加以实施，如“冻结现状”的提议。

11 月 12 日，联合国毒品与犯罪问题办公室和阿富汗禁毒部在维也纳和喀布尔共同发布《2014 年阿富汗鸦片调查报告》。报告指出：2014 年阿富汗的鸦片种植增加了 7%，再加上单产增加，导致该国 2014 年的鸦片产量猛增，成为继 2013 年创纪录的产量之后，又一个令人担忧的高产年份。

11 月 13 日，当天是《远距离越境空气污染公约》通过 35 周年。联合国欧洲经济委员会指出，过去 30 多年来，欧洲国家在《公约》的框架下通过合作采取行动，在减少空气污染方面取得了长足的进展。

11 月 14 日，叙利亚问题独立国际调查委员会发表一项报告，对“伊斯兰国”极端组织使用恐怖手段对其控制地区的叙利亚人予以征服以及针对平民和俘虏使用极端暴力的情况进行了记录。报告指出，“伊斯兰国”所采取的恐怖和暴力手段令人发指。

11 月 15 日，正在澳大利亚布里斯班出席 20 国集团峰会的潘基文秘书长在当地举行的记者招待会上表示，世界面临严重的安全、发展和环境挑战。

11 月 17 日，安理会本月轮值主席、澳大利亚常驻联合国代表昆兰和第 69 届联大主席库泰萨同一时间分别在安理会和联大会议上确认，来自牙买加的帕特里克·罗宾逊成为第 5 位当选的国际法院法官。此次该法院法官的改选工作由此得以完成，另外 4 位当选法官分别来自摩洛哥、澳大利亚、俄罗斯和美国。

11 月 18 日，联合国人口基金所发表的一份报告称，拥有众多年轻人口的发展中国家可以使其经济出现腾飞，前提条件是要针对青年人的教育和健康进行重点投资并保护他们的权利。

11 月 19 日，170 个国家的部长和高级官员在罗马举行的第二届国际营养大会上批准了旨在解决饥饿和肥胖问题的政治宣言和行动框架，各国政府承诺采取有力的政策和行动战胜营养不良。

11 月 20 日，在安理会本月轮值主席国澳大利亚的主持下，安理会通过决议，强调警务在联合国维和行动和政治特派团中的作用，并请秘书长进一步促进联合国警务工作的专业性、效力和统一性。

11 月 21 日，世界气象组织宣布，刚刚过去的 10 月份是自 1880 年有记载以来该月最热的月份。

11 月 24 日，巴勒斯坦人民行使不可剥夺权利委员会举行特别会议纪念“声援巴勒斯坦人民国际日”。潘基文秘书长出席会议并发言指出，冲突和对抗无法结束冲突，并呼吁相关各方在希望和时间耗费殆尽之前寻找到一条和平之路。

11 月 25 日，为期两天的联合国少数群体问题第七次会议在日内瓦开幕，2014 年论坛讨论的主题是“防止和处理针对少数群体的暴力和罪行”。

11 月 26 日，联合国贸易和发展会议组织发布的《2014 年最不发达国家报告》称，尽管近年来最不发达国家经济呈强劲增长之势，但要实现千年发展目标和 2015 年后发展议程中的目标，国际社会和最不发达国家仍需作出诸多努力。

11 月 28 日，在 12 月 1 日“世界艾滋病日”即将到来之际，世界卫生组织对中国在抗击艾滋病方面所取得的成绩予以肯定，但同时指出，要实现 2030 年消灭艾滋病的目标，还有很多工作要做。

11 月 28 日，尼日利亚北部一座清真寺遭炸弹袭击，导致数百人死伤。潘基文秘书长发表声明对此予以谴责。

12 月 1 日，联合国粮农组织举行颁奖仪式，对 13 个在抗击饥饿方面取得突出成就的国家予以表彰。这 13 个国家是：巴西、喀麦隆、埃塞俄比亚、加蓬、冈比亚、伊朗、基里巴斯、马来西亚、毛里塔尼亚、毛里求斯、墨西哥、菲律宾和乌拉圭。

12 月 2 日，潘基文秘书长接受哈佛大学促进文化和种族间关系基金会（哈佛大学基金会）颁发的“2014 年度人道主义者”奖项。

12 月 3 日，联合国常务副秘书长埃利亚松在纽约总部举行的第三届全球人道主义政策论坛上指出，要解决人道主义需求的增长和救援机构行动能力之间差距不断扩大的问题，国际社会就必须协调一致，相互合作，最大限度地利用现有资源，避免各机构间工作中的重复和漏洞。

12 月 4 日，潘基文秘书长向联大提交题为《到 2030 年前通往尊严的道路：结束贫困、使所有人的生活转型并保护地球》的综合报告，报告全面综合了参与广泛的全球有关 2015—2030 年可持续发展议程的讨论。

12 月 5 日，经社理事会围绕“埃博拉：对可持续发展的威胁”这一主题召开了会议。潘基文秘书长指出，埃博拉对西非造成了灾难性的人道主义后果以及广泛和深刻的社会经济影响，当前在努力结束疫情的同时也必须关注如何帮助受疫情影响最严重的 3 个国家开展社会经济恢复。

12 月 8 日，潘基文秘书长在芝加哥举行的国际民用航空组织理事会第 70 届特别年会上讲话指出，国际民航组织在卫生、安全和环境等方面与联合国进行了紧密合作，并强调只有通过集体努力才能解决世界所面临的前所未有的威胁。

12 月 9 日，潘基文秘书长在秘鲁首都利马举行的《联合国气候变化框架公约》第 20 次缔约方会议暨《京都议定书》第 10 次缔约方会议高级别阶段会议的开幕式上发表致辞，呼吁各国政府为新的气候变化协议作出不懈努力，团结一致，为 2015 年将在巴黎举行的谈判会议奠定坚实的基础。

12 月 10 日，正在秘鲁首都利马参加《气候变化框架公约》缔约国会议的潘基文秘书长会见了中国代表团团长、国家发改委副主任解振华。潘基文在会晤中对中国在气候变化方面所发挥的巨大领导作用表示赞赏，称他将为中国推动建立的气候变化南南合作基金提供支持。

12 月 11 日，国际原子能机构总干事天野之弥宣布，因安理会五常加德国同伊朗进行的核谈判延期，该组织根据这 7 个相关国家的请求，决定将对伊朗核设施的监测与核查工作相应延长至 2015 年 6 月底。

12 月 12 日，安理会以 15 票赞成的投票结果一致通过决议，对北约与阿富汗政府达成协议建立非作战坚定支持特派团表示欢迎。特派团将在 2014 年后为阿富汗的持久和平和安全稳定提供支持。安理会一致通过了由澳大利亚提出的有关阿富汗问题的决议草案。

12月13日，安理会发表媒体声明，对前一天发生的枪击以色列驻希腊首都雅典使馆的恐怖袭击事件以“最强烈措辞”予以谴责，并呼吁将肇事者绳之以法。

12月14日，在秘鲁首都利马举行的联合国气候变化大会第20次缔约国会议在加时32个小时后终于落下帷幕。潘基文秘书长当天通过其发言人发表声明，对会议所取得的成果表示欢迎，敦促缔约国在2015年2月举行的第一次会议上对此次会议所达成的2015年气候协议草案文本展开实质性讨论。

12月15日，劳工组织发表的最新一项研究显示，低中收入发展中国家缺乏中学后教育导致大多数年轻人陷入脆弱和非正规就业之中。报告再次证实了教育在塑造年轻人的就业市场结果方面所发挥的作用。

12月16日，由中国常驻联合国代表团和福建省人民政府主办，福建省文化厅、福建省外办、福建博物院等单位承办的“中国·海上丝绸之路文物精品图片展”在纽约联合国总部开幕。

12月17日，潘基文秘书长在纽约总部举行了其年终记者会。潘基文指出，2014年在推进气候变化谈判、设定可持续发展议程等方面取得了切实的进展，但是从叙利亚、南苏丹到乌克兰等多个国家，战乱导致数千万人逃离家园，使2014年成为二战以来流离失所人数最多的年份。

12月18日，第69届联大通过决议，决定将朝鲜人权问题调查委员会的报告提交安理会，并请安理会考虑将朝鲜人权问题提交国际刑事法院，以追究肇事者责任。

12月19日，联合国负责政治事务的副秘书长费尔特曼在安理会有关恐怖主义和跨境犯罪问题的公开会议上表示，这个星期在塔利班对巴基斯坦一所学校进行卑鄙的攻击之后，人们再一次被提醒为什么需要不遗余力地打击恐怖主义。

12月20日，潘基文秘书长在几内亚表示，非洲国家和整个世界以一种非凡的方式对埃博拉作出了反应。他请求国际社会继续动员，与西非国家一道共同作出努力，制止埃博拉疾病的流行。

12月22日，中国常驻联合国代表刘结一对安理会召开会议讨论朝鲜人权局势表示反对。刘结一强调，不应将人权问题政治化，同时朝鲜半岛局势依然复杂敏感，各方应维护半岛和平与稳定，坚持通过对话协商解决问题。

12月23日，联大2013年通过的全球首个《武器贸易条约》将在12月24日正式生效。潘基文秘书长当天在通过其发言人发表的声明中指出，《武器贸易条约》的生效标志着国际社会在集体努力将责任、问责制和透明度带入全球武器贸易方面翻开了新的篇章，从现在起，条约缔约国将履行其法律义务，在全球武器弹药转让方面采用最高的共同标准。

12 月 24 日，在世界各地的人们欢庆佳节将至、准备辞旧迎新之际，联合国教科文组织宣布将于 2015 年初正式启动“光和光基技术国际年”（国际光年），以提高公众对如何运用光科学、光学和光基技术解决能源、农业等全球性挑战的认识。

12 月 26 日，潘基文秘书长通过发言人发表声明，对苏丹政府决定驱逐联合国驻地协调员兼人道主义协调员和联合国开发计划署国家主任予以谴责。

12 月 27 日，联合国利比亚支助团发表声明，强烈谴责对利比亚石油设施的不断攻击，最近的一起事件据报道使该国一处石油终端的储油罐起大火。支助团呼吁立即停止这类攻击行为。

12 月 29 日，潘基文秘书长通过发言人发表声明，对大韩民国政府发出的进行朝韩之间高级别对话的提议表示欢迎。

12 月 30 日，安理会就中东局势召开紧急会议，并对一份要求以色列结束对巴勒斯坦领土占领的决议草案进行投票表决。该决议草案最后以 8 票赞成、2 票反对、5 票弃权的结果未能在安理会获得通过。

12 月 31 日，联合国驻日内瓦总部办事处代理总干事莫勒（Michael Moller）对联大通过决议决定拨款 2800 万美元启动用于联合国日内瓦办事处办公楼“万国宫”这一历史建筑物的维修计划工作表示欢迎。莫勒强调，尽早对大楼进行维修非常重要，希望维修工程能够于 2017 年开工。

（孟文婷整理）

二、联合国的国际日

1 月 27 日——国际大屠杀纪念日

二战期间，纳粹德国共修建了 1000 多座集中营。最大的奥斯威辛集中营位于波兰南部，这里监禁过数百万人，其中 110 多万人被屠杀，受害者绝大部分是犹太人。1945 年 1 月 27 日，苏联红军解放了奥斯威辛集中营。为铭记奥斯威辛集中营的惨痛教训，德国、英国和意大利等许多国家都将这一天定为大屠杀遇难者纪念日。2005年11月1日，第60届联大全体会议通过决议，决定将每年的1月27日定为“国际大屠杀纪念日”。

1月的最后一个星期日——国际麻风节

每年1月的最后一个星期日，是“世界防治麻风病日”。1954年，法国慈善家佛勒豪律师为唤起人们宽容地对待麻风病人，鼓励和帮助他们得到与其他病人一样的治疗和生活，在巴黎发起建立“国际麻风节”。1996年世界卫生组织决定，以每年1月最后一个星期日作为国际麻风节。1987年11月27日中国麻风防治协会决定，自1988年起“国际麻风节”也作为“中国麻风节”。

2月4日——世界癌症日

早期诊断是每年全球范围内减少由癌症引发的760万例死亡的关键，这一数字预计将会增加，2030年估计达到1310万例。世界卫生组织纪念世界癌症日，以宣传减轻全球癌症负担的各种方法。在世界癌症日举行全球教育活动，提请注意预防癌症，改善癌症患者的生活质量。

2月6日——切割女性生殖器零容忍国际日

2月6日为“切割女性生殖器零容忍国际日”，世界卫生组织设立此国际日旨在提高人们对这一做法的认识。任何种类的切割女性生殖器行为均被确认是一种有害做法，侵犯了女童和妇女的人权。世卫组织致力于在一代人时间内消除切割女性生殖器行为。

2月13日——世界无线电日

为了宣传无线电作为通信载体，在促进教育发展、信息传播以及自然灾害中重大信息发布等方面所发挥的重要作用，联合国教科文组织在2011年11月召开的大会上，决定将每年的2月13日定为“世界无线电日”，次年12月18日联大通过决议予以肯定。同时，2月13日也是联合国电台成立的纪念日。2014年中国无线电日的主题为“珍惜频谱资源，保护电磁环境”。

2月20日——世界社会公正日

2007年11月，联合国大会通过决议，决定自2009年起，将每年的2月20日定为“世界社会公正日”。决议指出，国际社会需要进一步加紧努力，以消除贫穷，让所有人都充分就业，享有社会福利和社会公正，并呼吁世界各国根据1995年召开的联合国社会发展问题世界首脑会议和联大相关会议所设立的目标，在国家层面开展促进社会公正的活动。

2月21日——国际母语日

1999年11月，联合国教科文组织的一般性大会宣布：从2000年起，每年的2月21日为“国际母语日”。纪念国际母语日，旨在促进语言和文化的多样性以及多语种化。此日期源于孟加拉语言运动，有数名学生于1952年2月21日遭受军警枪击死亡。2014年的主题为“当地语言促进世界公民意识：聚焦科学”。

3月1日——世界艾滋病零歧视日

为了推动全球艾滋病反歧视倡导工作，联合国艾滋病规划署确定将每年的3月1日定为“世界艾滋病零歧视日”。

3月3日——世界野生动植物日

世界野生动植物日给我们一个机会赞美丰富的动植物种类，提醒人们认识保护生物对人类和地球的益处。该纪念日也提醒我们打击野生动物犯罪的迫切需要——以制止非法贩卖野生动物，承诺可持续且公平地交易和利用野生动植物。联合国大会第68/205号决议决定3月3日为“世界野生动植物日”，这一天也是通过《濒危野生动植物种国际贸易公约》的日子。

3月8日——国际劳动妇女节

3月8日是“国际劳动妇女节”，这个全世界劳动妇女节日的确立伴随着妇女解放运动的发展。1911年，美国、德国、奥地利、丹麦、瑞士等国的劳动妇女首次举行了国际劳动妇女节的纪念活动。从此，纪念“三八”妇女节的活动逐渐扩大到了全世界。1977 年，第 32 届联大决定把 3 月 8 日作为联合国妇女权益日和国际和平日。2014 年的主题是“妇女的平等就是全人类的进步”。

3 月 15 日——国际消费者权益保护日

“国际消费者权益日”（International Day for Protecting Consumers' Rights）定于每年的 3 月 15 日，最先由国际消费者联盟组织于 1983 年确定，目的在于扩大消费者权益保护的宣传，使之在世界范围内得到重视，促进各国和地区消费者组织之间的合作与交往，在国际范围内更好地保护消费者权益。

3 月 17 日——世界海事日

1977 年 11 月的国际海事组织第十届大会通过决议，决定今后每年 3 月 17 日为“世界海事日”，因此 1978 年 3 月 17 日成为第一个世界海事日。1979 年 11 月，国际海事组织第十一届大会对此决议作出修改，决定具体日期由各国政府自行确立，考虑到 9 月的气候较适宜海事活动，因此国际海事组织建议设立于 9 月最后一周的某一天。中国国务院把每年的 7 月 11 日，即郑和下西洋的首航日定为中国的“航海日”。

3 月 20 日——国际幸福日

幸福和福祉是所有人的根本性共同目标和期望。国际幸福日促进包容性和可持续性发展，并承认社会、经济和环境福祉不可分割，共同影响着人们的幸福。每个会员国、非政府组织和民间社会通过教育和提高公众意识活动来庆祝这一节日。联合国大会在 2012 年 A/RES/66/281 号决议中设立了这个节日。

3 月 21 日——国际消除种族歧视日

1960 年 3 月 21 日，南非德兰士瓦省沙佩维尔镇的黑人举行大规模示威游行，反对南非当局推行带有种族歧视色彩的“通行证法”。南非军警对游行群众开枪射击，造成 70 多人死亡，200 多人受伤，制造了震惊世界的沙佩维尔惨案。为了纪念这一事件和反对种族歧视，1966 年联合国大会通过决议，将每年的 3

月 21 日定为“国际消除种族歧视日”。2014 年的主题为“领导人在打击种族主义和种族歧视中的作用”。

3 月 21 日——国际森林日

“国际森林日”又被译为“世界林业节”，是 1971 年在欧洲农业联盟的特内里弗岛大会上，由西班牙提出倡议并得到一致通过的。同年 11 月，联合国粮农组织正式予以确认。设立此节日旨在引起各国对森林资源的重视，通过协调人类与森林的关系，实现森林资源的可持续利用。2014 年的主题为“让地球成为绿色家园”。

3 月 21 日——国际诺鲁孜节

诺鲁孜的意思是新的一天，诺鲁孜节中的各种传统和仪式反映了东西方文明的文化和古老习俗，对加强各国人民建立在相互尊重、和平及睦邻友好理想基础上的关系发挥着重要作用。2009 年 9 月，教科文组织将诺鲁孜节列入《人类非物质文化遗产代表作名录》。次年 2 月 23 日，联合国第 64 届联大审议和通过了由其会员国阿富汗、阿塞拜疆、阿尔巴尼亚等准备并提出的题为“国际诺鲁齐日”决议草案。

3 月 21 日——世界儿歌日

1976 年，比利时国际诗歌会上创立了世界儿歌日。每年春天到来之际，13 岁以下的儿童都要举行主题庆祝活动。1999 年，联合国教科文组织正式确立其为国际性的儿歌日，旨在通过儿歌搭起各国儿童的友谊桥梁，传达和平与发展的理想，寓教于乐，充分发展少年儿童的才智个性和身心能力，并培养他们对传统文化、民族语言和价值的认同及对祖国文明的尊重与热爱。

3 月 21 日——世界唐氏综合症日

2011 年 12 月，联合国大会将 3 月 21 日定为“世界唐氏综合症日”（A/RES/66/149），从 2012 年起每年为此举办活动。大会邀请所有会员国、联合国系统相关组织和其他国际组织以及包括非政府组织和私营部门在内的民间社会，以适当方式举办世界唐氏综合症日活动，以便提高公众对唐氏综合症的认识，以及对唐氏综合症患者的关注。

3月22日——世界水日

1992年12月22日，联合国大会的47/193号决议设立了世界水日。水日倡导把重点放在重视淡水的重要性和对淡水资源的可持续管理上。2014年3月22日，世界各地举办的“世界水日”庆祝活动集中于“水和能源”这一重要主题。

3月23日——世界气象日

世界气象日旨在纪念世界气象组织公约，该公约于1950年正式生效。自成立以来，气象组织在促进人类安全和福祉方面发挥了独特作用。公约中的方案有助于保护生命财产免遭自然灾害的影响，在粮食安全、水资源和运输等领域促进经济和社会福祉。世界气象日活动以面向气象专业人士、社区领袖和一般公众的会议、专题讨论会和展览等活动为特色。

3月24日——世界防止结核病日

结核病是一种以组织结节生长为特点的细菌性传染病，每分钟可夺去三条性命。世界卫生组织宣布世界防止结核病日是为了让人们认识到，结核病仍在世界大部分地区流行，每年造成近150万人死亡，他们大部分在发展中国家。世界防止结核病日旨在纪念罗伯特·科赫于1882年的这一天宣布他发现结核杆菌是结核病的元凶，从而为诊断和治愈这种疾病开辟了道路。全世界通过教育方案、简报和社区活动庆祝这个世界日。

3月24日——了解严重侵犯人权行为真相权利和维护受害者尊严国际日

2010年12月21日，联大通过决议，宣布每年的3月24日为“了解严重侵犯人权行为真相权利和维护受害者尊严国际日”，以缅怀那些为促进和保护所有人的人权而奉献一生和牺牲生命者。1980年的这一天，萨尔瓦多主教奥斯卡·阿努尔福·罗梅罗被暗杀，他在武装冲突中献身于捍卫人权、保护生命和促进人的尊严的事业。

3月25日——奴隶制和跨大西洋贩卖奴隶行为受害者国际纪念日

2007年12月17日，为纪念贩奴贸易的受害者，联合国大会通过了第62/122号决议，宣布每年的3月25日为“奴隶制和跨大西洋贩卖奴隶行为受害者国际纪念日”。这项决议也呼吁建立一个外联方案，促进教育机构、民间社会和其他组织教育下一代反思跨大西洋贩奴贸易的原因、影响及教训，同时让大家认识到种族主义和种族偏见的危险。2014年的主题为“战胜奴隶制：从海地开始”。

3月25日——声援被拘留或失踪工作人员国际日

1985年3月25日，为联合国近东救济工程处工作的记者科利特被武装枪手绑架，其遗体于2009年被找到并魂归故里。联合国把这一天定为国际日，旨在呼吁保护联合国工作人员、维和人员以及各非政府组织和新闻界工作的同事。

3月27日——世界戏剧日

“世界戏剧日”是国际戏剧协会于1961年创立的一个纪念日，旨在引起全世界人民对戏剧艺术的重视，日期为每年的3月27日。国际剧协每年都会邀请一位世界著名的戏剧家或国际知名人士来撰写一篇“世界戏剧日致辞”，通过国际剧协的网络翻译并传播。按照国际剧协的要求，所有成员国都应该在自己的戏剧期刊上刊登世界戏剧日的致辞，并在世界戏剧日当天举办相应的庆祝活动，以便广泛宣传和普及戏剧艺术，共享戏剧所带给人们的精神财富。

4月2日——世界提高自闭症意识日

自闭症是一种因神经系统失调影响到大脑功能而引致的终身发展障碍。2007年12月，联合国大会指定4月2日为“世界提高自闭症意识日”，并鼓励每年以适当方式举办活动，以提高公众对自闭症的认识，包括在家庭层面采取措施，提高全社会对自闭症儿童的认识。

4月4日——国际提高地雷意识和协助地雷行动日

2005年12月8日，联合国大会宣布每年4月4日被正式命名为“国际提高地雷意识和协助地雷行动日”。旨在吁请各国继续努力，在适当情况下，在联合国和参加地雷行动的相关组织协助下，帮助受地（水）雷和战争遗留爆炸物影响的国家建立和发展本国的地雷行动能力，以减少地（水）雷和战争遗留爆炸物造成的危险，包括对妇女和儿童造成的危险。

4月6日——体育促进发展与和平国际日

2013年8月23日，第67届联合国大会举行全体会议，一致通过由摩纳哥和突尼斯共同发起、30多个国家联合提案的决议草案，决定将每年的4月6日设立为“体育促进发展与和平国际日”，旨在对体育作为一种促进教育、发展与和平的方式予以肯定。决议同时呼吁世界各国、联合国系统、体育组织、民间团体及相关各方协力合作，纪念并宣传“体育促进发展与和平国际日”。

4月7日——卢旺达境内灭绝种族罪行国际反思日

2003年3月3—6日非洲联盟执行理事会在恩贾梅纳举行的第二届常会建议，为了纪念1994年在卢旺达发生的灭绝种族罪行，由联合国和国际社会宣布一个反思和重新表明在全世界打击种族灭绝罪行的决心的国际日。2003年联大第78次会议决定把4月7日定为“卢旺达境内灭绝种族罪行国际反思日”。

4月7日——世界卫生日

世界卫生日旨在引起世界各国人民对卫生、健康工作的关注，提高人们对卫生领域的素质和认识，强调健康对于劳动创造和幸福生活的重要性。1948年，第一届世界卫生大会要求建立“世界卫生日”以纪念世界卫生组织的诞生。自1950年以来，每年于4月7日庆祝世界卫生日，并每年选定一个主题，突出世卫组织关注的重点领域。2014年的主题是：病媒传播的疾病。

4月12日——载人空间飞行国际日

2011年4月7日，联大通过第A/RES/65/271号决议，宣布4月12日为“载人空间飞行国际日”，以纪念1961年4月12日尤里·加加林首次实现载人飞行的日子，庆祝人类空间时代的开始。决议同时重申空间科学和技术在实现可持续发展目标、增加国家和人民福祉，并确保实现其为和平目的维护外层空间的愿望方面所作出的重要贡献。

4月18日——国际古迹遗址日

1982年4月18日，国际古迹遗址理事会在突尼斯举办科学研讨会，同期在哈马马特召开的执行局会议上，有代表首次提出建立国际古迹遗址日，并在每年的这一天举办全球性的庆祝活动。这一建议经执行委员会讨论后通过，并于次年11月召开的联合国教科文组织第22届大会上得到批准。大会在一项决议中号召各成员国倡导并推行“国际古迹遗址日”。

4月22日——国承地球母亲日

2009年4月22日，联大第80次会议决议决定将4月22日定为“国际地球母亲日”，确认地球及其生态系统是我们的家园，宣传把地球作为抚养和支持自然界万物的实体。同时，倡议可持续发展，促进与自然的和谐相处。2014年的主题为“绿色城市”。

4月23日——世界书籍与版权日

1995年在巴黎召开的联合国教科文组织大会决定把4月23日作为“世界书籍与版权日”，向全世界的书籍和作者表示敬意；鼓励每个人，尤其是年轻人，去发现阅读的快乐，并对那些为促进人类的社会和文化进步作出无以替代的贡献的人表示尊敬。同时借此时机强调反盗版行动的重要性及此类行动对创造力的保护作用。

4月25日——世界防治疟疾日

疟疾每年导致66万人死亡，大多数为5岁以下的儿童。世界防治疟疾日于2007年由世界卫生大会发起，承认全球在有效控制疟疾方面所做的努力。在世界防治疟疾日，世界卫生组织鼓励被感染地区的成员国讨论和学习彼此的经验并支持疟疾研究和预防工作。纪念世界防止疟疾日是强调需要为疟疾的防治进行继续投资并作出持续政治承诺的一个契机，它鼓励新的捐助者加入全球防治疟疾伙伴关系，并展示研究和学术机构的科学工作。

4月26日——世界知识产权日

根据中国和阿尔及利亚在1999年的提案，世界知识产权组织在2000年通过决议，决定从2001年起，将每年的4月26日定为“世界知识产权日”。4月26日是《世界知识产权组织公约》生效的日子。此举旨在提高人们对专利、版权、商标和外观设计如何影响日常生活的认识，鼓励人们尊重他人的知识产权。2014年世界知识产权日的主题是“电影——全球挚爱”。

4月28日——世界工作安全与健康日

国际劳工组织在2001年设立该国际日，旨在强调预防工作中的事故和疾病，发挥传统的三方性和社会对话的优势资本，建立一个安全和健康的文化以帮助减少与工作有关的死亡和受伤人数。4月28日同时也是世界工会运动长期以来纪念工伤和职业病受害者的日子。

4月29日——化学战受害者纪念日

近百年来化学武器被用作大规模杀伤性武器，导致了数百万人伤亡，为谴责和预防化学武器的使用，悼念化学战受害者并增强国际社会对化学武器危害的认识，禁止化学武器组织缔约国大会第十届会议决定，为所有化学战受害者设定一个纪念日，把1997年《化学武器公约》生效的日期4月29日作为每一年的纪念日。

5月3日——世界新闻自由日

5月3日是世界新闻自由日，由联大在1993年12月20日确立，旨在提高新闻自由的意识，并提醒政府尊重和提升言论自由的权利，该权利铭记在世界人权宣言第19条中。2014年的主题为“媒体自由促进更美好的未来：塑造2015年后发展议程”。

5月8日——世界红十字日

1948年，经国际联合会执行委员会同意，决定把红十字创始人亨利·杜南的生日5月8日定为“世界红十字日”。在这一天，红十字国际委员会、红十字会与红新月会国际联合会及各国红十字会和红新月会都以各种形式纪念这一日子，以表示红十字运动的国际性以及红十字人道工作不分种族、宗教及政治见解的特性。

5月8日、9日——缅怀第二次世界大战的所有死难者的悼念与和解的时刻

1945年5月8日24时，德国无条件投降仪式在柏林正式举行。联大在2004年11月22日的第59/26号决议中宣布5月8日和9日是“缅怀第二次世界大战的所有死难者的悼念与和解的时刻”。大会认识到会员国可能有各自的胜利日、解放日和纪念日，但仍邀请所有会员国、联合国系统各组织、非政府组织和个人每年在这两日或其中一日举办活动，以适当方式缅怀第二次世界大战的所有死难者。

5月13日——卫塞节

五月月圆日，即卫塞节，纪念佛陀的出生、成道和涅槃。卫塞节是佛教徒最神圣的节日，强调作为世界最古老宗教之一的佛教的重要性。联合国大会在其2000年第1/RES/54/115号决议中确认了卫塞节，以承认佛教在人类精神方面作出的贡献。

5月15日——国际家庭日

联合国大会在1993年的（A/RES/47/237）决议中宣布纪念这一日子，它反映了国际社会对家庭重要性的认识。这个国际日提供了一个机会，以此提高各国政府和公众对于家庭问题的认识，促进家庭的和睦、幸福和进步。2014年的主题为“家庭对实现千年发展目标的贡献暨国际家庭日设立二十周年”。

5月17日——世界电信和信息社会日

世界电信和信息社会日是1865年签署第一份《国际电报公约》和创建国际电信联盟的纪念日。1973年，这一天被确定为世界电信日。自2005年信息社会世界高峰会议（WSIS）和2006年国际电联全权代表大会之后，每年5月17日被定为“世界电信和信息社会日”。

5月21日——世界文化多样性促进对话和发展日

2001年11月，联合国教科文组织通过《世界文化多样性宣言》。联合国大会随即在其57/249号决议中欢迎这一宣言，并宣布5月21日为“世界文化多样性促进对话和发展日”。旨在提高全世界对文化间对话的重要性、多样性和包容性的认识，消除两极分化和成见，以提高来自不同文化背景的人民之间的了解和合作。

5月22日——生物多样性国际日

联合国大会于2000年12月20日通过第55/201号决议，宣布每年的5月22日为“生物多样性国际日”，以增加对生物多样性问题的理解和认识。指定这一天为国际日是以此庆祝1992年5月22日内罗毕会议最后通过的决议《生物多样性公约》协议文本。2014年的主题为“岛屿生物多样性”。

5月23日——根除产科瘘国际日

2012年12月20日，联合国大会决定将5月23日定为“根除产科瘘国际日”。全世界超过 3 亿女性患有孕产并发症，产科瘘是其中最为严重的形式之一。联大希望国际社会借此机会提高认识，强化根除产科瘘行动，促进千年发展目标中关于孕产妇健康的具体目标的落实。

5 月 25 日——非洲日

1963 年非洲统一组织（现为非洲联盟）宣告成立，非洲日从此诞生。每年的 5 月 25 日，人们都要在非洲日当天回顾非洲国家和人民的成就，审度面临的挑战。

5 月 29 日——联合国维持和平人员国际日

2002 年 12 月 11 日，联大第 57 届会议决定 5 月 29 日为“联合国维持和平人员国际日”，每年向所有曾经为和继续为联合国维持和平行动服务的男女维和人员的高度专业精神、献身精神和勇气致敬，并缅怀为和平事业献出了生命的维和人员。2014 年的主题为“联合国维持和平行动：一支和平力量，一支变革力量，一支未来力量”。

5 月 31 日——世界无烟日

世界卫生组织 1987 年 11 月建议将每年的 4 月 7 日定为“世界无烟日”，并于 1988 年开始执行。自 1989 年起，世界无烟日改为每年的 5 月 31 日。“世界无烟日”突出强调与烟草使用相关的健康风险，并且倡导采取有效政策，减少烟草消费。2014 年 5 月 31 日是第 27 个世界无烟日，主题是“提高烟草税”。

6 月 1 日——全球父母节

世界各地的父母对于其子女来说是首要养护人，是他们的导师，帮助他们走上幸福之路，生活充实，富有成果。为了感谢父母对子女的无私奉献，为了呵护这种亲情终生不怠，联合国大会在 2012 年的第 66/292 决议中宣布 6 月 1 日为“全球父母节”，每年为世界各地的父母庆祝这一节日。

6月4日——受侵略戕害的无辜儿童国际日

1982年8月19日，大会在巴勒斯坦问题紧急特别会议上“对如此之多的巴勒斯坦和黎巴嫩无辜儿童成为以色列侵略行为的受害者感到震惊”，决定将每年的6月4日定为“受侵略戕害的无辜儿童国际日”，旨在呼唤人们对于那些生活在世界各地、遭受肉体及心灵折磨虐待的儿童的关注。

6月5日——世界环境日

1972年6月5—16日，首届联合国人类环境会议在瑞典首都斯德哥尔摩举行，会议通过了著名的《斯德哥尔摩环境宣言》。同年，第27届联合国大会决定把每年的6月5日定为“世界环境日”。它的确立反映了世界各国人民对环境问题的认识和态度，表达了人类对美好环境的向往和追求。2014年的主题为“提高你的声音，而不是海平面”。

6月8日——世界海洋日

2008年12月5日，大会第63/111号决议决定，自2009年起，联合国指定6月8日为“世界海洋日”。世界海洋日的概念是在1992年里约热内卢举行的地球首脑会议上首次提出，联合国希望世界各国都能借此机会关注人类赖以生存的海洋，体味海洋自身所蕴含的丰富价值，同时也审视全球性污染和鱼类资源过度消耗等问题给海洋环境和海洋生物带来的不利影响。

6月12日——世界无童工日

为了巩固提高消除童工劳动的全球共识，2002年6月在日内瓦召开的第90届国际劳工大会决定将每年的6月12日定为“世界无童工日”，旨在呼吁世界各国密切关注童工问题，并采取切实有效的措施解决这一问题。每年世界无童工日都确定一个主题，以切实体现关切的童工问题的各个方面，从而引导各国政府加以解决。

6 月 14 日——世界献血者日

2005 年 5 月 24 日，在第五十八届世界卫生大会上，192 个世界卫生组织成员国通过决议，决定认可“世界献血者日”为国际性纪念日，旨在提高人们对输血挽救生命的认识，鼓励更多人定期自愿无偿献血。世界献血者日之所以选中这一天，是因为 6 月 14 日是发现 ABO 血型系统的诺贝尔奖获得者卡尔·兰德斯坦纳的生日。

6 月 15 日——认识虐待老年人问题世界日

虐待老人的问题同时存在于发展中国家和发达国家，但全球却普遍低估它的存在。为提高国际社会对虐待老人问题的认识，加大对老人健康和人权的关注，2011 年 12 月 19 日，联合国大会通过第 66/127 号决议，指定 6 月 15 日为“认识虐待老年人问题世界日”。

6 月 17 日——防治荒漠化和干旱世界日

1994 年，联合国大会决定将每年的 6 月 17 日设立为“防止荒漠化和干旱世界日”。大会通过了《联合国防止荒漠化公约》，该公约已在世界各地饱受严重干旱荒漠化的国家尤其是非洲国家得以实施。2014 年的主题为“土地是人类的未来，免受气候危害为先”。

6 月 20 日——世界难民日

由于战争、迫害和灾难等原因，世界各地有许多人不得不逃离祖国，成为在异国他乡寻求庇护的难民。目前全球共有 1500 多万难民，他们往往处于被边缘化的地位，得不到应有的关注和援助。2000 年 12 月 4 日，联大把 6 月 20 日定为“世界难民日”，旨在提醒人们对这一群体的认识。2014 年的主题为“因战争而导致分离的家庭即便只有一个也太多”。

6 月 23 日——联合国公务员日

联合国大会第 57/277 号决议将每年 6 月 23 日定为“联合国公务员日”，旨在颂扬公共服务对社会的贡献和价值，强调发展过程中公共服务的贡献，总结公务员们的工作，鼓励年轻人加入公共部门，服务社会。

6 月 23 日——国际丧偶妇女日

鉴于世界许多地方的丧偶妇女及其子女的生活各个方面都受到经济、社会和文化等各种因素的不利影响，包括没有机会得到遗产、土地保有权、就业和（或）生计、社会安全网保护、保健和教育。为了呼吁各国对丧偶妇女权利的关注，联大在 2010 年 12 月决定把每年的 6 月 23 日定为“国际丧偶妇女日”。

6 月 23 日——国际奥林匹克日

1894 年 6 月 23 日，国际奥委会在巴黎正式成立，为了纪念这一具有历史意义的日子，国际奥委会从 1948 年起将每年的 6 月 23 日定为“国际奥林匹克日”。纪念日的宗旨是鼓励世界上所有的人，不分性别、年龄或体育技能的高低，都能参与到体育活动中来。

6 月 25 日——世界海员日

2010 年，马尼拉外交级峰会通过了国际海员培训、发证和值班标准公约及其相关规则的里程碑式的修订，通过了为纪念来自全世界各个国际航运贸易团体的海员对世界经济和社会一体化所作出的贡献来特地设立的年度纪念日“世界海员日”。之所以选择 6 月 25 日作为纪念日，是由于在当天正式通过了修正案的缘故。

6 月 26 日——禁止药物滥用和非法贩运国际日

1987 年 12 月 7 日，联合国大会通过第 42/112 号决议，决定定 6 月 26 日为“禁止药物滥用和非法贩运国际日”，以表明联合国在建立无药品滥用国际社会上以及为了实现这一目标而加强行动及合作的决心。2014 年的主题为“希望的信息——药物使用障碍是可以预防和治疗的”。

6 月 26 日——支持酷刑受害者国际日

1997 年 12 月，联合国大会宣布 6 月 26 日为“支持酷刑受害者国际日”，以声援所有受到酷刑所创伤的心灵、身体及精神。之所以选定 6 月 26 日为支持酷刑受害者国际日，是为了纪念 1987 年 6 月 26 日《禁止酷刑和其他残忍、不人道或有辱人格的待遇或处罚公约》的生效。

7 月第一个星期六——国际合作社日

1992 年 12 月 16 日，联合国大会第 47/90 号决议宣布，每年 7 月的第一个星期六为“国际合作社日”。旨在加大公众对合作社的认识；强调联合国和国际合作化运动互补性的目标；强调该运动的巨大贡献。2014 年的主题是“合作社的企业帮助所有人实现可持续发展”。

7 月 11 日——世界人口日

1987 年 7 月 11 日，前南斯拉夫的一个婴儿降生，被联合国象征性地认定为地球上第 50 亿个人，联合国人口活动基金会倡议将这一天定为“世界 50 亿人口日”。1990 年，联合国决定将每年的 7 月 11 日定为“世界人口日”，以唤起人们对人口问题的关注。2014 年的主题为“向青年人投资”。

7 月 18 日——纳尔逊・曼德拉国际日

为了认可表彰纳尔逊・曼德拉的价值观以及在解决冲突、种族关系、促进和保护人权、和解、两性平等、儿童和其他弱势群体的权利以及改善贫穷和不发达社区等领域为人类社会所作出的贡献，联合国大会在 2009 年 11 月决定将 7 月 18 日定为“纳尔逊・曼德拉国际日”。

7月30日——国际友谊日

根据联合国教科文组织提出的建议，2011年5月3日，第65届联合国大会以协商一致的方式通过决议，决定将7月30日定为“国际友谊日”。设立此国际日旨在促进不同文明之间的对话，增进团结，加深相互了解，促成和解。

7月30日——世界打击贩运人口日

2013年联合国大会召开高级别会议评估《全球行动计划》。联合国会员国通过了第A/RES/68/192号决议，并将每年的7月30日定为“世界打击贩运人口日”。该决议称这个国际日对于“提高对人口贩运受害者境况的认识以及促进和保护他们的权利”十分必要。

8月9日——世界土著人民国际日

1994年12月联合国大会首次决定将8月9日定为“世界土著人民国际日”，并在世界土著人民国际十年（1995—2004年）期间每年举行纪念活动。联合国希望通过该节日的确立呼吁国际社会认识到土著人民所面临的巨大挑战，帮助各国土著人民解决在各个方面所面临的问题。2014年的主题为“弥补差距：落实土著人民的权利”。

8月12日——国际青年日

1999年12月17日，联合国大会在第54/120号决议中赞同主管青年事物部长世界会议提出的建议，将8月12日定为“国际青年日”，以提高人们对大会1995年通过的《到2000年及其后世界青年行动纲领》的认识。2014年的主题是“青年与心理健康”，呼吁人们关注青年的心理健康等问题。

8月19日——世界人道主义日

2008年12月11日，联大第68次会议通过大会决议，指定8月19日为“世界人道主义日”，以促进提高公众对世界各地人道主义援助活动和在这方面开展国际合作的重要性的认识，向所有为推动人道主义事业开展工作的人道主义人员、联合国人员及有关人员以及那些因公殉职的人表示敬意，邀请所有会员国和联合国系统各实体以及并邀请其他国际组织和非政府组织根据现有资源每年以适当方式举办世界人道主义日活动。

8月23日——贩卖黑奴及其废除的国际纪念日

各种表现的奴隶制是人类历史各个阶段的社会不公正做法。“贩卖黑奴及其废除的国际纪念日”旨在使所有人民铭记奴隶贸易的悲剧。该国际日请各国组织活动以纪念奴隶制受害人，促进不同文化间对话，并为集体考虑这场悲剧的历史原因、方法和后果提供一个机会。联合国教科文组织于 1997 年宣布了这个国际日。

8月29日——禁止核试验国际日

2009 年 12 月 2 日，联合国大会第 64 届会议一致通过第 64/35 号决议，宣布 8 月 29 日为“禁止核试验国际日”。该决议呼吁致力于加强“关于核武器试爆或任何其他核爆炸后果以及终止此种爆炸必要性方面的公众意识和教育”。该决议由哈萨克斯坦连同很多提案国和联合提案国发起，旨在纪念 1991 年 8 月 29 日塞米巴拉金斯克核武器试验场关闭。

8月30日——强迫失踪受害者国际日

2010 年 12 月 21 日，联合国大会通过第 65/209 号决议，对《保护所有人免遭强迫失踪国际公约》获得通过表示欢迎，并宣布 8 月 30 日为“强迫失踪受害者国际日”。联合国从 2011 年开始举行活动予以纪念，呼吁各国继续推广和全面履行联合国《保护所有人不遭受强迫失踪宣言》，最终实现根除强迫失踪的目标。

9月5日——国际慈善日

2012 年 12 月 17 日，联大通过决议，将每年的 9 月 5 日定为“国际慈善日”，以鼓励全世界组织及个人的慈善行为，促进团结和相互理解。选择 9 月 5

日是为了纪念在加尔各答逝世的特里萨修女，她因致力于帮助穷人而闻名，并在1979年被授予诺贝尔和平奖。

9月8日——国际扫盲日

“国际扫盲日”是联合国教科文组织在1965年11月17日召开的第14届代表大会上所设立的。联合国教科文组织设定这一国际日，旨在动员世界各国重视文盲现象，与文盲现象做斗争，并促进世界各国普及初等教育，提高初等教育水平，使适龄儿童都能上学，达到能够识字的目标，并最终达到增进人际沟通、消除歧视、促进文化传播和社会发展的目标。

9月10日——世界预防自杀日

2003年9月10日被世界卫生组织定为首个“世界预防自杀日”，为了引起公众对自杀问题的关注，世界卫生组织和国际自杀预防协会呼吁各国政府、预防自杀协会和机构、当地社区、医务工作者以及志愿者们，加入到当天的各项地方性行动中，共同提高公众对自杀问题重要性以及降低自杀率的意识。2014年的主题为“自杀预防，全球联动”。

9月12日——联合国南南合作日

2003年12月23日，联合国大会在第58/220决议中决定将12月19日定为“联合国南南合作日”，以增强人们对南南合作重要性的认识。南南合作指多数地处南半球的发展中国家，在争取建立国际经济新秩序的斗争中建立和发展起来的，在平等互利基础上的新型的经济合作关系，包括双边合作、区域合作和全球合作三个层次。2011年12月22日，大会第66/550号决议决定自2012年起，联合国南南合作日的纪念日期从12月19日改为9月12日，以纪念1978年的这一天联合国发展中国家间技术合作会议通过《促进和实施发展中国家间技术合作的布宜诺斯艾利斯行动计划》。

9月15日——国际民主日

联大2007年11月8日通过决议，将每年的9月15日定为“国际民主日”，旨在通过庆祝和纪念这一国际日来提高公众对民主的认识。决议强调，民主、发展及尊重所有人权和基本自由是相互依存、相辅相成的。决议重申，虽然民主政体具有一些共同的特征，但并不存在一种单一的民主模式，而且民主不属于任何一个国家或地区。2014 年的主题为“让青年人参与民主”。

9 月 16 日——保护臭氧层国际日

联大 1994 年 12 月 19 日通过决议，将每年的 9 月 16 日定为“保护臭氧层国际日”，以纪念在 1987 年的这一天签署《关于消耗臭氧层物质的蒙特利尔议定书》，同时呼吁国际社会对臭氧层空洞问题的关注，减少损害臭氧层物质的排放。2014 年的主题为“保护臭氧层——仍然任重道远”。

9 月 21 日——国际和平日

联大 2001 年 9 月 7 日通过决议，将每年的 9 月 21 日定为“国际和平日”，以在各国、各族人民之间及其内部加强和平理想。决议同时将此日定为非暴力和停火日，邀请各个国家和各族人民在国际日停止敌对行动，并通过教育和提高公众意识来纪念这一天。2014 年的主题是“人民享有和平权利”。

9 月 25 日——世界海洋日

客运航运业全面呈现出惊人的增长，包括乘客数量、船舶数量、新的目的地，或许最重要的是船舶尺寸的增加。世界海洋日提醒公众尽管技术方面取得了进步，航运事故却继续发生。该世界日重点关注航运安全、海事安全和海洋环境的重要性，提醒各国对《海上人命安全公约》的维护和更新进行再投资。

9 月 27 日——世界旅游日

全世界数亿人依靠旅游业维持生计，如今旅游部门收入达万亿美元，全世界每年游客流动超过 10 亿人，另有 50 亿—60 亿人在国内流动。世界旅游日促进国际社会对旅游重要性及其社会、文化、政治和经济价值的认识。每年举行的活动突出了旅游业对可持续发展和文化了解作出的积极贡献。世界旅游组织在其 1980 年举行的第三次会议上设立了该世界日。

9月最后一个星期日——世界心脏日

世界心脏日是由世界心脏联盟确定的，于1999年设立，每年一次，2000年9月24日为第一个世界心脏日，以后每年9月的最后一个星期日为“世界心脏日”。其目的是为了在世界范围内宣传有关心脏健康的知识，并让公众认识到生命需要健康的心脏，提高公众对心脏病和中风风险因素的认识并促进预防工作。

10月1日——国际老年人日

1982年，由联合国倡议，老龄化问题世界大会通过了维也纳老龄问题国际行动计划。1990年12月14日，联合国大会通过45/106号决议，指定10月1日为“国际老年人日”。旨在呼吁各国应进一步采取措施并制定必要的法律保护措施，确保老年人的尊严和权利，建立一个包容各方，强调所有人参与、实现自我价值、得到照顾和享有尊严的社会。

10月2日——国际非暴力日

联大2007年6月15日通过决议，决定将每年的10月2日定为“国际非暴力日”，旨在发扬非暴力原则的普遍重要意义，以及“巩固和平、宽容、谅解和非暴力文化”的愿望。之所以选择10月2日，因为这天是印度独立运动领袖以及非暴力思想和策略的创始人圣雄甘地的生日。

10月5日——世界教师节

10月5日为国际教师节，该主题日于1994年由联合国教科文组织和国际劳工组织共同发起。1966年10月5日，国际劳工组织和联合国教科文组织共同审议通过了《关于教师地位的建议书》，因此将该主题日设在当天。世界教师日旨在赞扬和感谢全世界教师为教育事业和人类作出的贡献，并引起对教师的世界性关注，帮助教师维护自身权益。

10 月第一个星期一——世界人居日

联大 1995 年 12 月 17 日通过决议，根据人类住区委员会的建议，把 10 月的第一个星期一定为“世界人居日”，反思城镇的状况和人人享有适当住房的基本权利。此外，人居日也是为了提醒世界，对于人类生境的未来，全世界要集体负责。2014 年的世界人居日是 10 月 6 日，主题是：来自贫民窟的声音。全世界城市人口当中有 1/4 居住在贫民窟中。在整个发展中世界，估计有 10 亿人口由于没有其他住房选择，只能居住在没有规划的地方，创造出了集中弱势和青年人口的贫民窟。

10 月 9 日——世界邮政日

万国邮政联盟在 1969 年召开的第 16 届代表大会上通过决议，将每年 10 月 9 日定为“万国邮联日”。在 1984 年召开的第 19 届代表大会上，万国邮政联盟又通过决议，将“万国邮联日”更名为“世界邮政日”，旨在增强公众和媒体对邮政的认识（邮政部门不但在人们的日常生活和各类企业活动中起了重要作用，而且对国家的社会经济发展作出了贡献），以使这一纪念日有更广泛的影响。

10 月 10 日——世界精神卫生日

世界精神卫生日是由世界精神病学协会在 1992 年发起的，时间是每年的 10 月 10 日。世界各国每年都为精神卫生日准备丰富而周密的活动，包括拍摄促进精神健康的录像片、开设 24 小时服务的心理支持热线、播放专题片等等。2000 年是中国首次组织世界精神卫生日活动，2001 年是世界卫生组织（WHO）的精神卫生年，2001 年的主题为“病媒传播的疾病”。

10 月 11 日——国际女童日

2011 年 12 月 19 日，联合国大会通过决议，宣布 10 月 11 日为“国际女童日”，以确认女童的权利和世界各地女童面临的独特挑战，促进女童赋权，实现她们的人权。2014 年的主题为“赋权少女，终止暴力循环”，旨在改善女童受教育的机会，提高教育质量。

10月13日——国际减灾日

联大1989年12月22日通过决议，指定10月的第二个星期三为“国际减灾日”。大会在2009年12月21日通过第64/200号决议，并将10月13日改为“国际减灾日”。这个纪念日的目的是提高人们对如何采取行动的认识，以减少灾害风险。2014年的主题是“提高抵御能力就是拯救生命”。

10月15日——全球洗手日

10月15日为全球洗手日，旨在呼吁全世界人民利用肥皂洗手作为一个预防感染疾病的重要方法防止传染病的扩散。2008年是联合国大会订立的国际环境卫生年，健康促进组织PPPHW发起第一届世界洗手日倡议，号召全世界各国在2008年10月15日开展洗手活动。世界卫生组织曾在2005年把10月13日订立为国际洗手日。

10月15日——国际农村妇女日

联大2007年12月18日通过决议，决定将每年的10月15日定为“国际农村妇女日”。农村妇女是解决饥饿、营养不良和贫穷的关键。她们是农民和养育者，是企业家和教育家，是民间医士和帮手，她们在世界最偏远和弱势环境中促进粮食保障和经济增长。联大设立国际农村妇女日，旨在敦促各方改善包括土著妇女在内的农村妇女的境况。

10月16日——世界粮食日

1979年11月，第20届联合国粮农组织大会决议确定，1981年10月16日是首届世界粮食日，此后每年的这一天都作为“世界粮食日”。10月16日为联合国粮农组织创建纪念日，设立此国际日的宗旨在于唤起全世界对发展粮食和农业生产的高度重视，加强国际和国家对战胜饥饿、营养不良和贫困的声援，关注粮食和农业发展方面的成就。

10 月 17 日——消除贫穷国际日

1992 年 12 月 22 日，联合国大会通过决议，宣布 10 月 17 日为“消除贫穷国际日”。自 1993 年起，人们每年在这一天庆祝“消除贫穷国际日”，以提高世界各国对消除贫穷的意识。2014 年的主题是“不丢下一个人：共同思考，共同决定，共同行动，对抗极端贫困”。

10 月 24 日——联合国日

1945 年 10 月 24 日，联合国正式成立。自 1948 年以来，10 月 24 日一直作为联合国日来庆祝。1971 年，大会宣布同意联合国宪章生效之日为“联合国日”，以加强联合国宪章宗旨和原则的宣传，并建议联合国全体会员国把这一天定为公共假日。

10 月 24 日——世界发展信息日

信息和通信技术有可能给发展问题提供新的解决办法，因为它们可促进经济增长、获取信息和信息、消除贫穷、社会包容。世界发展信息日提醒公众注意发展问题，加强国际合作以解决这些问题的必要性。联合国大会在其 1972 年的第 A/RES/3039（XXVII）号决议中宣布了该节日，认为加强世界信息传播将会带来有关发展问题的更多认识，并促进国际发展合作。

10 月 27 日——世界音像遗产日

为了纪念 1980 年大会第 21 届会议通过的《关于保护与保存活动图像的建议书》，教科文组织大会第 33 届会议通过了宣布 10 月 27 日为“世界音像遗产日”的决议。设立此国际日旨在提高公众的认识，使人们意识到急需采取紧急措施保护音像遗产，并承认音像文件作为国家身份整体的一部分的重要性。

10 月 31 日——世界城市日

2010 年 10 月 31 日，上海世博会高峰论坛上发布的《上海宣言》倡议将 10

月 31 日上海世博会闭幕之日定为世界城市日，让上海世博会的理念与实践得以永续，激励人类为城市创新与和谐发展而不懈追求和奋斗。2013 年 12 月 6 日，第 68 届联合国大会第二委员会通过有关人类住区问题的决议，决定自 2014 年起将每年的 10 月 31 日设为“世界城市日”。这是第一个由中国政府倡议并成功设立的国际日，上海是首个“世界城市日”的主场城市，首届世界城市日主题为“城市转型与发展”。

10 月最后一周——裁军周

消除核武器和建立一个安全与和平的世界是联合国国际社区的目标。从联合国成立周年纪念日开始，每年的裁军周都强调军备竞赛的危险和停止军备竞赛的必要性。各国政府和非政府组织应邀通过促进更好地认识裁军问题而积极参与裁军周。联合国大会在 1978 年第 A/RES/2－10/2 号决议中宣布了裁军周。

11 月 2 日——终止针对记者犯罪不受惩罚现象国际日

记者常常因为工作而面临特定的恐吓、骚扰和暴力侵害风险，针对记者的犯罪行为不受惩罚是保护记者面临的主要挑战之一。联合国教科文组织主导联合国系统，与各国政府和各利益攸关方一道庆祝这一国际日。2013 年 12 月 18 日，联合国大会第 68/163 号决议指定 11 月 2 日为“终止针对记者犯罪不受惩罚现象国际日”。

11 月 6 日——防止战争和武装冲突糟蹋环境国际日

联大 2001 年 11 月 5 日通过决议，宣布每年的 11 月 16 日为“防止战争和武装冲突糟蹋环境国际日”。旨在强调很多暴力冲突都与自然资源的开采有关，持久的和平及冲突后发展取决于环境保护和对自然资源的良好治理，并就此呼吁各国重视自然资源管理在预防冲突、维持及建设和平中的作用。

11 月 10 日——争取和平与发展世界科学日

联合国教科文组织 2001 年 11 月 2 日通过决议，宣布每年的 11 月 10 日为“争取和平与发展世界科学日”，旨在促进国家以及国际社会间的和平与发展，善用科学来为社会谋求福利。同时，争取和平与发展世界科学日也旨在在培养提高公众对科学重要性的认识上，为科学与社会搭建一座桥梁。2014 年的主题是“良好的科学教育：让人人拥有可持续的未来”。

11 月 12 日——世界肺炎日

2009 年 4 月，包括世卫组织、儿基会等在内的全球近百个组织和机构创建了“全球消灭儿童肺炎联盟”，并将每年的 11 月 12 日定为“世界肺炎日”，以此推动各界关注肺炎这种被称为“被遗忘的杀手”的致命疾病，特别是其对儿童所造成的影响，并采取有效的预防和诊治应对行动。

11 月 14 日——世界糖尿病日

世界糖尿病日是由世界卫生组织和国际糖尿病联盟于 1991 年共同发起的，定于每年的 11 月 14 日，其宗旨是引起全球对糖尿病的警觉和醒悟。这一天是为纪念胰岛素共同发现者——F. G. 班廷的诞辰而设立的。联大 2006 年 12 月通过决议，决定将现有的 11 月 14 日世界糖尿病日定为一个联合国日。

11 月 16 日——国际宽容日

1996 年 12 月 12 日联大通过决议，决定举办国际宽容日活动。联合国设立国际宽容日，希望全世界认识到宽容是和平、民主和可持续发展的一项基本条件。2000 年通过的《千年宣言》将宽容作为 21 世纪国际关系必须建立其上的根本价值之一。

11 月 16 日——世界道路交通事故受害者纪念日

2005 年 10 月 26 日，联合国大会邀请会员国和国际社会确认每年 11 月第三个星期日为“世界道路交通事故受害者纪念日”，以适当体恤道路交通碰撞事故受害者及其家属（第 60/5 号决议）。

11月19日——世界厕所日

2013年7月24日，第67届联合国大会通过决议，将每年的11月19日设立为“世界厕所日”，以推动安全饮用水和基本卫生设施的建设，倡导人人享有清洁、舒适及卫生的环境。决议同时敦促所有会员国、联合国各组织机构和所有其他利益攸关方制定政策，扩大贫困人口获得良好卫生环境的机会。

11月20日——世界儿童日

1959年11月20日，联大通过《儿童权利宣言》。1989年11月20日，联大通过《儿童权利公约》，成为历史上获得最广泛认可的人权条约。联合国希望通过这一日举行活动，增进儿童之间的了解，建立广泛的友谊，促进全世界儿童的福利。

11月20日——非洲工业化日

联大于1989年12月22日宣布11月20日为“非洲工业化日”，旨在动员国际社会支持非洲的工业化事业。2014年的主题是“包容性和可持续工业化的重要性以及农工业发展和粮食安全之间密切联系”。

11月21日——世界哲学日

联合国教科文组织把11月第三个星期四定为“世界哲学日”，旨在促进哲学辩论的国际文化，尊重人的尊严和多样性，鼓励学术交流，并强调哲学知识对解决全球问题的贡献。2014年世界哲学日的主题是“社会变革和文化间对话”。

11月21日——世界电视日

联大在1996年12月17日通过决议，宣布11月21日为“世界电视日”，以纪念联合国在1996年的这一天召开第一次世界电视论坛。设立此国际日是为了促进世界传媒事业的发展，引导电视产业为促进世界和平和人类社会发展发挥积极作用。

11 月 21 日——世界问候日

1973 年 11 月 21 日，第四次中东战争期间，为促进埃及与以色列之间的和平，来自澳大利亚的姆可马克与米切尔两兄弟自费印刷了大量有关问候的宣传材料寄给世界各国政府首脑及世界知名人士，向他们阐述设立“世界问候日”的重要意义，第一个“世界问候日”就此诞生。世界问候日已经发展成为以促进人类相亲相爱为主题的温馨节日。

11 月 25 日——消除对妇女的暴力行为国际日

1960 年 11 月 25 日，多米尼加共和国的政治活动家米拉瓦尔三姐妹被特鲁希略独裁政权（1930—1961 年）恶毒暗杀。为了纪念这一事件，1981 年 7 月，第一届拉丁美洲女权主义大会宣布把 11 月 25 日作为反暴力日。1999 年 12 月，联大通过决议指定 11 月 25 日为“消除对妇女的暴力行为国际日”。每年的 11 月 25 日，世界各地的联合国工作人员都会穿戴橙色的衣服、饰品，加入到反对针对妇女的暴力活动中，因此每年的 11 月 25 日也被称为橙色日。

11 月 29 日——声援巴勒斯坦人民国际日

1947 年 11 月 29 日联大通过了有关巴勒斯坦分治的第 181（II）号决议，1977 年联大通过决议决定把这一天定为“声援巴勒斯坦人民国际日”，旨在支持巴勒斯坦人民恢复民族合法权利的正义事业，支持通过和谈建立与以色列和平相处的巴勒斯坦国，根据联合国宪章实现巴勒斯坦人民不可剥夺的权利，包括返回其家园并在巴勒斯坦实现国家独立和主权的权利。2012 年 11 月 29 日，联大以 138 票赞成、9 票反对、41 票弃权通过决议，给予巴勒斯坦非会员观察员国地位。

12 月 1 日——世界艾滋病日

为提高人们对艾滋病的认识，世界卫生组织于 1988 年 1 月将每年的 12 月 1 日定为“世界艾滋病日”，号召世界各国和国际组织在这一天举办相关活动，宣传和普及预防艾滋病的知识。之所以选择12月1日是因为第一个艾滋病病例是在1981年此日诊断出来的。2014年的主题是“行动起来，向‘零’艾滋迈进”。2014年，全球约有3500万人携带艾滋病毒，艾滋病死亡人数达到150万人。

12月2日——废除奴隶制国际日

12月2日是废除奴隶制国际日，该纪念日可追溯至1949年12月2日。这一天，联合国大会通过了《禁止贩卖人口及取缔意图营利使人卖淫的公约》，国际日的重点是消除当代形式奴隶制问题，如人口贩运、性剥削、最恶劣的童工形式、强迫婚姻，以及强行招募儿童用于武装冲突等。

12月3日——国际残疾人日

1992年10月12—13日，第47届联合国大会举行了自联合国成立以来首次关于残疾人问题的特别会议。大会通过决议，将每年的12月3日定为“国际残疾人日”。联合国设立国际残疾人日，旨在鼓励人们维护残疾人的尊严，保障其权利和幸福，同时也为了增加残疾人融入政治生活、社会生活、经济生活和文化生活等各个方面时所获得的成就感。2006年联合国通过《残疾人权利公约》，旨在促进、保护和确保所有残疾人充分和平等地享有一切人权和基本自由，并促进对残疾人固有尊严的尊重。今天，全世界有10亿以上残疾人，占总人口的15％。

12月5日——国际志愿者日

1970年，联大通过决议，组建联合国志愿人员组织。1985年12月17日，联大通过决议决定将每年的12月5日定为“国际志愿者日”，并敦促各国政府采取措施，提高对志愿者人员的服务所做的重要贡献的认识，从而鼓励更多各行各业的人在国内和国外作为志愿者提供服务。2014年的主题是“志愿者：让变化成真”。

12月5日——世界土壤日

土壤是维持地球上生命的关键，是农业发展、基本生态系统功能和粮食安全的基础。世界土壤日提醒人们认识荒漠化、土地退化和干旱给可持续发展带来的挑战，促进对土壤的可持续管理。与各国政府、《联合国关于在发生严重干旱和/或荒漠化的国家特别是在非洲防治荒漠化的公约》秘书处以及其他相关区域和国际组织、公民社会和普通大众一道，联合国粮食和农业组织领导了该日的庆祝活动。2013 年 12 月，联合国大会第 68/232 号决议指定 12 月 5 日为“世界土壤日”。

12 月 7 日——国际民航日

1944 年 12 月 7 日，52 个国家在芝加哥签署了《国际民用航空公约》。根据公约规定，国际民航组织于 1947 年正式成立，成为联合国下属的专门负责管理和发展国际民航事务的机构。1996 年，联合国大会宣布 12 月 7 日为“国际民航日”，强调其在促进国际航空运输安全、高效和正常方面所起的作用。

12 月 9 日——国际反腐败日

2003 年 10 月 31 日，第 58 届联合国大会通过了《联合国反腐败公约》。同年 12 月 9—11 日，联合国在墨西哥梅里达举行国际反腐败高级别会议，正式签署《联合国反腐败公约》。此后，联合国决定将每年的 12 月 9 日确立为“国际反腐败日”，以纪念公约的签署和唤起国际社会对腐败问题的重视与关注。

12 月 10 日——世界人权日

1948 年 12 月 10 日，联大通过《世界人权宣言》。《宣言》是第一份详尽阐释一系列普遍权利和基本自由的国际文件，要求各国政府保证本国公民享有这些权利和自由。《宣言》指出，正义、平等和尊严是男女老幼人人享有的基本人权。《宣言》与 1976 年生效的《公民权利和政治权利国际公约》和《经济、社会和文化权利国际公约》共同构成国际人权法案，规定了日常生活中的权利，包括生命权、法律之前人人平等、言论自由、工作权、社会安全、受教育权。目前，《宣言》已被翻译成 416 种语言和方言在全世界发行，从而获得世界最多译本的吉尼斯世界纪录。1950 年 12 月 4 日，联大通过决议，决定把每年的 12 月 10 日定为“世界人权日”。1993 年在维也纳举行的世界人权峰会决定创立联合国人权高专办。2014 年世界人权日的口号是“人权 365”。

12月11日——国际山岳日

2002年12月20日，联大通过决议，决定把12月11日定为“国际山岳日”，并鼓励国际社会每逢此日，在所有各级举办活动，凸显山区可持续发展的重要性；同时提高人们对山地林在绿色经济以及气候变化适应措施中的关联性和作用的认识。2014年的主题为“山区家庭农民”。

12月18日——国际移徙者日

2000年12月18日，大会考虑到世界上移徙者众多，而且数量日益增加，决定宣布12月18日为“国际移徙者日”。旨在纪念1990年的这一天，大会通过了《保护所有移徙工人及其家庭成员权利国际公约》，同时强调国际移徙是一个日趋增长的现象，如果得到适当政策支持，可为原籍国和目的地国的发展作出积极贡献。

12月20日——国际人类团结日

2005年12月22日，联大通过决议，决定把12月20日定为“国际人类团结日”。设立此国际日旨在提醒各国政府遵守其国际协定承诺的，提高公众对团结重要性的认识，鼓励就如何促进千年发展目标（包括消除贫困实现团结）建言献策。2014年的主题是“携手行动：团结是2015年后联合国发展议程的基础”。

（王召杰　孟文婷整理）

三、联合国与诺贝尔和平奖

70年来，联合国及其专门机构和工作人员共11次获颁诺贝尔和平奖。其中，联合国难民署曾两次获得这项举世闻名的褒奖；科菲·安南和达格·哈马舍尔德两任秘书长因为开展的工作而从挪威诺贝尔委员会获得这项殊荣。

1950年诺贝尔和平奖获得者——联合国托管事务司司长拉尔夫·本奇

拉尔夫·约翰逊·本奇（1903年8月7日—1971年12月9日），美国外交官，生于底特律，哈佛大学毕业，1928年起在霍华德大学（Howard University）任教。他在非洲研究殖民政策后，开始研究美国的种族关系。第二次世界大战期间，他先后在美国国防部和国务院工作。1947年进入纽约的联合国常设秘书处工作，任托管事务司司长。后来协助联合国特别委员会以谈判解决交战中的巴勒斯坦阿拉伯人和以色列人的问题而获1950年诺贝尔和平奖。

拉尔夫·本奇获得诺贝尔和平奖次日发表了演讲，他这样阐述自己的信念："世界上有些人过早地放弃，认为战争不可避免。他们当中包括那些主张发动'预防性战争'的人，这些人认为战争不可避免，其实是希望由自己来选择爆发战争的时间。说战争可以预防战争不过是玩弄言词，是一种令人憎恶的兜售战争的行为。任何人，如果真诚地相信和平，就必须不遗余力地来拯救和平。"本奇正是用其一生阐释了这样的信念。他1904年出生于美国一个黑人奴隶后代家庭，父母早逝，他在祖母的抚养下，从社会底层不懈努力直到取得哈佛大学博士学位。二战期间他在国务院任职，后来被联合国首任秘书长赖伊"挖墙角"到联合国主管托管理事会的工作。1948年9月，联合国安理会阿以冲突调解特使、瑞典福尔克·伯纳达特伯爵在耶路撒冷被犹太恐怖组织暗杀，本奇接替主持调解工作。经过他的奔走斡旋和不懈努力，1949年2—7月，以色列先后与埃及、黎巴嫩、约旦和叙利亚签订了停火协议，为巴勒斯坦地区带来了差不多8年的和平。1950年，诺贝尔委员会决定把该年度的和平奖颁给本奇，以表彰其在调解此次阿以冲突中所作出的努力。当然本奇的获奖还有很多的传奇意义：首先这是联合国工作人员第一次获此殊荣，联合国自1945年成立之时，便以维护和促进世界和平为己任，本奇的获奖不单单是对其在调解阿以冲突中所作出突出贡献的褒奖，更是对联合国价值使命的肯定。其次，本奇也是第一个获得诺贝尔奖的黑人。本奇毕生从事非洲殖民地状况和国际关系的研究、教学以及外交和国际事务，他还积极参加美国黑人民权运动。诺贝尔委员会颁奖给本奇，对从道义上谴责当时美国的种族歧视，推动美国国会关于平权的立法，起到了强大而持久的助推作用。

本奇从1946年加入联合国的工作，直到1971年去世，去世前担任联合国特殊事务副秘书长。联合国邮政在2003年8月7日发行了一套三枚拉尔夫·本奇邮票，以纪念其在联合国任职期间的卓越贡献。

1954年、1981年诺贝尔和平奖获得者——联合国难民事务高级专员公署

联合国难民署成立于1950年12月14日，并于次年1月1日开始工作，当时的主要任务是处理欧洲二战之后的难民问题。1951年7月28日，订立联合国《关于难民地位公约》，这是第一次在国际法的范畴内对难民进行援助，同时为他们提供保护。难民署受联合国委托指导和协调世界范围内保护难民和解决难民问题的国际行动。联合国难民事务高级专员办事处的主要目的是保护难民的权利和健康，努力确保每个人有权在另一个国家寻求避难，找到安全的避难所和自愿回国。除了帮助难民返回本国或在他国定居，联合国难民事务高级专员办事处还寻求永久性解决他们的困境。

难民署最初计划在3年内完成所有计划事务并在此之后解散，但是由于苏联对匈牙利革命的残酷镇压涌现大批难民，面对此种情况，难民署存在的意义也就越来越重要。1954年，联合国难民署这个新成立的组织，由于帮助欧洲难民的卓越工作而获得诺贝尔和平奖。1/4世纪后，联合国难民署在1981年重获诺贝尔和平奖。两次获得诺贝尔和平奖说明了国际社会对难民署在救助难民问题上作出突出贡献的肯定。

联合国难民署成立时只有34名职员，现在已拥有7685名全球员工，其中包括972名日内瓦总部员工。机构遍及126个国家的135个主要地点，如区域办事处、分署、偏远地区的279个分支及前线办事处均驻有员工。联合国难民署的财政预算也由最初的30万美元增至2012年的35亿美元。联合国难民署现今处理3390万机构所关注的人士：1470万国内流离失所人士；1050万难民；310万返国人士；350万无国籍人士以及超过83万寻求庇护的人士等。一个计划以3年任期解决难民问题的组织，现在运行已超过60年。但要注意的是，人道需求并没有消失的迹象。联合国难民署在面对各种政治障碍的情况下，渐渐成为全球难民的保护伞。

1961年诺贝尔和平奖获得者——联合国秘书长达格·哈马舍尔德

达格·哈马舍尔德（Dag Hammarskjold）1905年7月29日生于瑞典延彻平市，其父曾任瑞典保守党政府首相、乌普萨拉省省长。哈马舍尔德毕业于乌普萨拉大学，获法学和哲学博士学位，曾在斯德哥尔摩大学执教政治经济学。

哈马舍尔德步入政坛后，先后任财政部常务次官、瑞典银行董事会主席。1947年进入外交部，先后任外交部秘书长、外交副大臣和内阁不管部大臣等。1951—1953年出任瑞典驻欧洲议会及联合国大会代表，1953年4月10日当选为联合国秘书长。1957年9月，他以全票再次当选为联合国秘书长。1961年9月18日，他在赴刚果途中，在比罗得西亚（今赞比亚）的恩多拉因飞机失事遇难身亡。

哈马舍尔德在其秘书长任期内在联合国努力防止战争，为联合国履行了许多职责：支持《以色列与阿拉伯国家停战协定》，并促进该地区更良好、更和平的状况；1956年组成联合国紧急部队（紧急部队）及承担部队后来的管理工作，并提出了著名的“维和三原则”，该原则后来成为联合国传统维和行动的基本准则；1957年清理苏伊士运河并协助和平解决苏伊士运河的争端；1958年组成并管理联合国黎巴嫩观察组（联黎观察组），并在约旦设立秘书长特别代表办事处。值得一提的是，哈马舍尔德在任职期间曾来华调解中美关系（1955年），他是第一位访问新中国的联合国秘书长。

1960年稍后，刚果共和国总统约瑟夫·卡萨武布和总理帕特里斯·卢蒙巴在7月12日发出一封电报，要求“紧急派遣”联合国军事援助团到刚果，秘书长遂在7月13日一次夜间会议上在安理会讲话，请安理会对这项要求采取“极其迅速的”行动。继安理会采取行动后，成立联合国驻刚果部队，哈马舍尔德也因联合国在当地的行动而多次前往刚果。他头两次去刚果出差是在1960年7月和8月。1961年1月，他另一次出差去南非联邦处理该国的种族问题，中途在刚果停留。当年9月18日，他第四次到刚果出差，却因飞机失事而殉难。瑞典政府为他举行了国葬。挪威议会诺贝尔委员会在他死后1个月授予他诺贝尔和平奖，表彰他为联合国事务作出的巨大贡献。

1965年诺贝尔和平奖获得者——联合国儿童基金会

联合国儿童基金会于1946年12月11日成立，为联合国专门机构，总部设在纽约。其前身为联合国国际儿童紧急基金会，1953年改为联合国儿童基金会，成为联合国系统的永久成员，并受联合国大会的委托致力于实现全球各国母婴和儿童的生存、发展、受保护和参与的权利。联合国儿童基金会由于“促进国家间的手足情谊”而获得1965年诺贝尔和平奖。

儿童基金会成立之初主要是满足第二次世界大战之后欧洲与中国儿童的紧急需求，为他们提供食品、衣物和卫生保健。由于儿童基金会的作用越来越重要，1953 年联合国大会无限期延长联合国儿童基金会的职权范围，此年其成为联合国系统的永久成员。1959 年在儿童基金会的推动下，联合国大会通过了《儿童权利宣言》，提出了各国儿童应当享有的各项基本权利。1961 年，在专注于儿童健康方面的工作 10 多年后，联合国儿童基金会将其影响扩大到解决儿童的全部需要。儿童基金会开始关注教育问题，最初从事的工作是为新独立的国家培训师资和提供教室设备。经过近 20 年的努力耕耘，儿童基金会在国际社会的影响力逐渐提高，并获得了 1965 年的诺贝尔和平奖。诺贝尔委员会在授奖的声明中说："每个人都懂得儿童基金会所要表达的宗旨，即使是最不情愿的人也不得不承认，儿童基金会用自己的行动表明，博爱没有国界。"现在，儿童基金会成立已经 60 多年，工作重点也由最初的关注儿童生存和发展扩展到教育和两性平等、艾滋病、儿童保护、政策宣传等。

1979 年起，中国与基金会建立发展了合作关系，1980 年起当选为执行局成员。1981 年，儿童基金会在北京设立办事处。2012 年 4 月 5 日，中国演员陈坤正式出任联合国儿童基金会中国大使。此前，儿基会在中国任命的名人大使还包括杨澜和张曼玉。联合国儿基会的大使均为来自艺术、娱乐、体育或其他领域的杰出公众人物，他们热衷儿童公益事业，致力于提高公众对儿童问题的认知度，号召社会对儿童公益事业提供更为广泛的支持。

1969 年诺贝尔和平奖获得者——国际劳工组织

国际劳工组织成立于 1919 年，作为结束第一次世界大战的《凡尔赛条约》的一部分，反映了对世界持久和平只能建立在社会正义基础上的信念。国际劳工组织的创建者承诺推进人性化的工作条件，并消除不公正、苦难和贫困。1944 年，在另一次世界危机期间，国际劳工组织成员国通过了《费城宣言》并确立了目标，声明劳动不是商品，并在"任何地方的贫穷对一切地方的繁荣构成危害"的原则上，规定了基本人权和经济权。1946 年，国际劳工组织加入刚组建的联合国成为其第一个专门机构。国际劳工组织是联合国唯一的"三方"机构，它将政府、工人和雇主代表联合在一起，共同制定政策和计划。1969 年，国际劳工组织于成立 50 周年之际获得了诺贝尔和平奖。

挪威诺贝尔委员会在给国际劳工组织的颁奖词中提到："国际劳工组织的主要任务将是保证，这个新的世界将是建筑在社会正义的基础上；换言之，其任务是贯彻载入日内瓦文件的这一庄严训诫：'如果祈望和平，就应匡扶正义'。"国际劳工组织从初期开始就试图通过以公约、建议书和行为守则来建立国际劳动标准体系，用以规范和保证劳工权利并改善劳动者的条件，以维护社会正义。迄今国际劳工组织已批准 180 多项公约和 190 多个建议书，涵盖了劳工世界的所有领域。理事会近年对该国际劳动法机构进行评估，判定 1985 年以前通过的公约中，有 70 多个完全符合当前的形势，余下的则需要修改或撤消，另外还批准了许多行为守则。这些标准为各国立法起到了重要作用，其中涉及从产假到移民工保护众多不同的领域。监督的过程是为了帮助确保被成员国所批准的标准得以应用实施，同时劳工组织还为各国劳动法的起草提供建议。

国际劳工组织在北京设有分局，国际劳工组织北京局主要负责实施国际劳工组织在中华人民共和国（包括香港特别行政区和澳门特别行政区）和蒙古国的项目和活动。

1988 年诺贝尔和平奖获得者——联合国维和部队

联合国维持和平行动始于 1948 年，当时安全理事会授权在中东部署联合国军事观察员。联合国停战监督组织（停战监督组织）与联合国驻印度和巴基斯坦军事观察组（印巴观察组）是最先部署的两个联合国特派团。联合国维和是由本组织制定的一种独特而有力的手段，是帮助被冲突撕裂的国家培育持久和平条件的一种方式。虽然“维持和平”这个词在《联合国宪章》中找不到，但联合国第二任秘书长达格·哈马舍尔德找到了在《宪章》框架内对其定义的一种方式，认为维持和平属于《宪章》的“第六章半”，在和平解决争端的传统方法（第六章中概述）与较少“根据各方同意”的更有力行动（第七章）这两个方面之间。最早的武装维和行动是 1956 年为处理苏伊士危机而部署的联合国第一期紧急部队（紧急部队一）。1961 年启动的联合国刚果行动（联刚行动）是第一个大规模特派团，高峰时有近 2 万名士兵服役。20 世纪 60 和 70 年代，联合国在新几内亚、也门和多米尼加共和国设立了短期特派团，并开始在塞浦路斯（联塞部队）和中东（紧急部队二、观察员部队和联黎部队）做较长期的部署。

由于联合国维持和平部队和观察团在实现联合国安理会关于停火的要求、维护联合国宪章、和平解决冲突等方面作出的杰出贡献，1988 年 12 月 10 日，诺贝尔委员会将诺贝尔和平奖颁给联合国维持和平部队。在诺贝尔和平奖的历史上，这是第一次将奖项授予“一个至少部分由军事力量组成的组织”。

到目前为止，联合国已部署了 68 个维持和平行动，其中 55 个是 1988 年以来开展的。近些年，共有数十万名军事人员和数万名联合国警察以及来自超过 120 个国家的文职人员参加了联合国维持和平行动。随着联合国组织刚果民主共和国稳定特派团的减少和联合国中非共和国和乍得特派团（中乍特派团）于2010年底撤出，维和人员出现了10年来的首次小幅减少。自此以后，联合国维持和平进入巩固阶段。联合国主管维和行动的副秘书长埃尔韦·拉德苏先生2013年10月28日发表声明，论述了目前维和行动的战略背景、未来维和行动的概述，以及在当前和今后一段时期维和行动的关键需求和所面临的不断变化的挑战。

2001年诺贝尔和平奖获得者——科菲·安南

科菲·安南1938年4月8日出生于加纳库马西市，早年就读于加纳库马西理工大学，曾到美国和瑞士留学，先后获美国明尼苏达州马卡莱斯特学院经济学学士学位和麻省理工学院管理学硕士学位。安南1962年进入联合国工作，先后在联合国非洲经济委员会、联合国总部、联合国日内瓦办事处、联合国难民署和世界卫生组织等部门工作。1996年12月17日，第51届联大任命安南为联合国第七任秘书长，是出身于联合国工作人员行列而当选的第一位秘书长，也是第一位来自非洲的黑人秘书长。他于1997年1月1日就职，2001年6月29日当选连任，同年获得诺贝尔和平奖，2002年1月1日开始第二个任期，2006年12月31日卸任。

安南就任秘书长后的优先措施是：通过全面改革方案恢复联合国的活力；加强联合国在发展和维持国际和平与安全方面的传统工作；鼓励并提倡人权、法治以及《联合国宪章》所载的关于平等、容忍和人类尊严的普遍价值观念；恢复公众对联合国的信任。他多次努力维持国际社会对非洲这个世界上处境最为不利的区域的承诺，包括在1998年4月向安全理事会提出关于“非洲境内冲突起因和促进持久和平与可持续发展”的报告。他还多次在敏感的政治局势中进行斡旋，包括在1998年设法促使伊拉克遵守安全理事会的决议，在1998年帮助促进尼日利亚过渡到文人执政局面，在1999年促成协议解决利比亚与安全理事会在1988年洛克比炸机事件上的僵局，在1999年以外交手段促成国际上对东帝汶暴乱的回应，核实了2000年9月以色列自黎巴嫩撤出之举，以及自2000年9月重新爆发暴力事件后进一步努力鼓励以色列人和巴勒斯坦人根据安全理事会第242号与第338号决议和“土地换和平”原则通过和平谈判解决双方之间的歧异。

2001年10月12日挪威诺贝尔委员会宣布，联合国与联合国秘书长安南共同分享2001年诺贝尔和平奖。该委员会表示，这一决定是为了表彰安南为创建一个“更有组织与和平的世界”所作出的努力。该委员会还高度赞扬了安南自近5年前担任秘书长以来为联合国所注入的新活力，以及在消除贫困和与艾滋病和国际恐怖主义抗争中所作出的贡献。卸任后的安南仍然活跃于国际社会，2012年2月23日，安南被任命为联合国—阿盟叙利亚危机联合特使一职。

2005年诺贝尔和平奖获得者——国际原子能机构及其总干事巴拉迪

2005年12月10日，挪威诺贝尔委员会将本年度的诺贝尔和平奖颁给国际原子能机构及其总干事巴拉迪，以表彰巴拉迪及其领导的国际原子能机构在制止核武器扩散、防止恐怖分子拥有核武器方面所作出的贡献。时任总干事巴拉迪1942年出生于埃及，1984年起成为国际原子能机构秘书处一名高级工作人员，曾担任负责政策问题的若干高级职位，包括国际原子能机构法律顾问和负责对外事务的助理总干事。1997年12月就任总干事，并于2001年、2005年两次获得连任。巴拉迪在颁奖仪式上发表讲话说，国际原子能机构和他本人是因为不断致力于让世界更安全而获奖的。获奖提高了国际原子能机构的权威性，增加了该组织的可信度，使之在全世界更加受人瞩目。人类正面临着在核武器和生存之间作出选择，只有努力防止核武器扩散，才能避免自我毁灭，确保安全。

国际原子能机构是一个同联合国建立关系，并由世界各国在原子能领域进行科学技术合作的政府间机构。1954年12月，第9届联合国大会通过决议，要求成立一个专门致力于和平利用原子能的国际机构。1956年10月26日，来自世界83个国家的代表举行会议，通过了旨在保障监督和和平利用核能的国际原子能机构规约。1957年7月29日，规约正式生效。同年10月，国际原子能机构召开首次全体会议，宣布正式成立。

国际原子能机构的宗旨是谋求加速扩大原子能对全世界和平、健康和繁荣的贡献，确保由机构本身，或经机构请求，或在其监督管制下提供的援助不用于推进任何军事目的。国际原子能机构的组织机构包括大会、理事会和秘书处。其法定的决策机关是大会和理事会，这两个机关共同决定原子能机构的方案和预算并任命原子能机构的总干事。任何国家不论是否为联合国的会员国或联合国专门机构的成员国，经机构理事会推荐并由大会批准入会后，交存对机构《规约》的接受书，即可成为该机构的成员国。截至2014年2月，机构共有162个成员国。现任总干事为天野之弥。

2007年诺贝尔和平奖获得者——政府间气候变化专门委员会

联合国政府间气候变化专门委员会（IPCC）是世界气象组织及联合国环境规划署于1988年联合建立的政府间机构。IPCC作为一个政府间机构，向联合国环境规划署和世界气象组织的所有成员开放。成立20多年来，IPCC对于气候变化的全球治理起到了显著的推动作用，并因此与美国前副总统戈尔一起获得了2007年的诺贝尔和平奖。

随着科学界对气候与人类活动相互作用认识的增加，特别是对二氧化碳等温室气体与气候变化问题的了解日益加深，1979年主要由科学家参加的第一次世界气候大会宣言提出：如果大气中二氧化碳含量今后仍像现在这样不断增加，则气温的上升到20世纪末将达到可测量的程度，到21世纪中叶将会出现显著的增温现象。在气候变化日益受到国际社会关注的背景下，1988年11月世界气象组织和联合国环境规划署联合建立了政府间气候变化专门委员会，为国际社会就气候变化问题提供科学咨询。根据IPCC成立的宗旨，其主要任务是“在全面、客观、公开和透明的基础上，对世界上有关全球气候变化的最好的现有科学、技术和社会经济信息进行评估”。IPCC下设3个工作组：第一工作组评估气候与气候变化科学知识的现状；第二工作组评估气候变化对社会、经济的潜在影响及适应对策；第三工作组提出减缓气候变化的可能对策。

IPCC的主要工作成果是评估报告、特别报告、方法报告和技术报告。这些报告已成为气候变化领域的标准参考著作，被决策者、科学家和其他专家广泛使用，而其中最具有影响力的是已发布的4次评估报告。IPCC的评估报告对气候变化的自然科学基础、影响以及可行的对策都进行了详细的阐释，其已经出版的4次评估报告成为国际气候变化谈判非常具有权威性的科学依据和基础。2008年9月3日，中国科学院院士、中国气象局前局长秦大河在日内瓦当选连任联合国政府间气候变化专门委员会第一工作组联合主席，任期内将领导完成拟于2014年完成的气候变化第五次评估报告。

2013年诺贝尔和平奖获得者——禁止化学武器组织

挪威诺贝尔和平奖委员会2013年10月11日宣布，禁止化学武器组织（OPCW）获得2013年度诺贝尔和平奖，以表彰其在全面销毁化学武器方面所作出的杰出贡献。禁止化学武器组织是根据1997年生效的《禁止化学武器公约》建立的，它是监督《公约》的各项条款得到有效执行，并为缔约国提供进行协商与合作的论坛。

《禁止化学武器公约》全称为《关于禁止发展、生产、储存和使用化学武器及销毁此种武器的公约》，是世界上第一个全面禁止和彻底销毁一种大规模杀伤性武器的公约，其核心内容是在全球范围内尽早彻底销毁化学武器及其相关设施。根据《公约》规定，禁化武组织总部设在荷兰海牙，主要机构包括缔约国大会、执行理事会与技术秘书处。缔约国大会由全体成员国组成，每年召开一次例会，主要任务是审议《公约》范围内问题并作出决定。执行理事会由 41 个成员国组成，是禁化武组织的执行机构，其成员由大会选出，任期 2 年。技术秘书处主要是协助大会和执行理事会行使其职能。以总干事为首的技术秘书处负责禁止化学武器组织的日常实际工作，其中一个重要组成部分即为根据《禁止化学武器公约》对化武销毁和化武设施进行核查的视察局。现任总干事是阿赫迈特·尤祖姆居（土耳其人）。

挪威诺奖委员会将 2013 年诺贝尔和平奖颁给禁化武组织，不仅仅是因为它“在销毁化武方面做了大量工作”。和平奖委员会承认，叙利亚化武问题的最新进展是禁化武组织得奖的重要原因，但也不是唯一原因。委员会还有个重要考虑，就是鼓励更多国家加入《公约》。截至 2013 年 11 月，禁化武组织成员国有 190 个。中国于 1993 年 1 月 13 日签署《公约》。1996 年 12 月 30 日，中国全国人大常委会正式批准《公约》。1997 年 4 月 25 日，中国交存了批准书，成为《公约》的原始缔约国，于同年 5 月当选为执理会成员，并一直连选连任。中国在海牙设有常驻禁化武组织代表团，代表由中国驻荷兰大使兼任。禁化武组织三任总干事均访问过中国，2010 年 11 月，新任总干事尤祖姆居访问中国。截至 2012 年 12 月，中国已顺利接待禁化武组织 300 余次视察。

（王召杰整理）

后记

《联合国发展报告》是教育部哲学社会科学发展报告培育项目，由复旦大学联合国研究中心主持。2011 年 12 月 3 日，在中国联合国协会的支持下，项目在北京正式启动。2013 年 8 月，《联合国发展报告 2012》正式出版。

2013—2014 年，本项目继续组织研究和开展相关工作。

2013 年 9 月 12 日，上海联合国研究会成立大会暨“上海、中国与联合国”主题演讲会在西郊宾馆国际会议中心举行，会议期间还进行了《联合国发展报告 2012》和《联合国与文明对话》的首发仪式。

2013 年 11 月 15—16 日和 2014 年 12 月 13—14 日，项目负责人和部分成员分别赴韩国和日本参加第 13 届和第 14 届东亚联合国研讨会。

2014 年 1 月 13—14 日，由联合国训练研究所、中国联合国协会、复旦大学共同主办，本项目参与组织和承办的“变革中的全球治理——中国与联合国”国际会议在中国浦东干部学院举行。包括联合国负责政治事务的副秘书长 Jeffrey Feltman 在内的 30 多位联合国官员出席会议。会议期间，上海联合国研究会与联合国训练研究所签署了战略合作协议。

2014 年中下旬，联合国南南合作办公室主任周一平多次来访，做客“复旦联合国研究论坛”，并与上海联合国研究会签署战略合作协议。

2014 年 10 月 24 日，项目参与组织上海联合国研究会年会暨首届联合国研究青年论坛，主题是“联合国与南南合作”。

2014 年 11 月 20 日，项目承办由上海联合国研究会和上海市国际关系学会共同主办的“联合国 2015 年后发展议程与南南合作”研讨会。

项目持续得到各位咨询专家和联合国多个机构的帮助和支持，他们为项目的开展提供了大量咨询和指导意见。

特别感谢为报告撰稿的各位作者，他/她们的支持和贡献是项目得以顺利完成的保证。

明天，联合国将迎来七十周年，本报告是献给联合国七十周年的一份礼物。

张贵洪

2014 年 12 月 31 日

于杭州亲亲家园